博学而笃志,切问而近思。
　　　　(《论语·子张》)

博晓古今,可立一家之说;
学贯中西,或成经国之才。

主编简介

徐晔，复旦大学经济学院公共经济学系副教授，成人教育主管。1994年获西安交通大学工学学士学位，1999年获复旦大学管理学院会计学硕士学位，2014年获复旦大学经济学院经济学博士学位。教授的本科生课程有会计学、统计学和税法，研究生课程有税法、中国税制、财务管理等。在《会计研究》《世界经济》《财经研究》《上海金融》和《税务研究》等国内权威和核心期刊发表文章40多篇，出版《个人所得税制度》《中国税制》《会计学基础》《会计学基础习题集》《会计学原理》《会计学原理习题指南》《财务管理》等著作和教材20多部。主持及参与多项国家级、省部级课题，主持并完成一项横向课题。曾获中国财政杂志社2002年度优秀论文三等奖、2004年和2005年度复旦大学奖教金，主讲的统计学课程2004年被评为上海市精品课程、2014年被评为国家级网络精品课程，主讲的会计学课程2006年被评为复旦大学精品课程、2014年被评为上海市重点课程、2019年被评为国家精品课程。主讲的税法课程2018年被评为复旦大学精品课程、2019年被评为上海市重点课程。2016年独创的案例获得国家级税务案例大赛一等奖。2020年被评为上海市比翼双飞模范佳侣。

杜莉，复旦大学经济学院公共经济学系教授、博士生导师。现任复旦大学公共经济研究中心执行主任、税务硕士专业学位项目学术负责人、经济学院学位评定分委员会委员、中国经济研究中心（智库）兼职研究员，还担任世界银行咨询专家、上海国际金融与经济研究院研究员、中国财政学会理事、中国国际税收研究会理事、中国税务学会中青年税收研究会理事、全国高校财政学教学研究会理事、中国税收教育研究会理事、中国成本研究会理事、上海海关学院兼职教授、上海市财政局政府采购评审专家等；入选上海市浦江人才计划。曾赴德国康斯坦茨大学经济与统计学系访问进修，赴荷兰国际财税文献局（IBFD）做博士后研究。出版《国际税收》《中国税制》《中国个人所得税再分配效应及其改善途径研究》《城市财政学》等著作10余部，在《金融研究》《财贸经济》《税务研究》《统计研究》等国内权威及核心期刊发表学术论文50余篇，并有多篇英文论文发表。主持国家社科基金项目、教育部人文社科规划项目等各类研究课题10余项，关于个人所得税制优化的研究报告曾获中央首长批示，两次指导学生获得全国税务硕士优秀论文一等奖，还获得上海市社科优秀成果二等奖、全国税务硕士研究生教学案例大赛二等奖等奖励，负责的"中国税收制度与财政政策"课程入选上海高校外国留学生英语授课示范性课程。

博学·财政学系列

（第七版）
中国税制

主编 徐晔 杜莉

复旦大学出版社

内容提要

本书是一部系统完整地介绍中国税收制度的教材，全书内容安排如下：第一章简述税收制度的基础理论；第二章回顾中国税收制度的历史沿革；第三至第六章介绍中国现行税收制度的具体规定，其中第三章介绍货物劳务税（增值税、消费税、关税），第四章介绍所得税（个人所得税、企业所得税、土地增值税），第五章介绍财产税（房产税、车船税、车辆购置税、城镇土地使用税、耕地占用税），第六章介绍其他税种（资源税、环境保护税、印花税、城市维护建设税、烟叶税、契税、船舶吨税等）；第七章介绍和分析中国的行业和政策性税收制度；第八章补充介绍港澳台地区税收制度。

本书反映了中国税制改革的最新进展，体系严谨，分析细致，叙述清晰，并配有大量示例和习题，可供高等院校财经类专业师生使用，也可供相关领域的研究人员参考。

第七版说明

《中国税制》第六版出版以来,我国税制改革进一步推进,在增值税、个人所得税改革方面取得重要进展,尤其是2018年底个人所得税的改革是一次重大的突破性改革。同时,书中的部分数据、资料需要修改或更新。为此,我们对《中国税制》第六版进行了修订。

第七版修订体现的重大税制调整措施主要有:

(1) 增值税基础税率进一步下调,由原来的16%下调到13%,其余相关税率也相应下调。

(2) 2019年11月27日,财政部、国家税务总局公布了《中华人民共和国增值税法(征求意见稿)》,其中包括对一些基本概念重新做了统一界定等。对于《征求意见稿》中一些我们认为以后大概率会变化的基础概念,已经超前在此次修订中体现了。

(3) 2018年修正的个人所得税法改以往的分类税制为综合与分类相结合税制,增加了专项附加扣除,改变了申报方式等。可以说,个人所得税改革是颠覆性的。第六版中关于个人所得税的内容已在第七版第四章中全部更新。

(4) 2018—2019年,耕地占用税、车辆购置税和资源税的暂行条例先后上升为法律。

复旦大学经济学院访问学者谢咏梅老师以及2019级税务硕士研究生张祎薇同学和邵馨莹同学参与了本次修订,其中,张祎薇负责第三、第四章,邵馨莹负责关税和企业所得税部分,在此表示感谢!

对于本书仍然需要改进之处,敬请各位读者和专家不吝指正。

编 者

2020年3月于复旦

第六版说明

《中国税制》第五版出版以来，我国税制改革进一步推进，在增值税、资源税和环境保护税改革方面取得重要进展，同时书中的部分数据、资料需要修改或更新，为此我们将《中国税制》第五版进行了修订。

第六版修订体现的重大税制调整措施主要有：

(1)"营改增"试点全面推开及试点成果的确认和巩固；

(2)资源税"从价计征"改革推广到所有矿产资源；

(3)环境保护税法、烟叶税法和船舶吨税法的颁布；

(4)我国港澳台地区税制的调整。

复旦大学 2017 级税务专业硕士研究生周远馨、方一鸣、相雨佳、周前、张淑红同学参与了本次修订，在此表示感谢！

对于本书仍然需要改进之处，敬请各位读者和专家不吝指正。

编　者

2017 年 12 月于复旦

第五版说明

《中国税制》第四版出版以来,我国税制进行了营业税改征增值税、资源税由从量计征改为从价计征、消费税税目税率变动等重要调整,同时书中的部分数据、资料需要修改或更新,为此我们将《中国税制》第四版进行了修订。

第五版修订体现的重大税制调整措施主要有:

(1) 营业税改征增值税改革;

(2) 消费税税目税率调整;

(3) 资源税由从量计征改为从价计征;

(4) 固定资产投资方向调节税废止;

(5) 港澳台税制的调整。

在本次修订过程中,2014级税务专业硕士研究生韩祝欣、邱得晖和丁阳同学参与了习题和资料的收集工作,在此表示感谢!

对于本书仍然需要改进之处,敬请各位读者和专家不吝指正。

编 者

2014年12月于复旦

第四版说明

《中国税制》第三版出版至今已三年有余,这期间我国税制经历了增值税转型改革和个人所得税、消费税等主要税种的重要调整,我国香港、台湾和澳门地区的税制也有多项重大变化。为使本书能适应中国税制的最新情况,我们决定将《中国税制》第三版再次修订。

与第三版相比,第四版修订体现的重大税制调整措施主要有:

(1) 增值税转型改革;

(2) 燃油产品的消费税调整;

(3) 个人所得税法第六次修正;

(4) 车船税法颁布;

(5) 上海和重庆的房产税改革试点;

(6) 城市房地产税和筵席税废止;

(7) 港澳台税制的调整。

相应地,我们所修改的内容主要有:

第二章第四节,第三章第二、第三、第四节,第四章第二节,第五章第二节,第六章第三四节,第七章第二节,第八章,第九章,附录一,附录三,部分习题和答案,其他个别文字错误。

对于本书仍然需要改进之处,敬请各位读者和专家不吝指正。

编者邮箱为:xuye@fudan.edu.cn 和 lidu@fudan.edu.cn,欢迎广大读者来信提出您的宝贵意见。

编 者

2011 年 9 月于复旦

第三版说明

鉴于我国近年来正处于新一轮税制改革的进程中,《中国税制》第二版出版后我国又推出了内外资企业所得税制合并等重大税制改革措施。为使读者能及时了解中国税制的最新状况,我们将《中国税制》第二版再次进行了修订。

与第二版相比,第三版修改体现的重大税制调整措施主要有:

(1) 内外资企业所得税的合并;

(2) 个人所得税中利息所得税率的调整、工资薪金等税目费用扣除标准的调整;

(3) 城镇土地使用税的调整;

(4) 耕地占用税的调整;

(5) 将车船使用税和车船使用牌照税合并调整为车船税;

(6) 香港遗产税的取消。

相应地,我们所修改的内容主要有:

第二章第四节,第四章第二、第三节,第五章第二、第三、第四节,第七章第一、第二、第三、第四节,第八章第一、第二节,第九章第一节,附录一,部分习题和答案,其他个别文字错误。另外,第二版中第四章第四节、第七章第五节和第八章第三节内容删去。

对于本书仍然需要改进之处,敬请各位读者和专家不吝指正。

编 者

2008 年 6 月于复旦

第二版说明

《中国税制》一书2006年1月出版后,不足半年便售罄。这充分体现了读者对中国税收制度及其最新调整情况的关注。鉴于本书交稿后至今我国税收制度又发生了若干重要变化,我们特将本书修订再版。

我们的修改主要体现了以下税制调整内容:

(1) 2005年底至2006年上半年《个人所得税法实施条例》等法规对个人所得税费用扣除标准的进一步明确;

(2) 2005年底正式取消农业税;

(3) 2006年2月取消农业特产税;

(4) 2006年2月取消屠宰税;

(5) 2006年4月开征烟叶税;

(6) 2006年4月消费税税目、税率的重大调整;

(7) 2006年6月调整房地产营业税有关政策。

相应地,我们所修改的内容有:

第二章第四节、第三章第四节、第四章第二节、第六章第四节、第七章第二节、第八章第二节、附录一、部分习题和答案以及其他个别文字错误。

希望本次改版能适应学科发展与教学的需要,同时再次敬请读者和专家批评指正。

编 者

2006年7月于复旦

PREFACE 第一版前言

《中国税制》一书是2002年5月与复旦大学出版社达成出版意向的,而到书稿正式交付出版,时光已过去了3年多。我们为什么用了3年多的时间完成此书?究其原因,除了作者其他工作任务繁忙,使得写作经常被打断外,更重要的一点,是我们一直在思索怎样使这本书能够富有新意。毋庸讳言,国内已有不少优秀的介绍中国税制的著作,如果我们的书没有新的内容,没有自己的特色,那就没有必要出版。而这两个问题怎样解决呢?不外乎有两个途径:一是国家税收制度的调整或改革赋予我们新的内容;二是通过研究发现新的视角,形成自己的特色。

目前呈现在读者面前的这本《中国税制》,我们认为至少已形成了两个较为突出的特点。

第一,本书反映了我国1994年以来税制调整的最新情况,特别是反映了2004年启动的新一轮税制改革的主要内容。其中比较重要的新内容包括新开征的车辆购置税制度、对合伙企业合伙人征收个人所得税的制度、东北地区扩大增值税抵扣范围的规定、个人所得税免征额和申报制度调整的规定、2005年房地产税制调整的内容等。

第二,本书增加了对税收制度的细节的介绍和分析,这主要是通过第七章"行业和政策性税收制度"来体现的。一个国家的税收体系往往是为实现政府的多元化的政策目标服务的,而从每一个目标出发又会形成涉及多个税种的一系列的具体规定。我们认为理解这些体现政府特定政策目标的规定对于全面认识我国的税收制度是十分必要的,因此专辟了一章来介绍我国的金融税制、房地产税制、环境税制、科技税制和涉外税制这五个受到较广泛关注而又有一定复杂性的行业和政策性税收制度。

此外,由于2004年启动的新一轮税制改革是分步进行的,不少改革方案还处于讨论和研究之中,社会各界对此都十分关注。我们在第八章简要介绍了当前我国税收理论界对于新一轮税制改革的主要看法,为读者把握我国税制的未来发展方向提供参考。

总体上说,我们希望本书能完整地介绍中国的税收制度,全书不仅涵盖了现行的各个税种,还理出了其历史发展脉络,并补充了港澳台税制的内容。为了使读者深入理解现行税制,我们在第三至六章介绍现行税制的部分几乎每个要点后都举了实例,并在章末附了大量习题。

我们还希望能以流畅简明的语言使有些繁琐的税制规定变得通俗易懂,当然这一点是否做到了,还有待读者进行评判。

我们写作的基本思路是:

第一章,简要概括关于税收制度的基础理论;

第二章,回顾中国税收制度的历史沿革;

第三至六章,介绍中国现代税收制度的具体规定;

第七章,介绍中国的行业和政策性税收制度;

第八章,简析中国新一轮税制改革的主要方向;

第九章,补充介绍我国港澳台地区税收制度。

参与本书写作的人员有:杜莉(第一、第二章)、徐晔(第三、第四章)、方倩(第五、第六章)、宋芳(第七章)、侯志宏(第八章)、孙琳(第九章),由杜莉设计提纲,提出写作思路并将各章修改定稿。

本书写作中参考了不少专家学者的著作和文章,在此一并致谢。

限于作者水平,本书一定还有不少缺陷,敬请读者和专家批评指正。

编 者

2005年11月于复旦

目 录

第一章 税收制度的基础理论 / 001

第一节 税收分类和税制要素 / 001

第二节 税收效应 / 005

第三节 税收原则 / 015

本章习题 / 022

第二章 中国税收制度的发展历程 / 023

第一节 计划经济体制下税收制度的演变 / 023

第二节 1978—1993 年的税收制度改革 / 026

第三节 1994 年的税制改革 / 033

第四节 1995 年以来的税制调整 / 036

第五节 未来的税制改革简析 / 048

本章习题 / 051

第三章 货物劳务税 / 052

第一节 货物劳务税概述 / 052

第二节 增值税 / 054

第三节　消费税　　　　　　　　　　　　　/ 091
　　第四节　关税　　　　　　　　　　　　　　/ 106
　　本章习题　　　　　　　　　　　　　　　　/ 119

第四章　所得税　　　　　　　　　　　　　/ 132

　　第一节　所得税概述　　　　　　　　　　　/ 132
　　第二节　个人所得税　　　　　　　　　　　/ 134
　　第三节　企业所得税　　　　　　　　　　　/ 186
　　第四节　土地增值税　　　　　　　　　　　/ 223
　　本章习题　　　　　　　　　　　　　　　　/ 227

第五章　财产税　　　　　　　　　　　　　/ 236

　　第一节　财产税概述　　　　　　　　　　　/ 236
　　第二节　房产税　　　　　　　　　　　　　/ 238
　　第三节　车船税、车辆购置税　　　　　　　/ 244
　　第四节　城镇土地使用税、耕地占用税　　　/ 249
　　本章习题　　　　　　　　　　　　　　　　/ 253

第六章　其他税　　　　　　　　　　　　　/ 257

　　第一节　资源税　　　　　　　　　　　　　/ 256
　　第二节　环境保护税　　　　　　　　　　　/ 260
　　第三节　印花税　　　　　　　　　　　　　/ 267
　　第四节　城市维护建设税　　　　　　　　　/ 271
　　第五节　烟叶税、契税、船舶吨税　　　　　/ 273
　　本章习题　　　　　　　　　　　　　　　　/ 277

第七章　行业和政策性税收制度　　/ 280

第一节　金融税制　　/ 280
第二节　房地产税制　　/ 290
第三节　资源环境税制　　/ 296
第四节　科技税制　　/ 298
本章习题　　/ 304

第八章　我国港澳台地区税制　　/ 305

第一节　香港地区税制　　/ 305
第二节　台湾地区税制　　/ 314
第三节　澳门地区税制　　/ 320

附录一　中国税收制度沿革　　/ 324

附录二　中华人民共和国税收征收管理法　　/ 329

附录三　现行主要税收法规目录　　/ 338

参考文献　　/ 341

部分习题参考答案　　/ 342

第一章

税收制度的基础理论

税收制度是在一个课税主权之下的各种税收组织体系,是国家以法律程序规定的征税依据和规范,税务机关依法征税和纳税人依法纳税的法律依据、工作准则和规程。它由国家的一整套税收法规组成,包括各税法规、税制结构、税收管理体制和征收管理办法。可见,广义地说,税收制度的具体内容是很广泛也很复杂的。而在一本书中,我们不可能面面俱到,本书所称的税收制度主要指对于各个税种的具体规定,如对纳税人、课税对象、课税依据、税率的规定等。在开始介绍中国的税收制度之前,本章将对关于税收制度的基础理论做一简要概括,以便于读者更好地理解下文的有关内容。

第一节 税收分类和税制要素

税收是国家为了实现其职能,按照法律预先规定的标准,强制地、无偿地取得财政收入的一种手段。根据多年来各国税收理论与实践的发展与完善,伴随着征税环节在国民经济运行发展中的逐渐渗透,税收从原先简单的单一税种日益发展成为一个集个人所得税、企业所得税、财产税、消费税、增值税及关税等于一体的多税种的税收体系。

一、税收分类

一个国家的税收是由许多不同的具体税种构成的,构成一个完整税收体系的各税种根据不同的标准可以有不同的分类,比较重要的分类方法有以下9种。

(一)根据课征对象的不同分类

根据课征对象的不同,我们可以将税收划分为所得税、货物劳务税、财产税、资源税和行为税。这是划分不同税种最主要的依据。所得税,也称收益税,是直接依据纳税人的所得额或收益额征收的税;货物劳务税,依各国具体税收制度而有不同的名称,这是依据商品或劳务买卖中的流转额或增值额课征的一种税;财产税,是对纳税人拥有或支配的财产征收的一种税;资源税,是对从事资源开发的单位和个人就列举的应税资源课征的一种税;行为税,是以纳税人的某种特定行为作为课税对象的一种税。

(二) 产品税与要素税

按课税对象在市场上的性质和地位可分为产品税和要素税。所谓产品税,指在产品货物市场上课征的税收;所谓要素税,指在要素市场上课征的税收。另外,依税负覆盖范围不同,这两类税又可分别细分为一般税与特定税。在要素市场上,如果不存在储蓄,对要素购买征收一般税和对要素收入征收一般税,具有等效性。了解这一点,有助于我们分析税收之间的相似性与差异,有助于我们分析纳税人对税收的反应。

(三) 对人税与对物税

这是按是否直接依纳税人的纳税能力课税而划分的。对人税是根据人的纳税能力课税;对物税是根据经济活动,例如购买、销售或对财产持有而课税,其依据不在于交易者或所有者的特性,而在于物的本身。根据这一标准,对物税可以对家庭,也可以对企业征收;对人税则必须对交易的个人或家庭征收。对人税与对物税的区分是很重要的,因为它涉及税制的公平性。所有的税包括对物税的负担者都是人,考虑税制的公平性时必须考虑税收的最后负担者是谁。从这个角度看,对物税就不如直接根据纳税能力征自特定个人的对人税。

(四) 直接税与间接税

这是按税负是否可以转嫁来划分的。直接税指税负难以转嫁的税种,通常包括直接对纳税人(个人与家庭)课征的税收,如个人所得税、财产税等;而间接税是指税负相对比较容易转嫁的税种,主要包括对货物或劳务的交易课征的税收,如增值税、消费税、关税等。

(五) 按税收的计征标准分类

按税收的计征标准可分为从价税和从量税。凡是以课税对象的价格为标准,按一定比例计算征收的税为从价税;凡以课税对象的重量、容积、面积、数量等为计征标准的税为从量税。

(六) 按税收与价格的关系分类

按税收与价格的关系分类,可分为价内税和价外税。价内税的税金是作为价格的组成部分,如我国的消费税;价外税的税金是作为价格以外的附加,如我国的增值税。

(七) 按税收用途分类

按税收用途分类,可以划分为一般税和特定税。一般税,是指满足一般性财政需要的税收;特定税是指满足特定财政需要的税收,如社会福利税。

(八) 按税收的归属分类

按税收的归属关系分类,可分为中央税、地方税及共享税。

(九) 按税率分类

按税率分类,可分为累进税、比例税和定额税。

二、税收的要素

(一) 税收的基本要素

每一税种都离不开三方面的内容,即对什么征税、征多少、由谁缴纳,因此从法律角度而言,税收制度有三个基本要素,即纳税人、课税对象和税率。

1. 纳税人

纳税人即纳税义务人,亦称课税主体,是税法规定的直接负有纳税义务的单位或个人,也称法定直接纳税人。纳税人可以是自然人,即指公民个人,也可以是法人,即依法成立并能独立行使法定权力和承担法律义务的社会组织。法律上的课税主体和经济上的课税主体是有区别的,经济上的课税主体是税收的实际负担人也称负税人。法定直接纳税人与负税人不一定一致,这涉及税收负担的转嫁与归宿问题。只有当纳税人不能将所纳税款转嫁他人时,才成为负税人。

2. 课税对象

课税对象也称课税客体,是国家征税的基本依据,即对什么进行征税。课税对象规定着征税的范围,是确定税种的主要标志。不同的课税对象,决定着税收的不同种类以及各种税收的征税特点。如所得税的课税对象是所得额,而财产税是以财产的数量或价值为课税对象。就像法定直接纳税人并不等同于负税人一样,课税对象也不同于税源。税源是税款的最终来源,所得税的税源就是所得额,流转税则虽以商品的销售额或增值额为课税对象,却部分或全部地以商品购买者的收入为税源。真正的税源只有在实际的负税人那里才能查明。从课税对象到税源,如同从纳税人到负税人中间有一个复杂的再分配过程。

课税对象量的表现称为课税基数或计税依据。所得税的课税对象是所得额,这只是一个质的规定。为了明确纳税人到底应缴多少税,还必须依照税法规定计算出他的所得额到底是多少,这就是课税对象的量——计税依据。计量计税依据的单位有两种:一种是按财产或商品的自然单位来计量;另一种是按货币单位来计量。采用前一种计税单位来征税称为从量计征;采用后一种计税单位来计量称为从价计征。

课税对象很笼统,为此还须将课税对象做进一步划分,在税法中具体规定应当纳税的项目,以明确征税的具体范围、界限和类别,还可以确定不同的税率,这就是税目。比如,所得税的对象是所得额,这个所得额可以划分为工资收入、租金收入、利息、股息等。规定税目,一方面是课税技术上必需;另一方面对不同税目可以区别对待,有目的地贯彻执行税收政策。

3. 税率

税率是税额与课税对象数额之间的比例。在课税对象既定的条件下,税额和税负的大小就决定于税率的高低。税率的高低,直接关系到国家财政收入和纳税人的负担。因此,税率是税收政策制度的中心环节,被称为"税收的眼睛"。税率可分为三种:

(1) 比例税率。它是不论课税对象的数额大小,只规定一个比例的税率。一般运用于课征货物劳务税,如增值税、关税等。

(2) 累进税率。它是按课税对象数额大小,规定不同等级的税率。课税对象数额越大,税率越高。累进税率又分全额累进税率和超额累进税率两种。全额累进税率是课税对象的全部数额都按照与之相适应的等级的一个税率征税,课税对象数额越大,所适用的税率越高。超额累进税率是把课税对象按数额的大小划分为若干不同等级部分,对每个等级部分分别规定相应的税率,分别计算税额。一定数额的课税对象可以同时使用几个等级部分的税率,每一等级部分都有相应税率,分别计算的税额加在一起,即为应纳税额。与超额累进相类似的还有超率、超倍累进税率等。

全额累进计算比较简单、取得税收多,但全额累进税负担不尽合理,主要表现在累进分界点上下负担相差悬殊。超额累进的幅度比较缓和,一定程度上克服了全额累进的缺陷。在超额累进的情况下,要采用平均税率的概念来反映纳税人的真实负担。平均税率等于实际缴纳税款与应税所得额的比率。容易看出,超额累进的平均税率往往要低于全额累进的平均税率。目前各国所使用的累进税率,主要是超额累进税率。累进税率由于具有很强的再分配效应,所以多用在所得税上。

与累进税相反,累退税率也是按课税对象数额大小,规定不同等级的税率。但是,课税对象数额越大,税率越低。在各国财政中,严格符合定义的累退税是比较少的,所以累退税通常也指一些具有累退性质的税。比如某些比例税,如与纳税人的净收入相比,则为累退税。以盐税为例,穷人和富人盐的消费量一样多,因此要纳同样多的税。但是,盐税占穷人净收入的比重较大,且越穷所占比重越大;它占富人净收入的比重较小,且越富所占比重越小。

(3) 定额税率。它是按单位课税对象直接规定一个固定税额,实际上是比例税率的一种特殊形式。定额税率同价格没有直接联系,一般适用于从量税的征收。如一辆汽车缴纳一定的车船税,每进口 1 升酒缴纳一定的进口税等等。

(二) 税收的其他要素

除以上 3 个最基本的要素外,具体的税法中通常还包括以下一些基本内容。

1. 附加或加成

这是税率之外调整纳税人负担的措施。附加是地方附加的简称,是地方政府在正税以外附加征收的一部分税额。税制上通常把按国家税法规定的税率征收的税款称为正税,而把正税以外征收的税款称为副税。例如,我国的城市维护建设税就是由地方财政在增值税、消费税等货物劳务税的税收收入基础上,附加一定比例征收的。

加成,是加成征税的简称,它是对特定纳税人的一种加税措施,加一成等于加正税税额的 10%。例如,我国个人所得税法中规定,劳务报酬所得,适用比例税率,税率为 20%。对于劳务报酬所得一次收入畸高的,可以实行加成征收。应纳税所得额超过 2 万元至 5 万元的,按税法规定计算应纳税额,再按应纳税额加征五成;超过 5 万元的部分,加征十成。

2. 减税与免税

减税是减征部分税款,免税是免缴全部税款。减免税是为了发挥税收的奖限作用或照顾某些纳税人的特殊情况而做出的规定。

3. 起征点或免征额

起征点是税法规定的开始征税时课税对象应达到的一定数额。课税对象的量未达到起征点的不征税,达到起征点时全部课税对象都要征税。免征额是税法规定的课税对象数额中免于征税的数额。免征额部分不征税,仅就超过免征额部分征税。

我们可以运用实例进一步说明起征点和免征额的区别。比如如果个人所得税法规定

800元为起征点,800元以上征收20%的所得税,则1 000元应税所得额须缴纳200元的所得税。而如果税法规定800元为免征额,800元以上征收20%的所得税,则如果某人的应税所得额是1 000元,他的应纳税额仅为(1 000－800)×20%＝40元。在各国税收实践中,一般多在个人所得税中规定免征额,在货物劳务税中规定起征点。

4. 纳税环节

这是指税法规定的商品从生产到消费的流转过程中缴纳税款的环节。工业品一般要经过生产、批发、零售等环节。同一税种只在一个环节征税的,称一次课征制;在两个环节征税的,称两次课征制;在每个环节都征税的,称为多次课征制。正确确定纳税环节对于平衡税负、保证收入、便于管理有重要意义。我国1994年以来实行的新税制中,增值税是在生产、批发、零售、进口四个环节课征,而消费税只在生产和进口两个环节课征(除部分商品批发和零售环节课征)。

5. 违章处理

这是对纳税人违反税法行为的处理。纳税人的违章行为通常包括:偷税,即纳税人有意识地采取非法手段不缴或少缴税款的违法行为;欠税,即纳税人拖欠税款,不按规定期限缴纳税款的违章行为;抗税,即纳税人对抗国家税法拒绝纳税的严重违法行为;骗税,指企、事业单位采取对所生产或者经营的商品假报出口等欺骗手段,骗取国家出口退税款。对上述现象根据情节轻重可分别采取限期缴税、加收滞纳金、罚款、扣押或查封财产、通知纳税人开户银行暂停付款等惩罚措施直至追究刑事责任。

第二节 税 收 效 应

税收究竟对私人经济部门的各种行为以及重要的经济变量造成怎样的影响,这是政策当局和纳税人都十分关心但也非常复杂的一个问题,本节简要介绍关于税收效应的理论和实证研究的一些基本结论。

一、税收的转嫁与归宿

政府课税最直接的效应就是给纳税人造成税收负担,但是某一种税的最终负担者,往往并不是法定直接纳税人,这就需要研究税收的转嫁与归宿,找出税收负担的最终归着点,从而分析各种税收对于收入分配的最终影响,为进行最优的税制设计提供依据。

(一) 税收转嫁的类型[①]

1. 前转

前转(forward shifting)亦称"顺转"。这是指在经济交易过程中,纳税人通过提高其所

---

① 一些文献中还提到消转(diffused shifting),又称"税收的转化"。这是指纳税人通过改善经营管理或生产技术降低成本,补偿纳税损失,从而使税收负担自行消失。然而,在"消转"的情况下,税收本质上还是纳税人自己负担的,所以并未发生税收的转嫁。

提供的商品或生产要素价格将所纳税款向前转移给商品或生产要素的购买者或最终消费者的一种形式,即由卖方向买方转嫁。

一般认为,前转是税收转嫁的最典型和最普遍的形式。例如,在产制环节对消费品课征的税款,产制厂商就可以通过提高商品出厂价格,把税负转嫁给批发商,批发商再把税负转嫁给零售商,最后零售商再把税负转嫁给消费者。这样,消费者必须付出包括部分税收或全部税收在内的价格购得商品或劳务,名义上纳税人是商品或劳务的出售者,实际的税收负担者是商品或劳务的购买者。

2. 后转

后转(backward shifting)亦称"逆转"。这就是纳税人将其所纳税款,以压低商品或生产要素进价或压低工资、延长工时等方法向后转移给商品或生产要素提供者的一种形式。

税收的转嫁表现为后转,一般是由于市场供求条件不允许纳税人以提高商品销售价格的办法,向前转移税收负担。例如,在零售环节对某商品课税,但该商品市场价格因供求关系难以提高。这时零售商不能通过提高商品售价把税负转移给消费者,只有设法压低进货价格把税负逆转给批发商,批发商再逆转给产制厂商,产制厂商又通过压低原料价格、劳动力价格(工资)或延长工时等办法,把税负转嫁给原料供应者和工人。

转嫁是课税后归宿前发生的一种经济现象,前转或后转均可有一次或数次。如果一笔税款从纳税人到最后负税人即税收的归宿,其转嫁运动只发生一次,可称为一次转嫁;而发生两次或两次以上的转嫁称为辗转转嫁。

此外,在现实经济活动中,有时税收的转嫁表现为纯粹的前转或后转,但更多的情况是一笔税款,只有一部分转嫁出去,或者一部分前转,另一部分后转。因此,对税收在形式上的前转或后转,必须根据具体情况做具体的分析。

3. 税收的资本化

税收的资本化(capitalization of taxation)又称资本还原,实际上是后转的一种特殊形式,多发生在土地等能产生长期收益的资本品出售时。政府如向土地的收益征税,在土地出售时,买方会将以后应纳的税款折成现值,要求将其从土地价格中预先扣除,造成土地的价格下降。此后名义上虽由买方按期缴税,实际上税款是由卖方负担的。与一般意义上的后转不同之处是,税收资本化是将未来多次应纳税款做一次性转嫁。

(二) 供求弹性与税收转嫁

在产品(或要素)市场,政府课税时,税收最终由谁负担,和名义上由谁纳税无关。税收的转嫁和归宿情况事实上是由税后的均衡价格决定的。税后均衡价格(需求方支付的价格)比税前均衡价格提高的部分就是需求方承担的税收,税收的其余部分则必须由供给方向后转嫁或自行承担,这也就是供给方实际得到的价格比税前均衡价格降低的部分。购买者为单位产品(或要素)支付的价格永远比销售者实际得到的价格多出一个单位税额。

需求和供给弹性是决定税收转嫁和归宿状况的关键,更确切地说,在完全竞争市场,税负由买方与卖方分担的比例与供给、需求弹性之间的关系如下式所示:

$$供给弹性/需求弹性=买方负担份额/卖方负担份额$$

容易看出,这意味着某种产品需求弹性越大、供给弹性越小,则税收负担越难以向前转嫁给需求方,而只能由供给方自行负担或向后转嫁;反之,需求弹性越小、供给弹性越大,则税收负担越容易通过提高价格的方式向前转嫁给买方。更通俗地说,买卖双方在价格变化时产量的调整能力越强,越是容易处于较有利的地位,可以承担较少的税负。

由以上结论我们可以推断出税收归宿的两种极端情况。

税收全部由需求方负担:需求完全无弹性或供给完全有弹性。

税收全部由供给方负担:需求完全有弹性或供给完全无弹性。

当然,在现实生活中,绝大多数产品的需求和供给弹性介于完全有弹性和完全无弹性两个极端之间。所以,较为常见的情况是:一部分税收向前转嫁给购买者,一部分税收向后转嫁给生产者或要素的提供者。

(三) 垄断条件下的税收转嫁和归宿

在完全竞争的情况下,均衡价格和产量由供给曲线(代表卖方边际成本)和需求曲线(代表买方边际效用)的交点决定。而在垄断情况下,由于垄断者具有左右价格的能力,为了达到利润极大,他将在使其边际成本与边际收益相等的条件下决定其产量,而价格则由在这一产出水平上的边际效用来决定。这样,即使边际成本和边际效用曲线相同,垄断条件下的均衡价格有别于完全竞争条件下的均衡价格,从而税收对价格变动的影响和税收负担的归宿也会有所不同。

垄断条件下,若向供给方征收数量为 T 的从量税,则边际成本上升 T 个单位,决定新的均衡产量和与之相对应的价格。垄断者一般可以通过涨价,将一部分税收负担转嫁给消费者,但税额的其余部分只能自行承担。至于税负转嫁的程度则取决于边际成本曲线和需求曲线的形状,边际成本曲线越陡峭,则税后产出的变化越小,从而价格的提高也越少,税负越难以向买方转嫁。但是,水平的边际成本曲线并不意味着买方将承担全部的税收,可以证明,垄断条件下,边际成本为常数,需求曲线为线性,从量税引起的价格上升是单位税额的 $1/2$。与之相对照,在完全竞争的情况下,边际成本为常数意味着供给完全有弹性,税负将完全由买方承担,因此,认为垄断者可以比竞争市场中的厂商更方便地将税负转嫁给买方是没有根据的。

垄断情况下征收从量税与从价税的效应不同,在取得同样税收收入的条件下,与征收从量税相比,征收从价税时垄断者只能将较少的税收负担转嫁给消费者。

为实现利润极大化,垄断厂商的产量和价格是边际收益与边际成本相等时的产量和价格。对垄断者的利润课税时,边际收益和边际成本不受影响,从而价格也不会改变,这说明税收不需买方承担,垄断者承担全部税负。

垄断竞争市场和寡头垄断市场是介于完全竞争市场和垄断市场之间的市场结构,这些市场结构下的税前均衡状况是不确定的,因此其税收归宿也不明确,还有待进一步的研究。

(四) 税收的转嫁与归宿的一般均衡分析

上述分析说明一种税在某一产品或要素市场中的归宿。在现实经济生活中,各种产品和生产要素的市场是相互作用、相互影响的,对某一商品或生产要素的征税可能会在整个经济中引起一系列的连锁反应,为全面把握税收转嫁和归宿状况,就需要进行一般均衡分析。

根据著名经济学家哈伯格(A. C. Harberger)提出的一般均衡模型,假设整个经济体系中只有食品、制造品两种产品以及资本、劳动力两种生产要素；家庭部门没有储蓄。当市场为完全竞争市场，生产要素供给总量不变，不同部门使用两种要素的比例和替代率不同，要素可以在部门间自由流动时，对一种产品征税及对一个部门的一种要素收入征税的效应如下。

对一种产品征税的直接效应是该产品的买卖双方将承担税负，这又会引发进一步的影响：在消费方面，课税后购买力转向非课税产品，引起非课税产品价格的提高，税负就扩展到非课税产品的消费者身上；在生产方面，被征税的产品生产中使用较多的生产要素的收益将下降，下降的程度取决于征税产品的需求弹性、部门间生产要素比例的差异、非征税部门的要素替代弹性等因素。

对一个部门的一种要素收入征税的直接效应是该要素的价格上升，供求双方都承受税收负担，而进一步的效应是：在产品市场上，要素价格的上升引起产品价格的上升，税收负担扩散到此类产品的消费者以至更为广泛的消费者人群中；在要素市场上，由于对所课税要素需求的减少和要素在部门间的流动，所有部门的该要素所有者都承担税负。

因此，总体上说，选择性税收的影响不限于某一局部市场的供需双方，而是广泛蔓延于其他市场的参与者之中。

二、税收的宏观经济效应

（一）税收与经济稳定

社会总产出水平（从而就业水平）和价格水平是由社会总需求和总供给的均衡点决定的。从动态角度讲，社会需求总量与供给能力都不是静止的，但是在一定时期内，需求量的变动要比供给能力的变动更为活跃，更具弹性。因此，税收影响宏观经济稳定主要是通过影响总需求实现的。

1. 税收乘数

在封闭经济中（若不考虑进出口），社会总需求（aggregate demand, AD）是由私人经济部门的消费需求 C、投资需求 I 与政府部门的购买支出 G 三部分组成，即

$$AD = C + I + G$$

式中，消费需求 C 是国民收入 Y 与税收 T 的函数，即

$$C = C(Y, T)$$

因此，社会总需求公式可进一步表示为

$$AD = C(Y, T) + I + G$$

由此可见，税收 T 是影响社会总需求的重要变量，若减少政府税收 T，因为 C 是 T 的减函数，所以私人经济部门的消费需求将扩大，如果 G 与 I 均不变，社会总需求也将扩大。

在实行比例所得税的社会，设 t 为税率；c 为边际消费倾向；a 表示基本消费水平，则当

总供求平衡时,有

$$Y = a + c(1-t)Y + I + G$$

将上式对 t 求导,则

$$\frac{dY}{dt} = c\left[(1-t)\cdot\frac{dY}{dt} + Y\cdot\frac{d(1-t)}{dt}\right]$$

从而

$$\frac{dY}{dt}[1-c(1-t)] = -cY$$

所以

$$\frac{dY}{dt} = \frac{-cY}{1-c(1-t)}dt$$

式中,$-c/[1-c(1-t)]$ 就是所得税的乘数,又称税收乘数。即政府税收减少将导致产出的扩张,而且产出第一轮增长以后,消费支出 C 会随之扩大,从而引起产出进一步多倍扩张。

2. 所得税的自动稳定作用

税收的自动稳定作用是指税收制度具有自动调节经济、缓和经济波动,从而稳定经济的特性。

所得税是最重要的一个自动稳定器。在税率给定不变的条件下,税收随经济周期自动同方向变化,在经济繁荣阶段,随着生产扩大,就业增加,收入增加,在累进所得税制下,人们进入更高的纳税级次,税收占收入的百分比上升,税收的增长快于收入的增长,人们税后的可支配收入上升幅度小于收入增加的幅度,从而税收的增加具有自动抑制消费需求增长及经济过热的作用;当经济处于萧条阶段,国民收入下降,税收自动减少,从而减小了消费支出的下降幅度,缓解了经济紧缩。

若用公式进行推导,我们能较准确地测出自动稳定器缓和经济波动的作用。

没有税收制度时,均衡产出水平为

$$Y = (a+I)/(1-c)$$

若 I 由于某种原因自发变动 ΔI,则

$$\Delta Y_1 = \Delta I/(1-c)$$

而在实行比例所得税制度的情况下,有

$$Y = (a+I)/[1-c(1-t)]$$

若 I 仍然自发变动 ΔI,则有

$$\Delta Y_2 = \Delta I / [1 - c(1-t)]$$

因为 $t > 0$，故 $\Delta Y_2 < \Delta Y_1$，显然由于所得税制的存在，经济的波动幅度减小了。自动稳定器作用的大小可通过内在稳定性指数 α 来衡量：

$$\alpha = (\Delta Y_1 - Y_2) / \Delta Y_1 = ct / [1 - c(1-t)]$$

可以看出，α 的大小取决于边际消费倾向 c 和税率 t。税率越高，稳定机制的力度越大，即自动稳定器使由私人经济部门变动引起的产出波动幅度越小。

对于累进税制来说，还要多考虑一个因素，那就是平均税率对税基变动所做出的反应，即税率的税基弹性。只要弹性为正值，自动稳定器就发挥作用，而无需弹性大于1。

个人所得税实行的是累进制，收入上升时，人们进入更高的纳税等级，税收对收入的弹性大于1，即税收比收入增加要快，因此个人所得税对经济的稳定作用很强。

自动稳定器只能缓和经济波动，但若产出原本就处于充分就业的水平，那么任何形式的经济波动对经济都是有害的。为了消除经济波动，我们仍需使用积极的财政政策，发挥税收乘数的作用。

(二) 税收与经济增长

关于一个国家的税收水平与经济增长的关系，美国供应学派的经济学家拉弗（Arthur Laffer）提出了一个著名的"拉弗曲线"原理。其基本观点是：在一个限度以内，税收收入将随税率的提高而增加，当税率超过了这个限度，继续提高税率，则税收收入不但不能增加，反而会下降。

如图1-1所示，税率由 r_1 提高到 r_2，税收收入将由 OP 增加到 ON。但税率提高超过一定程度，就会影响人们工作、储蓄和投资的积极性，从而导致税基减少的幅度大于税率提高的幅度，税收收入反而减少。如图，当税率由 r_3 提高到 r_4，税收收入会由 ON 减少到 OP。从图上看，Rm 线就是税率的临界点。在这个税率水平上，税收收入最多，为 OR，超过了这个界线，就是税收的禁区。由此得出的结论是，税率水平应以 r 为限，并以 r 为最佳税率点。

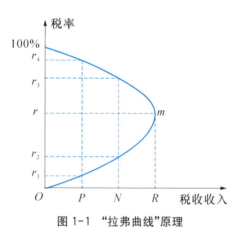

图1-1 "拉弗曲线"原理

由"拉弗曲线"原理可引申出税率提高与经济增长的关系，当税率过高时，高税率会挫伤纳税人的生产积极性，抑制经济增长，所以税收收入不会再因税率的提高而提高，反而会下降。因此，一个国家必须保持一个适度的宏观税负水平。

世界银行经济学家凯恩·马斯顿选择了具有可比性的20个国家的经验数据，围绕宏观税负的高低对经济增长率的影响进行了研究，发现低税负国家的国内生产总值的实际增长率高于高税负国家，从而得出基本结论：一国的低宏观税负对提高本国的经济增长率具有积极的促进作用。这一基本结论一定程度上支持了"拉弗曲线"的基本观点。

三、税收的微观经济效应

(一) 税收与劳动和休闲

1. 劳动和休闲的消费者均衡

关于劳动和休闲的选择是人们最基本的选择。收入与休闲都会增进人们的福利水平，然而要取得收入就必须劳动，即放弃休闲，于是人们必须在既定的约束之下选择收入与休闲的最佳组合，也就是劳动和休闲的最佳组合。若以 Y 表示收入，L 表示休闲，L_0 为总可得时数，税前工资率为 W，人们没有非劳动收入，则消费者的预算约束为 $Y=W(L_0-L)$，如图 1-2 中的预算线 AB 所示，如果最大限度地放弃休闲，能够取得的收入为 OA，若不放弃任何休闲，即不工作，则能够取得的收入为零，而享有的休闲时间为 OB，AB 线的斜率为税前工资率 W，相当于休闲的价格。若人们对于收入和休闲的偏好如无差异曲线 i 所示，则与预算线相切的无差异曲线代表税前人们的最大效用水平，切点 E_0 决定了收入和休闲的最佳组合。

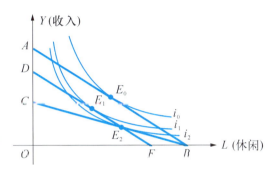

图 1-2 消费者的收入、休闲选择和比例所得税的效应

2. 税收与劳动供给

如图 1-2 所示，当政府课征比例所得税时，消费者均衡点从 E_0 点移至 E_2 点，我们可以观察到 E_2 点在 E_0 点的右侧，相应地消费者选择的休闲时间增加，劳动时间减少了，说明此时比例所得税对劳动供给存在反激励作用。

这里，个人所得税对劳动供给的影响可分解为两部分：收入效应和替代效应。首先，政府征税会直接降低消费者的可支配收入，依据传统的假定，休闲是正常商品，那么在收入效应的作用下，征税会使个人减少对休闲的享受，提供更多的劳动，以挣得更多收入维持以往的收入或消费水平，均衡点将从 E_0 点移至 E_1 点。其次，个人所得税还会降低工资率，在替代效应的作用下，人们会以休闲替代劳动，从而减少劳动供给，均衡点再从 E_1 移至 E_2。

显然，收入效应和替代效应的作用方向是相反的，综合两种效应的影响，个人所得税对劳动供给的净效应既可能是使劳动供给减少，也可能是使劳动供给增加，这决定于收入效应和替代效应哪一方面更强。所以，税收对于劳动供给究竟起到激励还是反激励作用，没有确定的答案。现有的经验研究表明，征收个人所得税对劳动投入的影响可能是一种激励，但效应不大。

虽然所得税对劳动投入的影响并不显著，我们仍可以将不同所得税制模式对劳动供给的效应进行比较。由于不产生替代效应，人头税或总额税较之比例税有更多的激励纳税人增加劳动投入的效应。累进所得税由于导致更大的替代效应，对劳动投入将起到较少的激励作用或较大的阻碍作用。而具有累退性质的商品税较之同额累进或比例所得税则对劳动投入有更大的激励作用。对非劳动收入的课税由于收入效应的作用，会引起劳动供给的增加。

(二) 税收与消费和储蓄

1. 消费和储蓄的消费者均衡

为了研究税收对消费和储蓄的影响,首先引进一个简单的跨时消费和储蓄模型。假定消费者的一生可分为现在和将来两个时期,在这两个时期消费者分别拥有 Y_p 和 Y_f 的收入,而市场上的利率为 r (假定储蓄和贷款的利率相同)。个人将把收入分配于两个时期进行消费,以求效用极大化,设其现时消费为 C_p,将来消费为 C_f,现时储蓄为 S,则税前两期的消费公式应为

$$C_p = Y_p - S; C_f = Y_f + S(1+r)$$

将两式合并整理,得

$$C_p + C_f/(1+r) = Y_p + Y_f/(1+r)$$

从而有

$$C_f = [Y_f + (1+r)Y_p] - (1+r)C_p$$

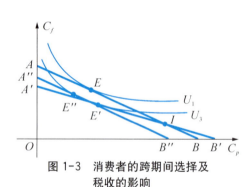

图 1-3 消费者的跨期间选择及税收的影响

此式即为个人的期际预算约束,表示在定值 Y_f、Y_p 之下的 C_p 与 C_f 的各种组合,即图 1-3 中的预算线 AB。

若资本市场允许个人将收入在现在和将来消费之间进行自由配置,他就能在预算线上做 C_f 与 C_p 之间的选择。

如果消费者既不借钱也不储蓄,即 $C_p = Y_p$,$C_f = Y_f$,则他的选择如预算线上 I 点所示,这一点被称为禀赋点(endowment point)。若消费者把所有收入都放到将来消费,即 $C_p = 0$,则 $C_f = Y_f + (1+r)Y_p$,这种情况如图 1-3 中 A 点所示。如果消费者把将来收入全部预支到现时消费,即 $C_f = 0$,则 $C_p = Y_p + Y_f/(1+r)$,这种情况如图 1-3 中 B 点所示。

容易看出,预算线的斜率为 $1+r$,也就是说,即期消费相对于未来消费的价格为利率加上 1。

为了求得消费者在现时消费与将来消费之间进行选择的均衡点,引入无差异曲线,无差异曲线反映消费者的偏好和效用水平。在无差异曲线与预算线的切点 E,消费者心目中未来消费与当前消费的边际替代率刚好等于 $(1+r)$,即 $MRS_{fp} = 1/(1+r)$,此时消费者的效用在既定的预算约束下达到最大,为 U_1。

2. 税收对消费和储蓄的影响

劳动收入课税的情形较为简单,税后仅产生收入效应,当期消费和未来消费都因课税而减少,储蓄增加。而受到更多关注的是利息所得税对消费和储蓄的影响,而其效应也复杂得多。

政府征收储蓄利息所得税将使消费者的预算约束线绕禀赋点逆时针旋转,如图 1-3 所

示,消费者的均衡点由 E 点变为 E' 点。可将这一过程分解为收入效应和替代效应,从 E 点到 E'' 点为收入效应的结果,税收使消费者个人可支配收入减少,从而即期消费和未来消费都减少,储蓄增加;从 E'' 点到 E' 点是替代效应的结果,利息所得税使未来消费的收益即现期消费的代价降低,于是消费者将增加当期消费,减少储蓄。

显然,这里收入效应和替代效应对当期消费和储蓄的作用方向也是相反的,从而难以肯定利息所得税是否有刺激消费的作用。图 1-3 表明,征收利息所得税使得当期消费增加了,但也可能有相反的情况。利息所得税对消费和储蓄的净效应,最终取决于消费者的时间偏好:若消费者的边际储蓄倾向较高,则其无差异曲线较为平缓,利息税的净效应则可能表现为增加当期消费,减少储蓄;反之,则表现为减少当期消费,增加储蓄。一般说来,高收入者的边际储蓄倾向较高,利息税对高收入者储蓄的抑制作用比对低收入者大。

与所得税影响劳动供给的道理相同,累进的利息税较之比例税,对私人储蓄将有更大的抑制作用;累进程度越高对储蓄的抑制作用越大。

以上论述假定消费者会利用资本市场将总收入在现在消费和将来消费之间进行配置,以实现效用极大化。而依据莫迪利安尼的生命周期假说,消费者将努力在生命周期内保持平衡的消费水平,从而人们的储蓄倾向取决于年收入水平、工作年限相对于预期寿命的长短等因素,与储蓄利息不相关。

政府征收利息税后,消费者的边际储蓄倾向要高于征税前的储蓄倾向。这是因为我们假设消费者平稳消费,即他将其工作收入均匀地用于其一生的消费,征税后其预期收入水平降低,为维持退休后的消费水平,必须在工作期间增加储蓄。由此可见,消费者若是平稳消费,利息税将对储蓄倾向产生正效应,也就是说,税率越高,消费者的储蓄欲望越强烈。

综合以上所述,理论上利息所得税对刺激消费的作用是不确定的。从国外的实证分析来看,也尚未得出确定的结论。就目前来说,认为利息税对储蓄水平影响不大的观点相当流行。

(三) 税收与投资

1. 私人投资的决定因素

投资一方面是总需求中最易波动的组成部分,另一方面又促进着一国的资本形成,成为长期经济增长的主要推动力,因此一直是经济学家关注的焦点之一。

根据哈佛大学的戴尔·乔根森提出的投资模型,投资是企业在某一时期为达到其意愿资本存量(desired capital stock)而对上一期的实际资本存量进行的增量调整,以公式表示为

$$I = a(K^* - K_{-1})$$

式中:K^* 为意愿资本存量;K_{-1} 为上一期的实际资本存量;a 反映投资增加的速度。显然,意愿资本存量是决定企业当期投资额的重要因素,如果意愿资本存量上升,企业的投资额也将随之上升。

企业的意愿资本存量是使资本的边际收益(即资本的边际产出 MPK)与其边际成本(即资本的租用或使用成本 rc)相等的资本存量。

影响意愿资本存量的因素主要是企业的产出和资本租用成本。如图 1-4 所示,根据资本边际收益递减规律,MPK 线应为一条向下倾斜的曲线,它表明在劳动等其他要素的投入

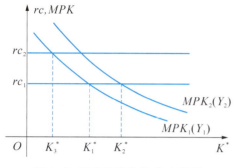

图 1-4 资本边际收益、资本租用成本和意愿资本存量

既定的情况下,资本的边际产出随资本投入的增加而递减。资本租用成本不随资本规模的变化而变化,因而 rc 线平行于横轴。企业的意愿资本存量由 rc 线与 MPK 线的交点决定。当生产规模扩大时,即若产出由 Y_1 上升到 Y_2,因为需增加更多的劳动,资本的边际产出亦将上升,由 MPK_1 线移至 MPK_2 线,企业的意愿资本存量亦将上升,由 K_1^* 上升到 K_2^*。另一方面,若产出不变,资本租用成本由 rc_1 上升至 rc_2,意愿资本存量将下降,由 K_1^* 降至 K_3^*。

2. 政府税收对私人投资的影响

政府税收主要通过两种途径影响投资:企业所得税和投资税收抵免。

投资税收抵免是指允许企业从每年所得税的应纳税额中减去当年投资额的一定比例。例如,若企业某年实现 100 万元的投资,投资税收抵免为 10%,则可从当年的应纳所得税额中扣除 10 万元。美国于 1962—1986 年实行过投资税收抵免政策。显然,投资税收抵免直接降低了企业购进资本品的成本乃至于"资本租用成本" rc,将起到刺激投资的作用。

企业所得税对意愿资本存量以至于投资的影响则相对复杂一些。首先进行初步的分析,我们发现企业所得税对意愿资本存量没有影响。因为存在企业所得税时,企业将使其"税后的"资本边际产出与"税后的"资本租用成本相等。我们集中分析资本租用成本中的利息部分。在计算企业所得税时利息是一个可以从利润中扣除的项目。假定没有企业所得税,没有通货膨胀,没有折旧,利息率为 10%,意愿资本存量为 K_0。这时资本的边际产出亦为 10%。现在若征收 34% 的企业所得税,利率不变,在资本存量仍为 K_0 时,税后的资本边际产出降为 6.6%($=10\%-10\%\times34\%$)。但如果利率为 10%,企业从利润中扣除利率的 34%,税后的资本租用成本亦降为 6.6%,这样意愿资本存量不会因企业所得税的征收而受到影响。

但是,实际的税收制度要复杂得多,这使得企业所得税对意愿资本存量的影响是模糊的。当我们考虑到企业所得税对折旧的处理以及对发行股票融资等其他筹资方式的差别待遇时就更能了解这一点。

税法中一般将折旧作为企业费用的一部分,准许在计算所得税时从企业利润中扣除。但是,折旧提取的规则是相当复杂的,往往税法准予扣除的折旧并不等于固定资产的真实经济折旧。如果税法中允许扣除的折旧高于真实经济折旧,例如允许企业采用加速折旧法,则相当于降低了资本租用成本,将刺激企业的意愿资本存量和投资的增加;反之,则会抑制企业的投资。

在实际经济运行中,投资有时不是通过借款而是通过发行股票来融资的,企业给予股票持有者的收益采用红利的形式,但红利支出在计算企业所得税时不允许从利润中扣除。这样,上文针对借款筹资进行分析得出的企业所得税并不影响意愿资本存量的结论,亦需重新考虑。

第三节 税收原则

税收原则就是政府在税收制度的设计和实施方面所应遵循的基本指导思想,也是评价税收制度优劣以及考核税务行政管理状况的基本标准。作为保证税收充分发挥对经济社会积极作用的准则,税收原则具有很强的实践意义,历来得到理论界及各国政府的极大重视。

一、税制设计的基本问题

一国税制结构的设计要解决的问题很多,总体上说,主要有两个:一是税收负担问题;二是税制结构问题。

(一) 税收负担问题

一个国家一定时期的税收负担要适度合理,这对于保证有关政策目标的实现乃至总体税制的正常运转都是至关重要的。而税收负担又应从宏观税负和微观税负两个方面来考虑。

1. 宏观税负问题

宏观税负指一个国家的总体税收负担水平。由于一国的经济总规模一般用国民生产总值(GNP)或国内生产总值(GDP)来表示,因此衡量宏观税收负担的指标也主要有国民生产总值负担率和国内生产总值负担率。

国民生产总值负担率指一定时期内税收收入的总额与国民生产总值的比率,计算公式如下:

$$国民生产总值负担率(T/GNP) = \frac{税收收入总额}{国民生产总值} \times 100\%$$

国内生产总值负担率指一定时期内税收收入的总额与国内生产总值的比率,计算公式如下:

$$国内生产总值负担率(T/GDP) = \frac{税收收入总额}{国内生产总值} \times 100\%$$

受到多种因素的影响,每个国家的宏观税负水平是不同的,即便是同一个国家,其不同历史时期的宏观税负水平也不一样。由于我国有预算内财政收入和预算外财政收入之分,甚至还有一部分不由财政掌握的政府财力,因此也就有不同的宏观税负口径,在进行国际比较时,应注意到这一点。

2. 微观税负问题

从微观角度考察,税收负担可分为企业税收负担和个人税收负担。

企业税收负担指企业承受的税收负担,其衡量指标又可分为两大类:一是企业整体税负率;二是个别税种的税负率。

反映企业整体税负率的指标有企业税收总负担率、企业净产值税收负担率等,计算公式分别为

$$企业税收总负担率=\frac{各税种纳税额}{同期销售收入}\times100\%$$

$$企业净产值税收负担率=\frac{税收收入总额}{同期净产值}\times100\%$$

个别税种的税负率的衡量指标有:

$$企业商品税负担率=\frac{商品税总额}{同期销售收入}\times100\%$$

$$企业所得税负担率=\frac{所得税总额}{同期各项所得总额}\times100\%$$

等等。

当然,以上指标反映的只是企业的名义税收负担情况,为了解企业的实际税收负担情况,还要对税负转嫁情况进行分析。

个人的税收负担率也包括总体税负率和个别税种的税负率。但是,由于统计资料获取的困难,总体税负率和货物劳务税等易于转嫁的税种的税负率基本上无法计算。个人所得税的负担率也不易于准确计算,但其分析意义十分显著,在累进所得税制度下,个人所得税的负担率应以平均税率来衡量。

(二) 税制结构问题

税制结构设计的问题也相当于税种的配置问题。按照税收原则的要求来解决税种的配置问题,并不意味着所选择的税种都能够完全符合各项税收原则的要求,因为某种税收在满足各项税收原则的程度上往往存在着冲突或矛盾。比如累进所得税,从税收公平的角度看,它是最为可取的,因为累进的所得税既可体现横向公平的要求,对处于同等经济地位的纳税人按相同的税率征税,又可体现纵向公平的要求,对处于不同经济地位的纳税人按累进的税率征税。但是,它却不能满足税收效率的要求,因为累进所得税的边际税率随收入的增加而逐步提高,这对劳动投入、储蓄、投资等都将产生消极的影响,对经济效率是有害的。再如消费税,它一般都采用比例的单一税率,所有的纳税人不论经济地位如何都按相同的税率纳税,就税收效率而言,它显然是较好的选择;但从税收公平的角度看,高收入者所纳税款占其收入的比例比低收入的人为少,具有很强的累退性,因此又是很不可取的。

所以,税制结构设计问题实际上研究的是各个税种之间的相互配合问题,使其相互补充,形成一个能在总体布局上体现税收原则要求的税收体系。

由各个税种构成的相互协调、相互补充的税收体系,总是要以某一种或几种税居于主导地位。这种居于主导地位的税种就构成税制结构中的主体税种,主体税种的选择对于税种的合理配置具有关键意义。

在过去的几十年里,经济发达国家基本上都是以直接税为主,并以所得税(包括社会保险税)为主体税种;而发展中国家则是以间接税为主,并以增值税等货物劳务税为主体税种,这似乎说明随着一国经济发展水平的提高,所得税将成为理想的主体税种。但也应看到,20世纪80年代以来,以增值税为代表的间接税在欧盟国家、加拿大、澳大利亚等发达国家的重要性日益提高,甚至在美国引进增值税的呼声也十分高涨。因此,主体税种的选择问题没有现成的答案,需要一国的税收政策当局认真对待、慎重考虑。

税收原则是解决各种税制设计问题的基本依据,以下就具体介绍关于税收原则的基础理论。

二、古典税收原则和现代税收原则

(一) 古典税收原则

历史上第一次明确系统地阐述税收原则的当推亚当·斯密。他在《国民财富的性质与原因的研究》中提出了四原则。具体如下:

(1) 平等原则。公民应根据自身纳税能力来承担政府经费支出,即按其在国家保护下所获收入的多少来确定纳税的额度。

(2) 确定原则。各人应纳税收金额及缴纳方式(时间、地点、手续)都应清楚明确,不要轻易变动。

(3) 便利原则。各税应在纳税人最便利的情况下或以最便利的缴纳方法征收。即要求的征税及其管理手续尽量从简。

(4) 节省原则。应使国库收入与公民缴纳税收差额为最小,即税收征收费用最小。

19世纪后期,德国瓦格纳集中前人税收原则理论之大成,提出四大原则(含九小原则):

(1) 财政收入原则。其一,充足原则,税收收入应足以满足国家财政需要;其二,弹性原则,税收收入足以适应财政支出的变化。

(2) 国民经济原则。其一,慎选税源原则,应选择有助于保护税本的税源,以发展国民经济;其二,慎选税种原则,税种选择应避免使市场经济机制的效率受损。

(3) 社会正义原则。其一,普遍原则,税负普及于每一公民,人人有纳税义务;其二,平等原则,应根据纳税能力大小征税,通过累进税及免税等措施,达到社会正义目标。

(4) 税务行政原则。其一,确定原则,纳税的内容及程序事先规定清楚;其二,便利原则,便利纳税人,简化征收手续;其三,节省原则,节省征收费用。

(二) 现代税收原则

现代税收原则并未全盘否定古典原则的基本观点,它结合凯恩斯主义及福利经济学的思想,围绕税收在现代经济生活中的职能作用来立论,从新的高度对税收原则进行阐释,其中比较一致的观点可概括为三方面:

(1) 公平原则,税收应有助于实现收入的公平分配。

(2) 效率原则,税收应有助于实现资源的有效配置。

(3) 稳定和增长原则,税收应有助于实现经济的稳定增长。

当然,现代税收原则虽依公共财政的三大职能可以概括为三个方面,其涉及的具体内容却相当广泛。税收的稳定与增长原则主要是宏观经济理论的内容,本节将主要讨论税收的公平及效率原则。

三、税收的公平与效率

(一)税收的公平原则

公平原则是公认的税收首要原则,这一方面是由于公平对维持税收制度的正常运转必不可少;另一方面是由于税收矫正收入分配的作用对于维护社会稳定是不可或缺的。所以,公平不仅仅是作为经济目标,更重要的是作为社会目标出现。

税收公平原则应从两个角度来理解:一是福利水平相同的人应缴纳相同的税收,即所谓的横向公平;二是福利水平不同的人应缴纳不同的税收,即所谓的纵向公平。可见,公平原则的关键在于福利水平的定义及衡量,税收公平原则的理论,更进一步说是税收公平标准的理论。依据不同的标准,人们对税收的公平原则做出了许多种解释,大体可概括为两类:受益原则和纳税能力原则。

1. 受益原则

受益原则要求每个纳税者根据他由公共服务中获得利益的水平来相应纳税,即社会成员的税收负担应与他从政府服务中获得的收益相等。

受益原则实际上是将公民纳税—政府提供服务看成是一种类似于市场交易的过程,税收仿佛是政府提供服务的价格,较易被纳税人所接受。而且,如果每个人都能根据自己从政府服务中获得的边际效用缴纳相应的税收,就可以确定政府提供服务的最佳规模,实现公共产品的最优供给。

政府一般倾向于在可能的范围内应用受益原则。例如,公路的直接受益者是使用公路的行人和车辆,但是在公路网错综复杂、范围很广的情况下,收费成本很高,这时就可以向一些与公路消费相关的互补产品如汽油、车辆、轮胎等征税。

然而,政府提供的许多服务属公共产品(如国防等)或准公共产品(如教育),它们是共同消费的或者具有部分外部收益,客观上很难确定每个人的获益到底有多少,唯有让消费者自己呈报。但是,人们为了减少纳税,很可能隐瞒或者歪曲自己获得的真实收益。这就使受益原则的应用受到了很大限制。

除此之外,受益原则的局限性还体现在它对收入分配是中性的,这一原则不能解释应用于社会福利的支出的征税情况。社会福利支出主要是穷人受益的,但他们的纳税能力很小甚至没有纳税能力,显然不可能让他们按照所获得的收益纳税。

2. 纳税能力原则

纳税能力原则要求根据纳税人的纳税能力来确定其应承担的税负。具体又有主观说和客观说之分。主观说强调公平的税收应使人们因纳税而感到的牺牲相同,但鉴于牺牲程度很难估计,实践中应用的纳税能力原则主要是客观说,即根据人们的收入、消费或财产来衡量纳税能力。

收入是公认的衡量纳税能力的一个较好标准。收入多的人应多纳税,收入少的人应少纳税。对于收入税基的争议集中在对收入的统计口径如何确定的问题上,例如:是以个人为单位还是以家庭为单位衡量纳税能力？确定应税所得时可扣除的支出有哪些？是否应对资本价值增值等某些未实现的收入课税？对不同来源的收入是否应该加以区分？不过，收入并不能全面地衡量纳税能力，极端的例子是，一个窖藏黄金的人和一个乞丐，都可能是"零收入者"，如果仅按收入征税，显然有失公平。

也有人认为应以消费作为衡量纳税能力的标准。他们认为：在市场经济中收入的多少标志着一个人对生产所做的贡献，不能因为贡献大而多纳税；而消费标志着一个人对社会的索取，索取越多，纳税能力越强，就应该多纳税。但是，消费税基的主要不足之处是它有一定的累退性，低收入者可能其收入的更多份额会用来消费，若仅以消费支出确定纳税能力，不利于缩小社会贫富差距。

另一个衡量纳税能力的客观指标是财产。人们可利用财产赚取收入，财产还可带来声望、权力、保障等其他满足，财产差别是造成贫富不均的一个重要根源。由于征管的困难或疏忽，不是所有价值增值都会被课征所得税，而很多所得最终会形成不动产，对财产课税就可弥补收入税基的不足。但是，财产形式多样，对财产征税在实践中也有难以查核和估价的问题。因此，当今世界各国很少将财产税作为主要税种。

显然，收入、消费及财产都可作为衡量纳税能力的尺度而成为税基，但这三种税基都难免片面性，实践中只能是以一种税基为主，兼顾其他，以弥补各自缺点。

(二) 税收的效率原则

效率原则要求税制的设计应尽可能有利于社会经济资源的有效配置。这一基本准则具体又包括税收的充分和弹性原则、税收的中性原则、节约与便利原则、校正性原则。

1. 税收的充分和弹性原则

为回答税收收入总水平的确定应怎样有助于资源配置效率的实现，经济学家提出了税收的充分原则和弹性原则。

(1) 税收的充分原则。税收的充分性是指税收应能为政府活动提供充裕的资金，保证政府实现其职能的需要，当然，我们不能单从政府的角度来考虑，不能认为税收能提供的收入越多越好，而应以整个社会的利益为准，从政府部门和私人部门的整体角度做出判断。

税收是为公共产品提供筹集资金，税收的充分与否取决于它是否能满足提供适当规模的公共产品的需要，换言之，取决于它是否能最大限度地改进公共产品与私人产品之间的配置效率。

(2) 税收的弹性原则。税收的弹性是指税收应能使税收收入随国民收入的增长而增长，以满足长期的公共产品与私人产品组合效率的要求。在给定的资源和技术条件下，公私产品之间总有一个最优组合比例，从短期看，现有的资源和技术状况是给定的，但从长期看，随着生产的发展，可使用的资源和技术水平将发生变化，适当的公共产品提供规模也会随之发生变化，能满足这一要求的税收是有弹性的税收。

2. 税收的中性原则

税收的中性原则是指税收制度的设计应尽可能地使税收不影响市场中各相对价格，保证纳税主体纳税前后经济行为的一致，以避免破坏市场机制下自发实现的资源优化配置结果。

经济学研究证明，如果市场是完全竞争的，不存在市场失灵现象，则可自发地实现资源的有效配置。但政府征税往往使原来有效率的资源配置状态被扭曲,导致纳税人的损失超过政府的税收收入,其差额就是税收的额外负担。这种负担是社会福利的净损失,要使税收有效率,必须降低乃至消除税收的额外负担。

我们可以通过对征收选择性商品税的分析来具体说明什么是税收额外负担。

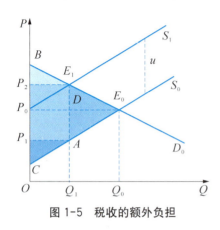

图 1-5 税收的额外负担

假设某产品市场是完全竞争的,如图 1-5 所示,供给曲线、需求曲线分别为 S_0 和 D_0,税前均衡点为 S_0,D_0 线的交点 E_0,均衡价格和产量分别为 P_0 和 Q_0。三角形 BCE_0 就反映了这一商品给社会带来的总的净收益。BCE_0 由两部分组成:消费者剩余 P_0BE_0 和生产者剩余 P_0CE_0。当政府对该商品的供给方征收从量税,供给曲线上移到 S_1,均衡点由 E_0 移至 E_1,税后消费者价格为 P_2,生产者价格为 P_1,产出水平降至 Q_1。消费者剩余减至 BP_2E_1,但政府仅得到其中 $P_2P_0DE_1$ 的部分,E_1DE_0 是消费者剩余的净损失;生产者剩余减至 CP_1A,但政府仅得到 P_0P_1AD,ADE_0 是生产者剩余的净损失。总起来说,E_1AE_0 这部分利益是纳税给私人经济部门带来的损失,但政府也没有得到,它就是税收的额外负担。

从图 1-5 可以看出,AE_1E_0 的面积大小与商品的供给或需求弹性有关,产品的供给或需求弹性越小,供给或需求曲线越陡峭,产量的变化越小,AE_1E_0 的面积越小,从而税收的额外负担越小;反之则反是。

造成税收额外负担的直接原因是税收的替代效应。

征税会产生两种效应,从而影响个人的福利水平:一是收入效应;二是替代效应。收入效应是因征税使纳税人的购买力减少,但不改变产品(或经济活动)的相对价格而产生的效应。收入效应仅说明资源从纳税人转移给政府,不发生超额负担。替代效应是当税收影响产品(或经济活动)的相对价格时,导致个人以一种产品或经济行为替代另一种而产生的效应。例如,当产品税课于甲产品而不课于乙产品时,消费者可能用乙来替代甲,因为在税前他并不喜欢用乙而喜欢用甲,也就是同样价格的乙产品带给消费者的效用不如甲产品,这样就会产生效用损失。替代效应产生的效用损失无法用政府税收和收益来弥补,所以是税收的超额负担。一个典型的例子是 18 世纪英国政府开征的"窗户税",纳税人为了逃避此税,就用砖将窗户砌死。结果人们居住不舒适,付出了代价,而政府却未获得任何收入,这就是税收的额外负担。

容易看出,只有在价格机制中保持中立的税收才不会干预消费者和生产者的选择,从而不会带来超额负担。实践中,只有人头税是典型的中性税收,因为人头税不随经济行为形式的不同而变化,所以它不影响经济行为,不会产生额外负担。但是,人头税又是极不公平的税收,事实上是不可行的。所以,税收中性原则的贯彻只有立足于改进现行的商品税、所得税等税种,以降低税收的额外负担,这方面的研究很多,内容进一步扩展到效率和公平目标的统一,以致形成了一个新的研究领域——最优税收理论,最优税收理论主要内容有两方面:最优商品税理论和最优所得税理论。

最优商品税理论的经典结论是拉姆齐(F. P. Ramsey)法则,即如果商品课税是最优的,那么,其税额的少量增加将会导致全部商品的需求量以相同的比例下降。更进一步说,为使商品课税的额外负担最小,商品的税率必须与商品的需求价格弹性成反比,这一结论亦被称为"反弹性法则"。

最优所得税理论着重关注所得税的税率结构,但已有的结论还很不统一,埃奇沃斯(F. Y. Edgeworth)最早提出了应实行100%最高边际税率的主张,1996年诺贝尔经济学奖获得者米尔利斯(J. A. Mirrlees)认为收入最高者应适用的边际税率为0,2010年诺贝尔经济学奖获得者戴蒙德(P. A. Diamond)此后又提出了U型的最优边际税率的设计,这方面的研究尚待进一步深入。

3. 节约与便利原则

税收是用强制性的方式将资源从私人部门转移到公共部门的一种手段,在这一过程中必定要耗费一定的资源。从政府方面说,税收的课征需要设立一定的机构如国家税务局,需要耗费一定的人力、物力、财力,这部分资源耗费称为征管成本。从纳税人方面看,为履行其纳税义务,需要保持一定的会计记录,需要进行法律和税务方面的咨询,需要花费一定的精力去缴税。这部分资源耗费称为缴纳成本。为使社会资源得到更有效率的配置,就应该使这两部分成本极小化。

在税收总量既定的条件下,税收的征纳成本取决于征收管理机构和管理水平以及税收制度的设计。税收制度和税收成本之间一般有如下关系:

(1) 税制越复杂,税收成本越高。

(2) 单一环节的税收比多环节的税收成本低。

(3) 课征于企业(法人)的税收比课征于个人的税收成本低,因为企业的数量相对少得多,而缴纳的税额通常较大。

(4) 商品税、财产税的税收成本一般低于所得税;商品税采取周转税形式又比采取增值税形式成本低;财产税中的房地产税等不动产税相对于动产税征收容易。

(5) 从量税比从价税成本低。

(6) 比例税比累进税成本低,而总额税更简单易行。

税收的节约与便利原则强调税种设置具有易征集性、简明性及确定性,这不仅会给纳税人带来极大便利,节省税收缴纳的中间成本,而且也方便了税管部门的征管工作,降低了征管成本。当前,各国的税改目标往往包含了简化税制。

4. 税收的校正性原则

中性税收有助于实现效率的前提条件是市场处于完全竞争或接近于完全竞争的状态,没有外部效应,消费者的偏好是正确的。如果这些条件不满足,市场的自发结果就不会符合效率,这就需要首先对市场失灵条件下的资源配置进行校正,然后再依照中性原则进行统一的税收。用于修正市场缺陷的税收被称为"校正税",校正税既可为政府筹集收入,又可改善资源配置的效率。当然,在市场经济体制下,校正税只限于较小的范围,作为中性税收的一种补充。

比如,外部成本的存在,使产品或劳务的私人成本低于社会成本,从而导致供给过度,通过对有外部成本的产品征收校正性税收可将外部成本内部化,迫使生产者承担这一成本,促进资源配置效率的实现。当然,税收应与所产生的外部成本相一致才能更好地达到这一目的。

由以上分析可见,理想的税收制度只能是各项税收原则之间权衡比较的结果。由于各税收原则体现目标的多重性产生于财政职能的多重性,因而税制设计将依各国政府职能偏好所在而不同。不难想象将分配看作财政首要职能的政府在考虑税制时,将会把公平原则置于效率原则之上。重要的是,在选定首要原则之后,如何使其他原则更好地加以贯彻。

本章习题

1. 利息所得税刺激消费的效应如何?
2. 削减所得税对劳动供给的影响如何?
3. 企业所得税对投资的效应受哪些因素影响?
4. 收入、消费和财产作为税基各有哪些优越性和缺陷?
5. 试评价根据纳税人从公共服务中的受益课税的税收原则。
6. 税收的额外负担是怎样形成的?
7. 税制简化往往与其他的税制改革目标相冲突,试举例说明。并提出针对这种矛盾的解决原则。
8. 税收的中性原则和校正性原则是否矛盾?为什么?
9. 财产税在税收体系中的地位如何?
10. 税收制度中的起征点和免征额的规定有何区别?试举例说明。
11. 试分析超额累进税率和全额累进税率的区别。
12. 什么是累退税?为什么说某些比例税是具有累退性质的税?
13. 试分析税收的宏观经济效应。

第二章

中国税收制度的发展历程

新中国成立后,中国的税收制度经历了多次调整和改革。在高度集中的计划经济体制下,税制不断被简化,直至接近单一税制。改革开放以来,适应社会主义市场经济体制要求的新的税收制度又逐步建立起来,1994年的税制改革确立了现行税制的基本结构,但这一税收体系目前正经历着新的变革。

第一节 计划经济体制下税收制度的演变

一、1950年建立国家税收制度

新中国成立后,党和人民政府立即着手制定新的税收制度。1950年1月,中央人民政府政务院颁发了《全国税政实施要则》(以下简称《要则》)。《要则》是新中国第一部有关税收制度建设的完整和统一的税收法规。《要则》规定征收15个税种,包括农(牧)业税和14种工商税,即货物税、工商业税(包括坐商、行商、摊贩的营业税和所得税)、盐税、关税、薪给报酬所得税、存款利息所得税、印花税、遗产税、交易税(对棉花、土布、粮食、药材和牲畜交易征收)、屠宰税、房产税、地产税、特种消费行为税、车船使用牌照税。此后,政务院陆续发布了各税种的暂行条例。1950年4月,还公布实施了《契税暂行条例》。

为了在贯彻国家对资本主义工商业的利用、限制、改造政策的同时,使国民经济尽快恢复,新中国成立之初我国政府十分重视税收的经济杠杆作用,1950年6月即对税收负担进行了调整,具体措施有:简并税种,暂不开征薪给报酬所得税和遗产税;将地产税和房产税合并为城市房地产税,从而工商税税种由14个减为11个;简化税目,如货物税的征税品目由1 136个减为358个,印花税税目由30个减并为25个。1951年,为了增加财政收入,满足抗美援朝战争期间的财政支出需要,又采取了相应的措施,包括新开征棉纱统销税等。

在农业税方面,1950年9月,中央人民政府政务院公布了《新解放区农业税暂行条例》,

建立了新解放区的农业税制,这是一种差别较大的全额累进税制,税率按全年平均每人收入粮食的多少分为40级,为3%～40%,收入20万斤(1斤合500克,下同)粮食以上者,包括加征在内,负担可达到80%,而对收入粮食不足150斤者则予以免税。当时采取这种税收制度,是与新解放区尚未进行土地改革,仍然存在地主、富农经济的情况相适应的,目的是打击地主经济,限制富农经济,扶植贫农发展生产。而革命根据地的农业税,则仍实行原来的比例税制度。

经过采取以上措施,新中国成立之初,我国初步形成了以按流转额征税的货物税和工商业税中的营业税、按所得额征税的工商业税中的所得税为主体税种,其他税种相辅助,在生产、销售、所得、财产等环节进行课征的统一的、多税种、多环节征收的复合税制。

二、1953年税制修正

1953年我国开始进入国民经济发展的第一个五年计划时期,为了使税收制度适应新的形势,国家决定从1953年1月1日起对税制进行修正。修正税制的主要内容如下:

(1) 开征商品流通税。从原来征收货物税的品目中选择酒、麦粉、水泥等22种基本上可由国营经济控制的产品改征商品流通税,实行从生产到零售一次课征制。

(2) 修订货物税。简并货物税税目为174个,调整货物税税率,改变货物税的计税价格,由原来按不含税价计税改为按含税价计税。

(3) 修订工商业税中的营业税。将应纳的工商业营业税及附加、印花税并入营业税征收,统一调整营业税税率。已纳商品流通税的商品不再缴纳营业税。

(4) 取消特种消费行为税。将特种消费行为税中的筵席、冷食、舞场税目并入营业税,对电影、戏剧等娱乐税目改征文化娱乐税。

(5) 把棉纱统销税和棉花交易税并入商品流通税,粮食、土布交易税改征货物税,停征药材交易税,只保留牲畜交易税。

通过采取上述措施,在基本保持原税负的基础上,税种简并为14种,具体包括商品流通税、货物税、工商业税、印花税、盐税、关税、牲畜交易税、城市房地产税、文化娱乐税、车船使用牌照税、屠宰税、利息所得税、农(牧)业税、契税。与1950年的税制相比,税制体系与结构基本未变,但多种税、多次征的办法却有了一些变化。工业企业缴纳的主要税种有所减少,原缴纳的货物税、营业税及其附加、印花税等分别并入商品流通税和货物税;部分产品由道道征税改为从生产到销售只征一次税;营业税的征税范围也有所缩小。这些修正,与当时有利于国营企业经济核算、促进商品流通的要求是相适应的。

三、1958年税制改革——简化税制

适应社会主义改造基本完成的情况,1958年我国实行了第一次税制大改革,工商税制朝着简化的方向进行了较大的调整。具体措施如下:

(1) 合并税种。把商品流通税、货物税、营业税和印花税四税合一,改作工商统一税,将所得税从原工商业税中独立出来,建立了工商所得税。

(2) 调整纳税环节。工商统一税实行对工农业产品从生产到流通两次征税的制度,即在工业销售环节和商业零售环节各征一次税,取消批发环节的税收。

(3) 简化纳税办法。一是简化计税价格,工业产品一律改按销售收入计税。二是减少对中间产品的征税,对工业企业自己制造并用于本企业连续生产的"中间产品"原来规定有26种产品要在生产过程中征收中间产品税,改革后,只保留棉纱、酒、皮革三种产品继续征收中间产品税,其余五金、钢铁等20多种中间产品均不再征税。

(4) 在基本维持原税负的基础上,对少数产品的税率做了调整。

(5) 统一了革命根据地和新解放区的农业税收制度。1958年6月发布了《中华人民共和国农业税条例》,对纳税人、征税范围、农业收入的计算、税率、优惠减免及征收管理等做出明确规定,并授权省、自治区、直辖市人民委员会根据各地具体情况确定农业税征收实施办法。同时,国务院公布了《关于各省、自治区、直辖市农业税平均税率的规定》。这次农业税制改革,对于巩固和发展农村集体经济、处理国家与农民的分配关系发挥了重要的作用。

工商统一税的实行是1958年税制改革的核心内容,它是向一切从事工业品生产、农产品采购、外货进口、商业零售、交通运输和服务性业务的单位和个人,按其商品销售收入金额、购入商品支付金额和业务收入金额征收的一种税。工商统一税的税目分为两部分:一部分是工农业产品,它大体是根据产品性质、用途和部门分工相接近、积累水平相接近等原则来划分的,如卷烟、酒、棉纱,等等;另一部分是商业零售、交通运输和服务性业务。工商统一税采用比例税率,基本上一个税目一个税率。个别税目因包括的产品种类较多,且积累水平高低悬殊,分订几个税率。工商统一税的纳税环节有以下几种:工业品在工业销售环节纳税,通过商业零售的,另在零售环节纳税;农产品(只就列举的烟叶、茶叶、鱼类等11种产品)在采购环节纳税,通过商业零售的,另在零售环节纳税;其他没有列举的农产品,只在商业零售环节纳税;进口外货在进口环节纳税,由海关代征;交通运输和服务性业务在经营单位取得收入后纳税。

这次改革以后,1959年停征了利息所得税。1962年,为了配合农村集市的管理,开征了集市交易税,后又因农村集市贸易情况发生变化,于1964年保留税种,暂停征收。1966年,为了配合宣传的需要,停征了文化娱乐税。

1958年的税制改革,从根本上改变了原来实行的多税种、多次征的税收制度,使税制结构开始出现货物劳务税为主体的格局,税收制度由原来的14种税简并为10种税,即工商统一税、工商所得税、关税、盐税、牲畜交易税、城市房地产税、车船使用牌照税、屠宰税、契税、农(牧)业税等,在调节经济方面的作用明显减弱。

四、1973年税制改革——进一步简化税制

"文化大革命"中,轻视税收的思想占主导地位。1972年,国务院批转财政部《关于扩大改革工商税制试点的报告》和《中华人民共和国工商税收条例(草案)》,从1973年起对工商税收进行较大的调整,1973年税制改革的基本思想是进一步简化税制,主要内容如下:

(1) 合并税种。即把企业缴纳的工商统一税及其附加、城市房地产税、车船使用牌照税、屠宰税、盐税等合并为工商税。合并后,改变对一个企业征收多种税的做法,对国营企业

只征收工商税一种税,对集体企业则征收工商税和工商所得税。

(2)简化税目、税率。工商税与原工商统一税相比,税目由 108 个减少为 44 个,税率由 141 个减少为 82 个,而实际的不同税率只有 17 个,多数企业简化到只用一个税率征税。

经过本次税制改革,我国在较长一段时间内实际只征收 9 种税,即工商税、工商所得税、关税、农(牧)业税、屠宰税、城市房地产税、车船使用牌照税、牲畜交易税、契税①,我国税制由新中国成立初期的复合税制,几经简并,基本上成为单一税制,从而严重限制了税收经济杠杆作用的发挥。

新中国成立后到改革开放前的大部分时期我国税收制度的不断简化是与这一时期单一的生产资料公有制和计划经济体制的背景相适应的,因为国家可以通过对生产资料的所有权直截了当地获取收入而不必依靠税款,比如由于政府控制着所有生产要素和最终产品的定价权,压低农产品的收购价格和个人的工资水平就相当于对农业土地征税和实行个人所得税的替代方法。

然而,这种财政税收体制的缺点也是非常明显的。政府财政与国有企业的财务活动没有明确的界线,不仅造成了对政府财政监督的困难,而且国有企业的亏损也很容易转移给国家预算,不利于国家财政收入的稳定增长。以所有权为基础的借助于扭曲价格而实现的隐性税收,不仅产生了税基狭窄的问题,也使税收调节经济的功能丧失殆尽。改革开放以来,税收制度的改革不可避免地成为中国总体经济体制改革的一个重要组成部分。

1978—1993 年是我国建立适应社会主义市场经济体制要求的税收体制的一个过渡阶段,以下就将讨论这一时期主要的税制改革措施。

第二节　1978—1993 年的税收制度改革

一、涉外税制的建立

我国的涉外税收制度,是适应改革开放的新形势,从 1980 年开始逐步建立与完善的。为了推进对外经济往来的发展,维护国家主权和经济利益,1980 年 9 月全国人大通过并公布了《中华人民共和国中外合资经营企业所得税法》和《中华人民共和国个人所得税法》,决定从 1981 年起对在我国从事生产经营活动的中外合资经营企业的所得利润和个人所得收入,征收所得税。1981 年 12 月,全国人大又通过并公布了《中华人民共和国外国企业所得税法》,决定从 1982 年起对在我国开办的外商独资企业征收所得税,并明确涉外企业征收工商统一税、城市房地产税、车船使用牌照税。1985 年 4 月,国务院又批准了财政部制定的《对外国企业常驻代表机构征收工商统一税、企业所得税的暂行规定》。这一系列法律、规定的出台标志着我国结束了缺少涉外税法的历史,建立了涉外税制。

为进一步贯彻对外开放政策,适应对外经济发展的需要,国家还规定了一系列的涉外税

---

① 其中的城市房地产税、车船使用牌照税和屠宰税,系只对个人征收。

收优惠办法。比如，1984年11月，国务院发布了《中华人民共和国国务院关于经济特区和沿海十四个港口城市减征、免征企业所得税和工商统一税的暂行规定》；1986年10月，国务院发布了《关于鼓励外商投资的规定》；1987年8月，国务院发布了《关于对来华工作的外籍人员工资、薪金所得减征个人所得税的暂行规定》。这些优惠政策的实施，对鼓励外商投资、发展对外经济等都发挥了积极的作用。

但是，随着改革开放的深入发展，我国对中外合资经营企业和外国企业分别适用两套所得税法，逐渐暴露出一些矛盾和问题。比如，对在我国开办的外商独资企业（外国企业）仅就其来源于我国的所得征税，不利于全面实行税收管辖权；外国企业的税率较合资企业偏高，税收优惠少；合资企业内部税收优惠不合理，不区分生产性企业和非生产性企业，都给予同样的待遇；等等。

鉴于上述原因，国家本着"维护国家主权，尊重国际税收惯例，鼓励外商投资，努力贯彻'税负从轻、优惠从宽、手续从简'"的基本原则，将两个涉外所得税法合并为《中华人民共和国外商投资企业和外国企业所得税法》，于1991年7月1日起施行。该税法较原来的两个涉外所得税法税负不增，优惠不少，有助于进一步充实、完善涉外税收制度，推动我国的对外开放和吸引外商投资。

二、以"利改税"为中心的工商税制改革

改革开放前的计划经济时期，国家参与国营企业的利润分配主要采取企业上缴利润的方式，虽曾尝试过多种不同的形式，但总体上都是以国家统收统支为主。为了扩大企业自主权，并从根本上理顺国家与国营企业的分配关系，1979年开始，我国陆续在部分省、自治区、直辖市的国营企业进行"以税代利"试点，在试点的基础上，于1983年和1984年分两步实行"利改税"，与此同时，也建立起了一套新的工商税制。

（一）第一步"利改税"——所得税制改革

1983年推行第一步"利改税"，其实质内容是对国有企业开征所得税，对有盈利的国营大中型企业根据实现的利润，按55%的比例税率征收所得税，税后利润扣除按国家核定的留利水平确定的合理留利后，分别以递增包干上缴、固定比例包干上缴、定额包干上缴和上缴调节税等四种形式上缴国家财政，对有盈利的小型国营企业，包括饮食、服务企业和营业性宾馆、饭店、招待所等，按集体企业所得税适用的八级超额累进税率征收所得税，税后利润归企业自行支配，实行自负盈亏（当然，税后利润较多的企业再交一部分承包费）。

（二）第二步"利改税"

由于第一步"利改税"并未做到完全的以税代利，税后利润分配办法还比较纷繁，企业之间的留利水平也相当不平衡，1984年又进行第二步"利改税"改革。第二步"利改税"在改革国营企业所得税制的同时，对流转税和资源税制也进行了改革。1984年9月，全国人大审议了利改税第二步改革方案，授权国务院发布了产品税、增值税、营业税、盐税、资源税、国有企业所得税等六个税收条例（草案）和国营企业调节税征收办法，自1984年10月1日起施行。

1. 所得税制改革

将国营大中型企业所得税税后上交的利润改为征收调节税。调节税征收办法是以企业

1983年实现利润为基数,经调整后作为基期利润,以基期利润扣除应纳所得税和1983年合理留利后的余额占基期利润之比,作为企业调节税税率,以后年度企业应纳税所得额乘以调节税率即为应纳调节税额。并规定对企业增长利润按定比计算,一定7年不变,减征70%的调节税。

对小型企业实行新的八级超额累进税率,提高累进起点,拉大级距,税负较原八级超额累进税率平均降低3%～5%,以减轻小型企业的所得税负担,还放宽了小型企业的划分标准。

国营企业利改税,对改善国家与企业之间的分配关系,增强企业活力,保证国家财政收入等都收到了较好的效果。同时,在理论上打破了国营企业不能征收所得税的禁区。但也存在一些问题,主要表现在过高地估计了所得税的作用,而否定了利润上交形式的必要性。实践证明,完全"以税代利"的选择,必然要被"税利分流"所取代。

2. 货物劳务税制改革

改革开放前历经简化的货物劳务税只剩一个税种,且税目税率简单,影响了税收调节经济作用的发挥,工商税按销售收入全额或营业收入全额征税,并实行两次课征制的征收制度也不合理,重复征税严重,不利于社会分工和专业化、协作化生产的发展,对出口产品退税不彻底,不利于扩大出口。因此,第二步"利改税"对货物劳务税制进行了改革,将原工商税一分为四,即产品税、增值税、营业税和盐税。这四种税体现了不同税种在不同经济领域里发挥特定调节作用的原则。

产品税是把原工商税中对产品征税的大部分应税产品分解出来建立的一个以产品为征税对象的新税种。它既保留了原来对产品征税的特征,又强化了对产品课税的调节作用。主要的改变是划细税目(工业品260个税目,农林牧渔产品10个税目,共270个税目),调整税率。此外,对出口产品和中间产品的征税办法也做了一些改进。

增值税是为了适应社会化大生产的需要,克服传统的货物劳务税重复征税的弊端,借鉴国际经验,在1979年以来逐步扩大试点的基础上设置的一个以增值额为征税对象的新税种。从1979年起,我国开始选择原工商税中机器机械与农业机具两个行业在部分地区试行增值税。1982年7月,试行范围扩大到自行车、缝纫机、电风扇三种产品。1983年1月,对上述两个行业、三种产品试行增值税又扩大到全国。在第二步"利改税"中,原工商税的应税工业品,除改征产品税的之外,生产过程较为复杂的工业品如机器与机械、汽车、机动船舶、轴承、钢坯、钢材、西药、自行车、缝纫机、电风扇和印染纺织品等都分解出来征收增值税。

营业税是针对原工商税中除征收产品税和增值税以外的流通领域、建筑安装、邮政电讯、金融保险、饮食服务等课征的。同原工商税相比,主要的改变是扩大了征税范围,把建筑业、出版业、娱乐业也列为征税项目,并结束了近30年对商业批发不征税的做法,针对商业批发征收营业税。此外,还划细了税目,由原工商税的5个税目增加为11个税目,税率由原来按行业确定,改为按营业项目确定。

盐税是从原工商税中划出来,恢复其独立地位的一个税种。在这次改革中,适应价格的变化,调整了单位税额,还缩小了工业用盐的免税范围。

1984年"利改税"以后至1993年12月底,货物劳务税制又经历了多次改进和完善,其主要内容是:先后四次扩大增值税征收范围,对重复征税较多的产品逐步改征增值税,涉及机械、冶金、电子、纺织、轻工、有色金属、建材等行业,将产品税中的174个税目改为征收增值税,使产品税的税目由原来的270个减少到96个。简化增值税的计税方法,由原来的"扣额法"与"扣税法"并行改为统一实行"扣税法",使增值税制度趋向规范化。1985年以来,还制定了酒类、烟类产品的专项征税办法。1988年,又将典当业中的死当等列为营业税的征税范围,使营业税的税目有所增加。

3. 开征资源税

第二步"利改税"中,我国对从事煤炭、原油、天然气等资源开采的企业开征资源税。资源税是对占有和开发国有自然资源取得的收入开征的新税种,其目的是为了实施对国家资源开发的税收管辖和对级差收入的经济调节。1986年,又由按产品销售利润率计征改为从量定额征收,改进了征税办法。

三、其他工商税制改革措施

两步"利改税"确立了我国改革开放以来新的工商税收制度的基本框架,在随后的数年内,我国接连推出所得税、财产税、行为税类的新税种,国家的工商税收体系迅速完备起来。

(一) 集体企业所得税、个体工商业户所得税和私营企业所得税

对集体企业的所得征税,是国家参与集体所有制企业盈利分配的主要形式,原名称为工商所得税。1984年,国营企业实行第二步"利改税"改革之后,对国营小型企业已按新的八级超额累进税率征收所得税,税负比原来实行的老八级超额累进税率有所减轻。并且,对国营企业也制定了国营企业所得税条例。为了平衡集体企业与国营小型企业之间的税负水平,规定集体企业也同样执行新八级超额累进税率。鉴于集体企业在财务列支、所得税计算以及征收管理等方面与国营企业有所不同,不能完全按照国营企业所得税条例执行,国务院于1985年4月颁布了《中华人民共和国集体企业所得税暂行条例》,统一了乡镇企业和城镇集体企业所得税办法,原工商所得税同时停征。新条例与原来的工商所得税条例相比,有两点较大调整:一是减轻了负担,负担率比过去平均降低3%~5%;二是明确了减免税范围,如新办企业可免征或减征所得税一年,利用"三废"产品的利润可免征所得税5年。总体上,新条例体现了对集体企业的扶植和支持政策。

1979年以前,我国对城乡个体经济征收所得税,实行"个体重于集体"的政策,意在限制个体经济的发展,按十四级全额累进税率征税。党的十一届三中全会之后,为繁荣市场、扩大就业、安定社会,国务院决定从1980年开始,对个体经济也按集体企业适用的原八级超额累进税率征税。但在执行过程中暴露出了一些问题:一是制度不统一,地区间税负不公平;二是征管方面漏洞多。为解决这些问题,国务院于1986年1月颁布了《中华人民共和国城乡个体工商业户所得税暂行条例》,对从事工业、商业、服务业、建筑安装业、交通运输业及其他行业的城乡个体工商业户,统一按十级超额累进税率征收所得税,体现了公平税负、鼓励竞争、加强管理的原则。

党的十一届三中全会以后,我国私营企业也逐步出现并发展起来。为了运用税收手段对其加以调节,国务院于1988年6月发布了《中华人民共和国私营企业所得税暂行条例》,对私营企业的生产经营所得按35%的比例税率征收所得税,并规定私营企业投资者将税后

利润用于消费的部分再按40％的税率征收个人收入调节税。

这样,国家对各种经济性质和不同类型的生产经营单位都建立了所得税征收制度。

(二) 个人收入调节税

党的十一届三中全会以后,我国个人收入情况发生了很大变化:一是收入水平普遍提高;二是收入来源渠道增加,由过去只是以工资为主要收入来源,转变为除工资之外还有各种奖金、劳务报酬、技术转让收入、承包收入以及股息红利收入等。

1980年颁布的《中华人民共和国个人所得税法》规定,对中国境内居民(包括中国公民和外国公民)统一征收个人所得税,以对个人的所得进行税收调节。但几年的实践证明,有必要对中国公民个人的收入所得单独立法征税。原因主要有:第一,中国公民与外国公民的收入差别较大。个人所得税法规定,每月工资薪金所得超过800元才能纳税,这样,中国公民能够缴纳个人所得税的为数甚少,不利于培养公民纳税意识。第二,中国公民的收入来源与外国人也不同,按一套税法征税适应性差。

在这种情况下,为了控制消费基金的增长,调节我国社会成员之间的收入差距,1986年9月,国务院发布了《中华人民共和国个人收入调节税暂行条例》,决定从1987年1月起,对中国公民的个人收入所得征收个人收入调节税。

(三) 奖金税、工资调节税、筵席税、特别消费税

为了配合扩大国营企业自主权的改革,从宏观上控制消费基金的过快增长,国务院于1984年6月发布了《国营企业奖金税暂行规定》。为了有效地发挥税收的调节作用,平衡各类企事业单位发放奖金的税负,1985年又发布了《集体企业奖金税暂行规定》《事业单位奖金税暂行规定》,并适当放宽了奖金税的免税限额。同时,对实行工资总额随经济效益挂钩浮动的国营企业开征国营企业工资调节税,征收工资调节税的企业不再征收奖金税。1987年,国家又适当地降低了奖金税和工资调节税的税率,由原来的最高税率300％,降低到200％。

为了引导合理消费,提倡勤俭节约的社会风尚,控制大吃大喝,反对铺张浪费,同时为地方增加财政收入,国务院于1988年9月22日发布了《中华人民共和国筵席税暂行条例》,规定凡在我国境内设立的饭店、酒店、宾馆、招待所以及其他饮食营业场所举办筵席的单位和个人,一次支付金额达到或超过起征点的,都要依法缴纳筵席税。筵席税的具体征收办法,由地方政府确定。

为了调节彩色电视机和小轿车的消费需求,平衡供求关系,稳定市场,国务院于1989年2月1日决定对在中华人民共和国境内从事生产和进口彩色电视机、小轿车的单位和个人开征特别消费税。特别消费税实行固定税额,缴纳的税款在发票上专项注明,最终由消费者承担。

(四) 建筑税、固定资产投资方向调节税

为控制基本建设规模,加强基本建设管理,保证国家重点建设,国务院于1983年9月20日发布《建筑税征收暂行办法》,于1983年10月1日起在全国开征建筑税,规定使用预算外资金、各种自筹资金进行基本建设的单位,都要按10％的税率缴纳建筑税。1987年6月25日,又发布了《中华人民共和国建筑税暂行条例》,对建筑税的税率按照计划内、外有别,指令性计划与指导性计划有别,对计划外的楼堂馆所从严的原则规定。

为了贯彻产业政策,控制固定资产投资规模,进一步引导投资方向,调整投资结构,保证

国家重点建设,国务院决定从 1991 年起,开征固定资产投资方向调节税,同时停征建筑税。固定资产投资方向调节税与建筑税相比,扩大了征税面,拓宽了调节、监督的范围,除"三资"企业外,对国内各级政府、机关团体、部队、企业事业单位、个体工商业户及其他单位和个人,用国家预算资金、国内外贷款、借款、赠款和其他自有资金、自筹资金安排的建设投资,均列入征税范围。本着长线产品与短线产品有别、生产性与非生产性投资有别、基本建设与更新改造有别的原则,设置了 3%、5%、10%、15%、30% 五个档次的差别税率。

(五) 印花税

为加强对凭证的管理,促进各种经济行为的规范化和法律化,增强纳税人依法纳税的观念,我国于 1988 年 10 月 1 日发布了《中华人民共和国印花税暂行条例》,恢复征收印花税。印花税实行轻税重罚的原则,对书立、领受各类经济合同、产权转移书据、营业账簿、权利、许可证照的单位和个人征收。

(六) 烧油特别税

为了促进合理利用能源,加速以烧煤代烧油的进程,1982 年 7 月 1 日开征烧油特别税,规定对于锅炉以及工业窑炉燃烧用的原油、重油,由用油单位缴纳烧油特别税。

(七) 牲畜交易税

对牲畜交易在过去征税基础上,于 1982 年 12 月颁布了《牲畜交易税暂行条例》,从 1983 年 1 月起实行,全国统一按成交额的 5% 计征。

(八) 城市维护建设税

在经济体制改革过程中,我国的城市建设发展较快,城市经济在整个国民经济体系中所占的地位越来越重要。加强城市建设是发展城市经济的重要前提,为解决城市建设的资金来源,我国于 1985 年开征了城市维护建设税,以纳税人缴纳产品税、增值税、营业税的税额为计税依据,采用地区差别税率征收。

(九) 房产税、车船使用税、城镇土地使用税

为加强对房产、车船的管理,进一步完善地方税制,国务院决定,从 1986 年 10 月起,恢复征收房产税和车船使用税。房产税的征收范围同新中国成立之初相比,扩大到城市、县城、建制镇和工矿区。计征方法为:按房产余值的 1.2% 按年计征,或按租金收入的 12% 按年计征。车船使用税系对我国境内拥有并且使用车船的单位和个人征收,采用固定税额按年计征,分期缴纳。

为了合理利用城镇土地,调节土地级差收入,提高土地使用效益,加强土地管理,1988 年 11 月,对大中城市、县城、建制镇、工矿区范围内使用土地的单位和个人,开征了城镇土地使用税。

(十) 耕地占用税

为了制止非农业建设大量占用农业耕地现象,加强农用耕地管理,保护农用土地资源,1987 年 4 月,国务院决定对凡以建房或者从事其他非农用建设为目的占用耕地的单位和个人开征耕地占用税。耕地占用税专款专用,用于发展农业生产,实行一次性征收。

四、关税制度改革

1980 年 1 月,我国恢复对外贸公司进口货物计征关税。1980 年 2 月,停征了仅有的四

种产品的出口关税。1982年1月,国家为保护和发展民族经济,扩大对外贸易,调整了进口产品的关税税率。为限制某些商品的盲目出口,从1982年6月1日起,对糖、煤、铁合金等34种产品征收出口关税。为使关税制度进一步完善,税制结构更趋于合理,国务院于1985年9月颁布了新的《中华人民共和国海关进出口关税条例》和《中华人民共和国进出口关税税则》。新税则较大幅度调整了关税税率。全部税则中的1 097个税目,有一半以上的进口关税税率调低。1987年1月,又将征收关税的出口产品由原来的34种调减为28种。1987年9月,又修订发布了进口关税条例和新的税则,新税则调整大部分货物的税率。国家还决定对原煤、生铁等16种产品出口停征出口关税。为了照顾个人进口自用物品的合理需要,简化计税手续,国务院关税税制委员会讨论通过了旅客物品征收进口税的办法,自1991年4月1日起实行。1992年3月18日,重新修订发布了《中华人民共和国进出口关税条例》,1992年4月1日起施行,进一步完善了关税制度。

此外,为了限制盲目进口某些国内外差价较大的商品和成套散件,国务院又决定从1985年6月起,对进口小轿车、录像机等16种产品及成套散件征收进口调节税。进口调节税以到岸价格为计税依据,实际上是关税的一种附加税。

五、农业税制改革

1958年以来的农业税制是建立在合作化后集体经济的统一模式和自给、半自给农业经济基础上的,且着重对单一的作物栽培生产征税。1978年以后,我国农村实行家庭联产承包责任制,农业由自给、半自给向较大规模的商品生产转化。为适应农村政策的调整,对农业税主要采取了以下改进措施。

(1) 把纳税人由原来的生产队集体逐步改为联产承包户,使税收调节与农户的经济利益直接联系。1979—1983年还实行起征点办法,对人均口粮在起征点以下的乡村免征农业税①,帮助贫困地区休养生息。

(2) 1981年6月,明确对农林特产收入征收农林特产税的范围,把过去比照粮田评定常年产量征税的办法,改为分产品制定税率和按产品收入征税的办法,税率一般定为产品收入的5%~10%,少数高的达15%。1983年11月,国务院制定颁发了《关于对农林特产收入征收农业税的若干规定》,又对农林特产税做了统一的规定。

(3) 为适应农村商品经济的发展,1985年国家决定把农业税由实物征收逐步改为货币征收,即由征粮改为折征代金。

六、征收管理制度的改革

为了保证各项税收法律、法规的贯彻执行,保证国家财政收入和经济政策的落实,在总结多年来税收征收管理经验的基础上,国务院于1986年4月发布了《工商税收征收管理条

---

① 水稻地区平均每人口粮在400斤以下的生产队,杂粮地区平均每人口粮在300斤以下的生产队,一律免征农业税。

例》,初步建立了比较完整、统一的税收征收管理制度。1992年9月4日,第七届全国人民代表大会常务委员会第二十七次会议通过并发布了《中华人民共和国税收征收管理法》,自1993年1月1日起施行,标志着我国税收征收管理制度开始进入了法制化、规范化的阶段。

经过上述改革,我国税制由原来基本上以货物劳务税为主的单一税制,转换为以货物劳务税和所得税为主体,多税种、多层次、多环节调节的复合税制新体系。至1993年12月,我国的税种按征税对象分为5类共37种税。货物劳务税类有产品税、增值税、营业税、城市维护建设税、关税、工商统一税(外商适用)、集市交易税、牲畜交易税、农林特产税;所得税类有国营企业所得税、国营企业调节税、集体企业所得税、城乡个体工商业户所得税、私营企业所得税、外商投资企业和外国企业所得税、个人收入调节税、个人所得税(外籍人员适用)、农(牧)业税①;资源税类、财产税类、行为税类有资源税、盐税、耕地占用税、城镇土地使用税、房产税、城市房地产税(外商及外籍人员适用)、契税、固定资产投资方向调节税、国营企业工资调节税、国营企业奖金税、集体企业奖金税、事业单位奖金税、烧油特别税、屠宰税、车船使用税、车船使用牌照税(外商及外籍人员适用)、船舶吨税、印花税、筵席税。税收成为国家对经济活动进行调节和控制的重要手段,国家的财政收入也由以国营企业上缴利润为主,转为以税收收入为主,税收占国家财政收入的比重由1978年的46.7%上升为90%,增强了组织财政收入的有效性和可靠性。

总体上说,两步"利改税"以后,我国的税收制度改革取得了相当大的突破,但在一些方面仍不能适应社会主义市场经济体制的要求,比较突出的问题是:所得税按不同纳税人、不同所有制分别设置不同税种,税率很不一致;货物劳务税的税率档次太多,差距很大。这些既不利于企业之间的平等竞争,也使税收制度过于烦琐。另外,中央财政收入占国家财政收入的比重过低,税收调节经济的范围和程度也还不够,特别是对土地和资金市场的调节不到位。

为了解决上述问题,我国于1994年对税制进行了大幅度的结构性改革,这是一次影响非常深远的税制改革,我国现行税收体制的主体内容基本上都是这次改革确立的。

第三节 1994年的税制改革

一、税制改革的指导思想和原则

1994年财税体制改革的指导思想是:统一税法,公平税负,简化税制,合理分权,理顺分配关系,规范分配方式,保障财政收入,建立符合社会主义市场经济要求的税制体系。

税制改革遵循的基本原则如下:

(1) 有利于加强中央的宏观调控能力。要实行分税制,通过税制改革,逐步提高税收收

---

① 关于农业税的分类是有争议的,因为它不是以净所得为征税对象,所以并不是严格的所得税。此处将农业税归为所得税类是参照我国税收学界多年来对农业税归类的传统做法。

入占国民生产总值的比重,提高中央财政收入占整个财政收入的比重。

(2) 有利于发挥税收调节个人收入差距和地区间经济发展差距过大的作用,促进协调发展,实现共同富裕。

(3) 体现公平税负,促进平等竞争。通过统一企业所得税和完善货物劳务税,使各类企业之间税负大致公平,为企业在市场中实现平等竞争创造条件。

(4) 体现国家产业政策,促进经济结构的有效调整,促进国民经济整体效益的提高和持续发展。

(5) 简化、规范税制。

二、税制改革的基本内容

这次税制改革涉及的范围包括货物劳务税类、所得税类和大部分财产、行为类税种。

(一) 所得税的改革

所得税的改革包括个人所得税的改革和企业所得税的改革。

此前我国对个人所得课税的制度主要由三部法律、法规组成,在执行中逐渐暴露出一些问题:一是对同属于个人所得的,区别对象,分别适用不同税种,法律上显得不规范;二是费用扣除偏低,名义税率过高,负担上显得过重;三是由于社会经济生活发生了很大变化,原税法在征税范围、应税项目以及免税政策等方面已不能适应情况变化的需要,应该加以调整和完善。为此,对1980年的个人所得税法进行如下重要修改:

(1) 扩大个人所得税法的适用范围,将原来的个人所得税、个人收入调节税、城乡个体工商户所得税合并,将中国公民、外籍人员、个体工商户纳入统一的个人所得税课税范围,同时取消原来的个人收入调节税和城乡个体工商业户所得税。

(2) 依照国际惯例,引入"居民"概念,以此区分纳税人的有限纳税义务和无限纳税义务。中国非居民负有限纳税义务;中国居民负无限纳税义务。

(3) 根据社会经济生活的实际情况,增列了"个体工商户生产、经营所得""对企事业单位承包经营、承租经营所得""财产转让所得""稿酬所得"和"偶然所得"五个应税项目。

(4) 适当调整了税收负担。① 将工资、薪金所得适用税率由原来的六级超额累进税率调整为九级超额累进税率。② 规定了个体工商户的生产、经营所得适用五级超额累进税率。③ 对稿酬所得实行减征30%个人所得税的照顾。④ 对一次取得劳务报酬所得畸高的,可以加成征税。⑤ 准予从个人所得中扣除向教育和公益事业捐赠的部分。⑥ 适当增加了免税内容。

企业所得税的改革主要是将国营企业所得税、集体企业所得税、私营企业所得税统一为内资企业所得税,改变原来按不同所有制实行不同的税种和税率的状况。

统一后的企业所得税实行33%的比例税率,与外商投资企业和外国企业所得税税率一致,考虑到部分企业盈利水平低的实际情况,增设18%和27%两档优惠税率。用税法规范企业所得税前的列支项目和标准,稳定税基,硬化所得税约束。为了提高企业投资性贷款还款能力,除了可以适当加速折旧和贷款利息进成本外,取消国营企业调节税和对国有企业征收"两金"。同时,建立新的规范化的企业还贷制度,统一后的企业所得税,是处理国家与企业关系的法律依据,统一的内资企业所得税出台后,不再实行承包企业所得税的办法。

(二) 货物劳务税的改革

货物劳务税改革的主要内容是把产品税、增值税、营业税"三税并存,互不交叉",内外两套税法的做法,改为增值税和消费税相配合的双层次货物劳务税制结构,统一适用于内外资企业,取消产品税和对外资企业征收的工商统一税。对商品的生产、批发、零售和进口普遍征收增值税,并选择部分消费品交叉征收消费税,对不实行增值税的劳务交易和第三产业征收营业税。

增值税是国际公认的一种比较理想的"中性"税收,它不仅有利于组织财政收入,而且有利于鼓励企业按照经济效益原则选择最佳的生产经营组织形式,也有利于按国际惯例对出口产品实行彻底退税,增强本国产品在国家市场的竞争能力。但是,我国过去试行的增值税征收范围局限于部分工业产品,并且税率档次过多,导致计税复杂、扣税失真等问题,其作用没有充分发挥。在这次税制改革中,增值税的改革被列为核心内容,除扩大征税范围外,还包括以下方面:一是彻底简并税率,采取17%的基本税率加一档13%的低税率的模式;二是严格实行凭发票所注明纳税金进行税款抵扣的制度,为此增值税以不含税价格为计税依据,采用专用发票,发票上分别注明税金和价款。当然,由于增值税要求比较严格的核算制度,不具备这方面条件的小规模经营者,按规定另外采用简便的征收方法,即与传统的商品课税相同,按销售额和6%的征收率直接计算出应纳税额。

消费税是在普遍征收增值税的基础上对部分消费品在生产和进口环节就其销售收入或产品销售数量征收的一种税。征税的产品主要包括烟、酒、化妆品、护肤护发品、贵重首饰及珠宝玉石、鞭炮及焰火、汽油、柴油、汽车轮胎、摩托车、小汽车11类产品。消费税采取价内税方式,税率具有多档性、差别性。征收消费税有利于国家实行消费政策和产业政策,运用税收手段调节我国的消费结构,正确引导消费方向,抑制超前消费需求,确保国家的财政收入。

改革后的营业税主要是对第三产业征收的一种税。这次改革将原来营业税中的"商业批发"和"商业零售"税目,"公用事业"税目中的自来水、热水、煤气、液化气、天然气和转售电,"服务业"税目中的加工修理修配,"典当业"税目中的死当物品销售,均改为征收增值税。将"娱乐业"税目分为"文化体育业"和"娱乐业"两个税目。因此,改革后的营业税共有9个税目,即交通运输业、建筑业、金融保险业、邮电通讯业、文化体育业、娱乐业、服务业、转让无形资产、销售不动产。营业税采用比例税率,从价计征。

(三) 其他税种的改革

其他税种的改革主要是服从于优化税制结构和为分税制创造条件的要求,合并一些税种,撤销一些税种,还有的要调整税负,另外还开征一些新的税种,具体措施如下:

(1) 开征土地增值税,目的主要是为了规范土地、房地产市场交易秩序,合理调节土地增值收益,维护国家权益。土地增值税以纳税人在中华人民共和国境内转让国有土地使用权、地上建筑物及其附着物所取得的增值额为征税对象,依照规定的税率征收的一种税收。土地增值税采用四级超率累进税率,税率分别为30%、40%、50%、60%四档。土地增值税也有一些优惠政策,如因国家建设需要依法征用、收回的房地产,对居民个人拥有的普通标准住宅等,在其转让时免征或暂免征收土地增值税。

(2) 取消奖金税、工资调节税、特别消费税、烧油特别税、集市交易税、牲畜交易税。筵席税、屠宰税是否开征,由各省、自治区、直辖市人民政府决定。

(3) 取消盐税,把盐税并入资源税,作为资源税的一个税目,扩大资源税的征收范围。新的资源税共包括9个税目,即原油、天然气、煤炭、铁矿石、其他黑色金属矿原矿、铝土矿、其他有色金属矿原矿、非金属矿原矿、盐(固体盐、液体盐)。而且重新调整了单位税额,以更好地发挥资源税调节级差收入的作用。

此外,国务院还于1994年1月发布了《国务院关于对农业特产收入征收农业税的规定》,使得农业特产税逐渐从农业税中分离出来。农业特产税的征收,是为了鼓励农民多种粮,多产粮,稳定社会基础,为地方财政增加收入。这一税种具有明显的压抑经济作物等高价值农产品生产的客观作用,是在短缺经济条件下为了加强大田粮食生产而采取的一种差别性农业税收。在当时的客观背景条件下,具有一定的积极作用。

农业特产税的纳税主体是在我国境内从事应税农业特产品的单位和个人。对生产农业特产品的单位和个人,征收生产环节的农业特产税,其计税依据为农业特产品的实际收入;对收购农业特产品的单位和个人,征收收购环节的农业特产税,其计税依据为收购金额。

经过1994年的税制改革,我国已经开征或者即将开征的税种有增值税、消费税、营业税、资源税、城市维护建设税、关税、船舶吨税、农业特产税、企业所得税、个人所得税、外商投资企业和外国企业所得税、农业税、土地增值税、房产税、土地使用税、耕地占用税、契税、车船税、印花税、固定资产投资方向调节税、证券交易税、遗产税、筵席税、屠宰税等。其中,证券交易税和遗产税尚未开征,筵席税、屠宰税是否开征,由各省、自治区、直辖市人民政府决定。这次税制改革,形成了货物劳务税为第一主体、所得税为第二主体的税制结构,适应了发展市场经济的客观需要,是我国税收制度的一个重要转折点,在新中国税制建设史上具有里程碑的意义。

第四节 1995年以来的税制调整

1994年税制改革后,我国的总体经济形势发生了重大的变化。而且从理想税制和适应社会主义市场经济体制要求的角度看,1994年的税制改革仍是有差距的,一些问题逐渐表现得十分突出。为此,我国对税制继续进行调整。根据党的十六届三中全会提出的按照"简税制、宽税基、低税率、严征管"的原则稳步推进、分步实施税收制度改革的要求,主要采取了企业所得税"两税合并"、增值税转型、个人所得税免征额和税率结构调整、房产税改革试点、税收征管法修订等措施。党的十八届三中全会通过的《关于全面深化改革若干重大问题的决定》及之后发布的《深化财税体制改革总体方案》,要求围绕增值税、资源税、消费税、环境保护税、房地产税和个人所得税进行新一轮的税制改革。我国在增值税、资源税、环境保护税等方面已取得了重要改革进展。

一、货物劳务税的调整

（一）增值税

1. 增值税转型改革

目前世界上课征增值税的国家基本上都是实行消费型增值税,而我国1994年税制改革时选择的是生产型。生产型增值税不允许固定资产进项税金抵扣,可以保证财政收入,也有利于防止固定资产投资膨胀。但是,这种以人为扩大税基来保证财政收入的办法导致了重复征税和因资本有机构成不同而引起的税负失衡问题,不利于国民经济的长远发展,进而对财政收入有负面影响。

为此,2004年9月14日,财政部、国家税务总局发布《东北地区扩大增值税抵扣范围若干问题的规定》,从2004年7月1日起,允许东北三省和大连市经过认定的从事装备制造业、石油化工业、冶金业、船舶制造业、汽车制造业、农产品加工业的增值税一般纳税人,按规定抵扣通过购进等方式取得设备发生的进项税金。2007年5月11日,财政部、国家税务总局又发布了《中部地区扩大增值税抵扣范围暂行办法》,规定自2007年7月1日起,对中部六省26个老工业基地城市从事装备制造业、石油化工业、冶金业、汽车制造业、农产品加工业、电力业、采掘业、高新技术产业为主的增值税一般纳税人按规定抵扣取得设备发生的进项税金。

继东北地区和中部六省之后,内蒙古自治区东部五盟市和汶川地震受灾严重地区先后于2008年7月和2008年8月也纳入了增值税转型改革试点范围。其中内蒙古自治区东部的试点行业与东北地区相同,汶川地震灾区的试点则覆盖了所有行业。

经过以上试点,2009年1月1日起,作为应对国际金融危机的重要举措之一,我国开始在全国所有地区、所有行业推行增值税转型,允许企业抵扣其购进设备所含的增值税。这一改革的法律依据是国务院2008年11月10日公布的修订后的《增值税暂行条例》以及12月15日公布的修订后的《增值税暂行条例实施细则》。该《条例》和《实施细则》除确认增值税转型的相关内容外,还调整了一般纳税人的认定标准,将适用于小规模纳税人的征收率调整为3%,提高了起征点,对混合销售和兼营行为的征税范围、纳税义务发生时间、计税依据、纳税地点、纳税期限、税收优惠等内容也进行了微调。

2. 营业税改征增值税改革

为了建立健全有利于科学发展的税收制度,促进经济结构调整,支持现代服务业发展,2011年11月17日,财政部、国家税务总局正式发布了《营业税改征增值税试点方案》,决定2012年1月1日起在上海市针对交通运输业和部分现代服务业开展营业税改征增值税试点。此项改革简称"营改增"。

营业税改征增值税改革自启动试点以来推进十分迅速,就试点地区而言,2012年8月1日至当年年底,试点范围由上海市分批扩大至北京、天津、江苏、浙江、安徽、福建、湖北、广东和厦门,深圳10个省(直辖市、计划单列市),2013年8月1日起正式扩展至全国;就试点行业而言,最初仅包括交通运输业(指铁路运输以外的陆路运输、水路运输、航空运输和管理运输)和现代服务业中的研发和技术服务、信息技术服务、文化创意服务、物流辅助服务、有形动产租赁服务和鉴证咨询服务,之后逐步扩展到广播影视业(2013年8月1日起)、铁路运输和邮政业(2014年1月1日起)以及电信业(2014年6月1日起),2016年5月1日"营改增"试点全面推开,建筑业、房地产业、金融业、生活服务业等行业全部纳入试点范围。

2017年11月19日,国务院总理李克强签署国务院令,公布《国务院关于废止〈中华人民共和国营业税暂行条例〉和修改〈中华人民共和国增值税暂行条例〉的决定》,正式确定和巩固了"营改增"试点的成果。2018年4月4日,财政部、国家税务总局印发《关于调整增值税税率的通知》(财税[2018]32号)规定:从2018年5月1日起,为完善增值税制度,纳税人发生增值税应税销售行为或者进口货物,原适用17%和11%税率的,税率分别调整为16%和10%。2019年3月20日,财政部、国家税务总局、海关总署发布了《关于深化增值税改革有关政策的公告》,规定自2019年4月1日起,增值税一般纳税人发生增值税应税销售行为或者进口货物,原适用16%税率的,税率调整为13%;原适用10%税率的,税率调整为9%。

(二)消费税

2001年5月11日,财政部、国家税务总局发文对酒类消费税政策,主要是征税办法和税率水平进行调整。对白酒实行从价和从量相结合的复合计税方法:对粮食白酒和薯类白酒在仍维持按出厂价依照25%和15%的税率从价征收消费税方法不变的前提下,再对每斤白酒按照0.5元从量征收一道消费税;取消以外购酒勾兑生产酒的企业可以扣除其购进酒已纳消费税的抵扣政策。适当调整啤酒的单位税额,按照产品的出厂价格分两档定额税率:每吨啤酒出厂价在3 000元以上的,单位税额为每吨250元;每吨啤酒出厂价在3 000元以下的,单位税额为每吨220元。

2001年6月4日,财政部、国家税务总局又发文对卷烟消费税政策进行调整,主要是将从价定率的计税方法改为从量定额与从价定率相结合的复合计税方法,同时对税率进行适当调整。对卷烟首先征收一道从量定额税,单位税额为每大箱150元;然后按照调拨价格再从价征税:每条调拨价格在50元以下的卷烟,税率为30%,50元以上的和进口卷烟,税率为45%。

但是,1994年以来实行的消费税制总体上仍存在一些问题:一是征税范围偏窄,不利于在更大范围内发挥消费税的调节作用;二是原来确定的某些属于高档消费品的产品,这些年已经逐渐具有大众消费品的特征;三是有些应税品目的税率结构与国内产业结构、消费水平和消费结构的变化不相适应;四是消费税促进节约资源和环境保护的作用有待加强。因此,财政部、国家税务总局于2006年3月21日联合下发通知,从2006年4月1日起,对我国消费税的税目、税率及相关政策进行调整。此次政策调整是1994年税制改革以来消费税最大规模的一次调整,具体调整情况如下:

(1) 新增6个税目,即成品油、木制一次性筷子、实木地板、游艇、高尔夫球及球具、高档手表。原有的汽油和柴油两个税目纳入成品油税目,成为两个子目,并增加航空煤油、石脑油、溶剂油、润滑油、燃料油5个子目。考虑到石脑油、溶剂油等多数属于工业原料,航空煤油也主要用于航空,对石脑油、溶剂油先按应纳税额的30%征收,对航空煤油暂缓征收消费税。

(2) 取消护肤护发品税目。

(3) 调整小汽车、摩托车、汽车轮胎、酒及酒精几个税目的税率、子目等。

取消原有小汽车税目下的小轿车、越野车、小客车子目,改为在小汽车税目下分设乘用车、中轻型商用客车子目,拉大了不同排量汽车的税率差距,加大了大排量和能耗高的小轿车、越野车的税收负担,体现出对生产和使用小排量车的鼓励政策。另外,对混合动力汽车等具有节能、环保特点的汽车将实行一定的税收优惠。对摩托车的税率结构进行了调整,将原有10%的税率,改为按排量划分为两档税率,适当降低了小排量摩托车的税率。将汽车轮胎的税率由10%下调到3%。子午线轮胎继续实行免税政策。取消了粮食白酒和薯类白酒的差别比例税率,实行20%的统一比例税率。

为适应增值税转型改革的需要,保持增值税、消费税、营业税三个税种相关政策和征管措施之间的衔接,体现1994年税制改革以来消费税政策的调整,国务院于2008年11月10日公布了修订后的《消费税暂行条例》,12月15日公布了修订后的《消费税暂行条例实施细则》。

为建立完善的成品油价格形成机制和规范的交通税费制度,国务院于2008年12月印发《关于实施成品油价格和税费改革的通知》,决定自2009年1月1日起实施成品油税费改革,具体措施是:在取消公路养路费等六项收费的同时提高成品油消费税单位税额,汽油消费税单位税额每升提高0.8元,柴油消费税单位税额每升提高0.7元,其他成品油单位税额相应提高。加上原单位税额,提高后的汽油、石脑油、溶剂油、润滑油消费税单位税额为每升1元,柴油、燃料油、航空煤油为每升0.8元。

为了促进环境治理和节能减排,财政部、国家税务总局多次发文决定提高成品油消费税,2015年1月13日起,汽油、石脑油、溶剂油和润滑油的单位税额提高到1.52元/升,柴油、航空煤油和燃料油的单位税额提高到1.2元/升,但对航空煤油继续暂缓征收。

财政部和国家税务总局还采取了其他调整消费税征收范围和税收负担的措施:自2015年2月1日起对电池和涂料征收消费税;自2015年5月10日起将卷烟批发环节从价税税率由5%提高至11%,并按0.005元/支加征从量税;自2016年10月1日起取消对普通美容、修饰类化妆品征收消费税并将高档化妆品税率调整为15%;自2016年12月1日起增设"超豪华小汽车"子税目,在生产(进口)环节按现行税率征收消费税基础上,在零售环节加征消费税,税率为10%。

(三)营业税

1994年设计的税制中,金融保险企业的营业税税率是5%,金融保险类的企业所得税是55%。1997年2月19日,国务院发出《关于调整金融保险业税收政策有关问题的通知》,规定金融保险类的企业所得税降到33%,同时将营业税税率由5%提高到8%。2001年开始,金融保险企业的营业税税率又逐年降低一个百分点,2003年降到5%。

为加强对各种娱乐行为的税收调节,2001年4月和8月,财政部、国家税务总局先后发文,规定2001年5月起,对歌厅、舞厅、卡拉OK歌舞厅(包括夜总会、练歌房)、音乐茶座(包括酒吧)、台球、高尔夫球、保龄球、游艺(如射击、狩猎、跑马、游戏机、蹦极、卡丁车、热气球、动力伞、射箭、飞镖等)等营业税不再实行幅度税率,统一按照20%的税率征收。

《营业税暂行条例》规定,单位和个人销售不动产,按成交价格征收5%的营业税。1999年,为了配合住房制度改革,切实减轻个人买卖普通住宅的税收负担,国家出台优惠政策规定,对个人购买并居住超过一年的普通住宅,销售时免征营业税。个人购买并居住不足一年的普通住宅,销售时营业税按销售价减去购入原价后的差额计征。2005年,为促进房地产市场健康发展,遏制投机炒作行为,国家对个人转让房地产营业税政策做出调整,自当年6月1日起,对个人购买住房不足2年转手交易的,销售时按其取得的售房收入全额征收营业税;个人购买普通住房超过2年(含2年)转手交易的,销售时免征营业税;对个人购买非普通住房超过2年(含2年)转手交易的,销售时按其售房收入减去购买房屋的价款后的差额征收营业税。为了进一步抑制投机和投资性购房需求,2006年6月16日,财政部、国家税务总局再次发出通知,调整房地产营业税有关政策:2006年6月1日后,个人将购买不足5年的住房对外销售的,全额征收营业税;个人将购买超过5年(含5年)的普通住房对外销售的,免征营业税;个人将购买超过5年(含5年)的非普通住房对外销售的,按其销售收入减去购买房屋的价款后的余额征收营业税。

2008年11月10日和12月15日,在发布新修订的增值税和消费税《暂行条例》和《实施细则》的同时,国务院发布了修订后的《营业税暂行条例》和《营业税暂行条例实施细则》,对营业税征收范围、营业额、境内外劳务判定原则、纳税义务发生时间、纳税地点、纳税期限等进行了微调。

2012年起,我国启动"营改增"改革,到2016年5月,"营改增"改革推广到全国范围内的所有原课征营业税的行业,2017年11月,国务院废止了《中华人民共和国营业税暂行条例》,营业税就此退出历史舞台。

(四) 关税

为了加快重返关贸总协定和加入世界贸易组织的进程,自1992年起,我国就开始逐步削减关税,在1994年税制改革后,这一进程继续进行。1995年12月26日,国务院发出《关于改革和调整进口税收政策的通知》,规定从1996年4月1日起大幅度降低进口关税,将进口关税的算术平均税率从35.6%降至23%。1997年和2001年,又将关税总水平分别降至17%和15.3%。加入世贸组织后,为履行"入世"承诺,我国继续连年降低关税,到2008年,我国关税总水平已降至9.8%,之后十年基本维持在这一水平。2018年以来,为了促进更高水平对外开放,我国进一步下调部分商品进口关税,关税总水平由9.8%降至7.5%。

(五) 出口退税政策

我国从1985年开始实行出口退税政策,出口退税涉及的税种有增值税和消费税,以增值税为主。1994年的税制改革确定了增值税对出口商品适用零税率的原则,对于一般纳税人来说,增值税有13%和17%两档税率,出口货物即按这两档的税率实行退付,由中央财政承担。这一政策刺激出口的效果明显,但是当时由于征收手段相对落后、管理水平不高等原因,出口产品增值税的实际税负远远低于增值税法定税率,骗取出口退税现象严重,出口退税增长过猛,中央财政不堪重负。1995年,我国首次出现了欠退税现象。在这种情况下,为了缓解财政困难,我国于1995年和1996年两次调低出口退税率,其中煤炭、农产品出口退税率降为3%;以农产品为原料加工的工业品和按13%税率征收增值税的其他货物为6%;按17%税率征收增值税的其他货物则为9%,平均退税率降至8.3%。

1997年东南亚金融危机之后,为了推动出口增长,1998年2月起我国又分行业、分项目逐步上调出口退税率,1998—1999年期间,前后9次提高出口退税率,形成了17%、15%、13%、5%的退税率体系,平均出口退税率为15.51%。

在出口增长连续飙升了几年之后,国家财政压力再度出现,到2002年全国累计拖欠的应退税额已经达到2 500亿元,名义退税率与实际退税率存在相当差距。在这一背景下,2003年10月,国务院公布了新一轮的出口退税改革决定,自2004年1月起再次下调出口退税率。这次出口退税改革调整后的出口退税率分为5档:17%、13%、11%、8%及5%,平均下调约3个百分点。同时,2004年起中央和地方财政按照75%:25%的比例承担出口退税,2005年1月1日起这一比例又改为92.5%:7.5%。

2004年出口退税制度改革以来,出于缓解财政压力、促进出口、调整产业结构、减轻人民币升值压力、减少贸易摩擦等不同的政策目标考量,我国对出口退税率又进行了多次调整。目前的出口退税率为6%、9%、13%和0%共4档。

二、所得税制的调整

(一) 个人所得税

1999年,为了扭转城乡储蓄存款不断攀升的局面,促进资金流向投资领域,进一步规范社会分配机制,全国人大常委会修改了个人所得税法,从11月1日起,恢复对居民储蓄存款利息征税。

1999年9月19日,财政部、国家税务总局印发《关于个人独资企业和合伙企业投资者征收个人所得税的规定》的通知,从2000年1月1日起,对个人独资企业和合伙企业停止征收企业所得税,开始征收个人所得税。

为促进资本市场发展,2005年6月13日,财政部、国家税务总局发布《关于股息红利个人所得税有关政策的通知》,对个人投资者从上市公司取得的股息红利所得,暂减按50%计入个人应纳税所得额,依照现行税法规定计征个人所得税。

为了鼓励长期投资,财政部、国家税务总局、证监会规定自2013年1月1日起,对上市公司派发的股息红利实行差别化税率,即持股期限一年以上的适用5%的税率,一个月到一年的税率为10%,一个月以内的税率为20%。自2015年9月8日起持股期限超过1年的,股息红利免征个人所得税。

为减轻工薪收入者的税收负担,改善个人所得税调节收入分配的功能,2005年10月27日,第十届全国人民代表大会常务委员会第十八次会议决定,对《个人所得税法》进行第三次修正,自2006年1月起,将工资薪金所得的每月800元的费用扣除标准上调至每月1 600元。新税法还规定扣缴义务人应当按照国家规定办理全员全额扣缴申报,并扩大了纳税人自行申报范围。

2007年6月29日,第十届全国人民代表大会常务委员会第二十八次会议决定对《个人所得税法》进行第四次修正,规定对储蓄存款利息所得开征、减征、停征个人所得税及其具体办法,由国务院规定。随后,国务院发布《关于修改〈对储蓄存款利息所得征收个人所得税的实施办法〉的决定》,自2007年8月15日起,对储蓄存款利息所得征收个人所得税,减按5%的比例税率执行。

2007年12月29日,第十届全国人大常委会第三十一次会议对《个人所得税法》进行第五次修正,将个人所得税工资薪金所得费用减除标准自2008年3月1日起由每月1 600元提高到2 000元。

2011年6月30日，第十一届全国人大常委会第二十一次会议对《个人所得税法》进行第六次修正，与以往相比，此次修正的力度较大，主要内容包括：将个人所得税工资薪金所得的费用扣除标准自2011年9月1日起由每月2 000元提高到3 500元；将工资薪金所得的适用税率由5%～45%的九级超额累进税率改为3%～45%的七级超额累进税率，同时调整了适用各档税率的应税所得标准；调整了个体工商户的生产、经营所得和对企事业单位的承包经营、承租经营所得适用各档税率的应税所得标准。2011年7月19日，国务院修改了《个人所得税法实施条例》，将个体工商户的生产经营所得和承包承租经营所得的费用扣除标准提高到3 500元，自2011年9月1日起施行。

2018年8月31日，第十三届全国人民代表大会常务委员会第五次会议对《个人所得税法》进行第七次修正，自2019年1月1日起施行。此次修正的主要内容有：居民个人每一纳税年度内取得的工资薪金所得、劳务报酬所得、稿酬所得和特许权使用费所得为综合所得，居民个人取得综合所得，以每年收入额减除费用60 000元以及专项扣除、专项附加扣除和依法确定的其他扣除后的余额为应纳税所得额；对个体工商户、个人独资企业和合伙企业费用扣除标准统一确定为60 000元/年(5 000元/月)。

(二) 企业所得税

为进一步完善社会主义市场经济体制，适应经济社会发展新形势的要求，为各类企业创造公平竞争的税收环境，2007年3月16日，第十届全国人民代表大会第五次会议审议通过了《中华人民共和国企业所得税法》，自2008年1月1日起施行。2007年12月6日，国务院正式发布《中华人民共和国企业所得税法实施条例》(以下简称《实施条例》)，自2008年1月1日起与新企业所得税法同步实施。

与外商投资企业和外国企业所得税法及其实施细则、企业所得税暂行条例相比，新企业所得税法及其《实施条例》的重大变化，表现在以下方面：

(1) 法律层次得到提升，改变了过去内资企业所得税以暂行条例(行政法规)形式立法的做法。

(2) 制度体系更加完整，在完善所得税制基本要素的基础上，充实了反避税等内容。

(3) 制度规定更加科学，借鉴国际通行的所得税处理办法和国际税制改革新经验，在纳税人分类及义务的判定、税率的设置、税前扣除的规范、优惠政策的调整、反避税规则的引入等方面，体现了国际惯例和前瞻性。

(4) 更加符合我国经济发展状况，根据我国经济社会发展的新要求，建立税收优惠政策新体系，实施务实的过渡优惠措施，服务我国经济社会发展。

具体地说，新企业所得税法实现了五个方面的统一，并规定了两类过渡优惠政策。五个方面的统一是：统一税法并适用于所有内外资企业；统一并适当降低税率；统一并规范税前扣除范围和标准；统一并规范税收优惠政策；统一并规范税收征管要求。两类过渡优惠政策包括：一是对新税法公布前已经批准设立、享受企业所得税低税率和定期减免税优惠的老企业，给予过渡性照顾；二是对法律设置的发展对外经济合作和技术交流的特定地区内，以及国务院已规定执行上述地区特殊政策的地区内新设立的国家需要重点扶持的高新技术企业，给予过渡性税收优惠。同时，国家已确定的其他鼓励类企业，可以按照国务院规定享受减免税优惠政策。

为了保证新企业所得税法的可操作性,《实施条例》按照新企业所得税法的框架,对新企业所得税法的规定逐条逐项细化。

(1) 明确了界定新企业所得税法的若干重要概念,如实际管理机构、公益性捐赠、非营利组织、不征税收入、免税收入等。

(2) 进一步明确了企业所得税重大政策,具体包括:收入、扣除的具体范围和标准,资产的税务处理,境外所得税抵免的具体办法,优惠政策的具体项目范围、优惠方式和优惠管理办法等。

(3) 进一步规范了企业所得税征收管理的程序性要求,具体包括:特别纳税调整中的关联交易调整、预约定价、受控外国公司、资本弱化等措施的范围、标准和具体办法,纳税地点,预缴税和汇算清缴方法,纳税申报期限,货币折算等。

三、其他税种的调整

(一) 农业税

2000年以来,配合农村税费改革试点,减轻农民负担,国家对农业特产税政策多次进行调整,逐步缩小农业特产税征收范围,降低税率。2004年6月30日,财政部、国家税务总局发布《关于取消除烟叶外的农业特产税有关问题的通知》,规定从2004年起,对烟叶仍征收农业特产税,取消其他农业特产品的农业特产税。

2004年4月6日,经国务院批准,财政部、农业部、国家税务总局发布《关于2004年降低农业税税率和在部分粮食主产区进行免征农业税改革试点有关问题的通知》,2004年在吉林、黑龙江两省先行免征农业税改革试点,并将其余省、自治区、直辖市农业税税率降低1～3个百分点。在试点过程中,各地纷纷免征农业税。2005年12月29日,第十届全国人民代表大会常务委员会第十九次会议决定废止1958年6月3日通过的《中华人民共和国农业税条例》,农业税被正式取消。2006年2月17日,国务院发布第459号令,废止了《国务院关于对农业特产收入征收农业税的规定》,最终取消了对烟叶的农业特产税。

(二) 固定资产投资方向调节税

1999年8月17日,为了鼓励社会投资,拉动经济增长,财政部、国家税务总局颁布了《关于固定资产投资方向调节税有关政策问题的通知》,对固定资产投资应税项目在1999年下半年实际完成的投资额,按规定税率减半征收,并从2000年起,停征固定资产投资方向调节税。2012年11月9日,国务院发布第628号国务院令,正式废止了固定资产投资方向调节税。

(三) 车辆购置税

2000年10月22日,国务院发布了《中华人民共和国车辆购置税暂行条例》,从2001年1月1日起执行。车辆购置税是专项用于国家公路建设的税种,购置自用车辆时缴纳。其应纳税额按照从价定率的方式计算,由购置车辆的计税价格和税率确定。计税依据为应税车辆的计税价格,税率为10%。根据有关规定,如果发票上的价格高于最低计税价格,则按最低计税价格缴税。2018年12月29日,第十三届全国人民代表大会常务委员会第七次会议通过《中华人民共和国车辆购置税法》,2019年7月1日起施行。车辆购置税实行统一的比例税率,税率为10%。

(四) 印花税

根据我国税法，对买卖、继承、赠与所书立的A股、B股股权转让书据，应由立据双方当事人分别缴纳证券(股票)交易印花税。为了调控股市，我国股市成立至今，已9次调整证券(股票)交易印花税率，包括：

(1) 1991年10月，印花税率从6‰下调到3‰。
(2) 1997年5月12日，印花税率由3‰提高到5‰。
(3) 1998年6月12日，印花税率从5‰下调到4‰。
(4) 1999年6月1日，B股印花税率降低为3‰。
(5) 2001年11月16日，印花税率下调到2‰。
(6) 2005年1月24日，证券(股票)交易印花税税率由2‰调整降至1‰。
(7) 2007年5月30日起，证券(股票)交易印花税税率由1‰调整为3‰。
(8) 2008年4月24日，证券(股票)交易印花税税率由3‰调整为1‰。
(9) 2008年9月19日，对证券交易印花税由双边征收改为单边征收，由出让方按1‰的税率缴纳股票交易印花税，受让方不再征收。

此外，2018年5月1日起，我国对按万分之五税率贴花的资金账簿减半征收印花税，对按件贴花五元的其他账簿免征印花税。

(五) 契税

1997年7月7日，国务院发布《中华人民共和国契税暂行条例》。该暂行条例明确了征税对象和税目，并将税率降为3%~5%。为鼓励个人改善住房条件，促进普通住房交易市场的发展，规定对个人购买自用普通住宅，暂减半征收契税。2020年8月11日，第十三届全国人民代表大会常务委员会第二十一次会议通过《中华人民共和国契税法》，自2021年9月1日起施行。

(六) 资源税

为了保护资源以及更有效地开采资源，2005年以来，我国多次提高了原油、天然气、煤炭、铅、锌、铜、钨等项目的资源税税额标准。2011年9月30日，国务院修改了《中华人民共和国资源税暂行条例》，进一步将原油和天然气的课征方式由从量计征调整为从价计征，同时进一步提高了稀土矿和焦煤的税额标准。2014年10月9日，财政部、国家税务总局发布《关于实施煤炭资源税改革的通知》，将煤炭资源税的征收方式也由从量计征调整为从价计征。2015年4月30日，财政部、国家税务总局发布《关于实施稀土、钨、钼资源税从价计征改革的通知》，自当年5月1日起对稀土、钨、钼从价计征资源税。2016年5月9日，财政部、国家税务总局发布《关于全面推进资源税改革的通知》，对其他矿产资源全面实施从价计征改革。

(七) 屠宰税

我国在1950年发布的《全国税政实施要则》中，就规定征收屠宰税，在随后的历次税改中这一税种都被保留。1994年新税制改革中，屠宰税的征收管理权限被下放给地方，由各省级政府决定是否开征。此后，屠宰税收入连年大幅度增长。但是，在一些地方也发生了违反税法和税收政策，按照人头、田亩平均摊派屠宰税的现象，加重了农民的负担。

2000年3月2日，中共中央、国务院发出《关于进行农村税费改革试点工作的通知》，规定了农村税费改革试点的主要内容,包括取消屠宰税。同年5月15日,财政部、国家税务总局发出《关于农村税费改革试点地区取消屠宰税的通知》。随着农村税费改革试点工作逐步扩大到全国,到2004年各地都已经停止征收屠宰税。2006年2月17日,国务院发布第459号国务院令,正式取消了屠宰税。

(八) 烟叶税

我国长期以来一直对烟叶实行专卖政策,并征收较高的税收和实行比较严格的税收管理。1994年税制改革以前征收产品税和工商统一税,1994年以后改为对烟叶征收烟叶特产农业税。但是,随着农业税的取消,2006年2月17日,国务院第459号令废止了农业特产税。

为了保持政策的连续性,充分兼顾地方利益和有利于烟叶产区可持续发展,国务院于2006年4月28日发布《中华人民共和国烟叶税暂行条例》,开征烟叶税取代原烟叶特产农业税。烟叶税的纳税人、纳税环节、计税依据等都保持了原烟叶特产农业税的规定不变,税率也与原烟叶特产农业税的税率相同,为20%。2017年12月27日第十二届全国人民代表大会常务委员会第三十一次会议通过了《中华人民共和国烟叶税法》,将烟叶税暂行条例平移上升为法律。

(九) 城镇土地使用税

近年来,随着土地有偿使用制度的实施、经济的发展和土地需求的不断增加,我国1988年公布实施的《城镇土地使用税暂行条例》的一些规定已明显不能适应经济形势发展变化的要求。一是税额标准太低,每平方米土地年税额最高只有10元,最低仅为0.2元,这与我国人多地少、土地资源极为紧缺的现状以及近年来日益攀升的地价水平是极不适应的;二是对外商投资企业不征税,税负有失公平。

为落实国家宏观调控政策和完善城镇土地使用税税制,国务院于2006年12月31日发布了《关于修改〈中华人民共和国城镇土地使用税暂行条例〉的决定》,提高了城镇土地使用税的税额幅度,并明确对外商投资企业和外国企业征收城镇土地使用税。

(十) 车船税

我国对车船征税的历史很悠久。新中国成立后,中央人民政府政务院于1951年颁布了《车船使用牌照税暂行条例》,对车船征收车船使用牌照税。1986年9月,国务院在实施工商税制改革时,又发布了《中华人民共和国车船使用税暂行条例》。根据有关规定,该条例不适用于外商投资企业和外国企业及外籍个人。因此,对外商投资企业和外国企业及外籍个人仍征收车船使用牌照税。

但内外两个税种,不符合简化税制的要求,也与世界贸易组织有关国民待遇等规则不相符合;而且这两个税种的征免税规定不够合理,税源控管手段不足,税额标准与我国社会经济发展水平和物价水平相比已明显偏低。因此,根据我国车船拥有、使用和管理现状及发展趋势,本着简化税制、公平税负、拓宽税基,方便税收征管的原则,国务院于2006年12月将《车船使用牌照税暂行条例》和《中华人民共和国车船使用税暂行条例》进行了合并修订,新发布了《中华人民共和国车船税暂行条例》,从2007年1月1日起施行。与原车船使用税和车船使用牌照税相比,新车船税主要在以下方面进行了改革:

(1) 统一了各类企业的车船税制。

(2) 将车船税由过去在保有与使用环节征收的财产与行为税,改为在保有环节征收的财产税。

（3）适当提高了税额标准。

（4）调整了减免税范围。

（5）将从事机动车交通事故责任强制保险业务的保险机构确定为机动车车船税的扣缴义务人，强化了税源控管的力度。

2011年2月25日，第十一届全国人民代表大会常务委员会第十九次会议通过了《中华人民共和国车船税法》。新车船税法于2012年1月1日起施行，《中华人民共和国车船税暂行条例》同时废止。新车船税法对车船税的税目税率进行了较大调整，对乘用车采用按排量确定税额的办法，更加公平合理。

（十一）耕地占用税

我国自1987年起开征的耕地占用税，曾对保护耕地、促进土地资源合理利用起到了积极的作用。但随着我国经济的高速发展，耕地占用税的税率现在看来已明显偏低。1987年时耕地占用税占用地成本的比例一般在20%左右，而抽样调查显示2006年这一比例均不到1%。耕地占用税征收范围偏窄、税负偏轻、税负不公的问题也日益突出，其保护耕地的作用日益弱化，调节职能的发挥也受到了制约。

为加强耕地保护，缓解我国耕地资源紧缺问题和土地供需矛盾，国务院于2007年12月1日修订了《耕地占用税暂行条例》，新条例自2008年1月1日起施行。新条例提高了征收标准，将每平方米税额在原条例的基础上提高了4倍。为了体现公平，新条例规定外资企业也是纳税人。通过调整"耕地"等重要概念的定义，新条例进一步扩大了耕地占用税的征税范围。2018年12月29日，第十三届全国人民代表大会常务委员会第七次会议通过《中华人民共和国耕地占用税法》，耕地占用税暂行条例上升为法律。

（十二）房产税

我国房产税长期实行对个人住房免税的制度。但为了进一步完善房产税制度，合理调节居民收入分配，引导个人住房消费，根据国务院常务会议精神，上海和重庆于2011年1月28日启动了对部分个人住房征收房产税的试点。

上海房产税试点的征收对象为本市居民新购房且属于第二套及以上住房和非本市居民新购房，税率为0.4%～0.6%；重庆的房产税征收对象是独栋别墅高档公寓，以及无工作、无户口、无投资人员所购第二套(含)以上普通住房，税率为0.5%～1.2%。

（十三）城市房地产税

我国的城市房地产税是一个有50余年历史的老税种。早在1951年，中央人民政府政务院就公布了《城市房地产税暂行条例》，规定对房产征收房产税，对土地征收地产税；对房价、地价不易划分的，征收房地产税。1973年，我国将国营企业和集体企业应缴的城市房地产税并入工商税。1986年，我国开征房产税，内资企业和个人适用新的房产税征收规定。至此，我国形成了对内资纳税人征收房产税，对外资纳税人和外国人的房产征收城市房地产税，对其地产不征税的局面。

但是，在分税制体制下，城市房地产税的开征由各省、自治区、直辖市人民政府确定，我国仅有少数几个省市对外资纳税人和外国人征收城市房地产税。城市房地产税在实践中还存在内容陈旧、内外资税负不公、执法依据不统一等问题。

针对以上情况,国务院发布第 546 号国务院令,宣布《城市房地产税暂行条例》自 2009 年 1 月 1 日起废止。同时,为了公平内外资纳税人税收负担,规定自 2009 年 1 月 1 日起,外商投资企业、外国企业和组织以及外籍个人,依照《房产税暂行条例》缴纳房产税。

(十四)筵席税

筵席税自 1988 年起开征。1994 年分税制改革后,国家将其征收权限下放到地方,由各地自行决定是否征收该税。由于这一税收征管困难,到 2002 年,全国各省区市都取消了筵席税。

2008 年 1 月,国务院发布《关于废止部分行政法规的决定》,《中华人民共和国筵席税暂行条例》正式失效。

(十五)城市维护建设税

城市维护建设税开征 20 多年来,仅对我国公民和内资企业征收。为了进一步统一税制、公平税负,创造平等竞争的外部环境,国务院于 2010 年 10 月 18 日发布《关于统一内外资企业和个人城市维护建设税和教育费附加制度的通知》,决定自 2010 年 12 月 1 日起,对外商投资企业、外国企业及外籍个人征收城市维护建设税。由于在此之前增值税、消费税、营业税、企业所得税、城镇土地使用税、车船税、耕地占用税和房产税等已先后实现了内外资企业税制的统一,统一内外资企业和个人的城建税制度意味着我国内外资企业的适用税制已实现了全面统一。

(十六)环境保护税

为了保护和改善环境,减少污染物排放,推进生态文明建设,2016 年 12 月 25 日,第十二届全国人民代表大会常务委员会第二十五次会议通过了《中华人民共和国环境保护税法》,规定自 2018 年 1 月 1 日起开征环境保护税。环境保护税的纳税人,包括在中国领域和中国管辖的其他海域,直接向环境排放应税污染物的企业、事业单位和其他生产、经营者。环境保护税的征税对象是应税污染物,包括规定的大气污染物、水污染物、固体废物和噪声。

四、征收管理制度的改革

1994 年的税制改革中,我国实行了分税制,分设了国、地两套税务机构,税收征管改革也取得了很大进展。为了从法律上反映、明确、巩固这些改革成果,1995 年我国对税收征管法进行了修订。2001 年 4 月 28 日和 2015 年 4 月 24 日,全国人大常委会对税收征管法又进行了两次修订。

五、现行税制概况

尽管有以上调整,我国当前的税收体系和税制结构与 1994 年税制改革确立的模式相比,总体上保持稳定。目前我国税收体系中的税种有 18 个,即增值税、消费税、关税、个人所得税、企业所得税、房产税、契税、城镇土地使用税、土地增值税、耕地占用税、车船税、车辆购置税、城市维护建设税、印花税、资源税、烟叶税、船舶吨税和环境保护税。

2019 年我国主要税种收入占税收总收入的比重如图 2-1 所示。

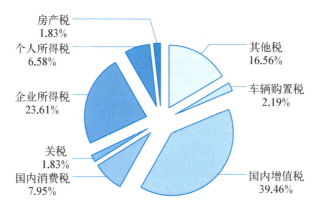

图 2-1　2019 年中国税收结构

资料来源：财政部网站。

图 2-1 表明，目前我国税收体系中货物劳务税仍是第一主体，增值税、消费税、关税三税合并收入占全部税收收入的 49.24％。同时，值得注意的是，以个人所得税和企业所得税构成的所得税类作为第二主体，在税收体系中也占据重要的地位，所得税类两个税种收入合计占全部税收收入的 30.19％。其他的财产、行为税类占税收收入的比重较小，但其中的车辆购置税、房产税、印花税等税种税收收入增长迅速，在经济生活中的作用也越来越重要。

第五节　未来的税制改革简析

经过"十三五"期间税制改革措施的密集出台，我国已在很大程度上达成了《深化财税体制改革总体方案》提出的既定目标，特别是"营改增"改革、资源税改革的主要任务已经完成，环境保护税已经开征，个人所得税迈出了走向综合与分类相结合的税制模式的重要一步。但是，我国的税收体系总体上仍存在一些明显的不足，消费税、个人所得税和房地产税的改革还没有到位，因此，未来中国税收制度的深化改革仍是任重而道远。

一、个人所得税制的改革

2018 年 8 月 31 日，第十三届全国人民代表大会常务委员会第五次会议对个人所得税法进行第七次修正，使我国个人所得税制从分类税制向综合与分类相结合的个人所得税制转型，个人所得税制改革向前迈进了一大步。

全国人大常委会曾于 2018 年 6 月 29 日将个人所得税法修正案草案向社会公布并进行为期一个月的征求意见，引发了社会各界的热烈讨论，通过将其中的代表性意见进行梳理，可以看出修正案的部分条款争议较大，可能成为未来的个人所得税制改革重点。

第一，四类劳动所得合并适用 45％ 的最高边际税率，可能与我国创新发展的国家战略不相适应。修正案草案保留45%的最高边际税率,其本意是为了发挥个人所得税的再分配功能。然而,鉴于股息红利、利息等资本所得的最高税率仅为20%[①],仅对劳动所得累进计税,并不足以强化对高收入群体的调节。改革开放之初,在资本短缺、劳动力过剩的状态下,我国形成劳动重税、资本轻税的个人所得税制有其合理性,但近年来,中国经济正由投资驱动向创新驱动转变,同时从世界范围看,国家之间的竞争也日益体现为人才的竞争,工资薪金、劳务报酬、稿酬和特许权使用费四项综合所得较高的人群往往是各类高端人才,对他们课征高税很可能削弱其创新积极性,或增大我国引进人才的难度。据世界银行2018年发布的全球营商环境排名,我国的劳动所得税和社保缴费负担在189个经济体中由低到高排名第188位[②],仅次于法国,个人所得税最高边际税率高达45%显然对此有重要的影响。相比之下,在特朗普政府减税后,美国的个人所得税最高边际税率仅为37%。因此,未来我国有必要顺应国际税改趋势,简并个人所得税税率档次,降低综合所得的最高边际税率。

第二,修正案草案首次增加赡养老人支出、子女教育支出、继续教育支出、大病医疗支出、住房贷款利息和住房租金等专项附加扣除,2018年10月20日,财政部与国家税务总局发布《个人所得税专项附加扣除暂行办法(征求意见稿)》,规定了专项附加扣除的具体扣除额度和操作方法。但是,在修正案草案仍坚持以"个人"为个人所得税计税单位的前提下,专项附加扣除如何将以"家庭"为单位发生的支出更合理地落实到"个人",如何能更好地体现税负的公平仍然面临不小的挑战,需要在执行中不断调整改进。

第三,修正案草案将工资薪金所得的费用扣除标准从每月3 500元提高到每月5 000元。考虑到个人所得税的纳税面(即纳税人数占城镇就业人数的比重)在此次税法修正后可能由44%下降到15%,短期内这一扣除标准将保持稳定,但未来随着城镇居民消费支出水平的提高,该标准仍将面临进一步的动态调整。

二、房地产税制的改革

我国"十二五"规划明确提出将"研究推进房地产税改革",且在2011年即"十二五"的开局之年,在上海和重庆启动了房产税改革试点,迈出了对个人自住住房征收房产税的关键一步。"十三五"规划中再次强调"完善地方税体系,推进房地产税立法",一方面表明我国在贯彻税收法定原则的基础上逐步推进房地产税改革的基本方针,另一方面也意味着房地产税改革将作为我国完善地方税体系的重要举措。对个人征收的房地产税属于直接税的一种,直接影响家庭的财富分配,推进房地产税改革的另一个重要意义在于提高直接税比重,完善我国的再分配政策体系。

2017年12月20日,时任财政部部长肖捷在《人民日报》发表题为《加快建立现代财政制度》的文章,重申了我国应按照"立法先行、充分授权、分步推进"的原则推进房地产税立法和实施,同时也指出将"适当降低建设、交易环节税费负担,逐步对工商业房地产和个人住房按

---

① 多项资本所得在20%的法定税率基础上还可以免税,如储蓄存款利息所得、国债利息所得免税,在证券市场上的转让股票所得免税,持有股票超过一年获得的股息红利所得免税等。
② 资料来源:世界银行,网址 http://www.doingbusiness.org/Custom-Query。

照评估值征收房地产税,建立完善的现代房地产税制度"。

我国房地产税的功能定位和总体框架已逐步清晰,未来房地产税改革推进的关键问题主要在于进一步完善改革方案,具体涉及各税制要素的设计、与土地出让金的衔接及与相关税费的关系等。

首先,房地产税制要素的设计主要涉及对税基(含免税规定)和税率的不同组合进行选择。目前在将房地产税设计成一种宽税基、低税率的普遍征收的税种,还是一种窄税率、高税率的主要发挥调节作用的税种方面,还存在一定的争议。但是,从现实可行性考虑,窄税基、高税率的方案显然更易于为社会所接受。考虑到各地区在房价、人均住房面积和人均收入等方面差异较大,由各省级地方政府在中央政府规定的浮动区间内选择本地具体适用的免税面积(或免税价值)和税率水平较为合理。

其次,房地产税改革的进程也是我国完善税制、规范政府收入形式的过程。从长期来看,我国房地产税应逐步取代土地出让金制度,并与城镇土地使用税、耕地占用税、契税、土地增值税及某些房地产相关的政府收费合并。然而,近年来我国每年国有土地使用权出让金收入的规模基本都超过3万亿元,2017年甚至已经接近5万亿元。房地产税开征初期,取得的财政收入将十分有限,远远无法取代土地出让金,因此短期内尚无法全面实现房地产税和土地出让金的衔接。但是,随着来自家庭的房地产税收入的稳步上升,应该创造条件尽快取消土地出让金或调整土地出让金的征收方式(如由一次征收改为在土地使用期限内分期征收),这样,才能确保房地产税改革后纳税人的负担总体上保持稳定或有所下降,从而使房地产税改革得到社会公众的更广泛的支持。

三、消费税制的改革

自1994年税制改革开征消费税以来,通过多轮的税目、税率调整以及成品油税费改革,我国的消费税制不断完善。然而,适应"营改增"改革完成等税制改革的最新进展,适应我国经济增长方式转换和地方税体系完善对消费税作用的新要求,消费税的税目、税率、征税环节等仍然亟须进行新的调整和改革。

从经济社会发展和税收调节作用的需要看,消费税征收范围仍然偏窄,税基偏小。未来一是有必要将部分高耗能、高污染和资源性产品纳入征收范围,如大型机动车、一次性包装物、破坏臭氧层化学品和电子产品等,二是有必要将部分高档消费品(如私人飞机、红木家具等)和消费行为(如KTV、夜总会、高档餐饮、高档洗浴、美容美体等)纳入征收范围。

作为主要发挥调节作用的税种,消费税的税率结构需要根据其调控目标合理设置,但目前一些重要应税消费品的税率从国际比较来看仍然偏低,卷烟、高度白酒、成品油,以及实木地板、木制一次性筷子等资源性产品的税率未来仍有进一步上调的空间。

从消费税的征收环节看,国外消费税的征收多选择在零售环节,而我国现行消费税制对应税消费品主要在生产和进口环节征收。采用这种征收方式,虽有助于加强税源控管,减少征收成本,但是也存在明显的局限性:第一,征收中生产环节难以界定,不利于防范逃避税;第二,占用企业资金,增加了生产企业的资金成本;第三,以价内税形式向生产企业征收,税负不直接体现在销售价格上,削弱了消费税的消费导向作用;第四,在生产环节征收,强化了地方政府对生产环节税收的依赖,不利于鼓励地方政府采取措施改善消费环境、扩大内需和优化经济结构。"十三五"期间,我国在消费税征收环节改革上做出了新的尝试,主要是对"超豪华小汽车"在零售环节加征10%的消费税。在借鉴国际经验的基础上,未来将更多应税消费品的征税环节逐步调整到零售环节是消费税改革的一个重要方向。

本章习题

一、判断题

1. 工商统一税的实行是我国1958年税制改革的核心内容。（ ）
2. 新中国成立初期的税制为复合税制,但在1973年税制改革中基本简并为单一税制。
（ ）
3. 就流转税而言,我国涉外企业和国内企业的待遇一直是相同的。（ ）
4. 《全国税政实施要则》是新中国第一部完整和统一的税收法规。（ ）
5. 新中国成立后我国即实行了各地统一的农业税制。（ ）
6. 1984年以前,我国对商业批发是不课征流转税的。（ ）
7. 我国于1999年首次引征利息所得税。（ ）
8. 我国税制结构在1958年税制改革后开始出现流转税为主体的格局。（ ）
9. 1973年税制改革方案规定对国营企业只征收工商税一种税。（ ）

二、简答题

1. 阐述新中国成立以来我国税制结构中主体税种的变迁情况。
2. 试述改革开放以来我国针对个人所得的税收制度的发展。
3. 试分析1994年税制改革方案是如何体现"公平税负"的指导思想的。
4. 试述我国增值税制的改革发展过程。
5. 你认为我国实行营业税改征增值税改革的原因是什么?
6. 我国目前实行的按综合与分类相结合的个人所得税制与分类所得税制相比有哪些优点?你认为现行的个人所得税课税模式在哪些方面需要进一步调整?
7. 怎样的改革可以减少偷逃个人所得税税款现象?
8. 试比较分析在生产环节和零售环节征税的消费税模式。

第三章

货物劳务税

货物劳务税是商品生产和交换的产物,它是随着商品经济的发展而产生、发展并逐步完善的。货物劳务税曾经是西方发达国家财政收入的主要来源,而且至今仍是大多数发展中国家的主体税类。尽管第二次世界大战结束以来西方发达国家形成了以所得税为主体的税制模式,但货物劳务税的重要作用仍是所得税不可替代的。

我国是发展中国家,货物劳务税一直是税收收入的主体税类。

第一节 货物劳务税概述

一、货物劳务税的概念和特征

货物劳务税是以货物、劳务为征税对象的一类税的总称,也称为流转税。

同其他税类相比,货物劳务税有以下特征。

(一) 征税对象

货物劳务税的征税对象是销售货物和提供劳务,而不是所得和财产,这是货物劳务税与所得税和财产税、行为税等的重要区别。

(二) 计税依据

货物劳务税的计税依据是货物和劳务的流转额。在具体的货物劳务税税种中,作为计税依据的流转额可以是流转总额(如销售额、营业额等),也可以是流转的增值额,由此形成了货物劳务税的各个税种之间的重要差别。

(三) 税负转嫁

货物劳务税是典型的间接税,只要货物或劳务能够销售、流转,税负就可能转嫁。因此,货物劳务税的税负往往是由消费者或最终的购买者来承担的,税负转嫁比较容易。

二、货物劳务税的作用和缺陷

由于货物劳务税是以货物和劳务为征税对象,以其流转额为计税依据,因此,只要发生了货物、劳务的流转,国家就可以从市场主体的交易中分享其流转收益,从而通过征收货物劳务税充分、及时、稳定地获取税收收入;同时,由于货物劳务税直接关系到经济运行的各个环节,因而征收此税可以充分发挥税收的经济杠杆作用,调整经济结构,优化资源配置,为企业的公平竞争创造良好的外部环境。

货物劳务税虽然有助于提高效率,但不利于保障公平,而且税负容易转嫁,也可能造成重复征税,这些负面影响都是在设计税制时应尽量避免的。

三、货物劳务税的分类

我国的货物劳务税主要包括增值税、消费税和关税三个税种,这些税种依据不同的标准,可以进行不同的分类。

(一)依据计税依据进行分类

依据计税依据不同,货物劳务税可以分为以下两大类:

(1)以应税货物和劳务的流转总额为计税依据的税。消费税和关税属于这一类型的税。应税货物和劳务的流转额包括消费额和进出关境额等。

(2)以应税货物和劳务流转的增值额为计税依据的税。增值税属于这一类型的税。

(二)依据课税环节进行分类

依据课税环节的不同,货物劳务税可以分为单环节课征的税种和多环节课征的税种。单环节课征的税种是指仅在商品流转的诸多环节中的一个环节上课征的货物劳务税,消费税就属于这类税。多环节课征的税种是指在商品流转的诸多环节中,选择两个或两个以上的环节课征的货物劳务税,如我国现行的增值税。

(三)依据课税地点进行分类

依据课税地点的不同,或者说依据所针对的货物流转是否具有涉外因素,货物劳务税可以分为国内货物劳务税和涉外货物劳务税。凡是针对货物和劳务在境内的流转并由税务机关征收的货物劳务税即为国内货物劳务税,如国内的增值税、消费税;凡是针对货物和劳务经由关境的流转并由海关征收的货物劳务税,即为涉外货物劳务税,如关税、海关代征的进口环节的增值税和消费税等。

(四)依据征税对象不同分类

在货物劳务税中,根据征税对象不同,可以分为货物交易税和服务交易税。以货物为征税对象的一类税我们称之为货物交易税,包括消费税和关税;以劳务为征税对象的一类税我们称之为服务交易税,主要是指增值税。目前我国的增值税征税对象既包括货物交易又包括服务交易。

四、货物劳务税各税种之间的联系

货物劳务税的各个税种之间存在着非常密切的关系,它们共同编织成流转税的"税网",覆盖货物的生产、批发、零售、进出口和劳务提供各个环节,从而使国家通过货物劳务税的征收,能够获得大量的、稳定的税收收入。

消费税与增值税之间则存在一种递进关系。消费税是在征收了增值税的基础上对部分货物又加征的一种税,凡是征收消费税的货物,必定征收增值税。但是,征收增值税的货物却不一定征收消费税。

增值税、消费税和关税之间也存在着配合关系。一般来说,出口货物大都免征关税,与此同时,出口货物也大都免征增值税或消费税,或者将已征收的增值税、消费税予以退还。相反,进口货物大都征收进口关税,同时,也大都征收进口环节的增值税与消费税。

在具体的制度上,货物劳务税的各税种之间也存在着一些类似的或共通的制度。比如,国内货物税的征收机关都是税务机关;增值税的纳税期限与消费税完全相同。

第二节 增 值 税

我国自1979年开始试行增值税,此后,征收范围不断扩大,计税方法不断完善,经过1984年第二步利改税和1994年税制改革,逐渐成为我国第一大主体税种。1993年12月13日,国务院发布《中华人民共和国增值税暂行条例》,自1994年1月1日起施行。2008年11月5日,国务院第三十四次常务会议通过了《中华人民共和国增值税暂行条例》修订方案并对外公布,并自2009年1月1日起施行。此次修订最主要的变化是把原来的生产型增值税改为消费型增值税。1993年12月25日,财政部发布《中华人民共和国增值税暂行条例实施细则》,并于2008年12月18日颁布修订后的《中华人民共和国增值税暂行条例实施细则》。

2011年底,国家决定在上海试点营业税改增值税的工作。为了贯彻落实国务院关于先在上海市交通运输业和部分现代服务业开展改革试点的决定,根据经国务院同意的《营业税改征增值税试点方案》,财政部和国家税务总局印发了《交通运输业和部分现代服务业营业税改征增值税试点实施办法》《交通运输业和部分现代服务业营业税改征增值税试点有关事项的规定》《交通运输业和部分现代服务业营业税改征增值税过渡政策的规定》等文件,自2012年1月1日起实施。2012年7月31日,财政部、国家税务总局又发布了《关于北京等八省市开展交通运输业和部分现代服务业营业税改征增值税试点的通知》,扩大了营业税改增值税的试点地区。2013年4月,国务院常务会议决定,自2013年8月1日起,将"营改增"试点在全国范围内推开,增加了广播影视服务业。2014年1月1日起,将铁路运输和邮政服务业纳入"营改增"。2014年6月1日起,电信业也已纳入了"营改增"。2016年5月1日起,建筑业、房地产业、金融业、生活服务业四大行业也纳入"营改增"。至此,我国历时4年半的"营改增"全部完成,营业税从此退出中国历史的舞台。2017年11月19日,国家对原有增值税暂行条例进行第二次修订。

一、增值税概述

(一) 增值税的概念

增值税是对在我国境内销售货物、销售服务、无形资产、不动产和金融商品以及进口货物的单位和个人,就其取得的销售额为金额计算税款,并实行税款抵扣制度的一种流转税。从计税原理来看,增值税是以货物或服务等在流转过程中产生的增值额为计税依据而征收的一种税。所谓增值额,理论上是指生产者或经营者在一定期间的生产经营过程中新创造的价值。

(二) 增值税的类型

增值税的一个主要特点是以增值额为计税依据,但各个国家在增值额的具体规定方面却各不相同,从而可以把增值税分为生产型增值税、收入型增值税以及消费型增值税三种类型。

1. **生产型增值税**

生产型增值税指在计算应纳增值税时,只允许从当期销项税额中扣除原材料等劳动对象的已纳税款,而不允许扣除固定资产所含税款的增值税。按这种方法,作为课税基数的法定增值额除包括纳税人新创造价值外,还包括当期计入成本的外购固定资产价款部分,即法定增值额相当于当期工资、利息、租金、利润等理论增值额和折旧额之和。从整个国民经济来看,这一课税基数大体相当于国民生产总值的统计口径,故称为生产型增值税。生产型增值税由于扣除范围不包括固定资产价值,所以其法定增值额大于理论增值额,对固定资产存在重复征税,而且越是资本有机构成高的行业,重复征税就越严重;而且,在计税时会遇到可扣除项目和不可扣除项目划分上的麻烦,也由此会给逃税避税者制造良机。这种类型的增值税不利于鼓励投资,但却可以保证财政收入。

2. **收入型增值税**

收入型增值税指计算增值税时,对外购固定资产价款只允许扣除当期计入产品价值的折旧费部分,作为课税基数的法定增值额相当于当期工资、利息、租金和利润等各增值项目之和。从整个国民经济来看,这一课税基数相当于国民收入部分,故称为收入型增值税。此种类型的增值税,其法定增值额与理论增值额一致,从理论上讲是一种标准的增值税。但是,由于外购固定资产价款是以计提折旧的方式分期转入产品价值的,且转入部分没有合法的外购凭证,这就给应用凭发票扣税的计税方法带来困难,从而使收入型增值税无法被广泛采用。

3. **消费型增值税**

消费型增值税指在计算应纳增值税时,对纳税人购入的固定资产已纳税款,允许一次性地从当期销项税额中全部扣除。作为课税基数的法定增值额相当于纳税人当期的全部销售额扣除外购的全部生产资料价款后的余额。就整个社会而言,相当于纳税企业用于生产的全部生产资料都不在课税之列,只对消费资料征税,所以称为消费型增值税。此种类型的增值税因在购进固定资产的当期扣除额大大增加,会减少财政收入。消费型增值税与收入型增值税的相似之处,是允许对生产用的固定资产进行扣除,只是允许扣除的时间和方法不同:消费型增值税将外购固定资产一次性扣除,而收入型增值税只允许在应纳税款的所属期内扣除固定资产当期的折旧费用。

在上述三种类型的增值税中,生产型增值税的税基最大,消费型增值税的税基最小。消费型增值税的税基可能小于理论上的增值额(理论上的增值额为国民收入),因为计税依据仅限于消费资料的价值,但是,消费型增值税最适宜应用规范的凭发票扣税的计算方法,因为凭固定资产的外购发票可以一次将其已纳税款全部扣除,既便于操作,也便于管理,因而是三种类型中最能体现增值税优越性的一种类型。一般来说,发达国家大都实行消费型增值税。我国在2009年1月1日之前一直实行的是生产型增值税,但这种增值税弊病较多,因此从2009年1月1日起,修订后的增值税暂行条例中改为消费型增值税。而2004年到2009年之间是增值税从生产型到消费型转型的改革试点阶段。

(三) 增值税的特点

增值税有以下一些特点。

(1) 避免重复征税。增值税以增值额为课税对象,对生产和销售过程中的各个环节分阶段征收,每阶段只征收其流转额中的增值部分,单位产品的含税量始终相同,从而消除了重复征税,有利于促进专业化协作生产,这是增值税产生以及在世界各国迅速推广的重要原因。无论各国的法定增值额有多大的差别,增值税都是以增值额而不是以销售额为课税对象。以增值额为课税对象是增值税的最基本的特点。

(2) 多环节征税扣税。从纳税环节看,增值税实行多环节征税,即在生产、批发、零售、服务、劳务提供和进口等各个经营环节分别课税,而不是只在某一环节征税。由于税不重征,就有可能对生产经营活动的多环节实行多次课税,这是因为,多次或多环节课税也不会改变税收负担。同时,对创造和实现的价值增值采取单一税率或少数税率平等征税,对经济活动,包括生产行为和消费行为的扭曲性影响较少,有利于为经营者创造平等竞争的环境。

(3) 税基广阔。增值税依据普遍征税原则,对从事商品生产经营和提供劳务或应税服务的所有单位和个人征税。虽然各国的征收范围有宽有窄,但增值税不局限于对少数商品或劳务征税,而是对商品生产、流通、劳务交换过程中发生的增值额普遍征收,可涉及商品生产、批发、零售、进口和各种服务业甚至农业,有利于税制简化、税负公平和适度,有利于保证国家普遍、及时、稳定地取得财政收入。

(4) 在税收征管上可以互相制约,交叉审计,减少偷税行为的发生。

(5) 税负转嫁。增值税是对货物、劳务和服务的最终消费征收,纳税人已付的税款在每次的销售中从购买者那里得到补偿,即下一阶段的买方是上一阶段纳税人所缴税款的真实负税人。当税负随商品流转推移到最终销售环节时,消费者便成为增值税的最终归宿。

增值税也有不足之处,主要是:计算审核比较复杂,征收管理难度大,征收成本高,特别是对发票的控制、管理难度更大。

二、征税范围及纳税义务人

根据现行增值税法规和"营改增"规定,凡在中华人民共和国境内发生应税销售行为以及进口货物的单位和个人,为增值税的纳税义务人。这里的境内是指销售货物的起运地或者所在地在境内,或销售服务、无形资产、金融商品的,销售方为境内单位和个人,或者服务、无形资产、金融商品在境内销售,或销售不动产、转让自然资源使用权的,不动产、自然资源所在地在境内。

(一)征税范围

现行增值税的征税范围如下。

1. 销售或者进口的货物

货物是指有形动产,包括电力、热力、气体在内。销售货物,是指有偿转让货物的所有权。

2. 销售劳务

劳务是指纳税人提供的加工、修理修配劳务。加工是指受托加工货物,即委托方提供原材料及主要材料,受托方按照委托方的要求制造货物并收取加工费的业务;修理修配是指受托方对损伤和丧失功能的货物进行修复,使其恢复原状和功能的业务。

首先,要正确理解加工和修理修配的含义。也就是说,受托方只是帮助加工和修理,并且只从委托方收取加工费和修理费,主要材料由委托方提供,这时受托方收取的加工和修理费是增值税的征税范围。如果说受托方既提供原料又提供加工或修理修配劳务,就不能称为委托加工或修理修配,只能称为自制。

其次,销售劳务,是指有偿提供加工、修理修配劳务。单位或者个体工商户聘用的员工为本单位或者雇主提供加工、修理修配劳务,不包括在内。

3. 销售服务、无形资产、不动产和金融商品

其中,服务包括交通运输服务、邮政服务、电信服务、建筑服务、金融服务、现代服务以及生活服务。

交通运输服务是指利用运输工具将货物或者旅客送达目的地,使其空间位置得到转移的业务活动,包括陆路运输服务、水路运输服务、航空运输服务和管道运输服务。

邮政服务是指中国邮政集团公司及其所属邮政企业提供邮件寄递、邮政汇兑和机要通信等邮政基本服务的业务活动,包括邮政普遍服务、邮政特殊服务和其他邮政服务。

电信服务主要包括基础电信服务和增值电信服务。

建筑服务包括工程服务、安装服务、修缮服务、装饰服务和其他建筑服务。

金融服务是指经营金融保险的业务活动,包括贷款服务、直接收费金融服务、保险服务和金融商品转让。

现代服务又包括研发和技术服务、信息技术服务、文化创意服务、物流辅助服务、租赁服务、鉴证咨询服务、广播影视服务、商务辅助服务和其他现代服务。

生活服务包括文化体育服务、教育医疗服务、旅游娱乐服务、餐饮住宿服务、居民日常服务和其他生活服务。

销售服务、无形资产、不动产或者金融商品,是指有偿提供服务、有偿转让不动产、金融商品的所有权,有偿转让无形资产的所有权或者使用权,即在销售行为时取得了货币、货物或其他经济利益;但不包括非经营活动中提供的劳务等。

非经营活动,是指:

(1) 行政单位收取的同时满足以下条件的政府性基金或者行政事业性收费：

① 由国务院或者财政部批准设立的政府性基金，由国务院或者省级人民政府及其财政、价格主管部门批准设立的行政事业性收费；

② 收取时开具省级以上（含省级）财政部门监（印）制的财政票据；

③ 所收款项全额上缴财政。

(2) 单位或者个体工商户聘用的员工为本单位或者雇主提供取得工资的服务。

(3) 单位或个体工商户为聘用的员工提供服务。

(4) 财政部和国家税务总局规定的其他情形。

在境内销售服务，是指服务提供方或者接受方在境内。下列情形不属于在境内销售服务：

(1) 境外单位或者个人向境内单位或者个人销售完全在境外消费的服务。

(2) 境外单位或者个人向境内单位或者个人出租完全在境外使用的有形动产。

(3) 境外单位或者个人向境内单位或者个人销售完全在境外使用的无形资产。

(4) 财政部和国家税务总局规定的其他情形。

单位和个体工商户的下列情形，视同应税交易：

(1) 单位和个体工商户无偿赠送货物，但用于公益事业的除外；

(2) 单位和个人无偿赠送无形资产、不动产或者金融商品，但用于公益事业的除外；

(3) 国务院财政、税务主管部门规定的其他情形。

上述一般规定中所说的有偿，是指从购买方取得货币、货物或其他经济利益。其他经济利益是指非货币、货物形式的收益，具体包括固定资产、生物资产、无形资产、股权资产、存货、服务及有关权益等。

增值税的征税范围除以上几项外，还包括某些特殊项目以及某些特殊行为。

1. 属于增值税征税范围的特殊项目

(1) 罚没物品征与不征增值税的规定。

执罚部门和单位查处的属于一般商业部门经营的商品，由执罚部门或单位经同级财政部门同意后，通过公开拍卖或正常销售渠道变价处理，其拍卖收入或变价收入作为罚没收入由执罚部门和单位如数上缴财政，不予征税。对经营单位购入拍卖物品再销售的或者国家指定销售单位将罚没物品纳入正常销售渠道销售的应照章征收增值税。

执罚部门和单位查处的属于专管机关管理或专管企业经营的财物，应交由专管机关或专营企业收兑或收购。执罚部门和单位按收兑或收购所取得的收入作为罚没收入如数上缴财政，不予征税。专管机关或专营企业经营上述物品中属于应征增值税的货物，应照章征收增值税。

(2) 航空运输企业已售票但未提供航空运输服务取得的逾期票证收入，按照航空运输服务征收增值税。

(3) 单用途卡发卡企业或者售卡企业销售单用途卡，或者接受单用途卡持卡人充值取得的预收资金，不缴纳增值税。售卡方因发行或者销售单用途卡并办理相关资金收付结算业务取得的手续费、结算费、服务费、管理费等收入，应按照现行规定缴纳增值税。持卡人使用单用途卡购买货物或者服务时，货物或者服务的销售方应按照现行规定缴纳增值税，且不得向持卡人开具增值税发票。

(4) 支付机构销售多用途卡取得的等值人民币资金,或者接受多用途卡持卡人充值取得的充值资金,不缴纳增值税。支付机构因发行或者受理多用途卡并办理相关资金收付结算业务取得的手续费、结算费、服务费、管理费等收入,应按照现行规定缴纳增值税。持卡人使用多用途卡,向与支付机构签署合作协议的特约商户购买货物或者服务时,特约商户应按照现行规定缴纳增值税,且不得向持卡人开具增值税发票。

2. 不征收增值税的特殊项目

下列特殊项目不征收增值税:

(1) 增值税纳税人收取的会员费收入;
(2) 各燃油电厂从政府财政专户取得的发电补贴;
(3) 纳税人取得的中央财政补贴;
(4) 融资性售后回租业务中,承租方出售资产的行为;
(5) 药品生产企业销售自产创新药的销售额,为向购买方收取的全部价款和价外费用,其提供给患者后续免费使用的相同创新药,不属于增值税视同销售范围;
(6) 根据国家指令无偿提供的铁路运输服务、航空运输服务;
(7) 存款利息;
(8) 被保险人获得的保险赔付;
(9) 房地产主管部门或者物业管理单位等代收的住宅专项维修资金;
(10) 纳税人在资产重组过程中,将全部或者部分实物资产以及与其相关联的债权、债务和劳动力一并转让给其他单位和个人,不属于增值税的征税范围。

3. 增值税征税范围的特殊行为界定

(1) 将货物交付其他单位或者个人代销。
(2) 销售代销货物。
(3) 两个以上机构并实行统一核算的纳税人,将货物从一个机构移送其他机构用于销售,但相关机构设在同一县(市)的除外。
(4) 将自产或委托加工的货物用于非应税项目。
(5) 将自产、委托加工或购进的货物作为投资,提供给其他单位或个体经营者。
(6) 将自产、委托加工或购进的货物分配给股东或投资者。
(7) 将自产、委托加工的货物用于集体福利或个人消费。
(8) 将自产、委托加工或购进的货物无偿赠送其他单位或者个人。
(9) 单位和个人无偿赠送无形资产、不动产或金融商品,但用于公益事业的除外。
(10) 财政部和国家税务总局规定的其他情形。

以上应注意的是:第1点和第2点的区别是前者是从委托方角度,而后者是从受托方角度。第4至第9点有许多共同之处,例如:都没有货款结算;在会计上一般都不作收入处理;计税依据必须按税法规定处理而不能自行计算;所耗用的外购货物的进项税可以抵扣。但它们之间有一个很明显的区别,即在第4点和第7点中没有包括购进的货物,因为在这两种情况下,如果是购进的货物用于非应税项目或集体福利以及个人消费,则不是视同销售的问题而是进项税需要转出的问题。

上述10种情况应该确定为视同应税交易行为,均要征收增值税。这样处理的理由主要有如下三点:

一是保证增值税税款抵扣制度的实施,不致因发生上述行为而造成各相关环节税款抵扣链条的中断;

二是避免因发生上述行为而造成应税交易行为税收负担不平衡的矛盾;

三是体现增值税计算的配比原则。即发生购进行为时已经在购进环节实施了进项税额抵扣,这些购进行为应该产生相应的销售额,同时产生相应的销项税额,否则就会产生不配比情况。

(二) 纳税人

纳税人主要由征税对象所决定。在境内发生应税交易且销售额达到增值税起征点(季销售额30万元)的单位和个人,以及进口货物的收货人,为增值税的纳税人(以下简称纳税人),应当缴纳增值税。

这里所称的单位是指企业、行政单位、事业单位、军事单位、社会团体及其他单位。

这里的个人主要指个体工商户和其他个人。

另外,还须注意,如果企业租赁或承包给他人经营,承包人对外承担经营相关法律责任的以承包人或承租人为纳税义务人,否则以发包人为纳税人。资管产品运营过程中发生的增值税应税行为,以资管产品管理人为增值税纳税人。境外的单位或个人在境内发生应税行为而在境内未设有经营机构的,其应纳税款以代理人为扣缴义务人,没有代理人的,以购买者为扣缴义务人。

三、一般纳税人与小规模纳税人的认定

由于增值税实行凭增值税专用发票抵扣税款的制度,因此要求增值税纳税人会计核算健全,并能够准确核算销项税额、进项税额和应纳税额。目前我国众多纳税人的会计核算水平参差不齐,而且有的纳税人因销售对象是最终消费者而无须开具增值税专用发票,为了严格增值税的征收管理,须将增值税纳税人按其经营规模大小和会计核算健全与否划分为一般纳税人和小规模纳税人。《增值税一般纳税人资格认定管理办法》已经于2009年12月15日国家税务总局第二次局务会议审议通过并公布,自2010年3月20日起施行。2015年,国家对一般纳税人调整事项又进行了相应的调整。2018年2月1日起,施行新《增值税一般纳税人登记管理办法》;2018年4月,国家对小规模纳税人的标准进行了统一。

(一) 小规模纳税人的认定

凡是符合下列条件之一的,确定为小规模纳税人:

(1) 小规模纳税人是指年销售额在规定标准以下,并且会计核算不健全,不能按规定报送有关税务资料的增值税纳税人。小规模纳税人的具体认定标准为年应征增值税销售额500万元及以下。

(2) 非企业性单位和年销售额超过应税标准但不经常发生应税行为的企业可选择按小规模纳税人纳税。

(二) 一般纳税人的认定及管理

1. 一般纳税人的认定标准

一般纳税人是指年应征增值税销售额(以下简称"年应税销售额")超过财政部、国家税务总局规定的小规模纳税人标准的单位。

销售服务、无形资产、不动产和金融商品的年应征增值税销售额超过财政部和国家税务总局规定标准的纳税人为一般纳税人,未超过规定标准的纳税人为小规模纳税人。

兼有销售货物和销售服务、无形资产、不动产和金融商品纳税人,两者的销售额分别计算,分别适用增值税一般纳税人资格认定标准。

兼有销售货物、劳务以及销售服务、无形资产、不动产和金融商品,且不经常发生应税行为的单位和个体工商户可选择按照小规模纳税人纳税。

小规模纳税人会计核算健全,能够提供准确税务资料的,可以向主管税务机关申请资格认定,不作为小规模纳税人纳税。

试点实施前销售服务、无形资产、不动产和金融商品年销售额未超过 500 万元的试点纳税人,如符合相关规定条件,也可以向主管税务机关申请增值税一般纳税人认定资格。

2. 一般纳税人的资格登记办法

目前,我国对增值税一般纳税人资格实行登记制,符合一般纳税人条件的纳税人应当向主管税务机关办理一般纳税人资格登记。登记事项由增值税纳税人向其主管税务机关办理。

(1) 纳税人办理一般纳税人资格登记的程序如下:纳税人向主管税务机关填报《增值税一般纳税人资格登记表》,并提供税务登记证件。纳税人填报内容与税务登记信息一致的,主管税务机关当场登记。如果纳税人填报内容与税务登记信息不一致,或者不符合填列要求的,税务机关应当场告知纳税人需要补充或更正的内容。

(2) 纳税人年应税销售额超过规定标准,且符合有关政策规定,选择按小规模纳税人纳税的,应当向主管税务机关提交书面说明。个体工商户以外的其他个人年应税销售额超过规定标准的,不需要向主管税务机关提交书面说明。

(3) 纳税人年应税销售额超过规定标准的,在申报期结束后 5 个工作日内按照上述规定办理相关手续,未按规定时限办理的,主管税务机关应当在规定期限结束后 5 个工作日内制作《税务事项通知书》,告知纳税人应当在 5 个工作日内向主管税务机关办理相关手续。

(4) 除财政部、国家税务总局另有规定外,纳税人自其选择的一般纳税人资格生效之日起,按照增值税一般计税方法计算应纳税额,并按照规定领用增值税专用发票。

3. 无需办理一般纳税人资格认定的纳税人

以下纳税人无需办理一般纳税人资格认定:

(1) 个体工商户以外的其他个人;其他个人,是指自然人。

(2) 选择按照小规模纳税人纳税的非企业性单位;非企业性单位,是指行政单位、事业单位、军事单位、社会团体和其他单位。

(3) 应税行为年销售额超过规定标准的其他个人不属于一般纳税人。不经常发生应税行为的非企业性单位、企业和个体工商户可选择按照小规模纳税人纳税。

(4) 试点实施前已取得增值税一般纳税人资格并兼有应税行为的试点纳税人,不需要重新登记,由主管税务机关制作、送达《税务事项通知书》,告知纳税人。

四、税率与征收率

我国增值税采用比例税率形式,不同纳税对象,比例有所不同,"营改增"之后对税率逐步进行调整,最近一次于2019年4月1日对税率进行了调整。目前税率具体如下。

(一) 13%的基本税率

纳税人销售货物、劳务、有形动产租赁服务或进口货物的,除了下列(二)(三)(四)(五)外,税率为13%,这是通常所说的基本税率。

这里须注意的是,所有的加工、修理修配都适用这种基本税率,而销售或进口货物,除了一些特殊货物外,也都适用这一基本税率。

(二) 9%的税率

纳税人销售或者进口下列货物,按9%的税率计征增值税:

(1) 粮食等农产品、食用植物油、食用盐。

(2) 自来水、暖气、冷气、热水、煤气、石油液化气、天然气、沼气、二甲醚、居民用煤炭制品。

(3) 图书、报纸、杂志、音像制品、电子出版物。

(4) 饲料、化肥、农药、农机(指整机,不包括农机零部件)、农膜。

(5) 国务院规定的其他货物。

增值税一般纳税人提供交通运输、邮政、基础电信、建筑、不动产租赁服务,销售不动产,转让土地使用权,税率为9%。

(三) 6%的税率

纳税人销售服务、无形资产、金融商品,除(一)(二)(五)另有规定外,税率为6%。

(四) 零税率

纳税人出口货物和财政部、国家税务总局规定的境内单位和个人发生符合规定的跨境销售服务、无形资产,税率为零;但是,国务院另有规定的除外。

(五) 征收率

增值税征收率是指对特定的销售货物、服务、无形资产、不动产和金融商品在某一生产流通环节应纳税额与销售额的比率。增值税征收率适用于如下两种情况:一是小规模纳税人;二是一般纳税人销售货物、服务、无形资产、不动产和金融商品按规定可以选择简易计税方法计税的。

1. 征收率的一般规定

下列情况适用5%征收率:

(1) 小规模纳税人销售自建或者取得的不动产;

(2) 一般纳税人选择简易计税方法计税的不动产销售和不动产经营租赁;

(3) 房地产开发企业中的小规模纳税人,销售自行开发的房地产项目;

(4) 其他个人销售其取得(不含自建)的不动产(不含其购买的住房);

（5）其他个人出租其取得的不动产(不含住房)；

（6）小规模纳税人出租(经营租赁)其取得的不动产(不含个人出租住房)；

（7）一般纳税人和小规模纳税人提供劳务派遣服务选择差额纳税的；

（8）一般纳税人2016年4月30日前签订的不动产融资租赁合同，或之前取得的不动产提供的融资租赁服务，选择适用简易计税方法的；

（9）一般纳税人收取试点前开工的一级公路、二级公路、桥、闸通行费，选择适用简易计税方法的；

（10）一般纳税人提供人力资源外包服务，选择适用简易计税方法的；

（11）纳税人转让2016年4月30日前取得的土地使用权，选择适用简易计税方法的。

除上述适用5%征收率以外的纳税人选择简易计税方法销售货物、提供应税劳务、发生应税行为的征收率均为3%。

2. 征收率的特殊规定

（1）个人出租住房，应按照5%的征收率减按1.5%计算应纳税额。

（2）根据增值税税法的有关规定，适用3%征收率的某些一般纳税人和小规模纳税人可以减按2%计征增值税的有如下：

① 一般纳税人销售自己使用过的不得抵扣且未抵扣进项税额的固定资产，按照简易办法的可以选择减按2%征收增值税。如果纳税人放弃2%税率而选用3%征收率征收的可以开具增值税专用发票。

② 纳税人销售旧货，按照简易办法依照3%征收率减按2%征收增值税。这里的旧货，是指进入二次流通的具有部分使用价值的货物(含旧汽车、旧摩托车和旧游艇)。但不包括自己使用过的物品。

上述纳税人销售自己使用过的固定资产、旧货适用按照简易办法依照3%征收率减按2%征收增值税的，按下列公式确定销售额和应纳税额：

$$应纳税额＝含税销售额÷(1＋3\%)\times 2\%$$

（3）提供物业管理服务的纳税人，向服务接受方收取的自来水水费，以扣除其对外支付的自来水水费后的余额为销售额，按照简易计税方法依3%的征收率计算缴纳增值税。

（4）小规模纳税人提供劳务派遣服务，可以以取得的全部货币和价外费用为销售额，按照简易计税方法依3%的征收率计算缴纳增值税；也可以选择差额纳税，以取得的全部货币和价外费用，扣除代用工单位支付给劳务派遣员工的工资、福利和为其办理社会保险及住房公积金后的余额为销售额，按照简易计税方法依5%的征收率计算缴纳增值税。

（5）非企业性单位中的一般纳税人提供的研发和技术服务、信息技术服务、鉴证咨询服务，以及销售技术、著作权等无形资产，可以选择简易计税方法按照3%征收率计算缴纳增值税。

（6）一般纳税人提供教育辅助服务，可以选择简易计税方法按照3%征收率计算缴纳增值税。

（7）自2018年5月1日起，增值税一般纳税人生产销售和批发、零售抗癌药品，可选择按照简易办法依照3%征收率计算缴纳增值税。上述纳税人选择简易办法计算缴纳增值税后,36个月内不得变更。

(8) 自2019年3月1日起,增值税一般纳税人生产销售和批发、零售罕见病药品,可选择按照简易办法依照3%征收率计算缴纳增值税。上述纳税人选择简易办法计算缴纳增值税后,36个月内不得变更。

五、增值税的计算

增值税计算的技术性强、要求高。为简化计算征收,加强征管,对于小规模纳税人实行简易办法计算,与一般纳税人计算增值税的原理和方法不一样。所以,我们分别介绍两类纳税人的增值税计算方法。

(一) 一般纳税人应纳税额的计算

增值税一般纳税人发生应税交易,应纳税额为当期销项税额抵扣当期进项税额后的余额。应纳税额的计算公式为

$$当期应纳增值税额 = 当期销项税额 - 当期进项税额$$

从上述公式中可见,增值税一般纳税人当期应纳税额的多少,取决于当期销项税额和当期进项税额两个因素。

1. 销项税额的计算

销项税额是指纳税人销售货物、服务、无形资产、不动产和金融商品时,按照销售额和规定的税率计算并向购买方收取的增值税额。其计算公式为

$$销项税额 = 销售额 \times 适用的增值税率$$

我国目前实行的增值税是价外税,所以在计算增值税时的销售额是指不包括增值税销项税额本身的净销售额(或称不含税价),即纳税人发生应税交易时向购买方收取的全部货币或者非货币形式的经济利益,包括应税交易的交易价以及价外费用,价外费用是指向购买方收取的手续费、包装费、运输装卸费、代收代垫款等。下面几项不包括在价外费用之内:受托加工应征消费税的消费品所代收代缴的消费税;代为收取的政府性基金或者行政事业性收费;以委托方名义开具发票代委托方收取的款项;销售货物的同时代办保险等而向购买方收取的保险费,以及向购买方收取的代购买方缴纳的车辆购置税、车辆牌照费等。

凡随同发生应税交易时向购买方收取的价外费用,无论其会计制度如何核算,均应并入销售额计算应纳税额。应当注意,根据国家税务总局规定:对增值税一般纳税人向购买方收取的价外费用和逾期包装物押金,应视为含税收入,在征税时应将其换算成不含税收入后再并入销售额。

对一些特殊方式下的销售额规定如下:

(1) 折扣销售时,凡在同一张发票上的"金额"栏注明折扣额的,可按折扣后的价款作为销售额征收增值税,凡另开发票的折扣额须并入销售额内计算销项税额。这一规定主要是为了防止销货方按减除折扣额后的销售额计算销项税额,而购货方却按未减除折扣额的销

售额及相应的进项税额进行抵扣的问题。"营改增"也规定：纳税人发生应税交易，将价款和折扣额在同一张发票上的"金额"栏分别注明的，以折扣后的价款为销售额，未在同一张发票上的"金额"栏分别注明，而仅在发票的"备注"栏注明折扣额的，以价款为销售额，不得扣减折扣额。

（2）以旧换新销售方式销售货物的，应按新货物的同期销售价格作为销售额，不得扣减旧货物的收购价格。这样规定是因为销售货物与收购货物是两个不同的业务活动，销售额与收购额不能抵减，也是为了防止出现销售额不实、减少纳税的现象。

但是，考虑到金银首饰以旧换新业务的特殊情况，对金银首饰以旧换新业务，可以按销售方实际收取的不含增值税的全部价款征收增值税，也即可以扣减旧货物价格。

（3）还本销售方式销售货物，其销售额就是货物的销售价格，不得从销售额中扣除还本支出。

（4）采取以物易物方式销售的，以物易物双方都应将其作正常购货和销售处理，即以各自发出的货物核算销售额并计算销项税额，以各自收到的货物按规定核算购货额并计算进项税额。

（5）纳税人为销售货物而出租或出借包装物收取押金时，单独记账的，时间在一年以内又没有过期的，押金不应并入销售额。但是，如果出租出借期限超过一年以上未能归还的，其押金收入应并入销售额征收增值税。当然，在并入之前，先得把押金换算成不含税价。

而对销售除啤酒、黄酒外的其他酒类产品而收取的包装物押金，无论是否返还以及会计上如何核算，均应并入当期销售额征税。对销售啤酒、黄酒所收取的押金，按上述一般押金处理办法处理。

（6）直销企业先将货物销售给直销员，直销员再将货物销售给消费者的，直销企业的销售额为其向直销员收取的全部货币和价外费用。直销员将货物销售给消费者时，应按照现行规定缴纳增值税。

直销企业通过直销员向消费者销售货物，直接向消费者收取货款，直销企业的销售额为其向消费者收取的全部货币和价外费用。

（7）从事融资租赁业务的试点纳税人，提供有形动产融资售后回租服务，以收取的全部货币和价外费用，扣除向承租方收取的有形动产价款本金，以及对外支付的借款利息、发行债券利息后的余额为销售额。

试点纳税人提供售后回租服务，向承租方收取的有形动产价款本金，不得开具增值税专用发票，可以开具普通发票。

试点纳税人提供除融资售后回租以外的有形动产融资租赁服务，以收取的全部货币和价外费用，扣除支付的借款利息、发行债券利息、保险费、安装费和车辆购置税后得余额为销售额。

（8）航空运输企业的销售额，不包括代收的机场建设费和代售其他航空运输企业客票而代收转付的价款。

（9）试点纳税人中的一般纳税人提供的客运场站服务，以其取得的全部货币和价外费用，扣除支付给承运方运费后的余额为销售额，其从承运方取得的增值税专用发票注明的增值税，不得抵扣。

(10) 试点纳税人提供旅游服务,可以选择以取得的全部货币和价外费用,扣除向旅游服务购买方收取并支付给其他单位或者个人的住宿费、餐饮费、交通费、签证费、门票费和支付给其他接团旅游企业的旅游费用后的余额为销售额。

选择上述办法计算销售额的试点纳税人,向旅游服务购买方收取并支付的上述费用,不得开具增值税专用发票,可以开具普通发票。

(11) 试点纳税人提供建筑服务适用简易计税方法的,以取得的全部货币和价外费用扣除支付的分包款后的余额为销售额。

(12) 房地产开发企业中的一般纳税人销售其开发的房地产项目(选择简易计税方法的房地产老项目除外),以取得的全部货币和价外费用,扣除受让土地时向政府部门支付的土地价款(包括土地受让人向政府部门支付的征地和拆迁补偿费用、土地前期开发费用和土地出让收益等)后的余额为销售额。

(13) 贷款服务,以提供贷款服务取得的全部利息及利息性质的收入为销售额,银行提供贷款服务按期计收利息的,结息日当日计收的全部利息收入,均应计入结息日所属期的销售额,按照现行规定计算缴纳增值税。

(14) 直接收费金融服务,以提供直接收费金融服务收取的手续费、佣金、酬金、管理费、服务费、经手费、开户费、过户费、结算费、转托管费等各类费用为销售额。

(15) 金融商品转让,按照卖出价扣除买入价后的余额为销售额。

(16) 经纪代理服务,以取得的全部货币和价外费用,扣除向委托方收取并代为支付的政府性基金或者行政事业性收费后的余额为销售额。向委托方收取的政府性基金或者行政事业性收费,不得开具增值税专用发票。

(17) 纳税人转让不动产,按照有关规定差额缴纳增值税的,如因丢失等原因无法提供取得不动产时的发票,可向税务机关提供其他能证明契税计税金额的完税凭证等资料,进行差额扣除。纳税人以契税计税金额进行差额扣除的,按照下列公式计算增值税应纳税额。

① 2016 年 4 月 30 日及以前缴纳契税的:

$$增值税应纳税额=[全部交易价格(含增值税)-契税计税金额(含营业税)] \div (1+5\%) \times 5\%$$

② 2016 年 5 月 1 日及以后缴纳契税的:

$$增值税应纳税额=[全部交易价格(含增值税) \div (1+5\%) - 契税计税金额(不含增值税)] \times 5\%$$

(18) 对于销售额,在实际工作中,常常会出现一般纳税人将发生应税交易时采用销售额和销项税额合并定价收取的方法,这样,就会形成含税销售额。然而,我国增值税是价外税,计税依据中不含增值税本身的数额,所以,在计算应纳税额时,如果不将含税销售额换算为不含税销售额,就不符合我国增值税的设计原则,因此,一般纳税人发生应税交易时取得的含税销售额在计算销项税额时,必须将其换算为不含税的销售额。按下列公式计算销售额:

> 销售额＝含税销售额÷(1＋税率)

试点纳税人按照上述(7)—(12)款的规定从全部货币和价外费用中扣除的价款,应当取得符合法律、行政法规和国家税务总局规定的有效凭证。否则,不得扣除。

(19)以外汇结算的销售额,可选择以当天或当月第一天作为汇率选择标准,选择标准一旦确定,一年内不得更改。

纳税人发生应税交易的价格如果明显偏低或者偏高并不具有合理商业目的的,或者发生应税交易而无销售额的,按照市场公允价格确定销售额。

2. 进项税额的计算

进项税额是指纳税人因购进货物、服务、无形资产、不动产或者金融商品时所支付或者负担的增值税额。进项税是和销项税相对应的另一个概念,即销售方收取的销项税额就是购买方支付的进项税额。对于任何一个一般纳税人来说,既会发生应税销售行为,又会发生应税购买行为,因此,每一个一般纳税人都会有收取的销项税和支付的进项税。增值税的核心就是从纳税人收取的销项税额中抵扣其支付的进项税额,其余额为纳税人实际应交纳的增值税额。所以,进项税额作为可以抵扣的部分,对于纳税人实际纳税多少就发挥着举足轻重的作用。

但是,并不是纳税人支付的所有进项税额都可以从销项税额中抵扣,购进项目金额与销售产品销售额之间应有配比性,当纳税人购进的货物、服务、无形资产、不动产或者金融商品不是用于增值税应税项目,而是用于简易计税方法计税项目、免税项目或用于集体福利、个人消费等情况时,其支付的进项税额就不能从销项税额中抵扣,这样才能体现增值税的配比原则。我国税法对不能抵扣进项税额的项目做了严格的规定,因此,严格把握哪些进项税额可以抵扣、哪些进项税额不能抵扣是十分重要的。

(1)可抵扣的进项税额。

根据税法规定,准予从销项税额中抵扣的进项税额,限于下列凭证上注明的增值税额和按规定的扣除率计算的进项税额:

① 从销货方取得的增值税专用发票。增值税专用发票具体包括以下两种:一是增值税一般纳税人发生应税交易时开具的增值税专用发票;二是增值税一般纳税人从事机动车零售业务开具的机动车销售统一发票。

② 从海关取得海关进口增值税专用缴款书上注明的增值税额。

③ 纳税人购进农业生产者生产的农产品或者向小规模纳税人购买的农产品,准予按照买价和9%的扣除率计算进项税额从销项税额中抵扣。购买农业产品的买价,包括纳税人购进农产品在农产品收购发票或者销售发票上注明的价款和按规定缴纳的烟叶税。在2017年7月1日之前,农产品的增值税税率为13%,7月1日之后税率改为11%,2019年4月1日之后税率改为9%,但是为了避免因进项抵扣减少而增加税负,对于农产品深加工企业购入用于加工13%税率货物的农产品,维持原10%的扣除力度不变。

④ 从境外单位或者个人购进劳务、服务、无形资产或者境内的不动产,为税务机关或者扣缴义务人取得的代扣代缴税款的完税凭证上注明的增值税额。

⑤ 增值税一般纳税人在资产重组过程中,将全部资产、负债和劳动力一并转让给其他

增值税一般纳税人,并按程序办理注销税务登记的,其在办理注销登记前尚未抵扣的进项税额可结转至新纳税人处继续抵扣。

⑥ 对于不动产的进项税额采用分期抵扣办法如下:2016年5月1日后取得并在会计制度上按固定资产核算的不动产或者2016年5月1日后取得的不动产在建工程,其进项税额应自取得之日起分2年从销项税额中抵扣,第一年抵扣比例为60%,第二年抵扣比例为40%。自2019年4月1日起,停止上述分2年抵扣的规定。此前按照上述规定尚未抵扣完毕的待抵扣进项税额,可自2019年4月税款所属期起从销项税款中抵扣。

⑦ 纳税人支付给收费公路的通行费可以抵扣增值税。抵扣办法如下:

2018年1月1日至6月30日,增值税一般纳税人支付高速公路的通行费,暂凭取得的通行费发票上注明的收费金额按照下列公式计算可抵扣的进项税额:

$$可抵扣进项税额 = 通行费发票上注明的金额 \div (1+3\%) \times 3\%$$

$$一级公路、二级公路、桥、闸通行费可抵扣进项税额 = 通行费发票上注明的全额 \div (1+5\%) \times 5\%$$

⑧ 原增值税一般纳税人自用的应征消费税的摩托车、汽车、游艇,其进项税额准予从销项税额中抵扣。

⑨ 原增值税一般纳税人从境外单位或者个人购进服务、无形资产、不动产或者金融商品,按照规定应当扣缴增值税的,准予从销项税额中抵扣的进项税额为自税务机关或者扣缴义务人取得的解缴税款的完税凭证上注明的增值税额。

⑩ 按照《营业税改征增值税试点实施办法》规定不得抵扣且未抵扣进项税额的固定资产、无形资产、不动产,发生用途改变,用于允许抵扣进项税额的应税项目时,可在用途改变的次月按照下列公式计算可以抵扣的进项税额:

$$可以抵扣的进项税额 = 固定资产、无形资产、不动产净值 \div (1+适用税率) \times 适用税率$$

⑪ 自2018年1月1日起,纳税人租入固定资产、不动产,既用于一般计税方法计税项目又用于简易计税方法计税项目、免征增值税项目、集体福利或者个人消费的,其进项税额准予从销项税额中全额抵扣。

⑫ 国内旅客运输服务进项税额的抵扣规定。国内旅客运输服务,限于与本单位签订了劳动合同的员工,以及本单位作为用工单位接受的劳务派遣员工发生的国内旅客运输服务,允许抵扣的必须是2019年4月1日及以后实际发生并获得的扣税凭证的税额。

⑬ 增值税加计抵减政策。自2019年4月1日至2021年12月31日,允许生产、生活性服务业纳税人按照当期可抵扣进项税额加计抵减应纳税额。生产性服务业的加计抵扣比例为10%,生活性服务业的加计抵扣比例为15%。

生产、生活性服务业纳税人是指提供邮政服务、电信服务、现代服务、生活服务取得的销售额占全部销售额的比重超过50%的纳税人。

纳税人确定适用加计抵减政策后,当年内不再调整,以后年度是否适用,根据上年度销售额计算确定。

按规定不得从销项税额中抵扣的进项税额,不得计提加计抵减额;已计提加计抵减额的进项税额,按规定做进项额转出处理的,应在进项税额转出当期,相应调减加计抵减额。

加计抵减政策执行到期后,纳税人不再计提加计抵减额,结余的加计抵减额停止抵减。

(2) 不可抵扣的进项税额。

① 纳税人购进货物、服务、无形资产、不动产或者金融商品,取得的增值税扣税凭证不符合法律、行政法规规定或者国务院税务主管部门有关规定的,其进项税额不得从销项税额中抵扣。

② 用于简易计税方法计税项目、免征增值税项目、集体福利或者个人消费的购进货物、服务、无形资产、不动产和金融商品对应的进项税额。

其中涉及的固定资产、无形资产、不动产,仅指专用于上述项目的固定资产、无形资产(不包括其他权益性无形资产)、不动产。但是发生兼用于上述不允许抵扣项目情况的,该进项税额准予全部抵扣。另外纳税人购进其他权益性无形资产无论是专用于简易计税方法计税项目、免征增值税项目、集体福利或者个人消费,还是兼用于上述不允许扣项目,均可以抵扣进项税额。

③ 非正常损失的购进货物,以及相关劳务和交通运输服务对应的进项税额。

④ 非正常损失的在产品、产成品所耗用的购进货物(不包括固定资产)、劳务和交通运输服务对应的进项税额。

⑤ 非正常损失的不动产,以及该不动产所耗用的购进货物、设计服务和建筑服务。

⑥ 非正常损失的不动产在建工程所耗用的购进货物、设计服务和建筑服务对应的进项税额。纳税人新建、改建、扩建、修缮、装饰不动产,均属于不动产在建工程。

上述③—⑥中所说的非正常损失,是指因管理不善造成货物被盗、丢失、霉烂变质,以及因违反法律法规造成货物或者不动产被依法没收、销毁、拆除的情形。

⑦ 购进并直接用于消费的餐饮服务、居民日常服务和娱乐服务对应的进项税额;购进贷款服务对应的进项税额。

⑧ 一般纳税人兼营免税项目或者非增值税应税劳务而无法划分不得抵扣的进项税额的,按下列公式计算不得抵扣的进项税额:

$$不得抵扣的进项税额 = 当期无法划分的全部进项税额 \times (当期简易计税方法计税项目销售额 + 免征增值税项目销售额) \div 当期全部销售额$$

⑨ 有下列情形之一者,应当按照销售额和增值税税率计算应纳税额,不得抵扣进项税额,也不得使用增值税专用发票:一般纳税人会计核算不健全,或者不能提供准确税务资料的;应当申请办理一般纳税人资格登记而未办理的。

3. 应纳税额的计算

纳税人销售货物、提供应税劳务或者发生应税行为,应纳税额为当期销项税额抵扣当期进项税额后的余额。应纳税额计算公式为

$$当期应纳增值税额 = 当期销项税额 - 当期进项税额$$

在上述公式中不管是销项税额还是进项税额都有必须是当期的要求,所以正确把握当期这一概念非常重要。"当期"是个重要的时间规定,是税务机关依照税法规定对纳税人确定的纳税期限;只有在纳税期限内实际发生的销项税额、进项税额,才是法定的当期销项税额或者当期进项税额。目前,有些纳税人为了当期少交税,把当期实现的销售额隐瞒不记账或者滞后记账,或者把不是当期实际发生的进项税额(上期结转的进项税额除外)也充作当期进项税额。为了制止这种行为,税法对发生应税交易应计入当期销项税额以及抵扣的进项税额的时间做了限定。

(1) 计算销项税额的时间规定。

销项税额是增值税一般纳税人发生应税交易时按照实现的销售额计算的金额。纳税人在什么时间计算销项税额,《增值税暂行条例》及《增值税暂行条例实施细则》都做了严格的规定,具体见后文的纳税义务发生时间中介绍,这些规定都是为了保证准时、准确记录和核算当期销项税额。

(2) 增值税专用发票进项税额抵扣的时间限定。

一般纳税人取得 2017 年 1 月 1 日及以后开具的增值税发票(包括增值税专用发票、机动车销售统一发票、收费公路通行费增值税电子普通发票,下同),取消认证确认、稽核比对、申报抵扣的期限,纳税人在进行增值税纳税申报时,应当通过本省(自治区、直辖市)增值税发票综合服务平台对上述扣税凭证信息进行用途确认。

(3) 海关完税凭证进项税额申报抵扣和出口退税的限定。

增值税一般纳税人取得海关进口增值税专用缴款书后如需申报抵扣或出口退税,按以下方式处理:

① 取得仅注明一个缴款单位信息的海关缴款书,应当登录本省(自治区、直辖市)增值税发票选择确认平台查询、选择用于申报抵扣或出口退税的海关缴款书信息。

② 取得注明两个缴款单位信息的海关缴款书,应当上传海关缴款书信息,经系统稽核比对相符后,纳税人登录选择确认平台,查询、选择用于申报抵扣或出口退税的海关缴款书信息。

③ 纳税人应在"应交增值税"二级科目下设"待抵扣进项税额"三级明细科目,用于核算已申请稽核但尚未取得稽核相符结果的海关进口增值税专用缴款书的进项税额。纳税人取得海关进口增值税专用缴款书后,应借记"应交税费——应交增值税(待抵扣进项税额)",贷记相关科目;稽核比对相符以及核查后允许抵扣的,应借记"应交税费——应交增值税(进项税额)",贷记"应交税费——应交增值税(待抵扣进项税额)"。经核查不得抵扣的进项税额,红字冲销原来的分录。

(4) 未按期申报抵扣增值税扣税凭证抵扣管理办法。

增值税一般纳税人取得的增值税专用发票以及海关进口增值税专用缴款书,未在规定期限内到税务机关办理认证(按规定不用认证的纳税人除外)或者申报抵扣的,不得作为合法的增值税扣税凭证,不得计算进项税额抵扣。

增值税一般纳税人,取得的增值税扣税凭证稽核比对结果相符但未按规定期限申报抵扣,属于发生真实交易且符合规定的客观原因的,经主管税务机关审核,允许纳税人继续申报抵扣其进项税额。增值税一般纳税人除客观原因以外的其他原因造成增值税扣税凭证未按期申报抵扣的,仍按照现行增值税扣税凭证申报抵扣有关规定执行。

(5) 进项税额转出的处理。

由于增值税实行以当期销项税额抵扣当期进项税额的"购进扣税法",也就是说,在当期购进货物、服务、无形资产、不动产及金融商品时支付的进项税额,如果事先并未确定将用于不得抵扣进项税额项目,一般其进项税额会在当期销项税额中予以抵扣。但已抵扣进项税额的购进货物、服务、无形资产、不动产及金融商品有可能日后改变用途,用于不得抵扣进项税额项目,这时要求纳税人应当将该项购进行为的进项税额从当期的进项税额中转出。无法确定该项进项税额的,按当期实际成本计算应转出的进项税额。会计处理应该在改变用途当期贷记"应交税费——应交增值税(进项税转出)",借记相应科目。

(6) 销售折让、中止或者退回涉及销项税额和进项税额的税务处理。

一般纳税人因销售货物退回或者折让或因服务中止或折让而退还给购买方的增值税额,应从当期的销项税额中扣减;因购进货物退回或者折让或因服务中止或折让而收回的增值税额,应从发生购进货物退出或者折让当期的进项税额中扣减。

一般纳税人销售货物、服务、无形资产、不动产及金融商品,开具增值税专用发票后,发生销售退回或者折让、开票有误等情形,应按国家税务总局的规定开具红字增值税专用发票。未按规定开具红字增值税专用发票的,增值税额不得从销项税额中扣减。

(7) 向供货方取得返还收入的税务处理。

自 2004 年 7 月 1 日起,对商业企业向供货方收取的与商品销售量、销售额挂钩的各种返还收入,均应按照平销返利行为的有关规定冲减当期增值税进项税金。应冲减进项税金的计算公式为

$$当期应冲减的进项税金 = 当期取得的返还资金 \div (1 + 增值税税率) \times 增值税税率$$

商业企业向供货方收取的各种返还收入,一律不得开具增值税专用发票。

(8) 一般纳税人注销时进项税额的处理。

一般纳税人注销或取消辅导期一般纳税人资格,转为小规模纳税人时,其存货不做进项税额转出处理,其留抵的税额也不予以退税。

(9) 当期进项税额不能抵扣部分的处理方法。

由于增值税实行的是购进扣税法,有时企业当期购进货物很多,在计算应纳税额时会出现当期销项税额小于当期进项税额导致当期进项税额不能全部抵扣的现象。这时,当期进项税额不能抵扣部分可以结转下期继续抵扣。

4. 一般纳税人应纳税额计算举例

例 3-1: 某生产企业(不属于农产品深加工企业)为增值税一般纳税人,适用增值税税率 13%,2019 年 10 月份发生如下一些与增值税有关的业务。

(1) 销售 A 产品给某商场,开具增值税专用发票,取得不含税销售额 200 万元;另外,取得送货运输费收入 6.78 万元(含增值税价格,与销售货物不能分别核算)。

(2) 销售 B 产品,开具普通发票,取得含税销售额 33.9 万元。

(3)将一批应税E产品当作福利发给企业职工,该批产品的市场零售销售价格为5.65万元。

(4)购进C材料取得增值税专用发票,注明的价款为70万元,进项税额为9.1万元;另外,支付购货的运输费用5万元(不含税价),取得运输公司开具的增值税专用发票。

(5)向农业生产者购进免税农产品一批,支付收购价40万元,支付给运输单位的运输费4万元(不含税价)取得相关的合法票据。本月将购进的农产品50%用于本企业职工福利。农产品已经验收入库。

(6)购入先进设备一台取得增值税专用发票,价款为50万元,增值税额为6.5万元。

计算该企业2019年10月份应缴纳的增值税额。

计算过程如下:

(1)销售A产品的销项税额为

$$200×13\%+6.78÷(1+13\%)×13\%=26.78(万元)$$

(2)销售B产品的销项税额为

$$33.9÷(1+13\%)×13\%=3.9(万元)$$

(3)E产品发给职工应视同销售,应纳销项税额为

$$5.65÷(1+13\%)×13\%=0.65(万元)$$

(4)购进C材料应抵扣的进项税额为

$$9.1+5×9\%=9.55(万元)$$

(5)外购免税农产品应抵扣的进项税额为

$$(40×9\%+4×9\%)×(1-50\%)=1.98(万元)$$

(6)外购的固定资产增值税额6.5万元可以抵扣。

综上计算,本期应缴纳的增值税额为

$$26.78+3.9+0.65-9.55-1.98-6.5=13.3(万元)$$

(二)简易计税方法应纳税额的计算

按简易计税方法发生应税销售行为的,实行按销售额和征收率计算应纳税额的简易办法,并不得抵扣进项税额。其应纳税额的计算公式为

$$应纳增值税额=不含税销售额×征收率$$

简易计税方法的销售额不包括其应纳税款,纳税人采用销售额和应纳税额合并定价方法的,可按下列公式计算:

$$应纳增值税额=含税销售额÷(1+征收率)×征收率$$

小规模纳税人一律采用简易计税方法计税,但是一般纳税人销售特定货物或者提供特

定应税行为可以选择适用简易计税方法,例如:试点纳税人中的一般纳税人提供的公共交通运输服务、以清包工方式提供的建筑服务等可以选择按照简易计税方法计算缴纳增值税。一般纳税人可以选择适用简易计税方法的情形见本节第四部分税率与征收率中适合征收率的情况。资管产品管理人运营资管产品过程中发生的增值税应税行为,暂适用简易计税方法,按照3%的征收率缴纳增值税。

例3-2:某个体经营者经营的商店属于小规模纳税人,2019年9月,取得零售收入总额为20 520元,退货1 800元。计算该商店2019年9月应交纳的增值税额。

解答:应纳税额=(20 520-1 800)÷(1+3%)×3%=545.24(元)

(三)进口环节应纳增值税的计算

进口环节应缴纳的增值税,应按规定的组成计税价格和适用税率计算,不得抵扣任何进项税款。进口环节适用的税率同国内相应环节适用税率相同。但是对跨境电子商务零售进口商品的单次交易限值为人民币5 000元,个人年度交易限值为人民币26 000元以内进口的跨境电子商务零售进口商品,关税税率暂设为0%。但是对进口抗癌药品,自2018年5月1日起,减按3%征收进口环节增值税。对进口罕见病药品,自2019年3月1日起,减按3%征收进口环节增值税。

$$应纳增值税税额=组成计税价格×增值税率$$

进口货物的组成计税价格是为进口该货物所支付的全部金额,其具体内容应根据该进口货物是否需同时缴纳消费税而定。

(1)不缴纳消费税的进口货物的组成计税价格,由进口该货物的关税完税价格和关税组成。其中,关税完税价格应是进口到岸价(CIF)。

$$组成计税价格=关税完税价格+关税$$

(2)同时缴纳消费税的进口货物的组成计税价格,由进口该货物的关税完税价格和关税、消费税组成。其中,关税完税价格同样应是进口到岸价(CIF)。

$$组成计税价格=关税完税价格+关税+消费税$$

上述"不得抵扣任何进项税额"是指在计算进口环节的应纳增值税税额时,不得抵扣发生在我国境外的各种税金。

例3-3:某外贸公司进口一批货物,该货物买价900万元,另发生运抵我国海关前的相关各项费用100万元,应交纳的关税为100万元,增值税适用税率为13%,试计算该公司应交纳的进口环节增值税税额。

解答：应纳增值税额＝（900＋100＋100）×13％＝143（万元）

六、几种特殊经营行为的税务处理

在实际经济活动中，企业不一定单一地从事销售货物业务，也不一定单一地从事销售服务业务或销售无形资产或不动产，有时候要混业或混合经营不同业务或不同税率的应税项目。对于此类业务，《增值税暂行条例》中有明确的规定。

（一）混业经营

混业经营是指纳税人生产或者销售不同税率的货物，或者既销售货物又销售服务、无形资产、不动产或金融商品。比如：某企业既销售税率为13％的商品，又销售税率为9％的商品；某农业机械厂可能既生产销售税率为9％的农机，又利用本厂设备从事税率为13％的加工、修理修配业务。对于这类经营行为，企业应当分别核算不同税率货物或者服务、无形资产、不动产和金融商品的销售额。不能分别核算的，从高适用税率。

（二）混合销售行为

一项销售行为既涉及货物又涉及服务、无形资产、不动产或金融商品的，为混合销售行为。这里需要注意的是，混合销售行为涉及的货物和服务等只是针对一项销售行为而言的，比如提供运输服务是为了直接销售一批货物而提供的。

对混合销售行为的税务处理是：从事货物的生产、批发或零售的单位及个体工商户的混合经营行为，按照销售货物，缴纳增值税；其他个人和单位的混合销售行为，按照销售服务缴纳增值税。

混合销售行为成立的行为标准有两点：一是其销售行为必须是一项；二是该项行为必须既涉及货物销售又涉及服务、无形资产、不动产或金融商品。

我们在确定混合销售是否成立时，其行为标准中的上述两点必须是同时存在，如果一项销售行为只涉及货物、服务、无形资产、不动产和金融商品中的一项，这种行为就不是混合销售行为；反之，如果同时涉及销售服务和涉及货物等的行为，不是存在一项销售行为之中，这种行为也不是混合销售行为，而是属于上述的混业经营行为。

（三）兼营免税减税项目

兼营免税减税项目是指一个纳税人既从事应纳增值税的业务，又从事减免增值税的业务。

纳税人兼营免税、减税项目的，在会计上应当分别核算免税、减税项目的销售额；如果未分别核算销售额的，则减免税项目也不得减税或者免税。

七、税收优惠

（一）《增值税暂行条例》规定的免税项目

《增值税暂行条例》规定的免税项目包括：

(1) 农业生产者销售的自产农业产品;

(2) 避孕药品和用具;

(3) 古旧图书(指向社会收购的古书和旧书);

(4) 直接用于科学研究、科学试验和教学的进口仪器、设备;

(5) 外国政府、国际组织无偿援助的进口物资和设备;

(6) 由残疾人组织直接进口供残疾人专用的物品;

(7) 销售的自己使用过的物品,指游艇、摩托车、应征消费税的汽车以外的物品。

(二) 财政部、国家税务总局规定的其他增值税优惠政策

(1) 资源综合利用产品和劳务增值税优惠政策。

《资源综合利用产品和劳务增值税优惠目录》(财税〔2015〕78号)中对纳税人销售自产的综合利用产品和提供资源综合利用劳务规定可享受增值税即征即退政策。目录中的资源综合利用类别包括"共、伴生矿产资源""废渣、废水(液)、废气""再生资源""农林剩余物及其他"和"资源综合利用劳务"五大类,每一类下列举了具体的综合利用的资源名称、综合利用产品和劳务名称、技术标准和相关条件、退税比例等。退税比例有30%、50%、70%和100%四个档次。

(2) 免征蔬菜流通环节增值税。

经国务院批准,自2012年1月1日起,免征蔬菜流通环节增值税。对从事蔬菜批发、零售的纳税人销售的蔬菜免征增值税。如果纳税人既销售蔬菜又销售其他增值税应税货物的,应分别核算蔬菜和其他增值税应税货物的销售额;未分别核算的,不得享受蔬菜增值税免税政策。

(3) 粕类产品和制种行业征免增值税问题。

豆粕属于征收增值税的饲料产品,除豆粕以外的其他粕类饲料产品,均免征增值税。

制种企业在下列生产经营模式下生产销售种子,属于农业生产者销售自产农业产品,免征增值税:

① 制种企业利用自有土地或承租土地,雇佣农户或雇工进行种子繁育,再经深加工后销售种子。

② 制种企业提供亲本种子委托农户繁育并从农户手中收回,再经深加工后销售种子。

(4) 有机肥产品免征增值税政策。

自2008年6月1日起,纳税人生产销售和批发、零售有机肥产品免征增值税。享受免税政策的有机肥产品是指复合相关标准的有机肥料、有机-无机复混肥料和生物有机肥。不符合标准的产品,应按照现行规定征收增值税。纳税人应单独核算有机肥产品的销售额,未单独核算销售额的,不得免税。纳税人销售免税的有机肥产品,应按规定开具普通发票,不得开具增值税专用发票。

(5) 边销茶免征增值税。

自2019年1月1日起至2020年12月31日,对边销茶生产企业销售自产的边销茶及经销企业销售的边销茶继续执行免征增值税政策。之前已征的按上述规定应予免征的增值税税款,可抵减纳税人以后月份应缴纳的增值税税款或予以退还。

(6) 按债转股企业与金融资产管理公司签订的债转股协议,债转股原企业将货物资产

作为投资提供给债转股新公司的,免征增值税。

(7) 小规模纳税人的免征增值税处理。

小规模纳税人发生增值税应税销售行为,合计月销售额未超过10万元(以1个季度为1个纳税期的,季度销售额未超过30万元)的,免征增值税。

(8) 境内的单位和个人销售规定的服务和无形资产免征增值税,但财政部和国家税务总局规定适用增值税零税率的除外。

(9) 自2019年1月1日至2020年供暖期结束,对供热企业向居民个人供热而取得的采暖费收入免征增值税。

(10) 自2019年1月1日至2020年12月31日,继续对国产抗艾滋病病毒药品免征生产环节和流通环节增值税。药品生产企业应该对抗艾滋病病毒药品单独核算,未单独核算的不能免增值税。

(11) 为了鼓励科学研究和技术开发,促进科技进步,经国务院批准,继续对符合规定的内资研发机构和外资研发中心采购国产设备全额退还增值税。

(12) 自2014年3月1日起,对外购用于生产乙烯、芳烃类化工产品(以下称特定化工产品)的石脑油、燃料油(以下称2类油品),且使用2类油品生产特定化工产品的产量占本企业用石脑油、燃料油生产各类产品总量50%(含)以上的企业,其外购2类油品的价格中消费税部分对应的增值税额,予以退还。

(13) 小规模纳税人发生增值税应税交易,合计月销售额未超过10万元(以1个季度为1个纳税期的,季度销售额未超过30万元)的,当期因开具增值税专用发票已经缴纳的税款,在增值税专用发票全部联次追回或者按规定开具红字专用发票后,可以向主管税务机关申请退还。

(14) 原对城镇公共供水用水户在基本水价(自来水价格)外征收水资源费的试点省份,在水资源费改税试点期间,按照不增加城镇公共供水企业负担的原则,城镇公共供水企业缴纳的水资源税所对应的水费收入,不计征增值税,按"不征税自来水"项目开具增值税普通发票。

(15) 纳税人采取转包、出租、互换、转让、入股等方式将承包地流转给农业生产者用于农业生产,免征增值税。

(16) 自2016年5月1日起,社会团体收取的会费,免征增值税。2017年12月25日前已征的增值税,可抵减以后月份应缴纳的增值税,或办理退税。

(17) 其他个人,采取一次性收取租金形式出租不动产取得的租金收入,可在对应的租赁期内平均分摊,分摊后的月租金收入未超过10万元的,免征增值税。

(18) 对赞助企业及参与赞助的下属机构根据赞助协议及补充赞助协议向北京冬奥组委免费提供的,与北京2022年冬奥会、冬残奥会、测试赛有关的服务,免征增值税。

(19) 为助力经济高质量发展,2018年对部分行业增值税期末留抵税额予以退还。退还增值税期末留抵税额的行业包括装备制造等先进制造业、研发等现代服务业和电网企业。

(20) 自2019年1月1日至2022年12月31日,对单位或者个体工商户将自产、委托加工或购买的货物通过公益性社会组织、县级及以上人民政府及其组成部门和直属机构,或直接无偿捐赠给目标脱贫地区的单位和个人,免征增值税。

(21) 自 2019 年 6 月 1 日至 2025 年 12 月 31 日，为社区提供养老、托育、家政等服务的机构，提供社区养老、托育、家政服务取得的收入，免征增值税。

(22) 自 2019 年 1 月 1 日至 2023 年 12 月 31 日，对电影主管部门按照各自职能权限批准从事电影制片、发行、放映的电影集团公司、电影制片厂及其他电影企业取得的销售电影拷贝收入、转让电影版权收入、电影发行收入以及在农村取得的电影放映收入，免征增值税。

（三）营业税改增值税规定的税收优惠政策

1. 免征增值税的项目

(1) 托儿所、幼儿园提供的保育和教育服务。

这里的托儿所和幼儿园包括公办的和民办的，但是必须是在规定的标准收费以内的才可以免税，超过规定收费标准的收费，以开办实验班、特色班和兴趣班等为由另外收取的费用以及收取的赞助费、支教费等超过规定范围的收入，不属于免征增值税的收入。

(2) 养老机构提供的养老服务。

(3) 残疾人福利机构提供的育养服务。

(4) 婚姻介绍服务和殡葬服务。

(5) 残疾人员本人为社会提供的服务。

(6) 医院、诊所、其他医疗机构提供的医疗服务。

这里的医疗机构是指按国家规定，经登记取得《医疗机构执业许可证》的机构。这里的医疗服务，是指按照国家相关部门制定的医疗服务指导价格为就医者提供各项服务，以及医疗机构向社会提供卫生防疫、卫生检疫的服务。

(7) 从事学历教育的学校提供的教育服务和学生勤工俭学所提供的劳务服务。

这里的学历教育包括小学、初中、高中、高职和高等教育。这里的学校指符合规定的从事学历教育的学校，包括公办学校和民办学校，但不包括职业培训机构等国家不承认学历的教育机构。

提供教育服务免征增值税的收入，是指对列入规定招生计划的在籍学生提供学历教育服务取得的收入，具体包括按规定标准收取的学费、住宿费、课本作业本费、考试报名费收入以及学校食堂提供餐饮服务取得的伙食费收入。而其他的一些收入，比如学校以各种名义收取的赞助费、择校费等，不属于免征增值税的范围。

(8) 农业机耕、排灌、病虫害防治、农牧保险以及相关技术培训，家禽、牲畜、水生动物的配种和疾病防治业务。

(9) 纪念馆、博物馆、文化馆、美术馆、展览馆、书画院、图书馆、文物保护单位在自己的场所举办文化体育服务活动所取得的第一道门票收入。

(10) 寺院、宫观、清真寺和教堂举办文化、宗教活动的门票收入。

(11) 行政单位之外的其他单位收取的符合规定的政府性基金和行政事业性收费。

(12) 个人转让著作权。

(13) 个人销售自建自用住房。

(14) 台湾地区航运公司、航空公司从事海峡两岸海上直航、空中直航业务在祖国大陆取得的运输收入。

(15) 纳税人提供的直接或者间接国际货物运输代理服务。

（16）被撤销金融机构以货物、不动产、无形资产、有价证券、票据等财产清偿债务。

（17）保险公司开办的一年期以上人身保险产品取得的保费收入。

（18）境内保险公司向境外保险公司提供的完全在境外消费的再保险服务收入。

（19）下列金融商品转让收入免交增值税：合格境外投资者委托境内公司在我国从事证券买卖业务；香港地区市场投资者通过沪港通和深港通买卖上海证券交易所和深圳证券交易所上市的A股；香港地区市场投资者通过基金互认买卖内地基金份额；证券投资基金管理人运用基金买卖股票、债券；个人从事金融商品转让业务。

（20）金融同业往来利息收入。

（21）符合规定条件的担保机构从事中小企业信用担保或者再担保业务取得的收入3年内免征增值税。3年免税期满后，符合条件的担保机构可按规定程序办理备案手续后继续享受该项政策。

（22）国家商品储备管理单位及其直属企业承担商品储备任务，从中央或者地方财政取得补贴收入和价差补贴收入。

（23）纳税人提供技术转让、技术开发和与之相关的技术咨询、技术服务。

（24）符合条件的合同能源管理服务。

（25）政府举办的从事学历教育的高等、中等和初等学校，举办进修班、培训班取得的全部归该学校所有的收入。

（26）学校负责经营管理、经营收入归学校所有的企业，从事规定范围的应税行为取得的收入。

（27）家政服务企业由员工制家政服务员提供家政服务取得的收入。

（28）福利彩票、体育彩票的发行收入。

（29）军队空余房产租赁收入。

（30）为了配合国家住房制度改革，企业、行政事业单位按房改成本价、标准价出售住房取得的收入。

（31）将土地使用权转让给农业生产者用于农业生产。

（32）涉及家庭财产分割的个人无偿转让不动产、土地使用权。

（33）随军家属就业、军队转业干部就业。

（34）各党派、共青团、工会、妇联等组织收取的会费以及政府间国际组织收取的会费，属于非经营活动，不征收增值税。

（35）青藏铁路公司提供的铁路运输服务免征增值税。

（36）中国邮政集团公司及其所属邮政企业提供的邮政普遍服务和邮政特殊服务，免征增值税。自2016年1月1日起，中国邮政集团公司及其所属邮政企业为金融机构代办金融保险业务取得的代理收入，在"营改增"试点期间免征增值税。

（37）中国信达、中国华融、中国长城以及中国东方四大资产管理公司及各自经批准分设的分支机构在收购、承接和处置剩余政策性剥离不良资产和改制银行剥离不良资产过程中开展的相关业务，免征增值税。

（38）全国社会保障基金理事会、全国社会保障基金投资管理人运用全国社会保障基金买卖证券投资基金、股票、债券取得的金融商品转让收入，免征增值税。

(39) 对下列国际航运保险业务免征增值税：

① 注册在上海、天津的保险企业从事国际航运保险业务。

② 注册在深圳市的保险企业向注册在前海深港现代服务业合作区的企业提供国际航运保险业务。

③ 注册在平潭的保险企业向注册在平潭的企业提供国际航运保险业。

(40) 土地所有者出让土地使用权和土地使用者将土地使用权归还给土地所有者。

(41) 县级以上地方人民政府或自然资源行政主管部门出让、转让或收回自然资源使用权(不含土地使用权)。

(42) 对社保基金会、社保基金投资管理人在运用社保基金投资过程中，提供贷款服务取得的全部利息及利息性质的收入和金融商品转让收入，免征增值税。

(43) 自2018年9月1日至2020年12月31日，对金融机构向小型企业、微型企业和个体工商户发放小额贷款取得的利息收入，免征增值税。

(44) 境外教育机构与境内从事学历教育的学校开展中外合作办学，提供学历教育服务取得的收入免征增值税。

(45) 自2018年1月1日起至2020年12月31日，免征图书批发、零售环节增值税。

(46) 自2018年1月1日起至2020年12月31日，对科普单位的门票收入，以及县级及以上党政部门和科协开展科普活动的门票收入免征增值税。

(47) 自2019年1月1日至2021年12月31日，对国家级、省级科技企业孵化器、大学科技园和国家备案众创空间向在孵对象提供孵化服务取得的收入，免征增值税。

2. 实行增值税即征即退的项目

(1) 增值税一般纳税人销售其自行开发生产的软件产品，按13%税率征收增值税后，对其增值税实际税负超过3%的部分实行即征即退政策。

(2) 安置残疾人的单位和个体工商户，实行由税务机关按照单位实际安置残疾人的人数，限额即征即退增值税的办法。

(3) 一般纳税人提供管道运输服务，对其增值税实际税负超过3%的部分实行增值税即征即退政策。

(4) 经中国人民银行、银监会或者商务部批准从事融资租赁业务的试点纳税人中的一般纳税人，提供有形动产融资租赁服务和有形动产融资性售后回租服务，对其增值税实际税负超过3%的部分实行增值税即征即退政策。

(5) 增值税的退还。

纳税人本期已缴增值税额小于本期应退税额不足退还的，可在本年度内以前纳税期已缴增值税额扣除已退增值税额的余额中退还，仍不足退还的可结转本年度内以后纳税期退还。年度已缴增值税额小于或等于年度应退税额的，退税额为年度已缴增值税额。年度已缴增值税额大于年度应退税额的，退税额为年度应退税额。年度已缴增值税额不足退还的，不得结转以后年度退还。

(6) 自2018年5月1日至2020年12月31日，对动漫企业增值税一般纳税人销售其自主开发生产的动漫软件，按照13%的税率征收增值税后，对其增值税实际税负超过3%的部分，实行即征即退政策。

3. 扣减增值税规定

(1) 退役士兵创业就业。

对自主就业退役士兵从事个体经营的,在3年内按每户每年12 000元为限额依次扣减其当年实际应缴纳的增值税、城建税、附加费和个人所得税。限额标准最高可上浮20%,地方政府可根据本地区实际情况在此幅度内确定具体限额标准,并报财政部和国家税务总局备案。

纳税人年度应缴纳税款小于上述扣减限额的,以其实际缴纳的税款为限;大于上述扣减限额的,应以上述扣减限额为限。

(2) 重点群体创业就业。

建档立卡贫困人口、持《就业创业证》或《就业失业登记证》的人员从事个体经营的,可以享受扣减增值税,具体规定同上(退役士兵创业就业)。

4. 金融企业发放贷款的应收未收利息缴纳增值税的规定

金融企业发放贷款后,自结息日起90天内发生的应收未收利息按现行规定缴纳增值税,自结息日起90天后发生的应收未收利息暂不缴纳增值税,待实际收到利息时按规定缴纳增值税。

5. 关于个人住房销售的税收优惠政策

个人将购买不足2年的住房对外销售的,按照5%的征收率全额缴纳增值税。

在北京市、上海市、广州市和深圳市之外的地区,个人将购买2年及以上的住房对外销售的,免征增值税。

在北京市、上海市、广州市和深圳市四个城市的个人将购买2年及以上的非普通住房对外销售的,以销售收入减去购买住房价款后的差额按照5%的征收率缴纳增值税,个人将购买2年及以上的普通住房对外销售的,免征增值税。

(四) 增值税起征点的规定

就个人纳税人而言,发生销售货物、劳务和应税行为的销售额未达到财政部、税务主管部门规定的增值税起征点的,免征增值税。达到或超过起征点的,则应就其销售金额纳税。这里的个人纳税人仅指适用于按小规模纳税人纳税的个体工商户和其他个人。现行起征点的规定如下:

(1) 按期纳税的,为月销售额5 000~20 000元(含本数)。

(2) 按次纳税的,为每次(日)销售额300~500元(含本数)。

各地区具体适用的起征点,由国家税务总局直属分局在上述规定的幅度内根据实际情况确定,并报财政部、国家税务总局备案。

(五) 其他有关减免税规定

(1) 纳税人销售货物、劳务和应税行为适用免税规定的,可以放弃免税,而按税法规定缴纳增值税。但放弃免税后,36个月内不得再申请免税。

纳税人销售货物、提供应税劳务和发生应税行为同时适用免税和零税率规定的,优先适用零税率。

放弃免税权的纳税人符合一般纳税人认定条件尚未认定为增值税一般纳税人的,应当按现行规定认定为增值税一般纳税人,其销售的货物、劳务和应税行为可开具增值税专用发票。

纳税人一经放弃免税权,其生产销售的全部增值税应税货物或劳务或应税行为均应按照适用税率征税,不得选择某一免税项目放弃免税权,也不得根据不同的销售对象选择部分货物或劳务或应税行为放弃免税权。

(2) 安置残疾人单位既符合促进残疾人就业增值税优惠政策条件,又符合其他增值税优惠政策条件的,可同时享受多项增值税优惠政策,但年度申请退还增值税总额不得超过本年度内应纳增值税总额。

八、出口和跨境业务增值税的退(免)税

出口货物、劳务和跨境应税行为退免税是国际贸易中通常采用并为世界各国普遍接受的、目的在于鼓励各国出口公平竞争的一种退还或免征间接税的税收措施。

我国税法规定对增值税出口货物、劳务跨境应税行为实行零税率。零税率意味着出口货物、劳务和跨境应税行为的退税率和该货物、劳务和跨境应税行为征税时的适用税率相等,因此比免税使纳税人能享受更多的税收优惠。如果免税,只能说明本环节的生产经营业务缴纳的增值税为零。零税率则意味着该货物、劳务和跨境应税行为是不负担税收的。不仅在本环节的生产经营业务无须纳税,而且以前环节所缴纳的增值税额还得退还给最后出口的纳税人。

(一) 出口货物、劳务和跨境应税行为退(免)增值税的基本政策

世界各国为了鼓励本国货物出口,一般都有优惠的税收政策。我国则根据本国的实际,采取出口退税与免税相结合的政策。目前,我国的出口货物、劳务和跨境应税行为的增值税税收政策分为以下三种形式。

1. 出口免税并退税

出口免税是指对货物、劳务和跨境应税行为在出口销售环节免征增值税;出口退税是指对货物、劳务和跨境应税行为在出口前实际承担的增值税,按规定的退税率计算后予以退还。

2. 出口免税不退税

出口免税是指适用这个政策的出口货物、劳务和跨境应税行为在出口销售环节免征增值税;出口不退税是指对货物、劳务和跨境应税行为在出口前实际承担的增值税不予退还。

3. 出口不免税也不退税

不免税是指对国家限制或禁止出口的某些货物、劳务和跨境应税行为的出口环节视同内销环节,照常征税;出口不退税是指对这些货物、劳务和跨境应税行为出口不退还出口前其所负担的增值税税款。

(二) 出口货物、劳务和跨境应税行为增值税退(免)税具体政策

1. 适用增值税退税并免税政策的范围

(1) 出口企业出口货物。这里的出口企业是指自营或委托出口货物的单位或个体工商户。自2017年1月1日起,生产企业销售自产的海洋工程结构物,或者融资租赁企业及其设立的项目子公司、金融租赁公司及其设立的项目子公司购买并以融资租赁方式出租的国

内生产企业生产的海洋工程结构物,应按规定缴纳增值税,不允许退税。

(2) 出口企业或其他单位视同出口的货物。具体包括出口企业对外援助、对外承包、投资的出口货物;出口企业经海关报关进入国家批准的出口加工区、各类保税区(中心)并销售给特殊区域内单位或境外单位、个人的货物;免税品经营企业销售的货物(除限制出口货物、卷烟和规定不允许退税的商品);出口企业或其他单位销售给用于国际金融组织或外国政府贷款国际招标建设项目的中标机电产品;出口企业或其他单位销售给国际运输企业用于国际运输工具上的货物;出口企业或其他单位销售给特殊区域内生产企业生产耗用且不向海关报关而输入特殊区域的水(包括蒸汽)、电力、燃气。

(3) 出口企业对外提供加工修理修配。对外提供加工修理修配是指对进境复出口货物或从事国际运输的运输工具进行的加工修理修配。

(4) 融资租赁货物出口退税。根据《关于在全国开展融资租赁货物出口退税政策试点的通知》的规定,对融资租赁出口货物试行退税政策。对融资租赁企业、金融租赁公司及其设立的项目子公司,以融资租赁方式租赁给境外承租人且租赁期限在5年(含)以上,并向海关报关后实际离境的货物,试行增值税、消费税出口退税政策。

融资租赁出口货物的范围,包括飞机、飞机发动机、铁道机车、铁道客车车厢、船舶及其他货物。

2. 出口退税并免税的具体办法

适用增值税退税并免税政策的出口货物、服务以及无形资产,按照规定实行增值税"免、抵、退"税或"免、退"税两种办法。

(1) "免、抵、退"税办法。适用增值税一般计税方法的生产企业出口自产货物与视同自产货物、对外提供加工修理修配,以及国家列名的生产企业出口非自产货物,免征增值税,其相应的进项税额仍旧可以抵减应纳增值税额(不包括适用增值税即征即退、先征后退政策的应纳增值税额),未抵减完的部分还可以予以退还。

"营改增"中规定的适用增值税零税率政策的跨境应税行为,包括国际运输服务、航天运输服务以及向境外单位提供的完全在境外消费的研发、设计、软件、信息系统等各类服务适用这里的"免、抵、退"办法。

境内的单位和个人提供适用增值税零税率的服务或者无形资产,如果属于适用增值税一般计税方法的,生产企业实行"免、抵、退"税办法,外贸企业直接将服务或自行研发的无形资产出口,视同生产企业连同其出口货物统一实行"免、抵、退"税办法。

境内的单位和个人提供适用增值税零税率应税服务的,可以放弃适用增值税零税率,选择免税或按规定缴纳增值税。放弃零税率后,36个月内不得再申请适用增值税零税率。

(2) "免、退"税办法。不具有生产能力的出口企业(即外贸企业)或其他单位出口货物、劳务,免征增值税,相应的进项税额予以退还。

适用增值税一般计税方法的外贸企业外购服务或者无形资产出口实行"免、退"税办法。

外贸企业外购研发服务和设计服务免征增值税,其对应的外购应税服务的进项税额予以退还。

(三) 增值税出口退税率

根据《关于深化增值税改革有关政策的公告》规定,原适用16%税率且出口退税率为

16%的出口货物,出口退税率调整至13%;原适用10%税率且出口退税率为10%的出口货物、跨境应税行为,出口退税率调整至9%。

(四)增值税的"免抵退税"计算方法

企业同时出口和内销货物,或同时向境内外单位出售服务或无形资产时,适用增值税的免抵退税规定,即出口环节免征增值税,相应的进项税额抵减内销货物、服务或无形资产应纳的增值税税额,抵减不完的部分予以退还。

为了正确理解免抵退税的规定,首先需了解在没有出口退税政策的情况下企业应交的增值税以及出口退税政策给予企业的税收减免,两者可分别计算如下:

> 没有出口退税时的应交增值税
> = 出口销项税额 + 内销销项税额 − 出口进项税额 − 内销进项税额 − 上期留抵税额
> = (出口销售额 + 内销销售额) × 适用税率 − (出口原料成本 − 内销原料成本)
> × 适用税率 − 上期留抵税额
>
> 出口退税政策下的税收减免 = 出口销售额 × 出口退税率

出口退税政策下的税收抵免额又称"免抵退税额",其中的出口销售额为当期出口货物离岸价折算成人民币后的价格。

将"没有出口退税时的应交增值税"减去"出口退税政策下的税收减免"就是出口企业在出口退税制度下的当期应纳税额,即

> 当期应纳税额 = 内销销项税额 − 全部进项税额 + 出口销售额 × (适用税率
> − 出口退税率) − 上期留抵税额

其中的"出口销售额 × (适用税率 − 出口退税率)"就是由于出口退税率小于适用税率而造成的"当期不得免征和抵扣税额"。

如果计算所得的当期应纳税额大于0,则该金额为企业当期须向税务机关补交的税款,这时企业的出口仍然获得了免税和抵减内销应纳税额的待遇(免抵额即为上述"免抵退税额"),但不能获得退税。

如果计算所得的当期应纳税额小于0,则需要比较当期应纳税额的绝对值与"免抵退税额"的大小,具体又有两种情况:

(1) 若当期应纳税额的绝对值小于"免抵退税额",说明全部出口退税减免额在免税并抵减内销应纳税额后仍有余,这时"当期应纳税额"的绝对值就是企业可获得的退税额,实际免抵额为"免抵退税额"与退税额之差。

(2) 若当期应纳税额的绝对值大于"免抵退税额",说明企业当期内销与出口的进项税额超过了销项税额或者上期留抵税额过高,这时"免抵退税额"就是企业可获得的全部退税额,也就是说,"出口退税政策下的税收减免额"是企业因出口而可能获得的退税的最高限额。同时,当期的免抵税额为0,当期应纳税额的绝对值与"免抵退税额"之差作为当期留抵税额。

但是,对于生产企业来说,进口用于加工复出口的原材料在进口环节免征增值税,也就

不可能给予退税,上述计算过程中的"出口销售额"和"内销原料成本"都需要进行相应的扣减,这时完整的"当期应纳税额"计算公式为

> 当期应纳税额＝内销销项税额－全部进项税额＋(出口销售额－进口原料成本)
> ×(适用税率－出口退税率)－上期留抵税额

其中的全部进项税额为国内购买原材料的进项税额与进口并用于生产内销产品的原材料的进项税额之和。

完整的"免抵退税额"计算公式为

> 当期免抵退税额＝出口销售额×出口退税率－进口原料成本×出口退税率

其中的"进口原料成本×出口退税率"又称"免抵退税抵减额"。

例 3-4：假定某生产性出口企业(一般纳税人)某月从其他国内企业外购原材料 300 万元,原材料中 20 万元用于生产内销产品,280 万元用于生产出口产品,该企业当年还进口了 50 万元的原材料,这些进口原材料的 20% 用于生产内销产品,80% 用于生产出口产品,生产出口产品的部分免征进口环节增值税。当月该企业内销货物的销售额为 100 万元,出口货物的离岸价格为 400 万元。该企业所生产的产品适用 13% 的增值税率和 9% 的出口退税率。以上价格均不含税,请计算该企业当月可获得的出口退税额和免抵税额。

解答：(1) 该企业当月增值税应纳税额 ＝ 100×13％ －[300＋50×20％]×13％ ＋(400－50×80％)×(13％－9％) ＝－12.9(万元)

(2) 该企业当月免抵退税额 ＝(400－50×80％)×9％＝32.4(万元)

(3) 由于该企业当月增值税应纳税额为 －12.9 万元,小于 0,且其绝对值小于当月免抵退税额,故实际退税额为 12.9 万元,免抵税额为 19.5(＝32.4－12.9) 万元。

九、纳税义务发生时间、纳税期限及纳税地点

(一) 纳税义务发生时间

纳税义务发生时间,是纳税人发生应税行为,应当承担纳税义务的起始时间。明确规定纳税义务的发生时间,可以正式确定纳税人已经发生应税行为,就应承担纳税义务。这有利于税务机关实施税务管理,合理规定申报期限和纳税期限,监督纳税人切实履行纳税义务。

发生应税销售行为的纳税义务发生时间为收讫销售货款或者取得索取销售款凭证的当天,按销售结算方式的不同,具体确定为：

(1) 采取直接收款方式销售货物的,不论货物是否发出,均为收到销售额或者取得索取销售额的凭据,并将提货单交给买方的当天。

(2) 采取托收承付和委托银行收款方式销售货物的,为发出货物并办妥托收手续的

当天。

(3) 采取赊销和分期收款方式销售货物的,为书面合同约定的收款日期的当天,无书面合同的或者书面合同没有约定收款日期的,为货物发出的当天。

(4) 采取预收货款方式销售货物的,为货物发出的当天,但生产销售生产工期超过 12 个月的大型机械设备、船舶、飞机等货物,为收到预收款或者书面合同约定的收款日期的当天。

(5) 委托他人代销货物的,为收到代销单位销售的代销清单或者收到全部或部分货款的当天,未收到代销清单及货款的,为发出代销货物满 180 天的当天。

(6) 销售劳务的,为提供劳务同时收讫销售额或者取得索取销售额的凭据的当天。

(7) 进口货物,为报关进口当天。

(8) 视同销售货物(除将货物交付其他单位或者个人代销和销售代销货物)行为,为货物移送的当天。

(9) 纳税人从事金融商品转让的,为金融商品所有权转移的当天。

(10) 纳税人提供租赁服务采取预收款方式的,其纳税义务发生时间为收到预收款的当天。

例如:纳税人出租一台生产设备,租金 6 000 元/月,一次性预收了对方半年租金共 36 000 元,该纳税人应在收到 36 000 元租金的当天确认纳税义务发生,并按 36 000 元确认收入。

(11) 纳税人发生视同销售服务、无形资产或者不动产情形的,其纳税义务发生时间为服务、无形资产转让完成的当天或者不动产权属变更的当天。

发生应税销售行为如果先开具发票的,则增值税纳税义务发生时间为开具发票的当天。

增值税扣缴义务发生时间为纳税人增值税纳税义务发生的当天。

纳税义务时间确定后,也就限定了"当期销项税额"的时间,所以,这是增值税计税和征收管理中的重要规定。纳税人必须按上述规定的时间及时、准确地记录销售额和计算当期销项税款,否则,就是拖延纳税和逃避纳税。

(二) 增值税的纳税期限

按规定增值税的纳税期限分别为 1 日、3 日、5 日、10 日、15 日、1 个月、1 个季度或者半年(增值税法征求意见稿中取消了 1 日、3 日和 5 日的期限)。纳税人的具体纳税期限,由主管税务机关根据纳税人应纳税额的大小分别核定;不能按照固定期限纳税的,可以按次纳税。

纳税人以 1 个月、1 个季度或者半年为 1 个纳税期,自期满之日起 15 日内申报纳税;以 1 日、3 日、5 日、10 日或者 15 日为 1 个纳税期的,自期满之日起 5 日内预缴税款,于次月 1 日起 15 日内申报纳税并结清上月应纳税款。

纳税人进口货物,应当自海关填发进口增值税专用缴纳书之日起 15 日内缴纳税款。

纳税人出口适用零税率的货物,可以按月向税务机关申报办理该项出口货物的退(免)税。

(三) 纳税地点

为了保证纳税人按期申报纳税,根据企业跨地区经营和搞活商品流通的特点及不同情

况,增值税的纳税地点为:

(1) 固定业户在机构所在地纳税。总机构和分支机构不在同一县(市)的,应分别向各自所在地主管税务机关申报纳税;经国务院财政、税务主管部门或其授权的财政、税务机关批准,也可以由总机构汇总向总机构所在地主管税务机关申报纳税。

(2) 固定业户到外县(市)销货或劳务的,应当向其机构所在地的主管税务机关报告外出经营事项,并向其机构所在地主管税务机关申报纳税,未报告的应向销售地或劳务发生地主管税务机关申报纳税,未向销售地或劳务发生地的主管税务机关申报纳税的,由其机构所在地的主管税务机关补征税款。

(3) 非固定业户销售货物或者劳务的应当向销售地、劳务发生地主管税务机关申报纳税,未申报纳税的,要在机构所在地或居住地补交。

(4) 其他个人提供建筑服务,销售或者租赁不动产,转让自然资源使用权,应向建筑服务发生地、不动产所在地、自然资源所在地主管税务机关申报纳税。

(5) 进口货物应向报关地海关申报纳税。

(6) 扣缴义务人应当向其机构所在地或者居住地的主管税务机关申报缴纳其扣缴的税款。

十、增值税发票的使用管理

增值税专用发票的使用和管理状况如何,直接关系到整个增值税制度能否正常、有效运作,关系到增值税原理能否实现。增值税专用发票不仅是纳税人从事经济活动的重要商事凭证,而且也是记载销货方销项税额和购货方进项税额的凭证。在专用发票上注明的税额既是销货方的销项税额,又是购货方的进项税额,是购货方进行税额抵扣的依据和凭证。增值税一般纳税人发生应税交易应使用增值税发票管理新系统(以下简称新系统)开具增值税专用发票、增值税普通发票、机动车销售统一发票或者增值税电子普通发票。

(一) 增值税专用发票

1. 专用发票的联次

专用发票包括三联:发票联、抵扣联和记账联。发票联,作为购买方核算采购成本和增值税进项税额的记账凭证;抵扣联,作为购买方报送主管税务机关认证和留存备查的凭证;记账联,作为销售方核算销售收入和增值税销项税额的记账凭证。除了这三联次之外,一般纳税人也可以按照需要自行确定设计其他联次。

2. 专用发票的开具

增值税专用发票与普通发票不同,它是计算征收增值税的直接凭证,不仅把某一产品的生产、消费各环节联系起来,体现了增值税的连续性,而且还是增值税交叉审计的依据,有利于堵塞税收漏洞。因此开具增值税专用发票时,必须严格遵守下列要求:

(1) 项目齐全,与实际交易相符。

(2) 字迹清楚,不得压线、错格。

(3) 发票联和抵扣联加盖财务专用章或者发票专用章。

(4) 按照增值税纳税义务的发生时间开具。

对不符合上述要求的专用发票,购买方有权拒收。

(5) 一般纳税人销售货物或者提供应税劳务可汇总开具专用发票,但是得同时使用防伪税控系统开具 份《销售货物或者提供应税劳务清单》并且加盖专用章。

(6) 保险机构作为车船税扣缴义务人,在代收车船税并开具增值税发票时,应在增值税发票备注栏中注明代收车船税税款信息。

除上述规定外,"营改增"还结合实际情况对专用发票的开具做出了如下一些具体的规定:

(1) 2016年5月1日前已经使用新系统的纳税人必须进行开票软件升级,还没有使用新系统的纳税人,在2016年5月1日之后必须用新系统选择相应的编码开具增值税发票。

(2) "营改增"后有不少业务按照现行政策规定适用差额征税办法缴纳增值税,且不得全额开具增值税发票的,纳税人自行开具或者税务机关代开增值税发票时,通过新系统中差额征税开票功能,录入含税销售额(或含税评估额)和扣除额,系统自动计算税额和不含税金额,备注栏自动打印"差额征税"字样,发票开具不应与其他应税行为混开。

(3) 提供建筑服务,纳税人自行开具或者税务机关代开增值税发票时,应在发票的备注栏注明建筑服务发生地名称及项目名称。

(4) 销售不动产,纳税人自行开具或者税务机关代开增值税发票时,应在发票"货物或应税劳务、服务名称"栏填写不动产名称及房屋产权证书号码;备注栏注明不动产的详细地址。

(5) 出租不动产,纳税人自行开具或者税务机关代开增值税发票时,应在备注栏注明不动产的详细地址。

(6) 个人出租住房纳税人自行开具或者税务机关代开增值税发票时,通过新系统中征收率减按1.5%征收的开票功能,录入含税销售额,系统自动计算税额和不含税金额,发票开具不应与其他应税行为混开。

3. 专用发票的领购

一般纳税人凭发票领购簿、IC卡和经办人身份证明领购专用发票。

一般纳税人有下列情况的不得领购专用发票:会计核算不健全;有税收违法行为拒不接受税务机关处理的;有违规行为经税务机关责令限期改正而仍未改正的;未按规定申请办理防伪税控系统变更发行;未按规定接受税务机关检查。

有上述情形的,如已领购专用发票,主管税务机关应暂扣其结存的专用发票和IC卡。

4. 专用发票的开具范围

(1) 一般纳税人发生应税交易,应向购买方开具专用发票。

(2) 商业企业一般纳税人零售的烟、酒、食品、服装、鞋帽(不包括劳保专用部分)、化妆品等消费品不得开具专用发票。

(3) 增值税小规模纳税人需要开具专用发票的,可向主管税务机关申请代开。

(4) 销售免税货物不得开具专用发票,法律、法规及国家税务总局另有规定的除外。

(5) 纳税人发生应税交易,应当向索取增值税专用发票的接受方开具增值税专用发票,但是发生应税交易的购买方为消费者个人或者发生应税交易适用免税规定的不得开具增值税专用发票。

(6) 自 2017 年 6 月 1 日起,将建筑业纳入增值税小规模纳税人自行开具增值税专用发票试点范围。月销售额超过 3 万元(或季销售额超过 9 万元)的建筑业增值税小规模纳税人提供建筑服务、销售货物或发生其他增值税应税行为,需要开具增值税专用发票的,通过增值税发票管理新系统自行开具。

(7) 扩大小规模纳税人自行开具增值税专用发票试点范围。将小规模纳税人自行开具增值税专用发票试点范围由住宿业、鉴证咨询业、建筑业、工业、信息传输、软件和信息技术服务业,扩大至租赁和商务服务业,科学研究和技术服务业,居民服务、修理和其他服务业。

(8) 小规模纳税人月销售额超过 10 万元的,使用增值税发票管理系统开具增值税普通发票、机动车销售统一发票、增值税电子普通发票。已经使用增值税发票管理系统的小规模纳税人,月销售额未超过 10 万元的,可以继续使用现有税控设备开具发票;已经自行开具增值税专用发票的,可以继续自行开具增值税专用发票,并就开具增值税专用发票的销售额计算缴纳增值税。

5. 开具增值税专用发票后发生退货或开票有误的处理

增值税一般纳税人开具增值税专用发票后,发生销货退回、开票有误、应税服务中止等情形但不符合发票作废条件,或者因销货部分退回及发生销售折让的,需要开具红字专用发票的。

6. 增值税专用发票不得抵扣进项税额的规定

(1) 有下列情形的,不得作为增值税进项税额的抵扣凭证:经认证,如果增值税专用发票无法认证或者纳税人识别号认证不符或者专用发票代码、号码认证不符,则不得作为增值税进项税额的抵扣凭证,税务机关退还原件,购买方可要求销售方重新开具专用发票。

(2) 有下列情形之一的,暂不得作为增值税进项税额的抵扣凭证:经认证,如果发现重复认证或者密文有误或者认证不符的或者列为失控专用发票的,暂不得作为增值税进项税额的抵扣凭证,税务机关扣留原件,查明原因,分别情况进行处理。

7. 对丢失已开具专用发票的发票联和抵扣联的处理

(1) 一般纳税人同时丢失已开具专用发票的发票联和抵扣联的。

如果丢失前已认证相符的,则购买方凭销售方提供的专用发票记账联复印件及销售方所在地主管税务机关出具的《丢失增值税专用发票已报税证明单》,经购买方主管税务机关审核同意后,可作为增值税进项税额的抵扣。

如果丢失前未认证的,则购买方凭销售方提供的相应专用发票记账联复印件到主管税务机关进行认证,认证相符的按照上述程序,可作为增值税进项税额的抵扣凭证。

(2) 一般纳税人丢失已开具专用发票的抵扣联但未丢失发票联的。

如果丢失前已认证相符的,可使用专用发票的发票联复印件留存备查。

如果丢失前未认证的,可使用专用发票的发票联到主管税务机关认证,专用发票的发票联复印件留存备查。

(3) 一般纳税人丢失已开具专用发票的发票联但未丢失抵扣联的,可将专用发票抵扣联作为记账凭证,专用发票抵扣联复印件留存备查。

(4) 专用发票抵扣联无法认证的,可使用专用发票的发票联到主管税务机关认证。专用发票的发票联复印件留存备查。

8. 增值税专用发票的管理

纳税人必须按规定取得和保管或开具增值税专用发票,建立专用发票管理制度,并且设专人保管专用发票。税法除了对纳税人领购、开具专用发票做了上述各项具体规定外,在如何严格管理上也做了如下多项规定。

(1) 关于被盗、丢失增值税专用发票的处理。

纳税人必须严格按照规定保管使用专用发票,对违反规定发生被盗、丢失专用发票的纳税人,处以1万元以下的罚款,并可视具体情况,对其在一定期限内(最长不超过半年)停止领购专用发票、对纳税人申报遗失的专用发票,如发现非法代开、虚开问题的,该纳税人应承担偷税、骗税的连带责任。

纳税人丢失专用发票后,必须按规定程序向当地主管税务机关、公安机关报失。

(2) 关于对代开、虚开增值税专用发票的处理。

代开发票是指为与自己没有发生直接购销关系的他人开具发票的行为。虚开发票是指在没有任何购销事实的前提下,为他人、为自己或让他人为自己或介绍他人开具发票的行为。

代开、虚开发票的行为都是严重的违法行为。对代开、虚开专用发票的,一律按票面所列货物的适用税率全额征补税款,并按偷税给予处罚。对纳税人取得代开、虚开的增值税专用发票,不得抵扣进项税额。代开、虚开发票构成犯罪的,按《关于惩治虚开、伪造和非法出售增值税专用发票犯罪的决定》处以刑罚。

(3) 纳税人善意取得虚开的增值税专用发票处理。

纳税人善意取得虚开的增值税专用发票指购货方与销售方存在真实交易,而且购货方不知道取得的增值税专用发票是以非法手段获得的。

纳税人善意取得虚开的增值税专用发票,如能重新取得合法、有效的专用发票,准许其抵扣进项税款;如不能重新取得合法、有效的专用发票,不准其抵扣进项税款或追缴其已抵扣的进项税。

如果在出口退税环节纳税人善意取得虚开的专用发票,处理基本同上。

纳税人虚开增值税专用发票,未就其虚开金额申报并缴纳增值税的,应按照其虚开金额补缴增值税,已就其虚开金额申报并缴纳增值税的,不再按照其虚开金额补缴增值税。税务机关对纳税人虚开增值税专用发票的行为,应按有关规定给予处罚。

(4) 税控系统增值税专用发票的管理。

税务机关专用发票管理部门在运用防伪税控发售系统进行发票入库管理或向纳税人发售专用发票时,要认真录入发票代码、号码,并与纸质专用发票进行仔细核对,确保发票代码、号码电子信息与纸质发票的代码、号码完全一致。

纳税人在运用防伪税控系统开具专用发票时,应认真检查系统中的电子发票代码、号码与纸质发票是否一致。如发现税务机关错填电子发票代码、号码的,应持纸质专用发票和税控IC卡到税务机关办理退回手续。

如果纳税人开具了税务机关错误录入代码或号码的专用发票并在当月发现问题的,则对纸质专用发票和防伪税控开票系统中专用发票电子信息同时进行作废,并及时报主管税务机关。如果是在以后月份发现的,应按有关规定开具负数专用发票。

9. 税务机关代开增值税专用发票管理办法

代开专用发票是指主管税务机关为所管辖范围内的不具有开专票资格的增值税纳税人（如小规模纳税人等）代开专用发票。

主管税务机关应设立代开专用发票岗位和税款征收岗位，并分别确定专人负责代开专用发票和税款征收工作。

代开专用发票统一使用增值税防伪税控代开票系统开具。

为增值税纳税人代开的专用发票应统一使用六联专用发票，第一到第四联交给增值税纳税人，第五联代开发票岗位留存，以备发票的扫描补录，第六联交税款征收岗位。

（二）增值税普通发票

增值税普通发票，是将除商业零售以外的增值税一般纳税人纳入增值税防伪税控系统开具和管理，也就是说一般纳税人可以使用同一套增值税防伪税控系统开具增值税专用发票和增值税普通发票。在现实中，如果购买方是个人，则销售方给购买方开具增值税普通发票；如果销售方是小规模纳税人，则无论购买方是个人还是一般纳税人，销售方只能开具增值税普通发票。

增值税普通发票的格式、字体、栏次、内容与增值税专用发票完全一致，按发票联次分为两联票和五联票两种。基本联次为两联，第一联为记账联，销货方用作记账凭证；第二联为发票联，购货方用作记账凭证。此外为满足纳税人的需要，在基本联次后添加了三联的附加联次，即五联票，供企业选择使用。

（三）增值税电子普通发票

为了降低纳税人经营成本，节约社会资源，方便消费者保存使用发票，营造健康公平的税收环境，国家税务总局在2015年11月发布了《关于推行通过增值税电子发票系统开具的增值税电子普通发票有关问题的公告》，该公告的主要内容如下：

（1）在买卖过程中，买卖双方需要纸质发票的，可以自行打印增值税电子普通发票的版式文件，其法律效力、基本用途、基本使用规定等与税务机关监制的增值税普通发票完全相同。

（2）增值税电子普通发票的发票代码为12位。第1位为0，第2—5位代表地区，第6—7位代表年度，第8—10位代表批次，第11—12位代表票种。发票号码为8位，按年度、分批次编制。

（四）"营改增"后纳税人发票的使用

（1）增值税一般纳税人发生应税交易，使用增值税发票管理新系统开具增值税专用发票、增值税普通发票、机动车销售统一发票以及增值税电子普通发票。

（2）增值税小规模纳税人发生应税交易月销售额超过10万元的，使用新系统开具增值税普通发票、机动车销售统一发票、增值税电子普通发票。

已经使用增值税发票管理系统的小规模纳税人，月销售额未超过10万元的，可以继续使用现有税控设备开具发票；已经自行开具增值税专用发票的，可以继续自行开具增值税专用发票，并就开具增值税专用发票的销售额计算缴纳增值税。

自2019年1月1日起，小规模纳税人月销售额未超过10万元的，当期因开具增值税专用发票已经缴纳的税款，在增值税专用发票全部联次追回或者按规定开具红字专用发票后，可以向主管税务机关申请退还。

(3) 门票、过路(过桥)费发票、定额发票、客运发票和二手车销售统一发票继续使用。

(4) 采取汇总纳税的金融机构,省、自治区所辖地市以下分支机构可以使用地市级机构统一领取的增值税专用发票、增值税普通发票、增值税电子普通发票;直辖市、计划单列市所辖区县及以下分支机构可以使用直辖市、计划单列市机构统一领取的增值税专用发票、增值税普通发票、增值税电子普通发票。自 2018 年 1 月 1 日起,金融机构开展贴现、转贴现业务需要就贴现利息开具发票的,由贴现机构按照票据贴现利息全额向贴现人开具增值税普通发票,转贴现机构按照转贴现利息全额向贴现机构开具增值税普通发票。

第三节 消 费 税

一、消费税概述

(一) 消费税的概念

消费税是对在中国境内从事生产、委托加工和进口应税消费品的单位和个人,就其销售收入或销售数量,采取定率或定额征收的办法,进行特殊调节的一个流转税种。

消费税在国外开征已有很长的历史,但各国的消费税税制是不完全相同的。有的国家将消费税等同于一般的销售税,课税范围几乎囊括了所有的消费品,如日本、印度的消费税;有的国家将国内产品税称作消费税,如美国,即仅对国内生产和消费的产品征收消费税,对进口同类产品课以其他类型的商品税;还有的国家则是选择部分消费品征收消费税,有针对性地进行调节,我国 1994 年以来实行的消费税就属于这种情况。

我国曾自 1950 年 1 月起在全国范围内统一征收了特种消费行为税,当时的征收范围只限于电影戏剧及娱乐、舞厅、冷食、旅馆等消费行为。1953 年修订税制时将其取消。1988 年开征的筵席税,主要目的在于限制高消费行为,也属于消费税。1989 年,针对当时流通领域出现的彩电和小轿车等商品供不应求的矛盾,为了调节消费,在全国范围内对彩电和小轿车的生产和进口开征了特别消费税,后来由于彩电市场供求情况有了改善,1992 年取消了对彩电征收的特别消费税。新税制改革时,在总结以往经验和参照国际做法的基础上,根据经济和社会发展的需要,国务院于 1993 年 12 月 13 日颁布了《中华人民共和国消费税暂行条例》。为了改善消费税的调节作用,财政部、国家税务总局联合下发通知,从 2006 年 4 月 1 日起,对消费税的税目、税率进行了较大规模的调整。2008 年 11 月 5 日,国务院第三十四次常务会议修订了《中华人民共和国消费税暂行条例》,并自 2009 年 1 月 1 日起施行。2014 年 11 月 28 日,经国务院批准,取消小排量摩托车、汽车轮胎、含铅汽油以及酒精的消费税,从 2014 年 12 月 1 日起开始执行。同时,对汽油和柴油消费税分别上调 0.12 元/升和 0.14 元/升,自 2014 年 11 月 29 日开始执行。之后,国家又多次调高了汽油、柴油等的消费税额。2015 年 1 月 26 日,财政部发布财税〔2015〕16 号文,对电池和涂料开征消费税。2016 年 11 月 30 日,财政部发布财税〔2016〕129 号文,对超豪华小汽车(零售价为 130 万元以上)征消费税。

（二）消费税的特点

同一般商品税比较，消费税具有以下特征。

1. 征收范围具有选择性

我国目前的消费税只对15类消费品征税，主要是选择一些有害人民健康、危害社会生态环境、不可再生和替代的特殊消费品征税。

2. 征税环节具有单一性

消费税一般只选择一个征税环节征收一次税，征税以后，消费品在其流通过程中不再征收消费税。这既可以减少纳税人的数量，降低税收成本和税源流失的风险，又可以防止重复征税。中国现行消费税主要选择在出厂销售环节和进口环节征收，其他环节不再征税，避免重复征税。

3. 征税税率具有多样性

消费税根据不同的消费品的种类、档次、结构、功能以及供求、价格等情况，制定高低不同的税率和税额。对在征税范围内的大部分商品实行产品差别比例税率，对小部分消费品实行差别定额税率，而对卷烟和白酒则实行比率税率和定额税率相结合的复合税率。

4. 税负具有转嫁性

消费税是一种价内税，税款包含在商品计税价格中，是一种间接消费税。政府开征消费税，从形式上看是对消费品制造厂商或消费品经营者征税，而实际上消费税最终往往还是由消费者承担，消费品制造商可以通过提高价格将税负转嫁给消费者。

（三）消费税的作用

消费税属于流转税，除了具有流转税的一般功能外，还具有它本身特殊的功能。归纳起来，消费税的作用主要有以下四点。

1. 保证国家财政收入的稳定增长

通过消费税的再分配，可以将一部分消费基金转为财政资金，用于国家的整体需要。开征消费税的国家，一般都选择低价格弹性的品种征收消费税。因为低价格弹性意味着消费量不会因为征税后价格提高而消减，因而不致抵消提高税率后而增加的财政收入。例如，对烟、酒、汽油等征税，需求不会因价格升高而下降。

中国消费税是在对原流转税制进行了较大改革的背景下出台的，列举征税的应税消费品，一部分是过去征收产品税（或增值税）税率较高的产品，另一部分是市场发展前景广阔、人们需求弹性较小、税源潜力较大的具有财政意义的产品。对它们征收消费税，有利于财政收入长期稳定地增长。此外，消费税按应税消费品的销售收入或数量计税，税金不受商品成本和利润变动的影响，随着国民经济的不断发展，税收收入也将稳定增长，以满足国家执行其职能的资金需要。

2. 贯彻国家产业政策和消费政策

消费税可以有效地贯彻国家的经济政策和产业政策，对于消费结构和经济结构具有较好的调节作用。在社会经济生活中，某些消费品的过量超前消费会对国家的经济结构产生不利影响，消费需求的超前也不符合国家经济发展的实际水平，如果任其发展，就会影响国家经济的稳定发展，也不利于社会风气的改善和安定团结。例如，有些商品危害人民身心健康,如卷烟、迷信品等;有些商品对社会秩序、自然环境造成不利影响,如鞭炮等。对这些商品征收消费税,能有效控制消费,减少其在经济发展中的负作用。政府从社会经济生活的大局出发,有选择地对一些高档或奢侈品开征消费税,抑制其消费,可以正确引导消费方向,调节消费结构。现行消费税还将小轿车、摩托车等高能耗产品,以及汽油、柴油等非再生资源产品纳入征税范围,可以在一定程度上起到节制消费、引导生产的作用。由于消费税的开征主要针对高收入阶层,普通收入水平居民的必需品消费较少受到影响。

3. 调节消费水平,缓解社会分配不公

收入上的差异会导致人们在消费需求上的不同,其中高收入者的消费需求超过一般人的消费需求水平。因此,在对高收入者所得征收所得税的同时,还可以在这些人进行高消费时,通过征收消费税对其消费支出进行调节。

随着市场经济的发展,我国社会各成员之间的收入差距也在加大,分配中的不合理现象在很大程度上存在。国家对某些奢侈品或特殊消费品征收消费税,间接增加这些消费者的税收负担,可以调节人们的支付能力,体现收入多者多负税的精神,有利于缓解社会分配不公的矛盾。

4. 寓禁于征,限制一些特殊消费品的生产

某些商品的生产是国家需要限制或禁止的。例如烟、酒的过度消费不仅会对人民健康、生态环境以及社会秩序造成危害,还耗费大量的粮食,造成社会浪费。但是,直接限制其生产和消费受到诸多因素的影响,不易于操作和实行,而征收消费税则容易得多。对要限制生产和消费的商品,开征高税率的消费税,可以起到寓禁于征的作用。

二、消费税的纳税义务人

在中华人民共和国境内生产、委托加工和进口应税消费品的单位和个人,为消费税的纳税义务人。金银首饰消费税的纳税人,为在中华人民共和国境内从事商业零售金银首饰的单位和个人;委托加工、委托代销金银首饰的,委托方也是纳税人。

单位,是指企业、行政单位、事业单位、军事单位、社会团体及其他单位。个人,是指个体工商户及其他个人。

在中华人民共和国境内是指生产、委托加工和进口属于应当征收消费税的消费品的起运地或所在地在境内。

三、消费税的征税范围

纳税人在生产批发或者零售环节销售应税消费品,应当缴纳消费税,纳税人自用未对外销售应税消费品应当缴纳消费税。

1. 对生产应税消费品在生产销售环节征税

这是消费税征收的主要环节,因为一般情况下,消费税具有单一环节征税的特点,对于大多数消费税应税商品而言,在生产销售环节征税以后,流通环节就不用再缴纳消费税。纳

税人生产应税消费品,除了直接对外销售应征收消费税外,如将生产的应税消费品换取生产资料、消费资料、投资入股、偿还债务,以及用于继续生产应税消费品以外的其他方面都应缴纳消费税。

2. 对委托加工应税消费品在委托加工环节征税

委托加工应税消费品是指委托方提供原料和主要材料,受托方只收取加工费和代垫部分辅助材料加工的应税消费品。委托加工应税消费品由受托方在交货时代收代缴消费税。委托加工的应税消费品收回后,再继续用于生产应税消费品销售且符合现行政策规定的,其加工环节缴纳的消费税款可以扣除。

3. 对进口应税消费品在进口环节征税

单位和个人进口属于消费税征税范围的货物,在进口环节要缴纳消费税。为了减少征税成本,进口环节缴纳的消费税由海关代征。

4. 对零售应税消费品在零售环节征税

自 1995 年 1 月 1 日起,金银首饰消费税由生产销售环节征收改为零售环节征收。进口环节暂不征收,零售环节适用税率为 5%,在纳税人销售金银首饰、钻石及钻石饰品时征收。

5. 对移送使用应税消费品在移送使用环节征税

如果企业在生产经营的过程中,并没有将应税消费品对外销售,而是将应税消费品移送用于加工非应税消费品,则应对移送部分征收消费税。

6. 对批发卷烟在卷烟的批发环节征税

我国税法规定,卷烟除了在生产销售环节征收消费税外,还在批发环节征收一次。纳税人兼营卷烟批发和零售业务的,应当分别核算批发和零售环节的销售额、销售数量;未分别核算批发和零售环节销售额、销售数量的,按照全部销售额、销售数量计征批发环节消费税。纳税人销售给纳税人以外的单位和个人的卷烟于销售时纳税。纳税人之间销售的卷烟不缴纳消费税。卷烟消费税在生产和批发两个环节征收后,批发企业在计算纳税时不得扣除已含的生产环节的消费税税款。

四、消费税的税目和税率

经 2006 年 4 月的重大调整、2014 年 11 月的进一步删减以及 2015 年的添加后,我国消费税的税目有 15 个,有的税目还进一步划分成若干子目。一般将 15 个税目的应税消费品分为以下五个方面:

(1) 有害消费品。包括烟、酒、鞭炮焰火 3 个税目。

(2) 奢侈消费品。包括贵重首饰及珠宝玉石、高档化妆品、高尔夫球及球具、游艇和高档手表 5 个税目。

(3) 资源性消费品。包括木制一次性筷子和实木地板 2 个税目。

(4) 高能耗高污染消费品。包括小汽车、摩托车、涂料和电池 4 个税目。

(5) 不可再生和替代的石油类消费品。包括成品油 1 个税目(下有汽油、柴油、石脑油、溶剂油、润滑油、航空煤油、燃料油 7 个子目)。

目前实施的最新的具体税目和税率见表 3-1。

表 3-1 消费税税目税率

税 目	税 率
一、烟	
1. 卷烟	
(1) 甲类卷烟(生产或进口环节)	56%加 0.003 元/支
(2) 乙类卷烟(生产或进口环节)	36%加 0.003 元/支
(3) 批发环节	11%加 0.005 元/支
2. 雪茄烟	36%
3. 烟丝	30%
二、酒	
1. 白酒	20%加 0.5 元/500 克(或者 500 毫升)
2. 黄酒	240 元/吨
3. 啤酒	
(1) 甲类啤酒	250 元/吨
(2) 乙类啤酒	220 元/吨
4. 其他酒	10%
三、高档化妆品	15%
四、贵重首饰及珠宝玉石	
1. 金银首饰、铂金首饰和钻石及钻石饰品	5%
2. 其他贵重首饰和珠宝玉石	10%
五、鞭炮、焰火	15%
六、成品油	
1. 汽油	1.52 元/升
2. 柴油	1.20 元/升
3. 航空煤油	1.20 元/升
4. 石脑油	1.52 元/升
5. 溶剂油	1.52 元/升
6. 润滑油	1.52 元/升
7. 燃料油	1.20 元/升
七、摩托车	
1. 气缸容量为 250 毫升的	3%
2. 气缸容量在 250 毫升以上的	10%
八、小汽车	
1. 乘用车	
(1) 气缸容量(排气量,下同)在 1.0 升(含 1.0 升)以下的	1%
(2) 气缸容量在 1.0 升以上至 1.5 升(含 1.5 升)的	3%
(3) 气缸容量在 1.5 升以上至 2.0 升(含 2.0 升)的	5%
(4) 气缸容量在 2.0 升以上至 2.5 升(含 2.5 升)的	9%
(5) 气缸容量在 2.5 升以上至 3.0 升(含 3.0 升)的	12%
(6) 气缸容量在 3.0 升以上至 4.0 升(含 4.0 升)的	25%
(7) 气缸容量在 4.0 升以上的	40%
2. 中轻型商用客车	5%
3. 超豪华小汽车(零售价格在 130 万元以上的乘用车和中轻型商用客车	10%(零售环节加征)
九、高尔夫球及球具	10%
十、高档手表(售价 1 万元以上的手表)	20%

续表

税 目	税 率
十一、游艇（长度在8～90米之间的游艇）	10%
十二、木制一次性筷子	5%
十三、实木地板	5%
十四、电池 　　无汞原电池、金属氢化物锦蓄电池、银原电池、健离子蓄电池、太阳能电池、燃料电池、全钒液流电池免征消费税。	4% 免征
十五、涂料（VOC含量低于420克/升的免征）	4%

我国从2009年5月1日起大幅度提高卷烟的消费税税率，甲类卷烟由原来的45%提高到56%，乙类卷烟由原来的30%提高到36%，雪茄烟也从原来的25%提高到36%。另外，在卷烟的批发环节加征一道5%的从价消费税。另外，我国在2014年11月和12月以及2015年1月三次分别提高了各类成品油的消费税。

五、消费税的计税方法

按照现行消费税暂行条例的基本规定，消费税应纳税额的计算分为从价定率、从量定额以及混合计算3种方法。

（一）从价定率计算方法

在从价计税时，应纳税额的计算取决于应税消费品的销售额和适用税率两个因素。其基本公式为

$$应纳税额 = 应税消费品销售额 \times 适用税率$$

上述公式中的销售额，为纳税人销售应税消费品向购买方收取的全部价款和价外费用。"价外费用"，是指价外收取的基金、集资费、返还利润、补贴、违约金（延期付款利息）和手续费、包装费、储备费、优质费、运输装卸费、代收款项、代垫款项以及其他各种性质的价外收费。但是，下列款项不包括在内：

（1）承运部门的运费发票开具给购货方的。

（2）纳税人将该项发票转交给购货方的。

其他价外费用，无论是否属于纳税人的收入，均应并入销售额计算征税。

实行从价定率办法计算应纳税额的应税消费品连同包装销售的，无论包装是否单独计价，也不论在会计上如何核算，均应并入应税消费品的销售额中征收消费税。如果包装物不作价随同产品销售，而是收取押金，此项押金则不应并入应税消费品的销售额中征税。但是，对因逾期未收回的包装物不再退还的和已收取1年以上的押金，应并入应税消费品的销售额，按照应税消费品的适用税率征收消费税。

对既作价随同应税消费品销售，又另外收取押金的包装物的押金，凡纳税人在规定的期限内不予退还的，均应并入应税消费品的销售额，按照应税消费品的适用税率征收消费税。

对除啤酒、黄酒外的酒类产品生产企业销售酒类产品收取的包装物押金,无论押金是否返还与会计上如何核算,均需并入酒类产品销售额中,依酒类产品的适用税率征收消费税。

上述公式中的"销售额",不包括应向购货方收取的增值税税款。如果纳税人应税消费品的销售额中未扣除增值税税款或者因不得开具增值税专用发票而发生价款和增值税税款的销售额。其换算公式为

$$应税消费品的销售额=含增值税的销售额÷(1+增值税税率或征收率)$$

例 3-5:某化妆品生产企业为增值税一般纳税人,2019 年 5 月 5 日销售高档化妆品一批,开具增值税专用发票,取得不含税销售额为 50 万元,增值税额 6.5 万元;5 月 25 日又销售化妆品一批,开具普通发票,取得含增值税销售额为 22.6 万元。该化妆品生产企业 5 月份应纳的消费税额为多少?

计算过程如下:

化妆品的应税销售额=50+22.6÷(1+13%)=70(万元)
应缴纳的消费税额=70×15%=10.5(万元)

(二) 从量定额计算方法

在从量计税时,应纳税额的计算取决于应税消费品的应税数量和单位税额两个因素。其基本公式为

$$应纳税额=应税消费品销售数量×单位税额标准$$

上述公式中的"销售数量"是指应税消费品的数量。具体为:
(1) 销售应税消费品的,为应税消费品的销售数量。
(2) 自产自用应税消费品的,为应税消费品的移送使用数量。
(3) 委托加工应税消费品的,为纳税人收回的应税消费品数量。
(4) 进口的应税消费品,为海关核定的应税消费品进口征税数量。

实行从量定额办法计算应纳税额的应税消费品,计量单位的换算标准如下:
(1) 啤酒 1 吨=988 升。
(2) 黄酒 1 吨=962 升。
(3) 汽油 1 吨=1 388 升。
(4) 柴油 1 吨=1 176 升。
(5) 航空煤油 1 吨=1 246 升。
(6) 石脑油 1 吨=1 385 升。
(7) 溶剂油 1 吨=1 282 升。
(8) 润滑油 1 吨=1 126 升。
(9) 燃料油 1 吨=1 015 升。

例 3-6：某石油化工厂是增值税一般纳税人，2019 年 2 月份，生产销售汽油 1 000 吨，单价 2 500 元/吨；销售柴油 500 吨，单价 2 000 元/吨；本厂用 30 吨柴油换 20 吨大米用于职工福利；计算本月该厂应纳消费税税额。

计算过程如下：

$$应纳消费税 = 1\,000 \times 1\,388 \times 1.52 + (500 + 30) \times 1\,176 \times 1.2$$
$$= 2\,109\,760 + 747\,936 = 2\,857\,696(元)$$

（三）混合计算方法

混合计算方法是指采用从价定率和从量定额混合计算的方法。在现行的消费税征税范围中，只有卷烟和白酒采用这种计算方法，其计算公式为

$$应纳税额 = 应税销售数量 \times 定额税率 + 应税销售额 \times 比例税率$$

生产销售卷烟和白酒从量定额计税依据为实际销售数量。进口、委托加工、自产自用卷烟、白酒从量定额计税依据分别为海关核定的进口征税数量、委托方收回数量、移送使用数量。

例 3-7：2019 年 2 月某烟厂生产销售甲类卷烟 120 标准箱（一标准箱共有 50 000 支烟），取得不含税收入 180 万元。销售雪茄烟取得不含税收入 200 万元，赠送有关客户乙类卷烟 2 标准箱，价税合计共 1.695 万元。计算该月应缴纳的消费税。

计算过程如下：

$$应纳消费税 = 180 \times 56\% + 120 \times 5 \times 0.003 + 200 \times 36\%$$
$$+ 1.695 / 1.13 \times 36\% + 2 \times 5 \times 0.003$$
$$= 100.8 + 1.8 + 72 + 0.54 + 0.03 = 175.17(万元)$$

（四）外购应税消费品已纳税款的扣除

1. 外购应税消费品连续生产应税消费品

消费税只在一个环节一道征收，而某些应税消费品是用外购已缴税的应税消费品连续生产的，为了避免重复课税，对这些连续生产出来的应税消费品计算征税时，允许按当期生产领用数量扣除当期已纳消费税税款。扣除范围包括：

（1）以外购已税烟丝生产的卷烟。
（2）以外购已税鞭炮、焰火生产的鞭炮、焰火。
（3）以外购已税杆头、杆身和握把为原料生产的高尔夫球杆。
（4）以外购已税木制一次性筷子为原料生产的木制一次性筷子。

(5) 以外购已税实木地板为原料生产的实木地板。
(6) 以外购已税石脑油、燃料油用于连续生产应税成品油的。
(7) 以外购已税汽油、柴油、润滑油分别生产汽油、柴油、润滑油。
(8) 集团内企业间用外购已税啤酒液生产啤酒的。
(9) 以外购已税葡萄酒连续生产应税葡萄酒的。
(10) 以外购已税高档化妆品生产的高档化妆品。

值得注意的是,除(6)(7)(8)项外,上述准予抵扣的情形仅限进口或从同税项目纳税人购进的应税消费品。

另外,纳税人用外购的已税珠宝玉石生产改在零售环节征收消费税的金银首饰,在计税时一律不得扣除外购珠宝玉石的已纳税款。

上述当期准予扣除外购应税消费品已纳消费税税款的计算公式为

$$当期准予扣除的外购应税消费品已纳税款 = 当期准予扣除的外购应税消费品买价 \times 外购应税消费品适用税率$$

$$当期准予扣除的外购应税消费品买价 = 期初库存的外购应税消费品买价 + 当期购进的应税消费品买价 - 期末库存的外购应税消费品买价$$

外购已税消费品的买价是指购货发票上注明的销售额(不包括增值税税款)。

另外根据《葡萄酒消费税管理办法》的规定,自2015年5月1日起,从葡萄酒生产企业购进、进口葡萄酒连续生产应税葡萄酒的,准予从葡萄酒消费税应纳税额中扣除所耗用应税葡萄酒已纳消费税税款。如本期消费税应纳税额不足抵扣的,余额留待下期抵扣。

2. 外购应税消费品后销售。

对自己不生产应税消费品,而只是购进后再销售应税消费品的工业企业,其销售的化妆品、酒、鞭炮焰火和珠宝玉石,凡不能构成最终消费品直接进入消费品市场,而需进一步生产加工、包装、贴标的或者组合的珠宝玉石、化妆品、酒、鞭炮焰火等,应当征收消费税,同时允许扣除上述外购应税消费品的已纳税款。

(五) 自产自用应税消费品应纳税额的计算

所谓自产自用,就是纳税人生产应税消费品后,不是用于直接对外销售,而是用于自己连续生产应税消费品,或用于其他方面。这种自产自用应税消费品的形式,在实际经济活动中是常见的,比如,有的企业把自己生产的应税消费品,以福利或奖励等形式发给本厂职工。

纳税人自产自用的应税消费品,用于连续生产应税消费品的,不纳税;这里的"用于连续生产应税消费品",是指作为生产最终应税消费品的直接材料并构成最终产品实体的应税消费品。例如:卷烟厂生产出烟丝,烟丝已是应税消费品,卷烟厂再用生产出的烟丝连续生产卷烟,这样,用于连续生产卷烟的烟丝就不缴纳消费税,只对生产的卷烟征收消费税。当然,如果生产出的烟丝是直接销售的,则烟丝仍旧需要缴纳消费税。

纳税人自产自用的应税消费品,除用于连续生产应税消费品外,凡用于其他方面的,于移送使用时纳税。"用于其他方面的",是指纳税人用于生产非应税消费品和在建工程、管理部门、非生产机构、提供劳务,以及用于馈赠、赞助、集资、广告、样品、职工福利、奖励等方面的应税消费品。所谓"用于生产非应税消费品",是指把自产的应税消费品用于生产消费税条例税目税率表所列15类产品以外的产品。比如2006年3月29日调整的消费税政策中规定:生产企业将自产石脑油用于本企业连续生产汽油等应税消费品的,不缴纳消费税;用于连续生产乙烯等非应税消费品或其他方面的,于移送使用时缴纳消费税。

纳税人自产自用的应税消费品,按照纳税人生产的同类消费品的销售价格计算纳税;如果当月同类消费品各期价格高低不同的,应按销售数量加权平均计算,但销售的应税消费品无销售价格或销售价格明显偏低又无正当理由的,不得列入加权平均计算;如果当月无销售或当月未完结,应按照同类消费品上月或最近月份的销售价格计算纳税。没有同类消费品销售价格的,按照组成计税价格计算纳税。实行从价定率办法计算纳税的组成计税价格计算公式为

$$组成计税价格=(成本+利润)\div(1-比例税率)$$

实行复合计税办法计算纳税的组成计税价格计算公式为

$$组成计税价格=(成本+利润+自产自用数量\times 定额税率)\div(1-比例税率)$$

上述公式中的"成本"是指应税消费品的产品生产成本。"利润"是指根据应税消费品的全国平均成本利润率计算的利润。各应税消费品的全国平均成本利润率根据1993年12月28日国家税务总局颁发的《消费税若干具体问题的规定》和2006年3月29日的调整细则如下:

(1) 甲类卷烟为10%。
(2) 乙类卷烟为5%。
(3) 雪茄烟为5%。
(4) 烟丝为5%。
(5) 粮食白酒为10%。
(6) 薯类白酒为5%。
(7) 其他酒为5%。
(8) 化妆品为5%。
(9) 鞭炮、焰火为5%。
(10) 贵重首饰及珠宝玉石为6%。
(11) 摩托车为6%。
(12) 乘用车为8%。
(13) 中轻型商用客车为5%。
(14) 高尔夫球及球具为10%。
(15) 高档手表为20%。
(16) 游艇为10%。
(17) 木制一次性筷子为5%。
(18) 实木地板为5%。

例 3-8：某化妆品公司将一批自产的高档化妆品用作职工福利，化妆品的成本为 8 000 元，高档化妆品的成本利润率为 5%，消费税率为 15%。计算该批化妆品应缴纳的消费税税额。

计算过程如下：

(1) 组成计税价格 =（成本 + 利润）÷（1 - 消费税税率）
 =[8 000 +（8 000 × 5%）]÷（1 - 15%）
 = 8 400 ÷ 0.85 = 9 882.35（元）

(2) 应纳消费税额 = 9 882.35 × 15% = 1 482.35（元）

（六）委托加工应税消费品应纳税额的计算

委托加工应税消费品是指由委托方提供原料和主要材料，受托方只收取加工费和代垫部分辅助材料加工的应税消费品。对于由受托方提供原材料生产的应税消费品，或者受托方先将原材料卖给委托方，然后再接受加工的应税消费品，不论纳税人在财务上是否作销售处理，都不得作为委托加工应税消费品，而应当按照销售自制应税消费品缴纳消费税。

委托加工的应税消费品，由受托方在向委托方交货时代收代缴税款。委托加工的应税消费品，委托方用于连续生产应税消费品的，所纳税款准予按规定抵扣。委托加工的应税消费品，按照受托方的同类消费品的销售价格计算纳税；没有同类消费品销售价格的，按照组成计税价格计算纳税。实行从价定率办法计算纳税的组成计税价格计算公式为

$$组成计税价格 =（材料成本 + 加工费）÷（1 - 比例税率）$$

实行复合计税办法计算纳税的组成计税价格计算公式为

$$组成计税价格 =（材料成本 + 加工费 + 委托加工数量 × 定额税率）÷（1 - 比例税率）$$

这里的"材料成本"，是指委托方所提供加工材料的实际成本。委托加工应税消费品的纳税人，必须在委托加工合同上如实注明（或以其他方式提供）材料成本，凡未提供材料成本的，受托方所在地主管税务机关有权核定其材料成本。

这里的"加工费"，是指受托方加工应税消费品向委托方所收取的全部费用（包括代垫辅助材料的实际成本），但不包括随加工费收取的增值税和代收代缴的消费税。

委托加工的应税消费品因为已由受托方代收代缴消费税，因此，委托方收回货物后用于连续生产应税消费品的，其已纳税款准予按照规定从连续生产的应税消费品应纳税额中抵扣。

下列连续生产的应税消费品准予从应纳消费税税额中按当期生产领用数量计算扣除委托加工收回的应税消费品已纳消费税税款。

(1) 以委托加工收回的已税烟丝为原料生产的卷烟。

(2) 以委托加工收回的已税高档化妆品为原料生产的高档化妆品。

(3) 以委托加工收回的已税珠宝玉石为原料生产的贵重首饰及珠宝玉石。

(4) 以委托加工收回的已税鞭炮、焰火为原料生产的鞭炮、焰火。

(5) 以委托加工收回的已税摩托车生产的摩托车(如用外购两轮摩托车改装致三轮摩托车)。

(6) 以委托加工收回的已税杆头、杆身和握把为原料生产的高尔夫球杆。

(7) 以委托加工收回的已税木制一次性筷子为原料生产的木制一次性筷子。

(8) 以委托加工收回的已税实木地板为原料生产的实木地板。

(9) 以委托加工收回的已税汽油、柴油、石脑油、燃料油、润滑油用于连续生产应税成品油。

已纳消费税税款是指委托加工的应税消费品由受托方代收代缴的消费税。计算公式如下：

> 当期准予扣除的委托加工应税消费品已纳税款＝期初库存的委托加工应税消费品已纳税款＋当期收回的委托加工应税消费品已纳税款－期末库存的委托加工应税消费品已纳税款

须注意的是，纳税人用委托加工收回的已税珠宝玉石生产的改在零售环节征收消费税的金银首饰，在计税时一律不得扣除委托加工收回的珠宝玉石的已纳消费税税款。

对于在收回后用于直接出售或其他方面的，原则上不再征收消费税，但为了避免纳税人利用委托加工达到少交税的目的，国家税务总局在财法〔2012〕8号文中规定：委托方将发回的应税消费品，以不高于受托方计税价格出售的，不再缴纳消费税；委托方以高于受托方的计税价格出售的，需缴纳消费税，在计税时准予扣除受托方已代收代缴的消费税。纳税人以外购进口、委托加工收回的应税消费品为原料连续生产税消费品，准予按现行政策规定抵扣外购应税消费品已纳消费税款。经主管税务机关核实上述外购应税消费品未缴纳消费税的，纳税人应将已抵扣的消费税款，以核实当月允许抵扣的费用中冲减。

例3-9：某鞭炮厂2019年2月受托为某公司加工一批鞭炮，委托单位提供的原材料金额为41万元，收取委托单位不含增值税的加工费5.75万元，鞭炮厂当地没有加工鞭炮的同类产品市场价格。试计算鞭炮厂代收代缴的消费税。

解答：组成计税价格＝(41＋5.75)÷(1－15％)＝55(万元)

应代收代缴的消费税＝55×15％＝8.25(万元)

如果上述鞭炮厂把收回后的鞭炮以60万元对外销售，则需要补交税款＝60×15％－8.25＝0.75(万元)

(七) 特殊环节应纳消费税的计算

1. 卷烟批发环节应纳消费税的计算

我国自2009年5月1日起，在卷烟批发环节加征一道从价税。自2015年5月10日起，卷烟批发环节税率又有调整。

(1) 纳税义务人：在中华人民共和国境内从事卷烟批发业务的单位和个人。

纳税人销售给纳税人以外的单位和个人的卷烟于销售时纳税。纳税人之间销售的卷烟不缴纳消费税。

(2) 征收范围：纳税人批发销售的所有牌号规格的卷烟。

(3) 适用税率：从价税税率11%，从量税税率0.005元/支。

(4) 计税依据：纳税人批发卷烟的销售税(不含增值税)、销售数量。

(5) 卷烟消费税在生产和批发两个环节征收后，批发企业在计算纳税时不得扣除已含的生产环节的消费税税额。

2. 超豪华小汽车零售环节应纳税额的计算

为了合理引导消费，促进节能减排，自2016年12月1日起，在生产(进口)环节按现行税率征收消费税基础上，超豪华小汽车在零售环节加征一道消费税。

(1) 征收范围：每辆零售价格130万元(不含增值税)及以上的乘用车和中轻型商用客车。

(2) 纳税人：将超豪华小汽车销售给消费者的单位和个人为零售环节纳税人。

(3) 税率：10%。

(4) 计算公式：应纳税额＝零售环节销售额×零售环节税率。

国内汽车生产企业直接销售给消费者的超豪华小汽车，消费税税率按照生产环节税率和零售环节税率加总计算。

六、兼营不同税率应税消费品和组成套装销售的税务处理

纳税人生产销售应税消费品，如果不是单一经营某一税率的产品，而是经营多种不同税率的产品，就是兼营行为。

纳税人兼营不同税率的应税消费品，应当分别核算不同税率应税消费品的销售额、销售数量。未分别核算销售额、销售数量，或者将不同税率的应税消费品组成成套消费品销售的，从高适用税率。

所谓从高适用税率，是指对兼营高低不同税率的应税消费品，当不能分别核算销售额、销售数量，或者将不同税率的应税消费品组成成套消费品销售的，就以应税消费品中适用的高税率与混合在一起的销售额、销售数量相乘，得出应纳消费税税额。

纳税人将自产的应税消费品与外购或自产的非应税消费品组成套装销售的，以套装产品的销售额(不含增值税)为计税依据。

例3-10：某生产高档运动品的厂家3月份将高尔夫球具和高档运动手表组成套装出售，取得不含税价款200万元。计算该厂家3月份出售的该类套装产品应缴纳的消费税，其中高尔夫球具适用消费税税率为10%，高档手表消费税税率为20%。

解答：应税消费税＝200×20%＝40(万元)

七、进口应税消费品应纳税额的计算

进口的应税消费品,于报关进口时缴纳消费税;进口的应税消费品的消费税由海关代征;进口的应税消费品,由进口人或者代理人向报关地海关申报纳税。

进口的应税消费品,按照组成计税价格计算纳税。

实行从价定率办法计算纳税的组成计税价格计算公式为

$$组成计税价格=(关税完税价格+关税)\div(1-消费税比例税率)$$

实行复合计税办法计算纳税的组成计税价格计算公式为

$$组成计税价格=(关税完税价格+关税+进口数量\times消费税定额税率)\div(1-消费税比例税率)$$

进口环节消费税除国务院另有规定者外,一律不得给予减税、免税。

例 3-11:某公司进口一批排量超过 250 毫升的摩托车,海关应征进口关税 15 万元(关税税率为 30%)。计算进口环节需交纳的消费税。

计算过程如下:

$$关税完税价格=15\div30\%=50(万元)$$

$$进口环节应纳消费税=(50+15)\div(1-10\%)\times10\%=7.22(万元)$$

八、出口业务的消费税处理

出口销售应税消费品的经营者,既有生产企业,也有专门从事出口销售业务的外贸企业。国家对于不同的经营者的出口业务,有不同的消费税政策。

(一)出口免税并退税

有出口经营权的外贸企业购进应税消费品直接出口,以及外贸企业受其他外贸企业委托代理出口应税消费品。外贸企业只有受其他外贸企业委托代理出口应税消费品才可办理退税,外贸企业受其他企业(主要是非生产性的商贸企业)委托,代理出口应税消费品是不予退(免)税的。

退税的计税依据为:属于从价定率计征消费税的,为已征且未在内销应税消费品应纳税额中抵扣的购进出口货物金额;属于从量定额计征消费税的,为已征且未在内销应税消费品应纳税额中抵扣的购进出口货物的数量;属于复合计征消费税的,按从价定率和从量定额的计税依据分别确定。

消费税应退税额＝从价定率计征消费税的退税计税依据×比例税率
　　　　　　　＋从量定额计征消费税的退税计税依据×定额税率

（二）出口免税但不退税

有出口经营权的生产性企业自营出口或生产企业委托外贸企业代理出口自产的应税消费品，依据其实际出口数量免征消费税，不予办理退还消费税。免征消费税是指对生产性企业按其实际出口数量免征生产环节的消费税。不予办理退还消费税，因已免征生产环节的消费税，该应税消费品出口时，已不含有消费税，所以无须再办理退还消费税。

（三）出口不免税也不退税

除生产企业、外贸企业外的其他企业，具体是指一般商贸企业，这类企业委托外贸企业代理出口应税消费品一律不予退（免）税。

九、消费税的减税免税规定

出口的应税消费品免征消费税。免征办法可以是先征后退，也可以在生产环节免征。除上述规定者外，消费税一律不得减税、免税。

消费税只是对在我国境内消费的应税消费品征收的一种税。按照国际惯例，对于出境的消费品都是免税的。其基本考虑：一是鼓励出口，提高本国产品在国际市场上的竞争能力；二是出口产品在境内未实现消费，故不应征税，应由进口消费品的国家在进口时依照本国的规定征税。

目前对生产销售达到低污染排放值的小轿车、越野车和小客车减征30%的消费税。

十、消费税的征收管理

（一）纳税义务发生时间

1. 生产销售应税消费品的纳税义务发生时间

纳税人销售应税消费品，纳税义务发生时间为收讫销售款项或者取得索取销售款项凭据的当天；先开具发票的，为开具发票的当天。

2. 其他纳税行为的纳税义务发生时间

（1）纳税人自产自用的应税消费品，其纳税义务发生时间为移送使用的当天。

（2）纳税人委托加工的应税消费品，其纳税义务发生时间为纳税人提货的当天。

（3）纳税人进口的应税消费品，其纳税义务发生时间为报关进口的当天。

（二）纳税期限

消费税的计税期间分别为1日、3日、5日、10日、15日、1个月或者1个季度。纳税人的具体纳税期限，由主管税务机关根据纳税人应纳税额的大小分别核定；不能按照固定期限纳税的，可以按次纳税。

纳税人以1个月或者1个季度为1个纳税期的,自期满之日起15日内申报纳税;以1日、3日、5日、10日或者15日为1个纳税期的,自期满之日起5日内预缴税款,于次月1日起15日内申报纳税并结清上月应纳税款。

纳税人进口应税消费品,应当从海关填发海关进口消费税专用缴款书之日起15日之内缴纳税款。扣缴义务人解缴税款的计税期间和申报纳税期限,依前两款规定执行。

(三) 纳税地点

(1) 纳税人销售的应税消费品和自用的应税消费品,除国务院另有规定外,一般应当向纳税人机构所在地或居住地的主管税务机关申报纳税。

(2) 纳税人到外县(市)销售或者委托外县(市)代销自产应税消费品的,于应税消费品销售后,向机构所在地或者居住地主管税务机关申报纳税。

(3) 纳税人的总机构和分支机构不在同一县(市),但在同一省(自治区、直辖市)范围内,经省(自治区、直辖市)财政厅(局)、国家税务局审批同意,可以由总机构汇总向机构所在地的主管税务机关申报缴纳消费税。

(4) 委托加工的应税消费品,除受托方为个人外,由受托方向其机构所在地或者居住地的主管税务机关解缴税款。

(5) 进口的应税消费品,由进口人或代理人向报关地海关申报纳税。

第四节 关 税

一、关税概述

(一) 关税的概念和特点

关税是世界各国普遍征收的一个税种。它是指一国海关以进出国境或关境的货物或物品的流转额为计税依据而征收的一种商品税。这里的国境是指一个国家的领土范围。关境是指一个国家的海关法令完全实施的境域。一般而言,国境和关境是一致的。但是两者也有不一致的情况。有的国家在境内设立自由贸易港、自由贸易区或出口加工区时,关境小于国境。当几个国家组成关税同盟,成员国之间互相取消关税,对外实行共同的关税税则时,就成员国而言,关境大于国境。

同其他商品税相比,关税有许多特殊性,主要具有以下特点。

1. 关税是以进出境货物或者物品为征收对象

对于在境内流转的商品,只能征收国内商品税,不能征收关税。关税仅对进出关境的货物或者物品课征。关税不同于因商品交换或提供劳务取得收入而课征的流转税,也不同于因取得所得或拥有财产而课征的所得税或财产税,而是对特定货物和物品途经海关通道进出口征税。

2. 课税环节是进出口环节

在商品流转的其他环节,不征收关税;而在进出口环节,则主要是征收关税。关税实行进出口环节单环节课征,在一次性征收关税后,在国内流通的任何环节均不再征收关税。在封建社会,由于封建割据,导致国内关卡林立,重复征税,所以那时的关税主要为国内关税或内地关税,它严重地阻碍着商品经济发展。资本主义生产方式取代封建生产方式之后,新兴资产阶级建立起统一的国家,主张国内自由贸易和商品自由流通,因而纷纷废除旧时的内陆关税,实行统一的国境关税。进口货物征收关税之后,可以行销全国,不再征收进口关税。

3. 实行复式税则

关税的税则是关税课税范围及其税率的法则。复式税则又称多栏税则,是指一个税目设有两个或两个以上的税率,根据进口货物原产国的不同,分别适用高低不同的税率。复式税则是一个国家对外贸易政策的体现。目前,在国际上除极个别国家外,各国关税普遍实行复式税则。

4. 关税具有较强的政策性

关税是一个国家的重要税种。国家征收关税不单纯是为了满足政府财政上的需要,更重要的是利用关税来贯彻执行统一的对外经济政策,实现国家的政治经济目的。在我国现阶段,关税被用来争取实现平等互利的对外贸易,保护并促进国内工农业生产发展,为社会主义市场经济服务。

5. 关税由海关机构代表国家征收

我国的各类国内税收一般均由税务机关负责征管,而关税由海关总署及所属机构具体管理和征收,征收关税是海关工作的一个重要组成部分。

(二)关税的作用

世界各国的社会制度不同,经济发展水平不同,国情不同,外贸政策不同,对外贸易状况也有所差别,由此决定了各国关税的特殊性。一国独立自主的关税制度不仅应当体现本国独立的经济利益,而且应当体现维护本国的政治独立和主权尊严,在平等互利基础上遵循国际惯例进行国际交往。在1842年《中英南京条约》签订后到1949年新中国成立之前,我国的关税制度不是自主的,而是带有浓厚的半殖民地半封建性质。

新中国成立后,国家组建了海关总署,统一管理全国海关业务,并实行了"自主关税"。随着我国社会主义市场经济体制的确立,特别是改革开放步伐的加快和加入世贸组织,我国的"自主关税"将逐步走向"约束关税",以便越来越多地体现国际义务。关税对我国的改革开放和经济发展具有重要意义,其具体作用如下。

1. 维护国家主权和经济利益

对进出口货物征收关税,表面上看似乎只是一个与对外贸易相联系的税收问题,其实一国采取什么样的关税政策直接关系到国与国之间的主权和经济利益。历史发展到今天,关税已成为各国政府维护本国政治、经济权益,乃至进行国际经济斗争的一个重要武器。我国根据平等互利和对等原则,通过关税复式税则的运用等方式,争取国际的关税互惠并反对他国对我国进行关税歧视,促进对外经济技术交往,扩大对外经济合作。

2. 保护和促进本国工农业生产的发展

一个国家采取什么样的关税政策,是实行自由贸易还是采用保护关税政策,是由该国的经济发展水平、产业结构状况、国际贸易收支状况以及参与国际经济竞争的能力等多种因素决定的。国际上许多发展经济学家认为,自由贸易政策不适合发展中国家的情况。相反,这些国家为了顺利地发展民族经济,实现工业化,必须实行保护关税政策。我国作为发展中国家,一直十分重视利用关税保护本国的"幼稚工业",促进进口替代工业发展,关税在保护和促进本国工农业生产的发展方面发挥了重要作用。

3. 调节国民经济和对外贸易

关税是国家的重要经济杠杆,通过对不同商品确定征与不征、征多征少以及减免税政策和税率的高低,可以调节、控制进口商品的种类、数量,从而影响进出口规模,调节国民经济活动。如通过调节进口产品和出口产品生产企业的利润水平,有意识地引导各类产品的生产,通过调节进出口商品的数量和结构,促进国内市场商品的供需平衡,保护国内市场的物价稳定等等。

4. 筹集国家财政收入

从世界大多数国家尤其是发达国家的税制结构分析,关税收入在整个财政收入中的比重不大,并呈下降趋势。但是,在一些发展中国家,特别是那些国内工业不发达、工商税源有限、国民经济主要依赖于某种或某几种初级资源产品出口,以及国内许多消费品主要依赖于进口的国家,征收进出口关税仍然是取得财政收入的重要渠道之一。我国关税收入是财政收入的重要组成部分,新中国成立以来,关税为经济建设提供了可观的财政资金。随着我国对外贸易规模的不断扩大,关税收入的绝对额呈迅速增长趋势,已从1950年的3.56亿元,增加到2019年的2 889.1亿元,占当年中国税收总额的1.83%。特别是1998年以来,海关税收连年大幅度增收,为国家的改革、发展和稳定做出了重要贡献。

(三) 关税的分类

依据不同的标准,关税有多种分类方法。

1. 按商品流向不同分类

按进出口货物的流通方向,可把关税分为进口关税、出口关税和过境关税三种。进口关税是对外国货物或物品在进入国境或关境时征收的关税,是最基本的关税类型,也是国家实行保护关税或财政关税政策的基本手段。出口关税,是对本国出口的货物或物品征收的一种关税,一般是选择那些能够垄断国际市场或需要关税保护的货物作为征税对象。征收出口关税会增加本国出口商品的成本,降低其在国际市场上竞争力,故发达国家纷纷削减或废除出口关税。过境关税亦称"通过税",是指对通过一国关境的货物和物品征收的关税。过境货品,是指货品的起运地和目的地都在过境国之外的货品。目前很少有国家征收过境关税,我国对过境货物和物品也不征收过境关税。

2. 按征收关税的目的不同分类

按征收关税的目的不同,关税可分为财政关税和保护关税两种。保护关税主要是从保护本国工农业生产和国内市场出发,以发挥关税的经济职能、促进本国幼稚产业的发展为目的。财政关税主要是从增加财政收入出发,以发挥关税的财政职能、取得一部分财政收入为目的。

3. 按征税标准(或征税方法)不同分类

按征税标准的不同,关税有从价关税、从量关税、复合关税、选择关税、滑准关税等。从价关税是以进出口商品的价格为计税依据而计算征收的关税,是关税的基本征收方式。从量关税是以进出口货物的数量、容积、长度、面积等数量标准为计税依据而计算征收的关税。复合关税是对进出口货物同时采用从价与从量两种标准征收的关税。选择关税是对同一种进出口货物,同时规定从价税、从量税两套税率和征收办法,征税时根据具体情况选择其中的一种进行课税的关税。滑准税是一种关税税率随进口商品价格由高到低而由低至高设置计征关税的方法。

4. 按照对不同国别或不同情况的进口货物所给予的不同关税待遇分类

按关税待遇可以分为普通关税、差别关税、优惠关税、特惠关税、最惠国待遇关税、普惠制关税、最低关税、加重关税、报复关税、惩罚关税、反倾销税、反贴补税等。

二、关税的纳税义务人和征税对象

关税的纳税义务人包括进口货物的收货人、出口货物的发货人、进出境物品的所有人。进出口货物的收、发货人是依法取得对外贸易经营权,并进口或者出口货物的法人或其他社会团体。进出境物品的所有人包括该物品的所有人和推定为所有人的人。一般情况下,对于携带进境的物品,推定其携带人为所有人;对分离运输的行李,推定相应的进出境旅客为所有人;对以邮递方式进境的物品,推定其收件人为所有人,以邮递或其他运输方式出境的物品,推定其寄件人或托运人为所有人。

关税的征税对象,是关税征收的标的物。关税征税对象会随着社会经济的发展而发生变化。《海关法》第五十三条规定,关税的征税对象是准许进出口的货物和进出境的物品。我国对于过境、转口等货物和物品不征收关税。征税对象和进出口方向不同,其适用的税率也不同。

三、税则、税目及税率

(一) 税则、税目

关税税则是通过一定的立法程序制定和公布实施的按货物类别排列的税率表,海关凭以征收关税,是关税政策的具体体现。关税税则一般由税目和税率两个部分组成。关税税则一般包括以下内容:国家实施该税则的法令;税则中商品归类的总规则;各类、各章和各税目的注释;税目表(其中又包括商品分类目录和税率表两部分)等内容。商品分类目录将种类繁多的商品加以综合,或按照商品的不同生产部门,或按照商品的自然属性、功能、用途等把商品分为不同的类。按类、章、税目、子税目的顺序编出税号,再按相应的顺序逐项列出商品各自的税率。

我国 1951 年 5 月公布实施的进出口税则,是我国第一部真正独立自主制定的税则,将进出口商品按自然属性、用途、加工程度分成 17 类、89 章、939 个税号。

1985 年 3 月,我国实施了以《海关合作理事会税则商品目录》为基础的进出口税则,将进出口商品划分为 21 类、99 章、1 011 个税目。

从 1992 年至今,我国实施了以《商品名称及编码协调制度》(以下简称 HS)为基础的进出口税则。

HS 是一部科学、系统的国际贸易商品分类体系,是国际上多个商品分类目录协调的产物,适合于与国际贸易有关的多方面的需要,如海关、统计、贸易、运输、生产等,成为国际贸易商品分类的一种"标准语言"。我国于1992年1月1日起正式实施HS。

HS一般每4～6年修订一次,最新版本为2017年版。

HS的总体结构有三部分:一是归类总规则,共六条,规定了分类原则和方法,以保证对HS解释的一致性,使某一具体商品能够始终归入一个唯一编码;二是类、章、目和子目注释,严格界定了相应的商品范围;三是按顺序编排的目与子目编码及条文,采用六位编码,将所有商品分为21类、97章,章下再分为目和子目。编码前两位数代表"章",前四位数代表"目",第五、第六位数代表"子目"。

(二) 税率

关税的税率具体体现在关税税则所列的税目税率表中。针对不同的进出口商品,适用不同的税率,是关税的政策性的一个突出体现。在HS中,我国结合自身的实际情况,将全部应税商品分为21大类,对每大类中的诸多细目分别适用不同的税率。

我国关税实行差别比例税率,将同一税目的货物分为进口税率和出口税率两类。

1. 进口关税税率

(1) 税率设置。

在加入世界贸易组织(WTO)之前,我国进口税则设有两栏税率,即普通税率和优惠税率。对原产于与我国未订有关税互惠协议的国家或者地区的进口货物,按照普通税率征税;对原产于与我国订有关税互惠协议的国家或者地区的进口货物,按照优惠税率征税。在我国加入了WTO之后,为履行我国在加入WTO关税减让谈判中承诺的有关义务,享有WTO成员应有的权利,自2002年1月1日起,我国进口税则设有最惠国税率、协定税率、特惠税率、关税配额税率和普通税率等税率。对进口货物在一定期限内可以实行暂定税率。最惠国税率适用原产于与我国共同适用最惠国待遇条款的WTO成员国或地区的进口货物;或原产于与我国签订有相互给予最惠国待遇条款的双边贸易协定的国家或地区的进口货物。协定税率适用于原产于我国参加的含有关税优惠条款的区域性贸易协定的有关缔约方的进口货物。特惠税率适用于原产于与我国签订有特殊优惠关税协定的国家或地区的进口货物。普通税率适用于原产于上述国家或地区以外的其他国家或地区的进口货物。按照普通税率征税的进口货物,经国务院关税税则委员会特别批准,可以适用最惠国税率。适用最惠国税率、协定税率、特惠税率的国家或者地区名单,由国务院关税税则委员会决定,报国务院批准后执行。

上述的税率适用与货物的原产地密切相关。进口货物原产地的确定规则为:

① 完全获得标准:完全在一个国家(地区)获得的货物,以该国(地区)为原产地。

② 实质性改变标准:两个以上国家(地区)参与生产的货物,以最后一个对货物进行经济上可以视为实质性加工的国家(地区)作为该货物的原产地。实质性加工是指产品加工后,在进出口税则中4位数税号一级税则归类已经发生了改变,或者加工增值部分所占新产品总值的比例已达到30%及以上的。

(2) 税率种类。

按征收关税的标准,关税的税率种类可以分成从价税、从量税、复合税、选择税、滑准税。

① 从价税。从价税是一种最常用的关税计税标准。它是以货物的价格或者价值为征

税标准,价格越高,税额越高。货物进口时,以此税率和海关审定的实际进口货物完税价格相乘计算应征税额。目前,我国海关计征关税标准主要是从价税。

② 从量税。从量税是以货物的数量、重量、体积、容量等计量单位为计税标准,以每计量单位货物的应征税额为税率。我国目前对原油、啤酒和胶卷等进口商品征收从量税。

③ 复合税。复合税又称为混合税,制定从价、从量两种税率,随着完税价格和进口数量而变化,征收时两种税率合并计征。它是对某种进口货物混合使用从价税和从量税的一种关税计征标准。我国目前仅对录像机、放像机、摄像机、数字照相机和摄录一体机等进口商品征收复合税。

④ 选择税。选择税是对一种进口商品同时制定有从价税和从量税两种税率,但征税时选择其税额较高的一种税率来征税。

⑤ 滑准税。滑准税是根据货物的不同价格适用不同税率的一类特殊的从价关税。它是一种关税税率随进口货物价格由高至低而由低至高设置计征关税的方法。也就是说,进口货物的价格越高,其进口关税税率越低,进口商品的价格越低,其进口关税税率越高。实行滑准税的目的是为了保护商品的国内市场价格的相对稳定,而不受国际市场价格波动的影响。

(3) 暂定税率与关税配额税率。

根据经济发展需要,国家对部分进口原材料、零部件、农药原药和中间体、乐器及生产设备实行暂定税率。《进出口关税条例》规定,适用最惠国税率的进口货物有暂定税率的,应当适用暂定税率;适用特惠税率、协定税率的进口货物有暂定税率的,应当从低适用税率;适用普通税率的进口货物,不适用暂定税率。一般而言,国家是出于特殊的需要而对部分货物实行进口暂定税率。这些货物可能是国内正在致力于发展,但以后需要保护,而不宜正式调低税率的进口货物;或者是国内急需进口,而税率还较高,又难以将急需进口的货物从现行的税则税号中细分出来的货物。

对部分进口农产品和化肥产品实行关税配额,即一定数量内的上述进口商品适用税率较低的配额内税率,超出该数量的进口商品适用税率较高的配额外税率。现行税则对700多个税目的进口商品实行暂定税率,对小麦、玉米等7种农产品和尿素等3种化肥产品实行关税配额管理。

2. 出口关税税率

我国对出口货物一般免征关税。只是对少数资源性产品及易于竞相杀价、盲目出口、需要规范出口秩序的半制成品征收出口关税。出口关税的税率分设若干档次,但不分为普通税率和优惠税率,这与进口关税的税率是不同的。1992年我国对47种商品计征出口关税,税率为20%~40%。现行税则对100余种商品计征出口关税,主要是鳗鱼苗、部分有色金属矿砂等。对上述范围内的部分商品实行0~25%的暂定税率,此外,根据需要对其他200多种商品征收暂定税率。与进口暂定税率一样,出口暂定税率优先适用于出口税则中规定的出口税率。2018年,我国对100多个税号的出口货物需要征收出口关税,出口税率设有20%、25%、30%、40%、50%共5个税级。

3. 特别关税

特别关税包括报复性关税、反倾销税与反补贴税、保障性关税。征收特别关税的货物、适用国别、税率、期限和征收办法,由国务院关税税则委员会决定,海关总署负责实施。

报复性关税是指为报复他国对本国出口货物的关税歧视,而对相关国家的进口货物征收的一种进口附加税。任何国家或者地区对其进口的原产于我国的货物征收歧视性关税或者给予其他歧视性待遇的,我国对原产于该国家或者地区的进口货物征收报复性关税。

反倾销税是指对倾销商品所征收的进口附加税。当进口国因外国倾销某种产品而导致国内产业受到损害时,采取征收相当于出口国国内市场价格与倾销价格之间差额的进口税。政府一般对该项产品价格状况及产业受损害的事实与程度进行调查,确认出口国低价倾销时,即征收反倾销税。世界贸易组织(WTO)《反倾销协议》对实施反倾销措施做了明确规定。但是,由于各成员对于倾销的认定,反倾销的实施方式等问题的认识有分歧,加上国际贸易保护主义的泛滥,反倾销扩大化的趋势明显增强,并已成为当代新型非关税壁垒的重要措施之一。

反补贴税是对进口商品使用的一种超过正常关税的特殊关税。这种关税是对那些得到其政府进口补贴的外国供应商具有的有利经济条件作用的反应,反补贴税的目的在于抵消国外竞争者得到奖励和补助产生的影响,从而保护进口国的制造商利益。

保障性关税是指当某类商品进口量剧增,对我国相关产业带来巨大威胁或损害时,按照WTO有关规则,可以启动一般保障措施,即在与有实质利益的国家或地区进行磋商后,在一定时期内提高该项商品的进口关税或采取数量限制措施,以保护国内相关产业不受损害。

4. 税率的运用

我国进出口关税条例规定,进出口货物,应当依照税则规定的归类原则归入合适的税号,并按照适用的税率征税。进出口货物因所属税目及进出口时间的不同,在税率的具体适用上也会发生差异。具体应注意以下几点:

(1) 进出口货物,应当按照纳税义务人申报进口或者出口之日实施的税率征税。

(2) 进口货物到达前,经海关核准先行申报的,应当适用装载该货物的运输工具申报进境之日实施的税率。

(3) 因纳税义务人违反规定需要追征税款的,应当适用该行为发生之日实施的税率;行为发生之日不能确定的,适用海关发现该行为之日实施的税率。

(4) 进口转关运输货物,应当适用指运地海关接受该货物申报进口之日实施的税率,货物运抵指运地前,经海关核准先行申报的,应当适用装载该货物的运输工具抵达指运地之日实施的税率。

(5) 出口转关运输货物,应当适用启运地海关接受该货物申报出口之日实施的税率。

(6) 经海关批准,实行集中申报的进出口货物,应当适用每次货物进出口时海关接受该货物申报之日实施的税率。

(7) 因超过规定期限未申报而由海关依法变卖的进口货物,其税款计征应当适用装载该货物的运输工具申报进境之日实施的税率。

(8) 已申报进境并放行的保税货物、减免税货物、租赁货物或者已申报进出境并放行的暂时进出境货物,有下列情形之一需缴纳税款的,应当适用海关接受纳税义务人再次填写报关单申报办理纳税及有关手续之日实施的税率:

① 保税货物经批准不复运出境的；
② 保税仓储货物转内销的；
③ 减免税货物经批准转让或者移作他用的；
④ 可暂不缴纳税款的暂时进出境货物,经批准不复运出境或者进境的；
⑤ 租赁进口货物,分期缴纳税款的。

四、关税的完税价格

《海关法》规定,进出口货物的完税价格,由海关以该货物的成交价格为基础审查确定。成交价格不能确定时,完税价格由海关依法估定。

(一) 一般进口货物的完税价格

完税价格是指经海关审查确定凭以从价计征关税的价格。进口货物的完税价格是以海关审定的成交价格为基础的到岸价格作为完税价格。到岸价格(CIF)包括货价,加上货物运抵中国关境内输入地点起卸前的包装费、运费、保险费和其他劳务费等费用。我国法律明确规定：进口货物完税价格包括货物的货价,货物运抵我国境内输入地点起卸前的运输及相关费用,保险费；而出口货物则包括货物的货价,货物运至我国境内输出地点,装载前的运输及其相关费用、保险费,但是其中包含的出口关税税额,应当予以扣除。

在确定进口货物的完税价格时,如果下列费用或价值未包括在进口货物的实付或者应付价格中,应当计入完税价格：

(1) 由买方负担的下列费用。

① 由买方负担的除购货佣金以外的佣金和经纪费。"购货佣金"是指买方为购买进口货物向自己的采购代理人支付的劳务费用。"经纪费"是指买方为购买进口货物向代表买卖双方利益的经纪人支付的劳务费用。

② 由买方负担的与该货物视为一体的容器费用。

③ 由买方负担的包装材料和包装劳务费用。

(2) 协助的费用,指买方向卖方提供的,供卖方在生产、出口销售货物过程中使用的有关货物或服务的价值。

① 该货物包含的材料、部件、零件和类似货物；
② 在生产该货物过程中使用的工具、模具和类似货物；
③ 在生产该货物过程中消耗的材料；
④ 在境外进行的为生产该货物所需的工程设计、技术研发、工艺及制图等。

(3) 与该货物有关并作为卖方向中华人民共和国销售该货物的一项条件,应当由买方直接或间接支付的特许权使用费。

(4) 卖方直接或间接从买方对该货物进口后转售、处置或使用所得中获得的收益。

下列费用,如能与该货物实付或者应付价格区分,则不得计入完税价格：

(1) 进口后的基建、安装、装配、维修和技术服务的费用。
(2) 货物运抵境内输入地后的运输费用。
(3) 进口关税及其他国内税。

(4) 为在境内复制进口货物而支付的费用。

(5) 境内外技术培训及境外考察费用。

(6) 符合一定条件的利息费用。

进口货物的价格不符合成交价格条件或者成交价格不能确定的,海关应当依次以相同货物成交价格方法、类似货物成交价格方法、倒扣价格方法、计算价格方法及其他合理方法确定的价格为基础,估定完税价格。其中,相同(类似)货物成交价格方法是指从该项进口货物同一出口国或者地区购进的相同或者类似货物的成交价格;倒扣价格方法是指以被估的货物相同或类似进口货物在境内销售的价格为基础的完税价格;计算价格法是指用计算的方法得到完税价格,即完税价格＝成本＋利润＋到岸前的运输等相关费用。

(二) 特殊进口货物的完税价格

1. 加工贸易进口料件及其制成品

加工贸易进口料件及其制成品须征税或内销补税的,海关按照一般进口货物的完税价格规定,审定完税价格。其中:

(1) 进口时应当征税的加工进口料件,以该料件申报进口时的成交价格为基础审查确定完税价格。

(2) 内销的进料加工进口料件或其制成品,以料件原进口成交价格为基础审查确定完税价格。

(3) 内销的来料加工进口料件或其制成品,以海关接受内销申报的同时或者大约同时进口的与料件相同或类似货物的进口成交价格为基础审查确定完税价格。

2. 保税区、出口加工区货物

从保税区或出口加工区销往区外、从保税区出库内销的进口货物,以海关审定的价格估定完税价格。对经审核销售价格不能确定的,海关应当按照一般进口货物估价办法的规定,估定完税价格。

3. 运往境外修理的货物

运往境外修理的机械器具、运输工具或其他货物,出境时已向海关报明,并在海关规定期限内复运进境的,应当以海关审定的境外修理费和料件费为基础审查确定完税价格,也即货物本身的价格是不计入完税价格的。即在境外修理过程中产生的境外费用,包括境内外修理费,以及因更换损坏零部件而在境外采购的材料费。

4. 运往境外加工的货物

运往境外加工的货物,出境时已向海关报明,并在海关规定期限内复运进境的,应当以海关审定的境外加工费和料件费,以及货物复运进境的运输及其相关费用、保险费为基础审查确定完税价格,即货物本身的价格也不计入完税价格。

5. 租赁方式进口货物

租赁方式进口的货物中,以租金方式对外支付的租赁货物,在租赁期间以海关审定的租金作为完税价格,利息应予以计入;留购的租赁货物,以海关审定的留购价格作为完税价格;承租人申请一次性交纳税款的,可以选择申请按照《完税价格办法》第六条列明的方法确定完税价格,或者按海关审查确定的租金总额作为完税价格。

6. 予以补税的减免税货物

减税或免税进口的货物由于改变用途须补税时,应当以海关审定的该货物原进口时的价格,扣除折旧部分价值作为完税价格。

7. 其他无成交价格进口货物的完税价格

对于以易货贸易、寄售、捐赠、赠送等方法进口的货物,由于不存在成交价格,因此应在海关与纳税义务人进行价格磋商后,依次采用成交价格估价法之外的其他估价方法审查确定完税价格。

(三) 出口货物的完税价格

出口货物完税价格分为以成交价格确定完税价格和以海关审定方法确定完税价格两种情况。

1. 以成交价格为基础的完税价格

出口货物的完税价格由海关以该货物向境外销售的成交价格为基础确定,并应包括货物运至我国境内输出地点装载前的运输及其相关费用、保险费(即离岸价格),但其中包含的出口关税税额应当扣除。如果出口货物的成交价格中含有支付给境外的佣金的,如果单独列明,则应当扣除。

2. 出口货物海关估价方法

出口货物的成交价格不能确定的,海关经了解有关情况,并与纳税义务人进行价格磋商后,依次以下列价格估定该货物的完税价格:

(1) 与该货物同时或者大约同时向同一国家或者地区出口的相同货物的成交价格。

(2) 与该货物同时或者大约同时向同一国家或者地区出口的类似货物的成交价格。

(3) 根据境内生产相同或者类似货物的料件成本、加工费用、利润和一般费用、境内发生的运输及其相关费用、保险费计算所得的价格。

(4) 以合理方法估定的价格。

(四) 原产地规定

之所以要对进境货物确定原产国是因为我们对于来源于不同国家或地区的同一种商品采取不同的税率。我国原产地规定基本上采用了"全部产地生产标准""实质性加工标准"这两种国际上通用的原产地标准。

1. 全部产地生产标准

全部产地生产标准是指进口货物"完全在一个国家内生产或制造",则生产国或制造国即为该货物的原产园。

2. 实质性加工标准

实质性加工标准是适用于确定有两个或两个以上国家参与生产的产品的原产国的标准,以最后一个对货物进行经济上可以视为实质性加工的国家作为有关货物的原产国。"实质性加工"是指产品加工后,在进出口税则中四位数税号一级的税则归类已经有了改变,或者加工增值部分所占新产品总值的比例已超过30%及以上的。

3. 其他

对机器、仪器、器材或车辆所用零件、部件、配件、备件及工具,如与主件同时进口且数量合理的,其原产地按主件的原产地确定,分别进口的则按各自的原产地确定。

五、应纳税额的计算

(一) 从价税应纳税额的计算

$$关税税额 = 应税进出口货物数量 \times 单位完税价格 \times 关税税率$$

(二) 从量税应纳税额的计算

$$关税税额 = 应税进出口货物数量 \times 单位货物税额$$

(三) 复合税应纳税额的计算

我国目前实行的复合税都是先计征从量税,再计征从价税。

$$关税税额 = 应税进出口货物数量 \times 单位货物税额 + 应税进出口货物数量 \times 单位完税价格 \times 关税税率$$

(四) 滑准税应纳税额的计算

$$关税税额 = 应税进出口货物数量 \times 单位完税价格 \times 滑准税税率$$

例 3-12: 某进出口公司 2019 年 2 月从德国进口小轿车 10 辆,其应付价格为每辆 20 925 欧元(1 欧元=8 元人民币),在其应付价格总额中包括了运抵我国境内上海港之后发生的运费 3 200 元人民币。除此之外,还发生了下列费用,未计入应付价格总额中:(1) 由买方负担的包装材料费 12 000 元;(2) 由买方负担的包装劳务费用 2 400 元。已知小轿车进口关税税率为 10%,消费税税率为 5%,计算进口小轿车应缴纳的关税、消费税和增值税。

计算过程如下:

(1) 进口小轿车应纳关税计算:

$$完税价格 = 20\,925 \times 10 \times 8 - 3\,200 + 12\,000 + 2\,400 = 1\,685\,200(元)$$

$$应纳关税 = 1\,685\,200 \times 10\% = 168\,520(元)$$

(2) 进口小轿车应纳消费税计算:

$$组成计税价格 = (1\,685\,200 + 168\,520)/(1 - 5\%) = 1\,951\,284.21(元)$$

$$应纳消费税 = 1\,951\,284.21 \times 5\% = 97\,564.21(元)$$

(3) 进口小轿车应纳增值税的计算:

$$组成计税价格 = 1\,685\,200 + 168\,520 + 97\,564.21 = 1\,951\,284.21(元)$$

$$应纳增值税 = 1\,951\,284.21 \times 13\% = 253\,666.95(元)$$

六、关税减免

(一) 法定减免税

法定减免税是税法中明确列出的减税或免税。我国《海关法》和《进出口条例》明确规定，对下列货物、物品予以减免关税：

(1) 关税税额在人民币 50 元以下的一票货物可免征关税。

(2) 无商业价值的广告品和货样可免征关税。

(3) 外国政府、国际组织无偿赠送的物资可免征关税。

(4) 进出境运输工具装载的途中必需的燃料、物料和饮食用品可予免税。

(5) 在海关放行前损失的货物，可免征关税。

(6) 在海关放行前遭受损坏的货物，可以根据海关认定的受损程度减征关税。

(7) 我国缔结或者参加的国际条约规定减征、免征关税的货物、物品，按照规定予以减免关税。

(8) 法律规定减征、免征关税的其他货物、物品。

(二) 特定减免

特定减免税也称政策性减免。这是指在法定减免之外，国家按照国际通行规则和我国实际情况，制定发布的有关进出口货物减免关税的政策。特定减免税货物一般有地区、企业和用途的限制。目前对于科教用品、残疾人专用品、扶持和慈善性捐赠物资、加工贸易产品、边境贸易进口物资、保税区进出口货物、进口设备等规定有特定减免税政策。

(三) 临时性减免

临时性减免是指在以上两项减免税以外，对某个纳税人由于特殊原因临时给予的减免。临时减免需要纳税人在货物进出口之前，向所在地海关提出书面申请，并出具必要的证明资料，经有关部门审核批准后方可生效。

我国已加入 WTO，为遵循统一、规范、公平、公开原则，国家严格控制减免税，一般不办理个案临时性减免税。

(四) 暂时免税

暂时进境或者暂时出境的下列货物，在进境或者出境时纳税义务人向海关缴纳相当于应纳税款的保证金或者提供其他担保的，可以暂不缴纳关税，并应当自进境或者出境之日起 6 个月内复运出境或者复运进境：

(1) 在展览会、交易会、会议及类似活动中展示或者使用的货物。

(2) 文化、体育交流活动中使用的表演、比赛用品。

(3) 进行新闻报道或者摄制电影、电视节目使用的仪器、设备及用品。

(4) 开展科研、教学、医疗活动使用的仪器、设备及用品。

(5) 在上述第 1 项至第 4 项所列活动中使用的交通工具及特种车辆。

(6) 货样。

(7) 供安装、调试、检测设备时使用的仪器、工具。

(8) 盛装货物的容器。

(9) 其他用于非商业目的的货物。

七、关税的征收管理

(一) 关税的缴纳程序

进出口货物的收发货人或其代理人,应在规定的报关期限内向货物进出境地海关申报,经海关查验并依法计算应缴纳税款后,由海关填发税款缴纳证。纳税主体应在海关填发税款缴纳证书之日起 15 日内,向指定银行缴纳。进口货物在完税后方可进入国内市场流通,出口货物完税后方可装船出口。为方便纳税义务人,经申请且海关同意,进出口货物的纳税义务人可以在设有海关的指定地(启运地)办理海关申报、纳税手续。

关税纳税义务人因特殊原因不能按期缴纳税款的,经海关审核批准可将纳税义务人的全部或部分应纳税款的缴纳期予以延长但最长不得超过 6 个月。

(二) 关税的强制执行

逾期缴纳的,除依法追缴外,由海关自关税缴纳期限届满滞纳之日起至缴清税款之日止,按日加收 0.5‰的滞纳金,周末或节假日不予扣除。计算公式为

$$关税滞纳金金额 = 滞纳关税税额 \times 0.5‰ \times 滞纳天数$$

如果进出口货物的纳税义务人、担保人超过 3 个月仍未缴纳的,经直属海关关长或者其授权的隶属海关关长批准,海关可以采取下列强制措施:

(1) 书面通知其开户银行或者其他金融机构从其存款中扣缴税款。

(2) 将应税货物依法变卖,以变卖所得抵缴税款。

(3) 扣留并依法变卖其价值相当于应纳税款的货物或者其他财产,以变卖所得抵缴税款。

海关采取强制措施时,对前款所列纳税义务人、担保人未缴纳的滞纳金同时强制执行。

(三) 关税退还

关税退还是指关税纳税义务人按海关核定的税额缴纳关税后,因某种原因的出现,海关将实际征收多于应当征收的税额退还给原纳税义务人的一种行政行为。根据《海关法》的规定,海关多征的税款,海关发现后应当立即退还。

有下列情形之一的,纳税义务人自缴纳税款之日起 1 年内,可以申请退还关税,并应当以书面形式向海关说明理由,提供原缴款凭证及相关资料:

(1) 因海关误征,多纳税款的。

(2) 已征进口关税的货物,发现有短卸情形;或者因品质或者规格原因,原状退货复运出境的。

(3) 已征出口关税的货物,因故未将其装运出口,申报退关的;或者因品质或者规格原因,原状退货复运进境,并已重新缴纳因出口而退还的国内环节有关税收的。

海关应当自受理退税申请之日起 30 日内查实,做出书面答复并通知纳税义务人办理退还手续。纳税义务人应当自收到通知之日起 3 个月内办理有关退税手续。

(四) 关税补征和追征

补征和追征是指海关在关税纳税人按海关核定的税额缴纳关税后,发现实际征收税额少

于应当征收的税额时,责令纳税义务人补缴差额税款的一种行政行为。其中,追征是指由于纳税人违反海关规定造成短征关税的;补征是指非因纳税人违反海关规定造成短征关税的。

进出口货物放行后,海关发现少征或者漏征税款的,应当自缴纳税款或者货物放行之日起1年内,向纳税义务人补征税款。但是,因纳税义务人违反规定造成少征或者漏征税款的,海关可以自缴纳税款或者货物放行之日起3年内追征税款,并从缴纳税款或者货物放行之日起按日加收少征或者漏征税款0.05%的滞纳金。

本章习题

一、单项选择题

1. 将购买的货物用于下列项目,其进项税额不予抵扣的是(　　)。
   A. 用于产品的生产　　　　　　　　B. 用于机器设备的维修
   C. 用于职工集体福利　　　　　　　D. 用于生产设备安装

2. 增值税的纳税人以1个月为一期纳税的,自期满之日起(　　)。
   A. 5日内申报纳税　　　　　　　　B. 7日内申报纳税
   C. 10日内申报纳税　　　　　　　 D. 15日内申报纳税

3. 下列收入中应当征收增值税的是(　　)。
   A. 存款利息收入　　　　　　　　　B. 中央财政补贴
   C. 被保险人获得的保险赔付　　　　D. 贷款利息收入

4. 下列项目中不应征收增值税的是(　　)。
   A. 古旧图书　　　　　　　　　　　B. 将产品赠与他人
   C. 以物易物　　　　　　　　　　　D. 逾期未收回包装物不再退还的押金

5. 以下增值税应税项目中,增值税一般纳税人不适用9%税率的是(　　)。
   A. 提供有形动产租赁服务　　　　　B. 提供交通运输服务
   C. 提供基础电信服务　　　　　　　D. 销售天然气

6. 委托其他纳税人代销货物,其增值税纳税义务发生的时间为(　　)。
   A. 发出代销产品的当天　　　　　　B. 代销方收到代销产品的当天
   C. 按合同约定的收款日期的当天　　D. 收到代销单位销售的代销清单的当天

7. 依据增值税的有关规定,下列销售行为中免征增值税的是(　　)。
   A. 销售不动产　　　　　　　　　　B. 个人转让著作权
   C. 转让金融商品收入　　　　　　　D. 提供加工修理修配劳务

8. 单位或个人经营者发生的下列行为中,应视同销售货物计算增值税销项税额或应纳税额的是(　　)。
   A. 将购买的货物用于非应税项目　　B. 将购买的货物用于职工福利或个人消费
   C. 将购买的货物用于对外投资　　　D. 将购买的货物用于生产应税产品

9. 某酒厂系增值税一般纳税人,本期销售散白酒20吨,并向购买方开具了增值税专用发票,发票中注明的销售额为100 000元;同时收取包装物押金3 390元,已单独入账核算,该厂此项业务应申报的销项税额是(　　)。

　　A. 13 440.70 元　　　　B. 13 390 元　　　　C. 13 000 元　　　　D. 14 529.91 元

10. 某商场采取"以旧换新"方式销售 D 商品,取得现金收入 5 650 元;取得旧货物若干件,收购金额为 2 260 元。该货物适用税率为 13%,此项业务应申报的销项税额是(　　)元。

　　A. 1 028.30　　　　B. 910　　　　C. 650　　　　D. 390

11. 2019 年 8 月,某酒厂(增值税一般纳税人)销售白酒收入 22 600 元(含税价),另外收取包装物押金 3 390 元。购买方按合同约定于 2019 年 10 月将白酒包装物全部退还,并取回全部押金。该酒厂 8 月份就此项业务应申报的增值税销项税额为(　　)元。

　　A. 390　　　　B. 2 600　　　　C. 2 990　　　　D. 3 000

12. 某企业(增值税一般纳税人)以 280 万元买入 A 上市公司股票,支付手续费 1 064 元。次月,该企业以 333 万元卖出全部股票,支付手续费 1 265.4 元,则该企业当月就此项业务应缴纳增值税(　　)元。

　　A. 30 000　　　　B. 29 868　　　　C. 31 800　　　　D. 30 050

13. 某增值税小规模纳税人,本月销货物共取得含税收入 40 000 元,代收水电煤等公共事业费共计 20 000 元,取得代收手续费收入 1 200 元,该纳税人当月应缴纳增值税(　　)元。

　　A. 1 750　　　　B. 1 165　　　　C. 1 200　　　　D. 1 800

14. 某增值税一般纳税人 2019 年 10 月销售三批同样的货物,每批各 1 000 件,不含税销售价格分别为 70 元、50 元和 30 元。如果 30 元的价格被税务机关认定为价格明显偏低且无正当理由的,则该纳税人当月计算销项税额的销售额应为(　　)元。

　　A. 180 000　　　　B. 150 000　　　　C. 130 000　　　　D. 210 000

15. 某电器修理部(小规模纳税人)2020 年 3 月取得含税修理收入 20 600 元,当月出售一台使用过的进口旧设备且未放弃减税优惠,收取价税合计金额 123 600 元,该修理部当月应纳增值税(　　)元。

　　A. 3 000　　　　B. 600　　　　C. 2 953.85　　　　D. 4 200

16. 增值税一般纳税人支付的下列运费中,不允许抵扣进项税额的是(　　)。

　　A. 销售生产设备支付的运输费用

　　B. 外购装修职工食堂使用的建筑材料的运输费用

　　C. 外购生产用包装物支付的运输费用

　　D. 向小规模纳税人购买农业产品支付的运输费用

17. 以下关于增值税一般纳税人和小规模纳税人划分的规定,表述不正确的有(　　)。

　　A. 旅店业和饮食业纳税人销售非现场消费的食品可以选择按小规模纳税人缴纳增值税

　　B. 年应税销售额超过小规模纳税人标准的其他个人按小规模纳税人纳税

　　C. 小规模纳税人与一般纳税人身份可以相互转换

　　D. 年应税销售额未超过小规模纳税人标准的企业,也可能被认定为一般纳税人

18. 某电梯销售公司为增值税一般纳税人,2019 年 7 月购进 5 部电梯,取得的增值税专用发票注明价款 400 万元、税额 52 万元;当月销售 5 部电梯并开具普通发票,取得含税销售额 508.5 万元、安装费 28.25 万元、保养费 11.3 万元、维修费 5.65 万元。该公司 7 月应缴纳的增值税为(　　)万元。

A. 6.5　　　　　　B. 9.75　　　　　　C. 11.05　　　　　　D. 11.7

19. 某广告公司(小规模纳税人)2020年3月发生销售额(不含税,下同)62万元,另因发生服务中止而退还给服务接收方销售额15万元,则该广告公司3月应纳增值税(　　)万元。

A. 1.86　　　　　　B. 1.46　　　　　　C. 1.54　　　　　　D. 1.41

20. 下列消费品中应纳消费税的有(　　)。

A. 鞭炮　　　　　　B. 计算机　　　　　　C. 调味料酒　　　　　　D. 载货汽车

21. 纳税人将自产的应税消费品用于(　　)的,不征收消费税。

A. 连续生产应税消费品　　　　　　B. 连续生产非应税消费品
C. 职工福利、赞助、广告　　　　　　D. 管理部门

22. 纳税人用外购应税消费品连续生产应税消费品,在计算纳税时,其外购应税消费品的已纳消费税税款应按下列办法处理(　　)。

A. 该已纳税款不得扣除
B. 可对外购应税消费品当期领用部分的已纳税款予以扣除
C. 该已纳税款当期可全部扣除
D. 该已纳税款当期可扣除50%

23. 纳税人销售应税消费品时,因按规定不得开具增值税专用发票而发生价款和增值税款的,则确定消费税计税依据的公式为:应税消费品的销售额=(　　)。

A. 含增值税的销售额÷(1-增值税税率或征收率)
B. 含增值税的销售额÷(1+增值税税率或征收率)
C. 含增值税的销售额÷(1-消费税税率)
D. 含增值税的销售额÷(1+消费税税率)

24. 委托加工应税消费品的组成计税价格为(　　)。

A. (成本+利润)÷(1-消费税率)　　　　　　B. (材料成本+加工费)÷(1-消费税率)
C. (材料成本+利润)÷(1-消费税率)　　　　　　D. (材料成本+加工费)÷(1-利润率)

25. 纳税人进口应税消费品,实行从价定率办法征收的,海关确定的组成计税价格=(　　)。

A. (关税完税价格+关税)÷(1+消费税率)
B. (关税完税价格+关税)÷(1-消费税率)
C. (关税完税价格-关税)÷(1+消费税率)
D. (关税完税价格-关税)÷(1-消费税率)

26. 消费税纳税人以一个月为一期纳税的,自期满之日起(　　)日内预缴税款。

A. 5　　　　　　B. 7　　　　　　C. 10　　　　　　D. 15

27. 纳税人采用分期收款方式销售应税消费品的,其纳税义务发生时间为(　　)。

A. 发出应税消费品的当天
B. 发出应税消费品并办妥托收手续的当天
C. 销售合同规定的收款日期的当天
D. 收讫销售款或者取得索取销售款的凭据的当天

28. 委托加工应税消费品是指(　　)。

A. 受托方先将原材料卖给委托方,然后再接受加工的应税消费品

B. 由受托方提供原材料生产的应税消费品

C. 由受托方以委托方的名义购进原材料生产的应税消费品

D. 由委托方提供原材料,受托方只收取加工费和代垫部分辅助材料加工的应税消费品

29. 某酒厂为了促销,将啤酒和黄酒组成成套产品销售,一套重量为半吨,当月共销售1 000套,每套售价1 500元(为不含增值税单价)。其中啤酒的消费税为每吨220元,黄酒的消费税为每吨240元,该企业当月应纳的消费税额为(   )元。

   A. 110 000   B. 120 000   C. 115 000   D. 240 000

30. 关于关税,下列说法中不正确的是(   )。

   A. 一次征税以后,货物可在全国境内流通,不再征收关税

   B. 对进出国境的货物和物品才征税

   C. 我国关税由海关总署及所属机构负责征收管理

   D. 进口或出口非贸易性的物品均须缴纳关税

31. 根据《进出口关税条例》的规定,进出口货物的纳税义务人或他们的代理人,应当自海关填发税款缴纳证的次日起(   )日内缴纳税款。

   A. 7   B. 14   C. 10   D. 15

32. 进出口货物完税后,海关发现少征或漏征税款而补征或追征的期限分别是自缴纳税款或货物放行之日起的(   )。

   A. 1年内、3年内   B. 3年内、10年内
   C. 3年内、7年内   D. 2年内、5年内

33. 运往境外修理的机械器具、运输工具等,以经海关审定的(   )作为完税价格。

   A. 离境时的价格   B. 境外修理费和料件费
   C. 进境时的价格   D. 同类产品市场价格

34. 下列项目中,属于进口完税价格组成部分的有(   )。

   A. 进口人向境外采购代理人支付的佣金

   B. 进口人向卖方支付的购货佣金

   C. 进口设施的安装调试费用

   D. 货物运抵境内输入地点起卸之后的运输费用

35. 某进出口公司从美国进口一批化工原料共500吨,货物以境外口岸离岸价格成交,单价折合人民币为20 000元(不包括另向卖方支付的佣金每吨1 000元人民币),已知该货物运抵中国关境内输入地起卸前的包装、运输、保险和其他劳务费用为每吨2 000元人民币,关税税率为10%,则该批化工原料应纳的关税为(   )万元。

   A. 100   B. 105   C. 110   D. 115

36. 进口货物完税价格是指(   )。

   A. 海关审定的成交价格为基础的到岸价格   B. 海关审定的到岸价格为基础的成交价格
   C. 组成计税价格   D. 实际支付金额

37. 下列项目中,不计入进口完税价格的有(   )。

   A. 货物价款   B. 由买方负担的包装材料和包装劳务费
   C. 进口关税   D. 运杂费

二、多项选择题

1. 增值税的征税范围包括(　　)。
   A. 销售或进口的货物　　　　　　　　B. 销售不动产
   C. 转让不动产　　　　　　　　　　　D. 销售金融商品
2. 下列属于视同提供应税服务的有(　　)。
   A. 为本单位员工无偿提供运输服务
   B. 向客户无偿提供信息咨询服务
   C. 销售货物同时提供运输服务
   D. 为客户无偿提供广告设计服务
   E. 向关联单位无偿提供交通运输服务
3. 准予从销项税额中抵扣的进项税额是(　　)。
   A. 从销售方取得的增值税专用发票上注明的增值税额
   B. 从海关取得的完税凭证上注明的增值税额
   C. 外购固定资产增值税上注明的增值税额
   D. 向农业生产者购买的免税农业产品，或者向小规模纳税人购买的农业产品按买价和规定的扣除率计算的进项税额
4. 下列各项中说法正确的有(　　)。
   A. 个人转让著作权免征增值税
   B. 保险公司开办的人身保险产品取得的保费收入免征增值税
   C. 纳税人提供的直接或者间接国际货物运输代理服务免征增值税
   D. 台湾地区航运公司从事海峡两岸海上直航业务在祖国大陆取得的运输收入免征增值税
5. 下列项目中，应视同销售计算增值税销项税额或应纳税额的有(　　)。
   A. 将购进的货物无偿赠送给他人
   B. 将购进的货物分配给职工
   C. 将委托加工收回的货物用于本企业在建工程
   D. 将自制的货物用于对外投资
6. 下列项目中，进项税额不得从销项税额中抵扣的有(　　)。
   A. 用于集体福利、个人消费或者非正常损失的购进货物
   B. 购进的餐饮服务
   C. 购进的旅客运输服务
   D. 取得劳保用品的进项发票
7. 以下关于增值税销售额的确定，说法正确的有(　　)。
   A. 一般销售方式下，销售额为纳税人向购买方收取的全部价款和价外费用
   B. 金融商品转让，按照卖出价扣除买入价后的余额为销售额
   C. 销售金银首饰，销售方实际收取的不含增值税的全部价款为销售额
   D. 销售额不包括符合条件代为收取的政府性基金和行政事业性收费
8. 下列关于增值税小规模纳税人的表述正确的有(　　)。
   A. 实行简易征收办法

B. 不得自行开具或申请代开增值税专用发票

C. 不得抵扣进项税额

D. 一经认定不得再转为一般纳税人

9. 下列企业出口货物能够给予免税并退税的有( )。

A. 生产企业自营出口的自产货物

B. 生产企业委托外贸企业代理出口的货物

C. 有出口经营权的外贸企业收购后直接出口的货物

D. 有出口经营权的外贸企业委托其他外贸企业代理出口的货物

10. 下列各项中,符合《增值税暂行条例》及其《实施细则》的有( )。

A. 采取托收承付和委托银行收款方式销售货物的,其纳税义务发生时间为发出货物并办妥托收手续的当天

B. 采取赊销和分期收款方式销售货物的,其纳税义务发生时间为合同约定的收款日期的当天

C. 采用预收货款方式销售货物的,其纳税义务发生时间为收到预收款的当天

D. 委托其他单位代销货物的,其纳税义务发生时间为货物发出的当天

11. 以下说法中正确的有( )。

A. 工程、安装、修缮属于建筑服务

B. 电信业服务包括基础电信服务和增值电信服务,适用不同税率

C. 转让商标和著作权属于销售无形资产

D. 转让土地使用权属于转让无形资产业务,适用6%的税率

12. 以下增值税应税项目中,增值税一般纳税人适用6%税率的是( )。

A. 提供物流辅助服务　　　　　　　　B. 转让专利技术

C. 有形动产融资租赁　　　　　　　　D. 转让金融商品

13. 以下说法正确的有( )。

A. 小规模纳税人适用3%的征收率,不得自行开具或申请代开增值税专用发票

B. 啤酒、黄酒以外的其他酒类产品收取的押金,无论是否逾期一律并入销售额征税

C. 受托加工应征消费税的消费品所代收代缴的消费税属于增值税应税收入

D. 纪念馆、博物馆、文化馆、美术馆、展览馆的门票收入免征增值税

14. 下列产品征收消费税的有( )。

A. 电视机　　　　　B. 图书　　　　　C. 烟丝

D. 啤酒　　　　　　E. 实木地板

15. 下列情形必须缴纳消费税的是( )。

A. 卷烟厂生产出用于继续生产卷烟的烟丝

B. 原油加工厂用生产出的汽油调和制成溶剂汽油

C. 石化工厂把自己生产的柴油用于本厂基建工程的车辆使用

D. 汽车制造厂把自己生产的小汽车提供给上级主管部门使用

16. 下列情形不属于委托加工应税消费品的是( )。

A. 委托方提供原料和主要材料,受托方只收取加工费和代垫部分辅助材料加工的应税消费品

B. 由受托方提供原材料生产的应税消费品

C. 受托方先将原材料卖给委托方,然后再接受加工的应税消费品

D. 由受托方以委托方名义购进原材料生产的应税消费品

17. 纳税人销售的应税消费品,其纳税义务的发生时间是( )。

A. 采取赊销和分期收款结算方式的,为销售合同规定的收款日期的当天

B. 采取预收货款结算方式的,为发出应税消费品的当天

C. 进口应税消费品,其纳税义务的发生时间为报关进口的当天

D. 采用托收承付和委托银行收款方式销售的应税消费品,为发出应税消费品并办妥托收手续的当天

E. 采用其他结算方式的,为收讫销售款或取得索取销售款的凭据的当天

18. 实行从量定额计算应纳税额的应税消费品有( )。

A. 啤酒 B. 白酒 C. 无铅汽油

D. 黄酒 E. 柴油

19. 下列消费品在移送自用时应缴纳消费税的是( )。

A. 自产自用广告

B. 自产自用于生产其他应税消费品

C. 自产自用于职工福利

D. 自产自用馈赠

20. 下列产品应纳消费税的有( )。

A. 木制一次性筷子 B. 游艇 C. 香皂

D. 高尔夫球具 E. 厢式货车

21. 下列价外费用中,应计入应税销售额的是( )。

A. 包装费 B. 储备费

C. 运输装卸费 D. 代垫运费

22. 纳税人外购已税消费品生产应税消费品,可从应纳税额中扣除当期生产领用的外购应税消费品的已纳税额,以下符合这一规定的是( )。

A. 外购已税烟丝生产卷烟 B. 外购已税酒和酒精生产酒

C. 外购已税金银首饰生产金银首饰 D. 外购已税摩托车生产摩托车

E. 外购已税鞭炮、焰火生产鞭炮、焰火

23. 下列表述符合消费税纳税地点规定的有( )。

A. 纳税人销售自产应税消费品,除另有规定外,应当向纳税人机构所在地或居住地的主管税务机关申报纳税

B. 委托加工应税消费品,由委托方向受托方机构所在地主管税务机关申报纳税

C. 进口的应税消费品,由进口人或其代理人向报关地海关申报纳税

D. 纳税人到外县销售或者委托外县代销自产应税消费品的应回纳税人核算地或者所在地纳税

24. 我国《海关法》关税减免的形式主要包括( )。

A. 法定减免 B. 特定减免 C. 困难减免 D. 临时减免

25. 到岸价格是由货价以及货物运抵我国关境内输入地点起卸前有关费用构成的一种价格，其中的费用包括（   ）。

   A. 运费
   B. 保险费
   C. 包装费
   D. 其他劳务费

26. 下列项目中，应该计入进口货物完税价格的有（   ）。

   A. 应该由买方负担的购货佣金
   B. 应该由买方负担的容器费用
   C. 应该由买方负担的与该货物视为一体的容器费用
   D. 应该由买方负担的包装材料

27. 下列进口货物，海关可以酌情减免关税的有（   ）。

   A. 在境外运输途中或者起卸时，遭受损坏或者损失的货物
   B. 起卸后海关放行前，因不可抗力遭受损坏或者损失的货物
   C. 海关查验时已经破漏、损坏或者腐烂，经查为保管不慎的货物
   D. 因不可抗力缴税确有困难的纳税义务人进口的货物

28. 下列各项中，属于关税法定纳税义务人的有（   ）。

   A. 进口货物的收货人
   B. 进口货物的代理人
   C. 出口货物的发货人
   D. 出口货物的代理人

29. 下列项目中，属于关税征税对象的有（   ）。

   A. 外贸公司进口的货物
   B. 入境旅客随身携带的行李物品
   C. 个人从境外邮递进境的物品
   D. 外国政府无偿赠送的物资

30. 下列项目中，属于特定关税减免范围的有（   ）。

   A. 残疾人专用品
   B. 无商业价值的广告品
   C. 科教用品
   D. 加工贸易产品

31. 下列应征进口关税的货物有（   ）。

   A. 运往境外加工复运进境的货物
   B. 正在国内举办展览会的进口汽车展品
   C. 外国政府无偿赠送的物资
   D. 海关核准免验进口的货物

三、判断题

1. 增值税是对在我国境内销售货物、提供服务、销售无形资产、不动产和金融商品以及进口货物的单位和个人，就其取得的销售额为金额计算税款，并实行税款抵扣制度的一种流转税。（   ）

2. 某企业（为增值税一般纳税人）会计人员甲某，在处理企业自产货物的捐赠业务时，认为没有收到销售货款，可以不计入销售额纳税。（   ）

3. 某增值税一般纳税人为改善职工福利，采购了副食品一批，并向销售方索取了增值税专用发票，将进项税额进行了抵扣。（   ）

4. 小规模纳税人销售货物时，其征收率为6%。（   ）

5. 对于购买方支付给交通运输企业一般纳税人企业的运费，可以按照9%的税率抵扣进项税额。（   ）

6. 一般纳税人采取以物易物方式销售应税货物,应按发出的货物核算销售额并计算销项税额,按收到的货物核算购货额并计算抵扣进项税额。（　　）

7. 采取还本销售方式销售货物,可以从销售额中减除还本支出再计算销售额。（　　）

8. 纳税人销售货物的价格明显偏低而无正当理由,或视同销售货物而无销售额的,税务机关有权按规定的顺序确定销售额。其确定顺序是：按纳税人最近时期同类货物的平均销售价格确定；按其他纳税人最近时期同类货物的平均销售价格确定；按组成计税价格确定。（　　）

9. 纳税人兼营不同税率的货物,应当分别核算不同税率货物的销售额,未分别核算销售额的,从高适用税率。（　　）

10. 纳税人采取折扣方式销售货物的,可按折扣后的余额作为销售额计算增值税。（　　）

11. 提供有形动产租赁服务,税率为11%。（　　）

12. 非正常损失的购进货物以及相关的交通运输服务,进项税额不得从销项税额中抵扣。（　　）

13. 某增值税一般纳税人将专利权无偿转让给关联企业,由于没有销售收入,企业会计认为不用缴纳增值税。（　　）

14. 纳税人提供建筑服务、租赁服务采取预收款方式的,其纳税义务发生时间为收到预收款的当天。（　　）

15. 纳税人兼营销售货物、服务、无形资产或者不动产,适用不同税率或者征收率的,应当分别核算适用不同税率或者征收率的销售额。（　　）

16. 小规模纳税人适用的征收率和简易计税方法的税率都是3%。（　　）

17. 被保险人获得的保险赔付收入不征收增值税。（　　）

18. 境内单位和个人发生的跨境应税行为,税率为零。（　　）

19. 一般纳税人发生特定应税行为可以选择适用简易计税方法计税,但一经选择,24个月内不得变更。（　　）

20. 扣缴义务人应当向交易活动发生地主管税务机关申报缴纳扣缴的税款。（　　）

21. 消费税实行从价定率办法计算纳税的组成计税价格计算公式为：组成计税价格＝（成本＋利润）÷(1＋消费税税率)（　　）

22. 应税消费品的销售额包括向购买方收取的全部价款和价外费用,但承运部门的运费发票直接开具给或转交给购货方的除外。（　　）

23. 外购已税酒生产的酒在计征消费税时可按当期生产领用数量计算准予扣除的已纳消费税税款。（　　）

24. 企业把自己生产的应税消费品以福利或奖励的形式发给本单位职工,由于不是对外销售,不必计入销售额,因而无须纳税。（　　）

25. 委托加工的应税消费品是指由受托方先将原材料卖给委托方,然后再接受加工的应税消费品。（　　）

26. 消费税属于价内税,即应税消费品的销售价格中包括增值税和消费税的税款。（　　）

27. 纳税人自产自用的应税消费品,除用于连续生产应税消费品外,用于其他方面的,在移送环节,依法缴纳消费税。（　　）

28. 将不同税率的应税消费品组成成套消费品销售的,从高适用税率。（　　）

29. 委托加工应税消费品,由受托方于委托方提货时代收代缴消费税。　　　　（　）
30. 纳税人委托加工的消费品,其纳税义务发生时间为支付加工费的当天。　（　）
31. 如果一国在境内设立自由贸易区,自由港或出口加工区,则该国的关境大于国境。
　　　　　　　　　　　　　　　　　　　　　　　　　　　　　　　　　（　）
32. 关税的征税对象是贸易性商品,不包括入境旅客携带的个人行李和物品。（　）
33. 我国对进境货物只按"全部产地生产标准"来确定原产地,从而选择进口货物的适用税率。
　　　　　　　　　　　　　　　　　　　　　　　　　　　　　　　　　（　）
34. 对租赁方式进口的货物,按进口货物的估定价格作为完税价格。　　　（　）
35. 关税税额在人民币50元以下的一票货物可以减免关税。　　　　　　（　）
36. 已征出口关税的货物,因故未将其装运出口,申报退关的,可自缴纳税款之日起1年内申请退税。　　　　　　　　　　　　　　　　　　　　　　　　　　　　（　）

四、计算题

1. 某商场是增值税一般纳税人,2020年1月发生下列经济业务:
① 购入商品一批,取得增值税专用发票上注明价款1 000元,增值税税款130元。
② 收购一批免税农产品,收购价款为15 000元,取得收购凭证;另支付不含税运输费250元,取得增值税专用发票。
③ 从小规模纳税人处购买包装物一批,价款5 000元。
④ 本月零售收入67 800元。
请计算该商场本月应纳增值税额。

2. 某石油公司是增值税一般纳税人,2020年1月发生下列经济业务:
① 本月销售汽油100吨,不含税销售价为2 000元/吨,出借油桶100个(规定3个月必须归还),收取押金500元/个。
② 本月清理出1月份出借油桶20个,逾期未归还。
③ 本月购进汽油80吨,不含税进价1 500元/吨,取得增值税专用发票,货款已支付。
④ 本月购进油桶50个,不含税单价为300元/个,取得增值税专用发票,货款尚未支付。
请计算该石油公司2020年1月份应纳增值税。

3. 某旅游公司为增值税一般纳税人,2019年8月发生以下业务:
① 取得旅游费收入共计480万元,其中向境外旅游公司支付境外旅游费25万元,向境内其他单位支付旅游交通费20万元、住宿费10万元、门票1万元,支付本单位导游餐饮住宿费共计3万元。
② 将2018年8月购入的一套门市房做固定资产处理,购入时取得增值税专用发票,发票列明进项税额50万元。
③ 将另一处公司自有门市房出租,本月一次性收取6个月含税租金10.9万元。
请计算该旅游公司该月应纳增值税额。

4. 某食品厂是增值税一般纳税人,某月发生下列经济业务:
① 销售甲面包10 000个,单价10元/个(不含税),款已存入银行。
② 销售乙糕点100千克,单价15元/千克(不含税),款已存入银行。

③ 发给职工乙糕点共 20 千克,丙糕点 40 千克(乙糕点成本价为 10 元/千克,丙糕点为试制品,成本价为 20 元/千克),按成本价转账,糕点的成本利润率为 10%。

④ 购进面粉 10 吨,不含税单价 2 000 元/吨;增值税专用发票已收到,货已入库,款已支付。

⑤ 该月留抵进项税额为 8 000 元。

请计算该食品厂该月应纳增值税。

5. 某市食品加工生产企业为增值税一般纳税人,兼营食品生产设备的销售和运输劳务,2020 年 2 月发生的相关经营业务如下(该企业属于农产品深加工企业,享受农产品 10% 抵扣率):

① 从境内甲企业(增值税一般纳税人)购进一台设备用于生产,共支付含税金额 10.18 万元,取得甲企业开具的增值税专用发票。

② 从农民手中收购一批粮食,开具的农产品收购发票上注明价款 45 万元。

③ 从小规模纳税人手中购入一批包装物,取得税务机关代开的增值税专用发票,注明价款 6 万元。

④ 该食品生产加工企业拥有自己的车队,用于对外提供运输劳务,当月承包乙企业的运输劳务取得价税合计金额 22 万元。当月该车队到加油站加油取得增值税专用发票上注明价款 2 万元。

⑤ 采用以旧换新方式销售食品生产设备 2 000 台,每台新设备含税售价 0.35 万元,每台旧设备作价 0.1 万元,每台设备实际收取价款 0.25 万元。

⑥ 销售自己使用过的一台机器设备,取得含税收入 80 万元,该设备是 2013 年 2 月购入的,购入原价 96 万元。

⑦ 月末进行盘点时发现,因管理不善导致上个月购入的一批免税农产品丢失,该批农产品账面成本为 11 万元。因暴雨导致上月购入的免税农产品霉烂变质,该批农产品账面成本为 6 万元。

已知企业取得的上述相关发票均已通过认证并在当月抵扣。

请计算该企业 2020 年 2 月应缴纳的增值税。

6. 某制药厂是增值税一般纳税人,2020 年 2 月发生下列经济业务:

① 为生产免税药品购入一批原料药,取得增值税专用发票,金额 20 000 元,支付运费 400 元。

② 为生产应税药品从药农手中收购一批药用植物,支付价款 30 000 元,运输费用 800 元,均取得增值税专用发票。

③ 为生产应税和免税药品的工人购入一批工作隔离服,取得增值税专用发票,价款 20 000 元。

④ 本月销售一批应税中成药,不含税销售额为 250 000 元,销售一批免税药品,开具普通发票 150 000 元。

请计算该制药厂本月应纳增值税额。

7. 某农机制造厂为增值税一般纳税人,2020 年 2 月发生下列经济业务:

① 购入农机零件一批,取得增值税专用发票注明价款 100 000 元。

② 接受其他农机厂委托加工农机一台,对方提供材料成本 5 000 元,向对方收取加工费 2 000 元。

③ 将一台使用了 3 年的设备以含税价 16 950 元转让。

④ 出租位于本市的一幢 2016 年取得的办公用房,价税合计取得租金 63 000 元,选择简易计税方法。

⑤ 销售农机零件取得不含税销售收入 10 000 元,销售农机整机取得不含税销售收入 100 000 元。

⑥ 以旧换新方式销售农机整机,共取得含税收入 22 000 元(已扣除旧货含税收购价 10 700)。

请计算该农机制造厂本月应纳税增值税额。

⑦ 该月有留抵进项税额 2 000 元。

请计算该农机制造厂该月应纳增值税额。

8. 某金融企业为增值税一般纳税人,2020 年 2 月发生以下经济业务:

① 取得贷款利息收入(含税)4 770 万元。

② 取得金融服务手续费(含税)1 590 万元。

③ 转让上月购买的债券取得收入(含税)3 000 万元,该债券的购买价(含税)为 1 728 万元。

④ 存款利息支出 3 000 万元。

⑤ 购入一处不动产,增值税专用发票注明的价款为 800 万元,增值税税额为 72 万元。

⑥ 采购一批小汽车,由银行和各网点使用,取得增值税专用发票注明的价款为 400 万元,增值税税额为 52 万元。

⑦ 支付银行办公用品及电费共 452 万元,取得增值税专用发票注明的价款为 400 万元,增值税税额为 52 万元。

请计算该金融企业本月应纳增值税额。

9. 甲建筑公司是增值税一般纳税人,2020 年 1 月 1 日承接 A 工程项目,并将 A 项目中的部分施工项目分包给了乙公司。1 月 30 日,发包方按进度支付工程价款 218 万元;该项目当月发生工程成本 70 万元,其中购买材料、动力、机械等取得增值税专用发票,金额为 40 万元;甲公司支付给乙公司工程分包款 50.14 万元,取得增值税专用发票,税额 4.14 万元。

对 A 工程项目甲建筑公司适用一般计税方法计算应纳税额。

请计算甲建筑公司 1 月需缴纳多少增值税?

10. 某卷烟厂为增值税一般纳税人,主要生产 A 卷烟(不含税调拨价为 120 元/标准条)和雪茄烟。2020 年 5 月该卷烟厂有关生产经营情况如下:

① 将收购价为 100 万元的烟叶运往丙企业委托加工成烟丝,发生运费 2 万元(无增值税专用发票),向丙企业支付加工费,取得增值税专用发票注明金额为 20 万元。丙企业无同类烟丝销售价格,该批烟丝已入库,当月未领用。

② 购进烟丝,取得增值税专用发票注明价款 150 万元,支付运费 8 万元并取得增值税专用发票。当月领用 80% 外购烟丝生产 A 卷烟。

③ 销售本厂生产的 A 卷烟 400 标准箱,取得不含税销售额 1 200 万元。

④ 向当地举办的展览会无偿赠送本厂新研制的雪茄烟,生产成本 20 万元,无同类产品价格。

雪茄烟的成本利润率为 5%。

请计算该卷烟厂本月应纳税的消费税(包括被代收代缴的消费税)。

11. 某化妆品厂为增值税一般纳税人,2020年1月1日销售高档化妆品300箱,每箱不含税价600元;15日销售同类高档化妆品400箱,每箱不含税价650元。当月以200箱同类高档化妆品与某公司换取精油。

请计算该化妆厂当月应缴纳的消费税。

12. 某金店是增值税一般纳税人,经过人民银行批准为经营金银首饰零售业务、加工金银首饰的单位,已办理消费税纳税人认定,本月发生以下经济业务(以下收入、价值均含增值税):

① 销售金银首饰取得收入56.5万元。

② 取得代料加工加工费收入2.26万元。

③ 采取以旧换新方式取得收入3.39万元(其中:收回旧金银首饰价值9.04万元,销售新金银首饰价值12.43万元)。

④ 本月购进金银首饰取得增值税专用发票注明税金10万元。

请计算该金店本月应纳增值税、消费税税额。

13. 进口货物一批,CIF成交价格为人民币600万元,含单独计价并经海关审核属实的进口后装配调试费用30万元,该货物进口关税税率为10%,海关填发税款缴纳证日期为2020年1月10日,该公司于1月25日缴纳税款。

要求:计算其应纳关税和滞纳金。

14. 某出口公司从美国进口货物一批,货物以离岸价格成交,成交价折合人民币为1 410万元(包括单独计价并经海关审查属实的向境外采购代理人支付的买方佣金10万元,但不包括使用该货物而向境外支付的软件费50万元、向卖方支付的佣金15万元),另支付货物运抵我国上海港的运费、保险费等35万元。假设该货物适用关税税率为20%、增值税税率为13%、消费税税率为10%。

要求:分别计算该公司应纳关税、消费税和增值税。

15. 某具有进出口经营权的企业2019年发生以下进口业务:

① 以租赁方式进口一项设备,支付租金10万元。

② 把一项价格为60万元的设备运往境外修理,修理费5万元,材料费6万元,运输费1万元,运至我国境内输出地点装载前发生的保险费0.4万元。

③ 免税进口一项设备,设备价60万元,海关监管期3年,企业使用9个月就转售。

④ 进口一批货物50万元,发现其中20%部分有严重质量问题将其退货,申请退税获准。

要求:计算该企业当年应纳进口关税(假设进口关税税率均为20%)。

16. 某有出口经营权的生产企业(一般纳税人),2019年8月从国内购进生产用的钢材,取得增值税专用发票上注明的价款为36万元,进口免税料件的价格为2万元,材料均已验收入库;本月内销货物的销售额为15万元,出口货物的离岸价格为4万美元,退税单证齐全。上述价格均为不含税价格,该企业产品适用的增值税税率为13%,出口退税率为9%,汇率为1美元兑6.3元人民币,试计算该企业当月的出口退税额和免抵税额。

第四章

所 得 税

所得税于1799年创始于英国。由于这种税以所得的多少为负担能力的标准，比较符合公平、普遍的原则，并具有经济调节功能，所以被誉为"良税"，得以在世界各国迅速推广。进入19世纪以后，大多数资本主义国家相继开征了所得税，并逐渐成为大多数发达国家的主体税种，例如在美国，所得税已经占其财政收入的56％以上（主要是个人所得税和公司所得税）。所得税虽然在世界上只有200多年的历史，但因其地位重要，受到世界各国的普遍重视。

第一节 所得税概述

一、所得税的概念

所得税是以所得为课征对象并由获取所得的主体缴纳的一类税的总称。

所得税往往被等同于收益税，但严格来说，两者是不尽相同的。在收益税中，以纳税人在一定期间内的净收益额为计税依据而征收的一类税，为所得税；而以纳税人在一定期间内的总收益额为计税依据而征收的一类税，如我国2006年以前征收的农业税，则不能称为所得税，至少不能归入严格意义上的所得税。

从第三章中可知，货物劳务税的各个税种主要通过计税依据来区分，而所得税的各个税种则主要靠纳税主体来区分。据此，国际上通常将所得税分为企业所得税和个人所得税两类。对于企业所得税和个人所得税以外的所得税性质的税，则归为"其他所得税"一类。

我国目前的所得税主要包括企业所得税和个人所得税两种，另外土地增值税也是所得税性质的税。

二、所得税的特点

所得税的特点可概括为六个方面。

（一）所得税与宏观经济波动联系最紧密

所得税是与宏观经济状况联系最为紧密的税种,西方理论界称之为经济的自动稳定器。经济过热时,所得税就增加,可以抑制消费的膨胀;经济衰退时,所得税就相应减少,可以刺激经济尽快恢复。与流转税不同,所得税是有利润才征税,没利润不征税,亏损还可以用以前或以后的利润弥补,因此,能够体现按纳税能力课税的原则。

（二）计税依据的确定较为复杂,征收成本较高

所得税的计税依据是纯所得额,即从总所得额中减去各种法定扣除项目后的余额。由于对法定扣除项目的规定较为复杂,因而其计税依据的确定也较为复杂,税收成本随之提高。

（三）比例税率与累进税率并用

货物劳务税以比例税率为主,有利于提高效率;而所得税更强调保障公平,以量能课税为原则,因而在适用比例税率的同时,也适用累进税率。

（四）所得税的征收覆盖面很广,征收管理难度较大

流转税覆盖到的所得税都覆盖到了,流转税没有覆盖到的方面所得税也覆盖到了。由于覆盖面很广,这也给征收工作带来了很大难度,以致有较流行的观点认为:评价一个国家的行政管理能力,要看其税收的征收管理能力;而税收征管能力的高低关键要看所得税征管,尤其是个人所得税的管理能力。所有的企业和个人都是所得税的纳税人。

（五）所得税是直接税

所得税是典型的直接税,其税负由纳税人直接承担,税负不易转嫁。正因为所得税是直接税,因而要以纳税人的实际负担能力为计税依据,没有所得则不征税。这与商品劳务税不管有无利润,只要有商品流转额和收入额就要征税是不同的。

（六）在税款缴纳上实行总分结合

所得税的应税所得额到年终才能最终确定,因而在理论上所得税在年终确定应税所得额后才能缴纳。但是,由于国家的财政收入必须均衡及时,因而在现实中所得税一般实行总分结合,即先分期预缴,到年终再清算,以满足国家财政收入的需要。

三、所得税制度的基本模式

综合各国的所得税制度(主要是个人所得税制度),可以将其分为三种基本模式或类型,即分类所得税制、综合所得税制和分类综合所得税制。

（一）分类所得税制

分类所得税制是指把所得依其来源的不同分为若干类别,对不同类别的所得分别规定不同的税基和税率进行征税的所得税制度。

分类所得税制度首创于英国,其优点是可以对不同性质、不同来源的所得,分别适用不同的税率,实行差别待遇;同时还可以广泛进行源泉课征,从而既可控制税源,防止偷漏税款,又可节省征收成本。但是,分类所得税制也有其自身的缺点,不仅存在所得来源日益复杂因而会加大征收成本的问题,而且存在着有时不符合量能课税原则的问题,这些欠缺须由综合所得税制来弥补。

（二）综合所得税制

综合所得税制是指将纳税人全年各种不同来源的所得综合起来，在进行法定宽免和扣除后，依法计征的一种所得税制度。

综合所得税制首创于德国，其后渐为美国等国家所接受。确立综合所得税的根据主要是：所得税作为一种对人税，应充分体现税收公平原则和量能课税原则，而只有综合纳税人全年的各项所得并减去各项法定宽免额和扣除额后得出的应税所得，才最能体现纳税人的实际负担水平，据此课税，才最符合上述原则的精神，这也是综合所得税制的优点所在。但是，这种模式也有缺点，主要是计税依据的确定较为复杂，征税成本较高，不便于实行源泉扣税，税收逃避现象较为严重。

可见，两种所得税制度均有其优点和缺点，因而最好能把两者结合起来，进行制度创新，从而扬长避短。

（三）分类综合所得税制

分类综合所得税制，或称混合所得税制，是将分类所得税制与综合所得税制的优点兼收并蓄，实行分项课征和综合课征相结合的所得税制度。

分类综合所得税制度已经在许多国家实行。其主要优点是：既坚持了量能课税的原则，对各类所得实行综合计征；又坚持了区别对待的原则，对不同性质的所得分别适用不同的税率。同时，它还有利于防止税收逃避，降低税收成本。目前实行此种模式的国家已很多，例如，日本的个人所得税制就是这种模式的典型代表。此外，这种混合所得税制也反映了分类、综合两类所得税制的趋同的态势，就像各国经济体制的趋同一样。

我国目前采用的是分类所得税制，实践表明，这种课税模式既缺乏弹性，又加大了征税成本。随着经济的发展和个人收入来源渠道增多，这种课税模式将使税收征管更加困难和效率低下。但是，在中国目前的税收征管水平下，完全放弃分类所得课税模式也是不现实的，这样做可能会加剧税源失控、税收流失。因此，在未来个人所得税制的改革中采用综合所得课税为主、分类所得课税为辅的混合所得税制模式比较合适。

第二节　个人所得税

一、个人所得税概述

（一）个人所得税的概念

个人所得税是指以自然人取得的各类应税所得为征税对象，并且由获取所得的个人缴纳的一种税，是政府利用税收对个人收入进行调节的一种手段。

个人所得税是世界各国开征较为普遍的一种税。尤其是发达国家，因其人均国民生产总值较高，个人收入较多，因而个人所得税的收入在总体税收收入中亦占有较高比重，如美国等国家的个人所得税就是收入最多的第一主体税种，从而使个人所得税在整个税制中占有重要的地位。

中国的个人所得税对中国居民的境内外所得和非居民来源于中国境内的所得征收。个人所得税在中国发展的历史相对较短,1950年中央人民政府公布的《全国税政实施要则》中规定了薪给报酬所得税和利息所得税,但前者并未开征,后者也是1950年4月开征,到1959年停征。1980年9月,第五届全国人民代表大会第二次会议通过了《中华人民共和国个人所得税法》,正式开征了个人所得税。此后,又对中国公民单独课征个人收入调节税,对个体工商业户征收个体工商业户所得税。1994年税制改革中,三税合并为统一的个人所得税。

目前实行的个人所得税法是2018年8月31日第十三届全国人民代表大会常务委员会第五次会议第七次修正后的《中华人民共和国个人所得税法》。

(二) 个人所得税的特点

我国现行的个人所得税有以下六个特征。

1. 实行混合所得税制

我国之前一直采用的是分类所得税制,但是这种制度存在的重大缺点就是导致了纳税人之间的不公平性。2018年改革的重要内容就是改变了以往的分类所得税制模式,采用混合所得税制,即在分类的基础上将工资薪金所得、劳务报酬所得、特许权使用费所得与稿酬所得按一定规则加总为综合所得,规定了相应扣除项目及标准;对其他各类所得则采用分类征收制,分别适用不同的费用减除规定、税率和计税方法。实行混合课征制度,不但可以对不同所得实行不同的征税方法,而且还有利于优化纵向公平的实现程度。

2. 以个人为计税单位

目前的个人所得税在计税时仍旧以取得收入的个人为计算单位,而不考虑取得收入的个人的家庭人口等情况。但是最新的专项附加扣除已经开始考虑家庭因素,比如医疗支出的扣除、子女教育经费扣除、房贷支出扣除等,都是可以按照家庭来扣除的。未来我国个人所得税的改革必然会由以个人为计税单位转为以家庭为计税单位。

3. 超额累进税率和比例税率并用

在目前我国的混合所得税制下,分类所得一般采用比例税率,综合所得则采用超额累进税率。比例税率计算简便,便于实行源泉扣缴;超额累进税率可以合理调节收入分配,体现公平。我国现行个人所得税根据各类个人所得的不同性质和特点,将这两种形式的税率综合运用于个人所得税制。其中,对综合所得、经营所得采用超额累进税率,实现量能负担,而对其他所得采用比例税率,实行等比负担。

4. 初次引入个性化的专项附加扣除

在旧的个人所得税法中,关于费用扣除基本只有每人每月固定的免征额,这种单一的免征额费用扣除法加上分类所得税制度,使得我国过去的个人所得税制度一直存在极大的不公平性,因此,此次改革我们首次引入了个性化的专项附加扣除,使得不同纳税人根据自己的生活负担有不同的费用扣除项目,以达到生活负担重其费用扣除额也多的情况。

5. 自主申报和代扣代缴相结合

此次个人所得税改革的重大变化是把原来的四项分类所得需要合并为综合所得按照超额累进税率计税,但是在各项所得获得时纳税人并不知晓一年总的综合所得,所以我们采取在获得所得时仍然由扣缴义务人代扣代缴,次年纳税人再采取自主申报方式把一年的所有综合所得汇总到一起进行汇算清缴。

6. 使用纳税人识别号来标记每个纳税人

目前我国采用第二代居民身份证号码作为居民纳税人的纳税识别号,这种做法简单方便,规定任何单位或者个人在支付所得时必须填写获得所得的纳税人的身份证号码,不填写身份证号码不能发放任何所得,这样的话,纳税人的任何所得都会通过纳税人识别号传送到税务机关的信息网络系统,纳税人想偷逃税也难。目前,国家税务总局开发了个人所得税APP,纳税人利用自己的身份证号码注册并登录,办税方便,效率高。对于没有身份证号码的纳税人,税务机关赋予其纳税人识别号。

(三) 个人所得税的作用

1. 有利于我国财政收入的增加和税收体系的完善

个人所得税是政府财政活动的重要收入来源。征收个人所得税,不仅可为国家经济建设积累资金,满足不断增长着的财政支出需要,而且还可以培养公民依法纳税的观念,进而推动我国税制体系的不断完善。同时,通过对个人所得税的课征,使之成为我国所得税制的重要组成部分,有利于完善我国的税收制度。

2. 有利于我国改革开放的发展和社会主义市场经济体制的建立

在传统体制下,我国对于居民收入采取"先扣除再分配"的原则,并实行低工资、多补贴的工资制度,因而并未开征个人所得税。党的十一届三中全会以后,随着我国改革开放的发展和社会主义市场经济体制的建立,个人收入出现一定程度的不平衡。征收个人所得税,可以适当调节个人收入水平的差距,缓解个人收入不均衡的矛盾,有利于全体社会成员走向共同富裕的道路。

3. 有利于维护我国的国际地位和经济权益

随着我国的对外开放,国际经济往来增多,科学、技术合作和文化交流日益频繁。按照国际税收惯例,对于来我国工作并取得收入的外籍人员,我国政府有权课税;而对于出国工作的中国籍人员,外国政府也有权课税。若我国政府不课税,就等于把我国应征的税款让给了外国政府,这不仅会丧失国家权益,而且不利于体现国家与国家之间的对等原则和进行国际税收协定的谈判。

二、个人所得税的纳税义务人

个人所得税的纳税义务人包括中国公民、个体工商业户、个人独资企业、合伙企业投资者以及在中国有所得的外籍人员(包括无国籍人员)和港澳台同胞。上述纳税义务人按照住所和居住时间不同,可分为以下两种。

(一) 居民纳税人

居民纳税人是指在中国境内有住所,或者虽无住所但在境内居住满183天的个人。

在中国境内有住所的个人,是指因户籍、家庭、经济利益关系而在中国境内习惯性居住的个人。这里的习惯性居住,是判定纳税义务人是居民还是非居民的一个法律意义上的标准,不是指实际居住或在某一个特定时期内的居住。个人因学习、工作、探亲、旅游等原因原来是在中国境外居住,但是在这些原因消除后,必须回到中国境内居住的,则中国为该个人的习惯性居住地,尽管该纳税义务人在一个纳税年度内,甚至连续几个纳税年度,都未在中国境内居住过 1 天,他仍然是中国居民纳税义务人,应就其来自全球的应纳税所得,向中国缴纳个人所得税。

上述的居住满 183 天是指在一个纳税年度(公历 1 月 1 日起至 12 月 31 日止)在中国境内居住满 183 日。这个规定是按照一个纳税年度在境内的居住天数确定,取消了原来的临时离境规定,也就是说,境内无住所的某人在一个纳税年度内无论出境多少次,只要在我国境内累计住满 183 天,就判定为我国的居民纳税人。

居民纳税人应就其来源于中国境内、境外的所得,依法缴纳个人所得税。

(二)非居民纳税人

非居民纳税人是指不符合居民纳税义务人判定标准的纳税义务人。凡在中国境内无住所又不居住或无住所而在中国境内 1 年内居住不满 183 天的个人,是非居民纳税义务人。也就是说,非居民个人是指习惯性居住地不在中国境内,而且不在中国居住;或者在一个纳税年度内,在中国境内居住累计不满 183 天的个人。

非居民纳税人负有有限纳税义务,即仅就其来源于中国境内的所得在中国缴纳个人所得税。

可见,判定某人是否为居民纳税人的标准有两个,即住所标准和居住时间标准。纳税义务人只要满足一个标准的条件,其就是居民纳税义务人;当两个标准的条件都不符合时,其就是非居民纳税义务人。

在中国境内无住所的个人,在中国境内居住累计满 183 天的年度连续不满六年的,经向主管税务机关备案,其来源于中国境外且由境外单位或者个人支付的所得,免予缴纳个人所得税;在中国境内居住累计满 183 天的任一年度中有一次离境超过 30 天的,其在中国境内居住累计满 183 天的年度的连续年限重新起算。在中国境内无住所的个人,在一个纳税年度内在中国境内居住累计不超过 90 天的,其来源于中国境内的所得,由境外雇主支付并且不由该雇主在中国境内的机构、场所负担的部分,免予缴纳个人所得税。

三、个人所得来源的确定

判断所得来源地,是确定对该项所得是否应该征收个人所得税的重要依据。对于居民纳税人,因为要承担无限纳税义务,因此,有关所得来源的判断不很重要。但是,对于非居民纳税人,因为要承担有限纳税义务,即就其来源于中国境内的所得征税,所以判断其所得的来源就显得十分重要。我国的个人所得税,依据所得来源地的判断应反映经济活动的实质、方便税务机关实行有效征管的原则,具体规定如下:

(1) 工资、薪金所得,以纳税人任职、受雇的公司、企业、事业单位、机关、团体、部队、学校等单位的所在地为所得来源地。

(2) 劳务报酬所得,以纳税人提供劳务活动的地点为所得来源地。

(3) 个体工商户的生产、经营所得,以其实际生产、经营活动的实现地为所得来源地。

(4) 稿酬所得,以稿酬的支付地为所得来源地。

(5) 特许权使用费所得,以该项特许权的使用地为所得来源地。

(6) 利息、股息、红利所得,以使用资金并支付利息或者分配股息、红利的公司、企业以及其他组织或者个人的所在地为所得来源地。

（7）财产租赁所得，以被租赁财产的使用地为所得来源地。

（8）不动产转让所得，以被转让不动产的坐落地为所得来源地。转让其他财产的所得，以转让地为所得来源地。

（9）偶然所得，以所得的产生地为所得来源地，如在中国境内参加各种竞赛活动取得名次而获得的奖励所得属来源于中国境内的所得。

根据上述原则，下列所得不论支付地点是否在中国境内，均为来源于中国境内的所得，应在中国缴纳个人所得税：

（1）因任职、受雇、履约等在中国境内提供劳务取得的所得；

（2）将财产出租给承租人在中国境内使用而取得的所得；

（3）许可各种特许权在中国境内使用而取得的所得；

（4）转让中国境内的不动产等财产或者在中国境内转让其他财产取得的所得；

（5）从中国境内企业、事业单位、其他组织以及居民个人取得的利息、股息、红利所得。

两个以上的个人共同取得同一项目收入的，应当对每个人取得的收入分别按照个人所得税法的规定计算纳税。

四、个人所得税的征税对象

个人所得税的征税对象是个人取得的应税所得。我国的个人所得税是分类计税的。确定应税所得项目可以使纳税人掌握自己都有哪些收入是要纳税的。个人所得税法列举征税的个人所得共11项，具体如下。

（一）工资、薪金所得

工资、薪金所得，是指个人因任职或者受雇而取得的工资、薪金、奖金、年终加薪、劳动分红、津贴以及与任职或者受雇有关的其他所得。

一般来说，工资、薪金所得属于非独立个人劳动所得。所谓非独立个人劳动，是指个人所从事的是由他人指定、安排并接受管理的劳动、工作或服务于公司、工厂、行政事业单位的人员（私营企业主除外）均为非独立劳动者。他们从上述单位取得的劳动报酬，是以工资、薪金的形式体现的。在这类报酬中，工资和薪金的收入主体略有差异。通常情况下，把直接从事生产、经营或服务的劳动者（工人）的收入称为工资，即所谓"蓝领阶层"所得；而将从事社会公职或管理活动的劳动者（公职人员）的收入称为薪金，即所谓"白领阶层"所得。但是，在实际立法过程中，各国都从简便易行的角度考虑，将工资、薪金合并为一个项目计征个人所得税。

除工资、薪金以外，奖金、年终加薪、劳动分红、津贴、补贴也被确定为工资、薪金所得范畴。其中，年终加薪、劳动分红不分种类和取得情况，一律按工资、薪金所得课税。津贴、补贴等则有例外。根据我国目前个人收入的构成情况，规定对于一些不属于工资、薪金性质的补贴、津贴或者不属于纳税人本人工资、薪金所得项目的收入，不予征税。这些项目包括以下内容：

（1）独生子女补贴。

（2）执行公务员工资制度未纳入基本工资总额的补贴、津贴差额和家属成员的副食品补贴。

(3) 托儿补助费。

(4) 差旅费津贴、误餐补助。其中,误餐补助是指按照财政部规定,个人因公在城区、郊区工作,不能在工作单位或返回就餐的,根据实际误餐顿数,按规定的标准领取的误餐费。单位以误餐补助名义发给职工的补助、津贴不能包括在内。

(5) 外国来华留学生,领取的生活津贴费、奖学金,不属于工资薪金范畴,不征收个人所得税。

奖金是指所有具有工资性质的奖金,免税奖金的范围在税法中另有规定。

出租汽车经营单位对出租车驾驶员采取单车承包或承租方式运营,出租车驾驶员从事客货营运取得的收入,按工资、薪金所得征税。

军队干部取得的补贴、津贴中,下列各项不计入工资薪金所得项目征税:

(1) 政府特殊津贴。

(2) 福利补助。

(3) 夫妻分居补助费。

(4) 随军家属无工作生活困难补助。

(5) 独生子女保健费。

(6) 子女保教补助费。

(7) 机关在职军以上干部公勤费(保姆费)。

(8) 军粮差价补贴。

(二) 劳务报酬所得

劳务报酬所得,是指个人从事设计、装潢、安装、制图、化验、测试、医疗、法律、会计、咨询、讲学、新闻、广播、翻译、审稿、书画、雕刻、影视、录音、录像、演出、表演、广告、展览、技术服务、介绍服务、经纪服务、代办服务以及其他劳务取得的所得。

自2004年1月20日起,对商品营销活动中,企业和单位对其营销业绩突出的非雇员以培训班、研讨会、工作考察等名义组织旅游活动,通过免收差旅费、旅游费对个人实行的营销业绩奖励(包括实物、有价证券等)应根据所发生费用的全额作为该营销人员当期的劳务收入,按照"劳务报酬所得"项目征收个人所得税。

在实际操作过程中,还可能出现一些难以判断一项所得是属于工资、薪金所得,还是属于劳务报酬所得的情况。这两者的区别在于:工资、薪金所得是属于非独立个人劳务活动,即受各类单位雇佣而得到的报酬;而劳务报酬所得,则是个人独立从事各种技艺、提供各项劳务取得的报酬。例如,A大学的教授获得A大学发放的课时费属于工资、薪金所得,但是他受邀请到B大学做讲座获得B大学发放的课时费属于劳务报酬所得。

(三) 稿酬所得

稿酬所得,是指个人因其作品以图书、报刊形式出版、发表而取得的所得。稿酬所得其实是一种特殊的劳务报酬,把它区别于翻译、审稿、书画等所得,主要是考虑到了出版、发表作品的特殊性。第一,它是一种依靠较高智力创作的精神产品;第二,它具有普遍性;第三,它与社会主义精神文明和物质文明密切相关;第四,它的报酬相对偏低。因此,稿酬所得应当与一般劳务报酬相对区别,并给予适当的优惠照顾。

(四) 特许权使用费所得

特许权使用费所得,是指个人提供专利权、商标权、著作权、非专利技术以及其他特许权的使用权取得的所得;提供著作权的使用权取得的所得不包括稿酬所得。

(五) 经营所得

经营所得包括以下情形:

(1) 个体工商户从事生产、经营活动取得的所得,个人独资企业投资人、合伙企业的个人合伙人来源于境内注册的个人独资企业、合伙企业生产、经营的所得;

(2) 个人依法从事办学、医疗、咨询以及其他有偿服务活动取得的所得;

(3) 个人对企业、事业单位承包经营、承租经营以及转包、转租取得的所得;

(4) 个人从事其他生产、经营活动取得的所得。

注意区分经营所得与劳务报酬所得,经营所得中列举的第二种情形所对应的活动内容与劳务报酬所得对应的活动内容具有高度一致性,区别主要在于是否具有完全意义上的经营性质。总体可参考以下分析[①]进行区分:第一,个人办理营业执照而产生的收入属于经营所得;第二,对于未办理营业执照的,但经政府有关部门批准,从事办学、医疗、咨询等有偿服务活动的个人取得的所得属于经营所得;第三,对于无照又未经批准的,是否有固定场所(包括网络场所)也可以作为判断依据之一,有固定场所的可以按照经营所得处理,没有固定场所的则按劳务报酬所得处理;第四,对一个项目可以按照是否对经营成果拥有所有权来判定;第五,劳务一般应表现为一个人的行为,对于雇用人员的行为,应视为经营行为。

(六) 利息、股息、红利所得

利息、股息、红利所得,是指个人拥有债权、股权而取得的利息、股息、红利所得。利息,指个人拥有债权而取得的利息,包括存款利息、贷款利息和各种债券的利息。按税法规定,个人取得的利息所得,除国债和国家发行的金融债券利息外,应当依法缴纳个人所得税。股息、红利,指个人拥有股权取得的股息、红利。按照一定的比率对每股发给的息金,叫股息;公司、企业应分配的利润,按股份分配的叫红利。股息、红利所得,除另有规定外,都应当缴纳个人所得税。

除个人独资企业、合伙企业以外的其他企业的个人投资者,以企业资金为本人、家庭成员及其相关人员支付与企业生产经营无关的消费性支出及购买汽车、住房等财产性支出,视为企业对个人投资者的红利分配,依照"利息、股息、红利所得"项目计征个人所得税。

(七) 财产租赁所得

财产租赁所得,是指个人出租建筑物、土地使用权、机器设备、车船以及其他财产取得的所得。

个人取得的财产转租收入,属于"财产租赁所得"的征税范围,由财产转租人缴纳个人所得税。在确认纳税义务人时,应以产权凭证为依据;对无产权凭证的,由主管税务机关根据实际情况确定。产权所有人死亡,在未办理产权继承手续期间,该财产出租而有租金收入的,以领取租金的个人为纳税义务人。

(八) 财产转让所得

财产转让所得,是指个人转让有价证券、股权、建筑物、土地使用权、机器设备、车船以

---

① 李娟:《劳务报酬所得、经营所得区别点探析》,中国会计视野,2019-03-07,http://app.news.esnai.com/?app=system&controller=esnai&action=wapnewcontent&cid=186745。

及其他财产取得的所得。

在现实生活中,个人进行的财产转让主要是个人财产所有权的转让。财产转让实际上是一种买卖行为,当事人双方通过签订、履行财产转让合同,形成财产买卖的法律关系,使出让财产的个人从对方取得价款(收入)或其他经济利益。财产转让所得因其性质的特殊性,需要单独列举项目征税。对个人取得的各项财产转让所得,除股票转让所得外,都要征收个人所得税。具体规定如下。

1. 股票转让所得

鉴于我国证券市场发育还不成熟,股份制还处于试点阶段,对股票转让所得的计算、征税办法和纳税期限的确认等都须进行深入的调查研究后,结合国际通行的做法,做出符合我国实际的规定。因此,国务院决定,对股票转让所得暂不征收个人所得税。

2. 量化资产股份转让

集体所有制企业在改制为股份合作制企业时,对职工个人以股份形式取得的拥有所有权的企业量化资产,暂缓征收个人所得税;待个人将股份转让时,就其转让收入额,减除个人取得该股份时实际支付的费用支出和合理转让费用后的余额,按"财产转让所得"项目计征个人所得税。

(九)偶然所得

偶然所得,是指个人得奖、中奖、中彩以及其他偶然性质的所得。

个人取得的所得,难以界定应纳税所得项目的,由国务院税务主管部门确定。居民个人取得上述第一至第四项所得,按纳税年度合并为综合所得计算个人所得税;非居民个人取得上述第一至第四项所得,按月或者按次分项计算个人所得税。对于上述第六至第九项所得,不管是居民纳税人还是非居民纳税人,均按次或按月分项计算个人所得税。

五、个人所得税的税率

(一)综合所得适用的税率

综合所得适用七级超额累进税率,税率为3%~45%,如表4-1所示。

表4-1 综合所得超额累进税率表

级 数	全年应纳税所得额	税率(%)
1	不超过36 000元的	3
2	超过36 000元至144 000元的部分	10
3	超过144 000元至300 000元的部分	20
4	超过300 000元至420 000元的部分	25
5	超过420 000元至660 000元的部分	30
6	超过660 000元至960 000元的部分	35
7	超过960 000元的部分	45

注:① 表中的全年应纳税所得额是指居民纳税人取得的综合所得以每一纳税年度收入额减除六万元的免征额、"五险一金"等专项扣除、专项附加扣除和依法确定的其他扣除后的余额。② 非居民个人取得的工资、薪金所得,劳务报酬所得,稿酬所得和特许权使用费所得,按月换算后计算应纳税额。

（二）经营所得适用的税率

经营所得适用五级超额累进税率,税率为5%～35%,如表4-2所示。

表4-2 经营所得超额累进税率表

级　数	全年应纳税所得额	税率(%)
1	不超过30 000元的	5
2	超过30 000元至90 000元的部分	10
3	超过90 000元至300 000元的部分	20
4	超过300 000元至500 000元的部分	30
5	超过500 000元的部分	35

注：表中的全年应纳税所得额是指以每一纳税年度的收入总额减除为了获得经营所得所发生的成本、费用以及损失后的余额。

这里值得注意的是,由于目前实行承包(租)经营的形式较多,分配方式也不相同,因此,承包、承租人按照承包、承租经营合同(协议)规定取得所得的适用税率也不一致。规定如下：

（1）承包、承租人对企业经营成果不拥有所有权,仅是按合同(协议)规定取得一定所得的,其所得按"工资、薪金"所得项目征税,纳入年度综合所得适用3%～45%的七级超额累进税率(见表4-1)。

（2）承包、承租人按合同(协议)的规定只向发包、出租方缴纳一定费用后,企业经营成果归其所有的,承包、承租人取得的所得,按对企事业单位的承包经营、承租经营所得项目,适用5%～35%的五级超额累进税率征税(见表4-2)。

（三）其他所得适用税率

利息、股息、红利所得,财产租赁所得,财产转让所得和偶然所得,适用税率为20%的比例税率。

六、个人所得税应纳税所得额的规定

由于个人所得税的应税项目不同,并且取得某项所得所需费用也不相同,因此,计算个人应纳税所得额,须按不同应税项目分别计算。以某项应税项目的收入额减去税法规定的该项目费用扣除标准后的余额,为该项应纳税所得额。两个以上的个人共同取得同一项收入的,应当对每个人取得的收入分别按照个人所得税法的规定计算纳税。

（一）每次收入的确定

新的《个人所得税法》对纳税义务人的征税方法有三种：第一种是按年计征,如经营所得和居民个人取得的综合所得；第二种是按月计征,如非居民个人取得的工资、薪金所得；第三种是按次计征,如利息、股息、红利所得,财产租赁所得,偶然所得和非居民个人取得的劳务报酬,稿酬所得,特许权使用费所得等六项所得。

在按次征收下,由于扣除费用依据每次应纳税所得额的大小,分别规定了定额和定率两种标准。因此如何划分"次"显得非常重要。每次界定清楚可以维护纳税义务人的合法权益,也可以避免税收漏洞,防止税款流失。上述六个项目中的"次",在此次新的《个人所得税法实施条例》中作出了明确的规定。具体如下:

(1) 非居民个人取得劳务报酬所得、稿酬所得、特许权使用费所得,根据不同所得项目的特点,分别规定如下:

① 属于一次性收入的,以取得该项收入为一次。

一些劳务报酬所得,例如从事设计、安装、装潢、制图、测试等劳务,往往是接受客户的委托,按照客户的要求,完成一次劳务后取得收入。因此,不管客户是一次或分几次支付报酬,都是属于一次性收入,应以每次提供劳务取得的所有收入为一次。

如果一次性劳务报酬以分月支付方式取得的,就适合同一事项连续取得收入,以一个月内取得的收入为一次。

对于稿酬所得,以每次出版、发表取得的收入为一次,不论出版单位是预付还是分笔支付稿酬,或者加印该作品后再付稿酬,都应该合并其稿酬所得按一次计征个人所得税,具体又可细分为:同一作品再版取得的所得,应视为另一次稿酬所得计征个人所得税;同一作品先在报刊上连载,然后再出版,或者先出版,再在报刊上连载,应视为两次稿酬所得征税。即连载作为一次,出版作为另一次;同一作品在报刊上连载取得收入的,以连载完成后取得的所有收入合并为一次,计征个人所得税;同一作品在出版和发表时,以预付稿酬或分次支付稿酬等形式取得的稿酬收入,应合并计算为一次;同一作品出版、发表后,因添加印数而追加稿酬的,应与以前出版、发表时取得的稿酬合并计算为一次,计征个人所得税;两处或两处以上出版、发表或再版同一作品而取得稿酬所得,则可分别各处取得的所得或再版所得按分次所得计征个人所得税。

对于特许权使用费所得,以某项特许权的一次转让所取得的收入为一次。若该次转让收入是分笔支付的,则应相加为一次收入。一个非居民个人,可能不仅拥有一项特许权,每一项特许权的使用权也可能不止一次地向我国境内提供。因此,对特许权使用费所得"次"的界定,明确为每一项使用权的每次转让所取得的收入为一次。

② 属于同一事项连续取得收入的,以 1 个月内取得的收入为一次。例如某学校的外教彼得老师在某学年的第一学期每周给学生上两次课,每次课付酬 400 元,即每周付 800 元,每月 3 200 元。则在计算彼得老师劳务报酬所得时,应视为同一事项的连续性收入,以其一个月内取得的收入为一次计征个人所得税,而不能以每次拿到的收入为一次。

(2) 财产租赁所得,以一个月内取得的收入为一次。

(3) 利息、股息、红利所得,以支付利息、股息、红利时取得的收入为一次。

(4) 偶然所得,以每次取得该项收入为一次。

(二) 应纳税所得和费用减除标准

1. 居民个人取得的综合所得的应纳税所得和费用扣除标准

居民个人取得的综合所得的应纳税所得额为其取得的所得减去下列扣除额后的余额:

(1) 每人都固定的每个月 5 000 元(即每年 60 000 元)的免征额。

(2) 专项扣除,包括居民个人按照国家规定的范围和标准缴纳的基本养老保险、基本医疗保险、失业保险等社会保险费和住房公积金等。

(3) 专项附加扣除,包括子女教育、继续教育、大病医疗、住房贷款利息或者住房租金、赡养老人等支出,具体范围、标准和实施步骤由国务院确定,并报全国人民代表大会常务委员会备案。具体规定见后文。

(4) 依法确定的其他扣除,包括个人缴付符合国家规定的企业年金、职业年金,个人购买符合国家规定的商业健康保险、税收递延型商业养老保险的支出,以及国务院规定可以扣除的其他项目。

2. 非居民个人取得所得的应纳税所得和费用扣除标准

非居民个人取得的工资、薪金所得,以每月收入和减除费用5 000元后的余额为应纳税所得额。其获得的劳务报酬、稿酬所得、特许权使用费所得,以每次收入额为应纳税所得额,费用扣除额依照居民纳税人取得同类所得预扣预交时采用的扣除额。

3. 经营所得的应纳税所得额和费用扣除标准

经营所得,以每一纳税年度的收入总额减除成本、费用和损失后的余额,为应纳税所得额。

这里所称的成本、费用,是指生产、经营活动中发生的各项直接支出和分配计入成本的间接费用以及销售费用、管理费用、财务费用;损失,是指生产、经营活动中发生的固定资产和存货的盘亏、毁损、报废损失,转让财产损失,坏账损失,自然灾害等不可抗力因素造成的损失以及其他损失。

取得经营所得的个人,没有综合所得的,计算其每一纳税年度的应纳税所得额时,应当减除费用6万元、专项扣除、专项附加扣除以及依法确定的其他扣除。专项附加扣除在办理汇算清缴时减除。

因此,经营所得的应纳税所得额的计算公式(以一年为计算标准)如下:

$$应纳税所得额 = 收入额 - 成本 - 费用 - 损失 - 60\ 000 \\ - 专项扣除 - 专项附加扣除 - 其他扣除$$

从事生产、经营活动,未提供完整、准确的纳税资料,不能正确计算应纳税所得额的,由主管税务机关核定应纳税所得额或者应纳税额。

4. 财产租赁所得的应纳税所得和费用扣除标准

财产租赁所得,每次收入不超过4 000元的,减除费用800元;4 000元以上的,减除20%的费用,其余额为应纳税所得额。以一个月内取得的收入为一次。

5. 财产转让所得的应纳税所得和费用扣除标准

财产转让所得,以转让财产的收入额减除财产原值和合理费用(卖出财产时按照规定支付的有关税费)后的余额,为应纳税所得额。

财产原值,按照下列方法确定:① 有价证券,为买入价以及买入时按照规定交纳的有关费用;② 建筑物,为建造费或者购进价格以及其他有关费用;③ 土地使用权,为取得土地使用权所支付的金额、开发土地的费用以及其他有关费用;④ 机器设备、车船,为购进价格、运输费、安装费以及其他有关费用。

其他财产,参照上述规定的方法确定财产原值。纳税人未提供完整、准确的财产原值凭证,不能按照上述规定的方法确定财产原值的,由主管税务机关核定财产原值。对股票转让所得征收个人所得税的办法,由国务院另行规定,并报全国人民代表大会常务委员会备案。

个人转让限售股[①],以每次限售股转让收入,减除股票原值和合理税费后的余额,为应纳税所得额。即:应纳税所得额=限售股转让收入-(限售股原值+合理税费)。其中,限售股转让收入,是指转让限售股股票实际取得的收入;限售股原值,是指限售股买入时的买入价及按照规定缴纳的有关费用;合理税费,是指转让限售股过程中发生的印花税、佣金、过户费等与交易相关的税费;如果纳税人未能提供完整、真实的限售股原值凭证的,不能准确计算限售股原值的,主管税务机关一律按限售股转让收入的15%核定限售股原值及合理税费。

6. 利息、股息、红利所得和偶然所得的应纳税所得和费用扣除标准

利息、股息、红利所得以每次收入额为应纳税所得额。利息、股息、红利所得,以支付利息、股息、红利时取得的收入为一次;偶然所得,以每次取得该项收入为一次。这些所得都没有任何费用扣除额。

7. 专项附加扣除标准

专项附加扣除是2018年第六次修订的个人所得税法中新增加的一个费用扣除标准,其中引入了六项专项附加扣除,遵循了公平合理、利于民生、简便易行的原则,因为我国人口众多,为了能够遵循简便易行原则,就必然会牺牲一定的公平性,因此六项专项附加扣除的具体规定有不少不完善的地方,留待未来信息化更为发达、操作成本更低时再进行完善。六项专项附加扣除的具体规定如下。

(1) 子女教育支出。

子女教育支出专项扣除规定如下:① 纳税人的子女接受学前教育、全日制学历教育的相关支出,按照每个子女每月1 000元的标准定额扣除。学前教育包括年满3岁至小学入学前的教育;学历教育包括义务教育(小学、初中教育)、高中阶段教育(普通高中、中等职业、技工教育)、高等教育(大学专科、大学本科、硕士研究生、博士研究生教育)。② 父母可以选择由其中一方按扣除标准的100%扣除,也可以选择由双方分别按扣除标准的50%扣除,具体扣除方式在一个纳税年度内不能变更。③ 纳税人子女在中国境外接受教育的,纳税人应当留存境外学校录取通知书、留学签证等相关教育的证明资料备查。④ 允许扣除的时间段规定如下:学前教育阶段,为子女年满3周岁当月至小学入学前一月;学历教育,为子女接受全日制学历教育入学的当月至全日制学历教育结束的当月。

(2) 继续教育支出。

继续教育专项支出专项扣除规定如下:① 纳税人在中国境内接受学历(学位)继续教育的支出,在学历(学位)教育期间按照每月400元定额扣除。学历(学位)继续教育,为在中国境内接受学历(学位)继续教育入学的当月至学历(学位)继续教育结束的当月,同一学历(学位)继续教育的扣除期限不能超过48个月。纳税人接受技能人员职业资格继续教育、专业技术人员职业资格继续教育的支出,在取得相关证书的当年,按照3 600元定额扣除。② 个

[①] 限售股包括:(1) 上市公司股权分置改革完成后股票复牌日之前股东所持原非流通股股份,以及股票复牌日至解禁日期间由上述股份孳生的送、转股(以下统称股改限售股);(2) 2006年股权分置改革新老划断后,首次公开发行股票并上市的公司形成的限售股,以及上市首日至解禁日期间由上述股份孳生的送、转股(以下统称新股限售股);(3) 财政部、国家税务总局、国务院法制办和证监会共同确定的其他限售股。

人接受本科及以下学历(学位)继续教育,符合扣除条件的,可以选择由其父母扣除,也可以选择由本人扣除。③ 纳税人接受技能人员职业资格继续教育、专业技术人员职业资格继续教育的,应当留存相关证书等资料备查。

(3) 大病医疗支出。

大病医疗支出专项扣除规定如下：① 在一个纳税年度内,纳税人发生的与基本医保相关的医药费用支出,扣除医保报销后个人负担(指医保目录范围内的自付部分)累计超过15 000元的部分,由纳税人在办理年度汇算清缴时,在80 000元限额内据实扣除。② 纳税人发生的医药费用支出可以选择由本人或者其配偶扣除;未成年子女发生的医药费用支出可以选择由其父母一方扣除。纳税人及其配偶、未成年子女发生的医药费用支出,按规定分别计算扣除额。③ 纳税人应当留存医药服务收费及医保报销相关票据原件(或者复印件)等资料备查。医疗保障部门应当向患者提供在医疗保障信息系统记录的本人年度医药费用信息查询服务。④ 允许扣除的年份为医疗保障信息系统记录的医药费用实际支出的当年。

(4) 住房贷款利息支出。

住房贷款利息支出专项扣除规定如下：① 纳税人本人或者配偶单独或者共同使用商业银行或者住房公积金个人住房贷款为本人或者其配偶购买中国境内住房,发生的首套住房贷款利息支出,在实际发生贷款利息的年度,按照每月1 000元的标准定额扣除,扣除期限最长不超过240个月。纳税人只能享受一次首套住房贷款的利息扣除。首套住房贷款是指购买住房享受首套住房贷款利率的住房贷款。② 经夫妻双方约定,可以选择由其中一方扣除,具体扣除方式在一个纳税年度内不能变更。夫妻双方婚前分别购买住房发生的首套住房贷款,其贷款利息支出,婚后可以选择其中一套购买的住房,由购买方按扣除标准的100%扣除,也可以由夫妻双方对各自购买的住房分别按扣除标准的50%扣除,具体扣除方式在一个纳税年度内不能变更。③ 纳税人应当留存住房贷款合同、贷款还款支出凭证备查。④ 允许扣除的时间段为贷款合同约定开始还款的当月至贷款全部归还或贷款合同终止的当月。

(5) 住房租金支出。

住房租金支出专项扣除规定如下：① 纳税人在主要工作城市没有自有住房而发生的住房租金支出,可以按照以下标准定额扣除：直辖市、省会(首府)城市、计划单列市以及国务院确定的其他城市,扣除标准为每月1 500元;除前述所列城市以外,市辖区户籍人口超过100万的城市,扣除标准为每月1 100元;市辖区户籍人口不超过100万的城市,扣除标准为每月800元。纳税人的配偶在纳税人的主要工作城市有自有住房的,视同纳税人在主要工作城市有自有住房。市辖区户籍人口,以国家统计局公布的数据为准。② 主要工作城市是指纳税人任职受雇的直辖市、计划单列市、副省级城市、地级市(地区、州、盟)全部行政区域范围;纳税人无任职受雇单位的,为受理其综合所得汇算清缴的税务机关所在城市。夫妻双方主要工作城市相同的,只能由一方扣除住房租金支出。③ 住房租金支出由签订租赁住房合同的承租人扣除。④ 纳税人及其配偶在一个纳税年度内不能同时分别享受住房贷款利息和住房租金专项附加扣除。⑤ 纳税人应当留存住房租赁合同、协议等有关资料备查。⑥ 允许扣除的时间段为租赁合同(协议)约定的房屋租赁期开始的当月至租赁期结束的当月。提前终止合同(协议)的,以实际租赁期限为准。

(6) 赡养老人支出。

赡养老人支出扣除规定如下：① 纳税人赡养一位及以上被赡养人的赡养支出，统一按照以下标准定额扣除：纳税人为独生子女的，按照每月2 000元的标准定额扣除；纳税人为非独生子女的，由其与兄弟姐妹分摊每月2 000元的扣除额度，每人分摊的额度不能超过每月1 000元。可以由赡养人均摊或者约定分摊，也可以由被赡养人指定分摊。约定或者指定分摊的须签订书面分摊协议，指定分摊优先于约定分摊。具体分摊方式和额度在一个纳税年度内不能变更。② 被赡养人是指年满60岁的父母，以及子女均已去世的年满60岁的祖父母、外祖父母。父母，是指生父母、继父母、养父母；子女，是指婚生子女、非婚生子女、继子女、养子女。父母之外的其他人担任未成年人的监护人的，比照本规定执行。③ 允许扣除的时间段为被赡养人年满60周岁的当月至赡养义务终止的年末。

上述六项专项附加扣除的规定要点比较多，也比较细。我们把上述要点归纳整理成表4-3的内容，以帮助读者更好消化这些政策的细节。

表4-3 六项专项附加扣除要点整理一览表

项 目	扣除限额	条 件	扣除方式	其 他
子女教育	1 000元/子女/月	学历教育和3岁后学前教育	一方扣除或者双方各扣50%	境外教育需要证明
继续教育	400元/月(学历)，3 600元(职业资格)	学历或学位教育扣除期限不超过48个月	职业资格在获得证书当年扣除	本科及以下学历可以选择父母或本人扣除，其余情况一律由本人扣除
大病医疗	80 000元上限/年	扣除医保后个人支付超过15 000元部分	可选择本人或配偶扣除，未成年子女由父母一方扣除	纳税人、配偶、未成年子女分别扣除
住房贷款利息	1 000元/月	首套住房贷款利息，扣除期限不超过240个月，只能享受一次首套扣除	夫妻可以选择一方扣除(一年内不能变更)	婚前分别购买，可选择一套扣除，也可以各自分别扣50%
住房租金	800～1 500元/月	主要工作城市没有自住住房，且发生租金支出	不能同时享受贷款利息和租金扣除，夫妻工作城市相同，只能一方扣除	直辖市、省会市等1 500元，其他人口超过100万的1 100元，其余800元
赡养老人	1 000元或2 000元/月	年满60周岁父母或祖父母(子女去世)	非独生子女，分摊但每人不超过1 000元	独生子女2 000元/月

(三) 应纳税所得额的其他规定

在计算应纳税额时，除了上述有关应纳税所得额和费用扣除标准的规定之外，新税法中还有一些特殊的规定如下。

1. 工资、薪金之外的三项综合所得的费用减除规定

在计算一年的综合所得时，对于居民个人获得的劳务报酬所得、稿酬所得、特许权使用费所得以收入减除20%的费用后的余额为收入额计入综合所得。稿酬所得额外再减按70%计算，也就是说稿酬所得按照其收入额的56%计入综合所得。个人兼有不同的劳务报酬所得，应当分别减除费用，计算缴纳个人所得税。

这一规定的初衷可能是出于新旧制度的衔接考虑，因为在原来分类所得税制度下，对于劳务报酬、稿酬所得和特许权使用费所得都有超过 4 000 元扣除 20％费用的规定,稿酬额外再扣除 30％的规定,新税法把这三项所得合并到综合所得之后,为了不增加纳税人额外的税收负担,保留了这个费用扣除的规定。但是具体做法有所区别,新规定下,不管收入额是否超过 4 000 元,一律以 20％比例作为扣除额。

2. 对于捐赠扣除的规定

个人将其所得对教育、扶贫、济困等公益慈善事业进行捐赠,捐赠额未超过纳税人申报的应纳税所得额 30％的部分,可以从其应纳税所得额中全额扣除;超过部分不予扣除。国务院规定对公益慈善事业捐赠实行全额税前扣除的,从其规定。

这里所称的个人将其所得对教育、扶贫、济困等公益慈善事业进行捐赠,是指个人将其所得通过中国境内的公益性社会组织、国家机关向教育、扶贫、济困等公益慈善事业的捐赠;这里所称的应纳税所得额,是指计算扣除捐赠额之前的应纳税所得额。

3. 个人所得范围的规定

个人所得的形式,包括现金、实物、有价证券和其他形式的经济利益;所得为实物的,应当按照取得的凭证上所注明的价格计算应纳税所得额,无凭证的实物或者凭证上所注明的价格明显偏低的,参照市场价格核定应纳税所得额;所得为有价证券的,根据票面价格和市场价格核定应纳税所得额;所得为其他形式的经济利益的,参照市场价格核定应纳税所得额。

4. 境外已纳税款抵免的规定

居民个人从中国境外取得的所得,可以从其应纳税额中抵免已在境外缴纳的个人所得税税额,但抵免额不得超过该纳税人境外所得依照我国个人所得税法规定计算的应纳税额。

5. 所得货币的规定

纳税人的所得为人民币以外货币的,按照办理纳税申报或者扣缴申报的上一月最后一日人民币汇率中间价,折合成人民币计算应纳税所得额。年度终了后办理汇算清缴的,对已经按月、按季或者按次预缴税款的人民币以外货币所得,不再重新折算;对应当补缴税款的所得部分,按照上一纳税年度最后一日人民币汇率中间价,折合成人民币计算应纳税所得额。

6. 中介费扣除规定

对个人从事技术转让、提供劳务等过程中所支付的中介费,如能提供有效、合法凭证的,允许从其所得中扣除。

七、应纳税额的计算

依照税法规定的适用税率和费用扣除标准,各项所得的应纳税额,应分别计算如下。

(一) 居民个人综合所得应纳税额的计算

1. 不考虑代扣代缴的理论计算法

居民个人的综合所得为工资、薪金所得,劳务报酬所得,稿酬所得及特许权使用费之和,首先工资、薪金全额计入收入额;而劳务报酬所得和特许权使用费所得以其收入的 80％计入综合所得;另外,稿酬所得以其收入的 56％计入综合所得。其次,综合所得允许扣除的项目有一年一人六万元的免征额、专项扣除、专项附加扣除和依法确定的其他扣除。

另外,对于保险营销员、证券经纪人取得的佣金收入,属于劳务报酬所得,以不含增值税的收入减除 20% 的费用后的余额为收入额,收入额减去展业成本以及附加税费后,并入当年综合所得,计算缴纳个人所得税。保险营销员、证券经纪人展业成本按照收入额的 25% 计算。

因此,居民个人综合所得应纳税额的计算公式为

$$应纳税额 = 全年应纳税所得额 \times 对应级数的适用税率 - 速算扣除数$$
$$= (全年工资薪金所得 + 全年劳务报酬所得和特许权使用费所得 \times 80\%$$
$$+ 全年稿酬所得 \times 56\% - 60\,000 - 专项扣除 - 享受的专项附加扣除$$
$$- 享受的其他扣除) \times 对应级数的适用税率 - 速算扣除数$$

上述公式中的速算扣除数见表 4-4。

表 4-4 综合所得速算扣除数表

级 数	全年应纳税所得额	税率(%)	速算扣除数
1	不超过 36 000 元的	3	0
2	超过 36 000 元至 144 000 元的部分	10	2 520
3	超过 144 000 元至 300 000 元的部分	20	16 920
4	超过 300 000 元至 420 000 元的部分	25	31 920
5	超过 420 000 元至 660 000 元的部分	30	52 920
6	超过 660 000 元至 960 000 元的部分	35	85 920
7	超过 960 000 元的部分	45	181 920

例 4-1:某居民纳税人 2019 年扣除"五险一金"后共取得工资、薪金所得为 136 000 元,除了一个学龄子女教育和住房贷款专项附加扣除外,该纳税人不享受其他专项附加扣除,试计算其 2019 应纳个人所得税税额。

解答:(1)全年的应纳税所得额 = 136 000 - 60 000 - 24 000 = 52 000(元)

(2)应纳税额 = 52 000 × 10% - 2 520 = 2 680(元)

例 4-2:某居民纳税人为独生子女,其父母都健在并且已经年满 60 岁,其有两个在读的学生子女,他和其妻子一人抵扣一个孩子的教育费,有自有住房无贷款,其 2019 年交完社保和公积金等后取得税前工资薪金收入 25 万元,劳务报酬 1.6 万元,稿酬 2 万元,试计算其 2019 年应纳的个人所得税额。

解答:(1)全年的应纳税所得额 = 250 000 + 16 000 × 80% + 20 000 × 56% - 60 000 - 36 000
= 178 000(元)

(2)应纳税额 = 178 000 × 20% - 16 920 = 18 680(元)

以上关于居民纳税人的年应纳税所得额的计算是按照税法的规定按年计算的,但是在实务操作中,为保证征管效率,对居民个人综合所得涉及的四类所得实行预扣预缴制度。税法要求支付所得的个人或单位要承担预扣代缴义务,工资、薪金所得,劳务报酬所得,稿酬所得和特许权使用费所得分别预扣预缴,目前工资、薪金所得按照综合所得的累进税率表预扣预缴,具体计算方法采取累计预扣法,其他三项所得代扣代缴按照旧准则中的费用扣除额和税率来计算,即劳务报酬和特许权使用费税率为20%,每次收入的费用扣除额4 000元以下扣除800元,4 000元以上扣除20%(劳务报酬一次超过20 000元的加成征收),稿酬税率为14%,其余同特许权使用费。

因为我们这次新的税法中计税是按年计税的,而平时工资薪金是按月预扣的,劳务报酬、特许权使用费和稿酬所得是按次代扣代缴的,因此我们需要在次年按照税法规定的时间内进行自主汇算清缴申报,下面我们介绍工资、薪金所得的累计预扣法的计算方法以及年底汇算清缴的计算方法。

2. 工资、薪金所得的累计预扣计算法

累计预扣法,是指扣缴义务人在一个纳税年度内预扣预缴税款时,以纳税人在本单位截至当前月份工资、薪金所得累计收入减除累计免税收入、累计减除费用、累计专项扣除、累计专项附加扣除和累计依法确定的其他扣除后的余额为累计预扣预缴应纳税所得额,适用个人所得税预扣率表(表4-5),计算累计应预扣预缴税额,再减除累计减免税额和累计已预扣预缴税额,其余额为本期应预扣预缴税额。余额为负值时,暂不退税。纳税年度终了后余额仍为负值时,由纳税人通过办理综合所得年度汇算清缴,税款多退少补。

表4-5 个人所得税预扣率表(居民个人工资、薪金所得预扣预缴适用)

级 数	累计预扣预缴应纳税所得额	预扣率(%)	速算扣除数
1	不超过36 000元	3	0
2	超过36 000元至144 000元的部分	10	2 520
3	超过144 000元至300 000元的部分	20	16 920
4	超过300 000元至420 000元的部分	25	31 920
5	超过420 000元至660 000元的部分	30	52 920
6	超过660 000元至960 000元的部分	35	85 920
7	超过960 000元的部分	45	181 920

具体计算公式如下:

当期应预扣预缴税额=(累计预扣预缴应纳税所得额×预扣率-速算扣除数)
-累计减免税额-累计已预扣预缴税额

累计预扣预缴应纳税所得额=累计收入-累计免税收入-累计减除费用-累计专项扣除-累计专项附加扣除-累计依法确定的其他扣除

其中:累计减除费用,按照5 000元/月乘以纳税人当年截至本月在本单位的任职受雇月份数计算。

例 4-3： 2019年1月8日，某公司应向杨女士支付工资16 500元，杨女士在该月除由任职单位扣缴"五险一金"2 560元外，还通过单位缴付企业年金540元，自行支付商业健康保险费200元。其专项扣除如下：子女扣除费1 000元一个月；杨女士本人是在职博士研究生在读；杨女士去年使用商业银行个人住房贷款购买了首套住房，现处于偿还贷款期间，每月需支付贷款利息5 300元，已与丈夫约定由杨女士进行住房贷款利息专项附加扣除；因杨女士所购住房距离小孩上学的学校很远，以每月租金1 200元在(本市)孩子学校附近租住了一套房屋；杨女士的父母均已满60岁，杨女士与姐姐和弟弟签订书面分摊协议，约定由杨女士分摊赡养老人专项附加扣除800元。问：杨女士1月份应预交的个人所得税为多少？

解答：杨女士2019年1月份应纳税所得额＝16 500－5 000－2 560－3 200－740
＝5 000(元)

1月份为杨女士预扣预交的税金＝5 000×3％＝150(元)

例 4-4： 续例4-3，2019年2月4日，公司应支付杨女士工资16 500元，同时发放春节的过节费6 500元，合计23 000元。2019年3月4日，公司应支付杨女士工资16 500元，同时发放季度奖20 500元

其余情况都与1月份一样。试用累计预扣法计算2019年2月份和3月份应扣缴的杨女士的个人所得税。

解答：(1) 在1月份已预扣预缴杨女士个人所得税150元。
(2) 杨女士2月份累计应税收入＝16 500＋16 500＋6 500＝39 500(元)
(3) 杨女士2月份累计扣除额＝5 000×2＋2 560×2＋3 200×2＋740×2＝23 000(元)
(4) 杨女士2月份累计预扣预缴应纳税所得额＝39 500－23 000＝16 500(元)
(5) 2月份累计应预扣预缴杨女士个人所得税＝16 500×3％＝495(元)
(6) 2月份当月应预扣预缴杨女士个人所得税＝495－150＝345(元)
(7) 杨女士3月份累计应税收入＝16 500×3＋6 500＋20 500＝76 500(元)
(8) 杨女士3月份累计扣除额＝5 000×3＋2 560×3＋3 200×3＋740×3＝34 500(元)
(9) 杨女士3月份累计预扣预缴应纳税所得额＝76 500－34 500＝42 000(元)
(10) 3月份累计应预扣预缴杨女士个人所得税＝42 000×10％－2 520＝1 680(元)
(11) 3月份当月应预扣预缴杨女士个人所得税＝1 680－345－150＝1 185(元)

3. 年底汇算清缴计算法

在新税法下，对综合所得要求分项在获得所得时进行预扣预交，在次年3~6月份再自主申报进行汇算清缴，汇算清缴时应该补税或者退税的计算公式如下：

补税或退税额＝年综合所得应纳税额－工资薪金预扣预交金额－劳务报酬预扣预交金额－稿酬所得预扣预交金额－特许权使用费预扣预交金额

上式结果如果是负的是税务机关应该退给纳税人的金额,如果是正的则是纳税人应该补交的税金。

上式中的年综合所得应纳税额计算法见例4-2中算法。

例4-5：上海的某大学教授(居民纳税人)2019年税前工资薪金所得(不含"五险一金")为25万元,已经被预扣预交税金总计14 080元,2019年4月份获得一次性讲座收入20 000元,已经被预扣预交税金3 200元,2019年6月在外校参加答辩获得酬金3 800元,已经被预扣预交税金600元,2019年8月获得教材的稿费20 000元,已经被预扣预交税金2 240元,2019年作为某上市公司的独立董事获得该公司支付的董事费96 000元(按月支付),已经被预扣预交15 360元税金。问：该教授在2020年对2019年度的所得应该如何进行汇算清缴？已知该教授享受的专项附加扣除只有一个年满60岁的父母(本人分摊一个月1 000元),一个读高中子女,无其他扣除。

解答：该教授2019年总的综合所得收入额＝250 000＋20 000＋3 800＋20 000＋96 000
＝389 800(元)

该教授计入纳税的年综合所得额＝250 000＋(20 000＋3 800＋96 000)×80%
＋20 000×56%＝357 040(元)

该教授2019年的应纳税额＝(357 040－60 000－24 000)×20%－16 920＝37 688(元)

该教授2019年的汇算清缴额＝37 688－14 080－3 200－600－2 240－15 360＝2 208(元)

即该教授年底汇算清缴时应该补交2 208元的税金。

例4-6：某企业职工2019年税前工资薪金所得(不含"五险一金")为6万元,未被预扣预交税金,2019年4月份在外单位获得一次性劳务报酬8 000元,已经被预扣预交税金1 280元,2019年8月获得稿费一笔共4 000元,已经被预扣预交税金448元。问该职工在2020年对2019年度的所得应该如何进行汇算清缴。该职工享受的专项附加扣除为一个月2 000元的扣除限额,没有其他扣除。

解答：该职工2019年总的综合所得收入额＝60 000＋8 000＋4 000＝72 000(元)

该职工计入纳税的年综合所得额＝60 000＋8 000×80%＋4 000×56%＝68 640(元)

该职工2019年的应纳税所得额＝68 640－60 000－24 000＝－15 360(元)

可见,该职工2019年的综合所得不需要纳税,这就意味着2019年被预扣预交的税金可以获得退税。

即该职工年底汇算清缴时应该获得退税金额＝1 280＋448＝1 728(元)

(二) 居民个人取得经营所得应纳税额的计算

经营所得适用五级超额累进税率(见表4-6),应纳税额计算公式为:

经营所得应纳个人所得税额＝应纳税所得额×税率－速算扣除数(速算扣除数见表4-6)
应纳税所得额＝全年收入总额－成本、费用以及损失

成本、费用,是指生产、经营活动中发生的各项直接支出和分配计入成本的间接费用以及销售费用、管理费用、财务费用;损失,是指生产、经营活动中发生的固定资产和存货的盘亏、毁损、报废损失,转让财产损失,坏账损失,自然灾害等不可抗力因素造成的损失以及其他损失。具体参考企业所得税相应规定执行。

表4-6 经营所得超额累进税率表

级 数	全年应纳税所得额	税率(%)	速算扣除数
1	不超过30 000元的	5	0
2	超过30 000元至90 000元的部分	10	1 500
3	超过90 000元至300 000元的部分	20	10 500
4	超过300 000元至500 000元的部分	30	40 500
5	超过500 000元的部分	35	65 500

取得经营所得的个人,没有综合所得的,计算其每一纳税年度的应纳税所得额时,应当减除费用六万元、专项扣除、专项附加扣除以及依法确定的其他扣除(具体减除规则同前):应纳税所得额＝收入额－成本－费用－损失－60 000－专项扣除－专项附加扣除－其他扣除。专项附加扣除在办理汇算清缴时减除。

从事生产、经营活动,未提供完整、准确的纳税资料,不能正确计算应纳税所得额的,由主管税务机关核定应纳税所得额或者应纳税额。

在实务中,具体计算又分为如下不同情况。

1. 个体工商户应纳税额的计算

个体工商户的生产经营所得,以每一纳税年度的收入总额,减除成本、费用、税金、损失、其他支出以及允许弥补的以前年度亏损后的余额,为应纳税所得额。

上述所称的全年收入总额是指个体工商户从事生产经营以及与生产经营有关的活动所取得的各项收入,包括商品(产品)销售收入、提供劳务收入、转让财产收入、利息收入、租金收入、捐赠收入和其他收入。

成本是指个体户从事生产经营活动中所发生的销售成本、销货成本、业务支出及其他耗费。

费用是指个体工商户生产经营活动中发生的销售费用、管理费用、财务费用;已经计入成本的有关费用除外。

税金,是指个体工商户在生产经营活动中发生的除个人所得税和允许抵扣的增值税以外的各项税金及附加。

损失,是指个体工商户在生产经营活动中发生的固定资产和存货的盘亏、毁损报废损失,转让财产损失、坏账损失,自然灾害等不可抗力因素造成的损失以及其他损失。

其他支出是指个体工商户在生产经营中发生的,除了上述成本、费用、税金和损失之外,与生产经营活动有关的、合理的支出。

至于成本、费用、支出、损失等具体的一些扣除规定和细则跟企业所得税中的规定基本一致,此处不再赘述。

个体工商户业主的费用扣除标准也是一年60 000元,而个体工商户业主自己的工资薪金就不能在税前扣除。其余的各项扣除标准同其余居民纳税人一样。

例4-7:某个体户从事商品经营,2019年全年销售收入为600万元,进货成本为380万元,各项费用支出为35万元,当年支付3名雇员工资各12万元,工商户本人领取工资20万元,年内商场失窃各种商品价值3万元,获得保险公司赔款1.8万元。当年支付除增值税和企业所得税之外的各项税金为20万元,个体工商户业主有每个月3 000元的专项附加扣除。计算2019年该个体工商户应缴纳的个人所得税税金。

解答:(1) 2019年的生产经营所得=600−380−35−3×12−3+1.8−20=127.8(万元)

(2) 2019年的生产经营应纳税所得额=127.8−6−3.6=118.2(万元)

(3) 2019年个体工商户的经营所得应纳税额=118.2×35%−6.55=34.82(万元)

2. 个人独资企业和合伙企业应纳税额的计算

对于个人独资企业和合伙企业生产经营所得,其个人所得税应纳税额的计算有以下两种方法。

(1) 查账征税。

从2019年1月1日起,个人独资企业和合伙企业生产经营所得依法计征个人所得税时,个人独资企业和合伙企业投资者本人的费用扣除标准也统一确定为60 000元/年,其工资则不得在税前扣除。

查账征税的计税依据同个体工商户的计算规定大致相同,个人独资企业和合伙企业先按照税法中规定的标准计算应纳的所得额,然后根据账面计算得到的应纳税所得额进行计算纳税,税务机关随时可以进行查账核对。

(2) 核定征收。

核定征收方式,具体包括定额征收、核定应税所得率征收以及其他合理额的征收方式。

有些企业依照国家规定应当设置但未设置账簿;有些企业虽然设置账簿,但账目混乱或者成本资料、收入凭证、费用凭证残缺不全难以查账的;另外一种情况是,纳税人发生的纳税义务,没有按照规定的期限办理纳税申报,经税务机关责令限期申报,预期仍不申报的;对于上述三类企业,税务机关应该对之采取核定征收方式征收个人所得税。

实行核定应税所得率征收方式的,计算公式为

$$应纳所得税额 = 应纳税所得额 \times 适用税率$$
$$= 收入总额 \times 应税所得率$$
$$= 成本费用支出额 \div (1 - 应税所得率) \times 应税所得率$$

公式中的应税所得率按照税法的规定标准执行,行业不同规定有所不同,具体而言,工业、交通运输业和商业为 5%~20% 之间;建筑业和房地产开发业为 7%~20%;饮食服务业为 7%~25%;娱乐业为 20%~40%;其他行业为 10%~30%。

一家企业如果多业经营的,则税法规定无论经营项目是否单独核算,均应根据其主营项目确定其适用的应税所得率。

实行核定征税的投资者,不能再享受个人所得税的优惠政策。如果企业之前是采用查账征税方式的,之后改为核定征税的,则在查账征税方式下认定的年度经营亏损未弥补完的部分,不得再继续弥补。

对于个人独资企业和合伙企业,不管是查账征收还是核定征收,都要遵守如下规定:

① 个人独资企业和合伙企业对外投资分回的利息或者股息、红利,不能并入企业的收入,而应该单独作为投资者个人取得的利息、股息、红利所得单独计税。

② 残疾人员投资兴办或参与投资兴办个人独资企业和合伙企业的,残疾人员取得的经营所得符合规定的可以减征个人所得税。

③ 企业进行清算时,投资者应当在注销工商登记之前,向主管税务机关结清有关税务事宜。企业的清算所得应当视为年度生产经营所得,由投资者依法缴纳个人所得税。

④ 企业在纳税年度的中间开业,或者由于合并、关闭等原因,使该纳税年度的实际经营期不足 12 个月的,应当以其实际经营期为一个纳税年度。

(三) 财产租赁所得应纳税额的计算

财产租赁所得一般以个人每次取得的收入,定额或定率减除规定费用后的余额为应纳税所得额。费用减除标准为:每次收入不超过 4 000 元的,减除费用 800 元;4 000 元以上的,减除 20% 的费用,其余额为应纳税所得额。但对个人按市场价格出租的居民住房取得的所得,自 2001 年 1 月 1 日起暂减按 10% 的税率征收个人所得税。

在确定财产租赁的应纳税所得额时,纳税人在出租财产的过程中缴纳的税金和教育费附加,可持完税凭证,从其财产租赁收入中扣除。另外,对于能够提供有效、准确凭证,证明由纳税人负担的该出租财产实际开支的修缮费用也准予扣除。允许扣除的修缮费用,以每次 800 元为限。一次扣除不完的,准予在下一次继续扣除,直到扣完为止。

个人出租财产所得应纳税额的计算公式如下:

(1) 每次(月)收入不足 4 000 元的:

应纳税额 = 应纳税所得额 × 适用税率
     = [每次收入额 − 准予扣除项目 − 修缮费用(800 元为限) − 800] × 20%

(2) 每次(月)收入在 4 000 元以上的:

应纳税额 = 应纳税所得额 × 适用税率
     = [每次收入额 − 准予扣除项目 − 修缮费用(800 元为限)] × (1 − 20%) × 20%

例 4-8:王某于 2019 年 1 月将自有的三间面积为 140 平方米的房屋出租给李某居住,

租期为1年。王某每月取得租金收入8 000元,全年租金收入96 000元。当年4月份因水道堵塞等原因王某找人修理,发生修理费1 500元,有维修部门的正式收据。计算王某全年租金收入应缴纳的个人所得税。

解答:(1)4月份应纳税额=(8 000－800)×(1－20%)×10%=576(元)

(2)5月份应纳税额=(8 000－700)×(1－20%)×10%=584(元)

(3)其他月份每月应纳税额=8 000×(1－20%)×10%=640(元)

(4)全年应纳税额=640×10+576+584=7 560(元)

(四)财产转让所得应纳税额的计算

财产转让所得适用20%的比例税率,其应纳税额的计算公式为

$$应纳税额=应纳税所得额 \times 适用税率$$
$$=(财产转让取得的收入总额 - 财产原值 - 合理费用) \times 20\%$$

财产原值,按照下列方法确定:① 有价证券,为买入价以及买入时按照规定交纳的有关费用;② 建筑物,为建造费或者购进价格以及其他有关费用;③ 土地使用权,为取得土地使用权所支付的金额、开发土地的费用以及其他有关费用;④ 机器设备、车船,为购进价格、运输费、安装费以及其他有关费用。

其他财产,参照上述规定的方法确定财产原值。纳税人未提供完整、准确的财产原值凭证,不能按照上述规定的方法确定财产原值的,由主管税务机关核定财产原值。对股票转让所得征收个人所得税的办法,由国务院另行规定,并报全国人民代表大会常务委员会备案。

个人转让限售股,以每次限售股转让收入,减除股票原值和合理税费后的余额,为应纳税所得额。即:应纳税所得额=限售股转让收入－(限售股原值＋合理税费)。其中,限售股转让收入,是指转让限售股股票实际取得的收入;限售股原值,是指限售股买入时的买入价及按照规定缴纳的有关费用;合理税费,是指转让限售股过程中发生的印花税、佣金、过户费等与交易相关的税费;如果纳税人未能提供完整、真实的限售股原值凭证,不能准确计算限售股原值的,主管税务机关一律按限售股转让收入的15%核定限售股原值及合理税费。

例4-9:张某于2019年3月转让给本市某企业一台印刷机,取得转让收入145 000元。此印刷机购进时的原价为115 000元,转让时支付有关的费用为800元,计算张某转让这台印刷机应缴纳的个人所得税。

解答:(1)应纳税所得额=145 000－115 000－800=29 200(元)

(2)应纳税额=29 200×20%=5 840(元)

(五)利息、股息、红利所得应纳税额的计算

利息、股息、红利所得适用20%的比例税率,其应纳税额的计算公式为

$$应纳税额＝应纳税所得额×适用税率＝每次收入额×20\%$$

公式中的"应纳税所得额"是纳税人每次取得的收入额，不得从收入额中扣除任何费用。

为了应对通货膨胀以及居民存款实际利率为负的现象，2007年7月21日国务院发布《国务院关于修改〈对储蓄存款利息所得征收个人所得税的实施办法〉的决定》，规定存款利息税自2007年8月15日起减按5%执行。为了进一步抵制通货膨胀，从2008年10月9日起暂停征收储蓄存款利息所得税。

2005年6月13日，财政部、国家税务总局发布通知，对个人投资者从上市公司取得的股息、红利所得，暂减50%计入个人应纳税所得额，所以，对这一部分股息、红利所得，相当于个人所得税的税率减半，为10%。

自2013年1月1日起，对个人从公开发行和转让市场取得的上市公司股票，其股息红利所得按持股时间长短实行差别化个人所得税政策。持股超过1年的，税负为5%，税负比政策实施前降低一半；持股1个月至1年的，税负为10%，与政策实施前维持不变；持股1个月以内的，税负为20%，则恢复至法定税负水平。因此，个人投资者持股时间越长，其股息红利所得个人所得税的税负就越低。

(六) 偶然所得应纳税额的计算

偶然所得适用20%的比例税率，其应纳税额的计算公式为

$$应纳税额＝应纳税所得额×适用税率＝每次收入额×适用税率$$

(七) 劳务报酬所得、稿酬所得和特许权使用费按次计税计算方法

按新的税法规定，对于居民纳税人来说，劳务报酬、稿酬所得和特许权使用费所得属于综合所得，适用超额累进税率，但是纳税人在获得这三项所得时并不知道综合所得总额是多少，也就无法确定其适用的税率，因此，在实务中，支付人在向所得获得者支付时按照旧税法中的计税办法按次先进行预扣预交税金。对于非居民个人获得劳务报酬所得、稿酬所得、特许权使用费所得，以每次收入额为应纳税所得额，计算办法同居民纳税人预扣预交的计算方法。

1. 劳务报酬所得按次计税计算方法

按次计税的劳务报酬适用20%的比例税率，其个人所得税应纳税额的计算公式如下：

(1) 每次收入不足4 000元的：

$$应纳税额＝应纳税所得额×适用税率＝(每次收入－800)×20\%$$

(2) 每次收入在4 000元至20 000元之间的：

$$应纳税额＝应纳税所得额×适用税率＝每次收入额×(1－20\%)×20\%$$

(3) 每次收入额超过20 000元的：

$$应纳税额＝应纳税所得额×适用税率－速算扣除数$$
$$＝每次收入额×(1－20\%)×适用税率－速算扣除数$$

上式中的速算扣除数表见表4-7。

表4-7　劳务报酬所得个人所得税速算扣除表

级　　数	预扣预缴应纳税所得额	税率(%)	速算扣除数
1	不超过20 000元	20	0
2	超过20 000元至50 000元的部分	30	2 000
3	超过50 000元的部分	40	7 000

例4-10：某居民纳税人演员到某地演出，取得演出收入100 000元，计算该演员的演出收入应该被预扣预交多少个人所得税。

解答：(1) 单次应纳税所得额=100 000×(1-20%)=80 000(元)

(2) 单次预扣预交税额=80 000×40%-7 000=25 000(元)

例4-11：某非居民纳税人来中国旅游，旅游期间在国内一家教育机构兼职两天，获得讲学收入7 800元，计算其讲学收入应纳税额。

解答：非居民纳税人劳务报酬按次计税。

其应纳税额=7 800×80%×20%=1 248(元)

2. 稿酬所得按次计税计算方法

按次计税的稿酬所得适用20%的比例税率，并按规定对应纳税额减征30%，其计算公式如下：

(1) 每次收入不足4 000元的：

$$应纳税额 = 应纳税所得额 \times 适用税率 \times (1-30\%)$$
$$= (每次收入 - 800) \times 20\% \times (1-30\%)$$

(2) 每次收入在4 000元以上的：

$$应纳税额 = 应纳税所得额 \times 适用税率 \times (1-30\%)$$
$$= 每次收入额 \times (1-20\%) \times 20\% \times (1-30\%)$$

例4-12：复旦大学余教授(为居民纳税人)2019年3月因其编著的教材出版，获得稿酬9 500元，2019年8月因教材加印又得到稿酬5 000元。试计算获得稿酬时应预扣预交的税额。

解答：按照稿酬所得"次"的规定，上例中的两次获得稿酬应为一次收入，应该合并计

税。但是其所得是分两次先后取得的,所以每次应分别预扣预交税款:

第一次被预扣预交税款＝9 500×(1－20%)×20%×(1－30%)＝1 064(元)

第二次被预扣预交税款＝(9 500＋5 000)×(1－20%)×20%×(1－30%)－1 064
＝1 624－1 064＝560(元)

3. 特许权使用费所得按次计税计算方法

特许权使用费按次计税适用20%的比例税率,其应纳税额的计算公式如下:

(1) 每次收入不足4 000元的:

$$应纳税额＝应纳税所得额×适用税率＝(每次收入－800)×20\%$$

(2) 每次收入在4 000元以上的:

$$应纳税额＝应纳税所得额×适用税率＝每次收入额×(1－20\%)×20\%$$

八、应纳税额计算中的一些特殊问题处理

(一) 全年一次性奖金的计税规定处理

在旧的个人所得税法中,对于居民纳税人取得的全年一次性奖金,有特殊的优惠规定,即纳税人可以对全年一次性奖金不并入工资薪金所得计税,而是用全年一次性奖金除以12,用得到的商数来套用超额累进税率表中适用的税率,然后再用全年一次性奖金以该税率为标准来计税。

新的个人所得税法沿用了旧法中的优惠政策,但是给予纳税人三年的过渡期,即在2021年12月31日前,纳税人可选择不并入当年综合所得,按以下计税办法,由扣缴义务人发放时代扣代缴:将居民个人取得的全年一次性奖金,除以12,按其商数依照按月换算后的综合所得税率表确定适用税率和速算扣除数(见表4-8)。

表4-8 按月换算后的综合所得税率表

级　数	月应纳税所得额	税率(%)	速算扣除数
1	不超过3 000元的	3	0
2	超过3 000元至12 000元的部分	10	210
3	超过12 000元至25 000元的部分	20	1 410
4	超过25 000元至35 000元的部分	25	2 660
5	超过35 000元至55 000元的部分	30	4 410
6	超过55 000元至80 000元的部分	35	7 160
7	超过80 000元的部分	45	15 160

在一个纳税年度内,对每一个纳税人而言,该计税办法只允许采用一次。实行年薪制和绩效工资的单位,居民个人取得年终兑现的年薪和绩效工资按上述方法执行。居民个人取

得全年一次性奖金,也可以选择并入当年综合所得计算纳税。

居民个人取得除全年一次性奖金以外的其他各种名目奖金,如半年奖、季度奖、加班奖、先进奖、考勤奖等,一律与当月工资、薪金收入合并,按税法规定缴纳个人所得税。自2022年1月1日起,居民个人取得全年一次性奖金,统一并入当年综合所得计算缴纳个人所得税,也就是不再享受优惠政策。

根据上述规定,在2019—2021年三年之间,纳税人对于自己的年终一次性奖金,可以选择并入综合所得合计纳税,也可以不并入综合所得而单独纳税。是否需要计入应该根据每个纳税人的不同情况选择,有的纳税人选择合并计入总体税负低,而有的纳税人选择单独计入总体税负低。

例4-13:居民个人陈某2019年在我国境内1—12月每月的税后工资为3 800元,12月31日又一次性领取年终含税奖金60 000元。请计算陈某取得年终奖金应缴纳的个人所得税。

解答:(1)年终奖金适用的税率和速算扣除数:

按12个月分摊后,每月的奖金=60 000÷12=5 000(元),根据工资、薪金七级超额累进税率的规定,适用的税率和速算扣除数分别为10%、210元。

(2)年终奖应缴纳个人所得税:

$$应纳税额=年终奖金收入×适用的税率-速算扣除数$$
$$=60\,000×10\%-210=6\,000-210=5\,790(元)$$

(二)对在中国境内无住所的个人一次取得数月奖金或年终加薪、劳动分红(以下简称奖金,不包括应按月支付的奖金)的计税方法

对在中国境内无住所的个人取得的奖金,可单独作为1个月的工资、薪金所得计算纳税。由于对每月的工资、薪金所得计税时已按月扣除了费用,因此,对上述奖金不再减除费用,全额作为应纳税所得额直接按适用税率计算应纳税款,并且不再按居住天数进行划分计算。上述个人应在取得奖金月份的次月7日内申报纳税。但有一种特殊情况,即:在中国境内无住所的个人在担任境外企业职务的同时,兼任该外国企业在华机构的职务,但并不实际或不经常到华履行该在华机构职务,对其一次取得的数月奖金中属于全月未在华的月份奖金,依照劳务发生地原则,可不作为来源于中国境内的奖金收入计算纳税。对其取得的有到华工作天数的各月份奖金,应全额依照上述方法计算。

(三)房屋赠与个人所得税的计算

(1)以下情形的房屋产权无偿赠与,当事双方都不需要征收个人所得税:

① 房屋产权所有人将房屋产权无偿赠与配偶、父母、子女、祖父母、外祖父母、孙子女、外孙子女、兄弟姐妹。

② 房屋产权所有人将房屋产权无偿赠与对其承担直接抚养或者赡养义务的抚养人或者赡养人。

③ 房屋产权所有人死亡,依法取得房屋产权的法定继承人、遗嘱继承人或者受遗赠人。

(2) 除上述情形以外,房屋产权所有人将房屋产权无偿赠与他人的,受赠人因无偿受赠房屋取得的受赠所得,按照"经国务院财政部门确定征税的其他所得"项目缴纳个人所得税,税率为20%。

(3) 对受赠人无偿受赠房屋计征个人所得税时,其应纳税所得额为房地产赠与合同上标明的赠与房屋价值减除赠与过程中受赠人支付的相关税费后的余额。赠与合同标明的房屋价值明显低于市场价格或房地产赠与合同未标明赠与房屋价值的,税务机关可依据受赠房屋的市场评估价格或采取其他合理方式确定受赠人的应纳税所得额。

(4) 受赠人转让受赠房屋的,以其转让受赠房屋的收入减除原捐赠人取得该房屋的实际购置成本以及赠与和转让过程中受赠人支付的相关税费后的余额为受赠人的应纳税所得额,依法计征个人所得税。受赠人转让受赠房屋价格明显偏低且无正当理由的,税务机关可以依据该房屋的市场评估价格或其他合理方式确定的价格核定其转让收入。

(四)关于重点群体创业就业有关个人所得税的规定

自2019年1月1日至2021年12月31日三年内,对建档立卡贫困人口、持《就业创业证》或《就业失业登记证》的人员从事个体经营的,在3年(36个月,下同)内按每户每年12 000元为限额依次扣减其当年实际应缴纳的增值税、城市维护建设税、教育费附加、地方教育附加和个人所得税。限额标准最高可上浮20%。各省、自治区、直辖市人民政府可根据本地区实际情况在此幅度内确定具体限额标准。

纳税人年度应缴纳税款小于上述扣减限额的,以其实际缴纳的税款为限;大于上述扣减限额的,以上述扣减限额为限。

上述人员具体包括:

(1) 纳入全国扶贫开发信息系统的建档立卡贫困人口。

(2) 在人力资源社会保障部门公共就业服务机构登记失业半年以上的人员。

(3) 零就业家庭、享受城市居民最低生活保障家庭劳动年龄内的登记失业人员。

(4) 毕业年度内高校毕业生。高校毕业生是指实施高等学历教育的普通高等学校、成人高等学校应届毕业的学生。

上述税收优惠政策在2021年12月31日未享受满3年的,可继续享受至3年期满为止。

(五)关于自主择业的军队转业干部和随军家属就业,以及自主就业退役士兵创业就业有关个人所得税的规定

对从事个体经营的军队转业干部和随军家属,自领取税务登记证之日起,3年内免征个人所得税。自主择业的军队转业干部必须持有师以上部队颁发的转业证件;随军家属必须有师以上政治机关出具的可以表明其身份的证明,但税务部门应进行相应的审查认定。每一随军家属只能享受一次上述免税政策。

2019年1月1日至2021年12月31日,对自主就业退役士兵从事个体经营的,享受上述跟重点群体创业就业一样的优惠政策,即3年内每年每户12 000元限额扣除,具体扣除方法也同上。所称自主就业退役士兵,是指依照《退役士兵安置条例》(国务院、中央军委令第608号)的规定退出现役并按自主就业方式安置的退役士兵。到2021年12月31日,从事个体经营的自主就业退役士兵享受上述税收优惠未享受满3年的,也可以继续享受至3年期满为止。

（六）关于个人取得无赔款优待收入征税问题

对于个人因任职单位缴纳有关保险费用而取得的无赔款优待收入，按照"其他所得"应税项目计征个人所得税。对于个人自己缴纳有关商业保险费(保费全部返还个人的保险除外)而取得的无赔款优待收入，不作为个人的应纳税收入，不征收个人所得税。

（七）关于个人取得公务交通、通信补贴收入的征税问题

个人因公务用车和通信制度改革而取得的公务用车、通信补贴收入，扣除一定标准的公务费用后，按照"工资、薪金所得"项目计征个人所得税。按月发放的，并入当月"工资、薪金所得"预扣预交个人所得税；不按月发放的，分解到所属月份并与该月份"工资、薪金所得"合并后预扣预交个人所得税。

（八）在中国境内无住所的个人取得工资薪金所得的征税问题

自2019年1月1日起，在中国境内无住所但在境内累计居住满183天的年度连续不满6年的个人，其在中国境内工作期间取得的由中国境内企业或个人雇主支付和由中国境外企业或个人雇主支付的工资、薪金，均应申报缴纳个人所得税，凡是中国境内企业、机构属于采取核定利润方法计征企业所得税或没有营业收入而不征收企业所得税的，在中国境内企业、机构任职、受雇的个人取得的工资、薪金，不论是否在中国境内企业、机构会计账簿中有记载，均应视为由其任职的中国境内企业、机构支付。

根据所得来源地和所得支付地分别是境内还是境外，工资薪金收入可以分为四类：所得来源地与所得支付地均为境内的、所得来源地为境内而所得支付地为境外的、所得来源地为境外而所得支付地为境内的、所得来源地与所得支付地均为境外的。这四类所得依次可以简称为：境内所得境内支付、境内所得境外支付、境外所得境内支付、境外所得境外支付。

根据在中国境内居住时间长短以及是否为高管人员，无住所个人上述四类工资薪金所得在中国的个人所得税义务不同，相应纳税义务详见表4-9、表4-10。

表4-9 无住所非高管个人纳税义务

类别 居住时间	境内所得		境外所得	
	境内支付	境外支付	境内支付	境外支付
不超过90天	征税	不征	不征	不征
超过90天不满183天	征税	征税	不征	不征
满183天但年度连续不满六年	征税	征税	征税	符合条件的不征
满183天的年度连续满六年	征税	征税	征税	征税

如表4-9所示，在一个纳税年度内，在境内累计居住不超过90天的非高管个人(非居民个人)，仅就其境内所得境内支付部分计算缴纳个人所得税。当月工资薪金收入额的计算公式(公式1)如下：

$$当月工资薪金收入额 = 当月境内外工资薪金总额 \times \frac{当月境内支付工资薪金数额}{当月境内外工资薪金总额} \times \frac{当月工资薪金所属工作期间境内工作天数}{当月工资薪金所属工作期间公历天数}$$

境内雇主包括雇用员工的境内单位和个人以及境外单位或者个人在境内的机构、场所。凡境内雇主采取核定征收所得税或者无营业收入未征收所得税的,无住所个人为其工作取得工资薪金所得,不论是否在该境内雇主会计账簿中记载,均视为由该境内雇主支付或者负担。工资薪金所属工作期间的公历天数,是指无住所个人取得工资薪金所属工作期间按公历计算的天数。当月境内外工资薪金包含归属于不同期间的多笔工资薪金的,应当先分别按照规定计算不同归属期间工资薪金收入额,然后再加总计算当月工资薪金收入额。

在一个纳税年度内,在境内累计居住超过90天但不满183天的非高管个人(非居民个人),其工资薪金所得中属于境内所得的部分,均应当计算缴纳个人所得税;属于境外所得的部分,不征收个人所得税。当月工资薪金收入额的计算公式(公式2)如下:

$$当月工资薪金收入额 = 当月境内外工资薪金总额 \times \frac{当月工资薪金所属工作期间境内工作天数}{当月工资薪金所属工作期间公历天数}$$

在境内累计居住满183天的年度连续不满六年①的无住所非高管个人(居民个人),经向主管税务机关备案,其工资薪金所得中境外所得境外支付的部分,免予缴纳个人所得税,其余均须在中国缴纳个人所得税。当月工资薪金所得收入额的计算公式(公式3)如下:

$$当月工资薪金收入额 = 当月境内外工资薪金总额 \times \left[1 - \frac{当月境外支付工资薪金数额}{当月境内外工资薪金总额} \times \frac{当月工资薪金所属工作期间境外工作天数}{当月工资薪金所属工作期间公历天数} \right]$$

在中国境内累计居住满183天的年度连续满六年的无住所非高管个人(居民个人),在境内承担无限纳税义务,其工资薪金所得无论来源地和支付地是否境内都要计入计税收入额。

如表4-10所示,在一个纳税年度内,在境内累计居住不超过90天的高管人员(非居民个人)取得的工资薪金所得是否计税,不考虑所得来源地,只根据所得支付地:由境内雇主支付或者负担的,应当计算缴纳个人所得税;非境内雇主支付或者负担的,不缴纳个人所得税。当月工资薪金收入额为当月境内支付或者负担的工资薪金收入额。

表4-10 无住所高管个人纳税义务

类别 居住时间	境内所得		境外所得	
	境内支付	境外支付	境内支付	境外支付
不超过90天	征税	不征	征税	不征
超过90天不满183天	征税	征税	征税	不征
满183天	征税	征税	征税	征税

---

① 在中国境内居住累计满183天的任一年度中有一次离境超过30天的,其在中国境内居住累计满183天的年度的连续年限重新起算。

在一个纳税年度内,在境内居住累计超过90天但不满183天的高管人员(非居民个人)取得的工资薪金所得,除境外所得境外支付的部分,其余都应当计算缴纳个人所得税。当月工资薪金收入额计算适用前述公式3。

工资薪金所得来源地的判断,对于其纳税义务的确定具有基础意义。不同情况下不同表现形式的工资薪金所得,所得来源地判定具体规则不同。

个人取得归属于中国境内(以下称境内)工作期间的工资薪金所得为来源于境内的工资薪金所得。境内工作期间按照个人在境内工作天数计算,包括其在境内的实际工作日以及境内工作期间在境内、境外享受的公休假、个人休假、接受培训的天数。在境内、境外单位同时担任职务或者仅在境外单位任职的个人,在境内停留的当天不足24小时的,按照半天计算境内工作天数。

无住所个人在境内、境外单位同时担任职务或者仅在境外单位任职,且当期同时在境内、境外工作的,按照工资薪金所属境内、境外工作天数占当期公历天数的比例计算确定来源于境内、境外工资薪金所得的收入额。境外工作天数按照当期公历天数减去当期境内工作天数计算。

无住所个人取得的数月奖金或者股权激励所得按照相应规定确定了所得来源地的,无住所个人在境内履职或者执行职务时收到的数月奖金或者股权激励所得,归属于境外工作期间的部分,为来源于境外的工资薪金所得;无住所个人停止在境内履约或者执行职务离境后收到的数月奖金或者股权激励所得,对属于境内工作期间的部分,为来源于境内的工资薪金所得。具体计算方法为:数月奖金或者股权激励乘以数月奖金或者股权激励所属工作期间境内工作天数与所属工作期间公历天数之比。

无住所个人一个月内取得的境内外数月奖金或者股权激励包含归属于不同期间的多笔所得的,应当先分别按照规定计算不同归属期间来源于境内的所得,然后再加总计算当月来源于境内的数月奖金或者股权激励收入额。数月奖金是指一次取得归属于数月的奖金、年终加薪、分红等工资薪金所得,不包括每月固定发放的奖金及一次性发放的数月工资。股权激励包括股票期权、股权期权、限制性股票、股票增值权、股权奖励以及其他因认购股票等有价证券而从雇主取得的折扣或者补贴。

对于担任境内居民企业的董事、监事及高层管理职务的个人(以下统称高管人员),无论是否在境内履行职务,取得由境内居民企业支付或者负担的董事费、监事费、工资薪金或者其他类似报酬(以下统称高管人员报酬,包含数月奖金和股权激励),属于来源于境内的所得。

例4-14:某外籍个人(其所属国与中国已签订税收协定)在2019年1月1日起担任中国境内某外商投资企业的副总经理,由该企业每月支付其工资20 000元,同时,该企业外方的境外总机构每月也支付其工资4 000美元。其大部分时间是在境外履行职务,2019年来华工作时间累计为180天。根据规定,其2019年度在我国的纳税义务确定如下:

(1)由于其属于企业的高层管理人员,因此,根据规定,该人员于2019年1月1日起至12月31日在华任职期间,由该企业支付的每月20 000元工资、薪金所得,应按月依照税法规定的期限申报缴纳个人所得税。

（2）由于其2019年来华工作时间未超过183天，根据税收协定的规定，其境外雇主支付的每月4 000美元的工资、薪金所得，在我国可免予申报纳税。

（3）假如其2019年在中国工作时间为190天，则因为超过了183天，而且他是高管，因此其应该就其获得的境内支付的每月20 000元和境外支付的每月4 000美元合并计征个人所得税。

（九）在外商投资企业、外国企业和外国驻华机构工作的中方人员取得的工资、薪金所得的征税问题

在外商投资企业、外国企业和外国驻华机构工作的中方人员取得的工资、薪金收入，凡是由雇用单位和派遣单位分别支付的，支付单位应按税法规定代扣代缴个人所得税。同时，按税法规定，纳税义务人应以每月全部工资、薪金收入减除规定费用后的余额为应纳税所得额。为了有利于征管，对雇用单位和派遣单位分别支付工资、薪金的，采取由支付者中的一方减除费用的方法，即只由雇用单位在支付工资、薪金时，按税法规定减除费用，计算扣缴个人所得税；派遣单位支付的工资、薪金不再减除费用，以支付金额直接确定适用税率，计算扣缴个人所得税。

上述纳税义务人，应持两外支付单位提供的原始明细工资、薪金单（书）和完税凭证原件，选择并固定到一地税务机关申报每月工资、薪金收入，汇算清缴其工资、薪金收入的个人所得税，多退少补。

例4-15：张某为一外商投资企业雇用的中方人员，假定2019年3月，该外商投资企业支付给张某的薪金为10 500元，同月，张某还收到其所在的派遣单位发放的扣完"五险一金"后的工资4 500元。请问：当月该外商投资企业、派遣单位应如何扣缴个人所得税？张某当月实际应缴的个人所得税为多少？（不考虑其应享受的专项附加扣除和依法确定的其他扣除）

解答：（1）3月外商投资企业应为王某扣缴的个人所得税：

$$扣缴税额=（3月收入额-5 000）\times 适用税率-速算扣除数$$
$$=(10\,500-5\,000)\times 10\%-210=340(元)$$

（2）3月派遣单位应为王某扣缴的个人所得税：

$$扣缴税额=3月收入额\times 适用税率-速算扣除数$$
$$=4\,500\times 10\%-210=240(元)$$

（3）张某实际应缴的个人所得税：

$$应纳税额=（3月收入额-5 000）\times 适用税率-速算扣除数$$
$$=(10\,500+4\,500-5\,000)\times 10\%-210=790(元)$$

因此，在张某到某税务机关申报时，还应补缴210（790-340-240）元。

(十) 对个人因解除劳动合同取得经济补偿金的征税方法

根据《财政部 国家税务总局关于个人与用人单位解除劳动关系取得的一次性补偿收入征免个人所得税问题的通知》(财税〔2001〕157号)和《国家税务总局关于国有企业职工因解除劳动合同取得一次性补偿收入征免个人所得税问题的通知》(国税发〔2000〕77号)精神,自2001年10月1日起,按以下规定处理:

(1) 企业依照国家有关法律规定宣告破产,企业职工从该破产企业取得的一次性安置费收入,免征个人所得税。

(2) 个人因与用人单位解除劳动关系而取得的一次性补偿收入(包括用人单位发放的经济补偿金、生活补助费和其他补助费用),其收入在当地上年职工平均工资3倍数额以内的部分,免征个人所得税;超过3倍数额的部分,不并入当年综合所得,单独适用综合所得税率表(见表4-4)计算纳税。个人在解除劳动合同后又再次任职、受雇的,已纳税的一次性补偿收入不再与再次任职、受雇的工资薪金所得合并计算补缴个人所得税。

(3) 个人领取一次性补偿收入时按照国家和地方政府规定的比例实际缴纳的住房公积金、医疗保险费、基本养老保险费、失业保险费,可以在计征其一次性补偿收入的个人所得税时予以扣除。

例4-16: 李华强在某服装厂工作20年,现因企业不景气被买断工龄,该服装厂向李某支付一次性补偿金38万元,同时,从38万元中拿出3万元替李某缴纳"四金",当地上年职工平均工资为5.8万元,李某应缴纳的个人所得税为多少?

解答:免纳个人所得税的部分=58 000×3+30 000=204 000(元);应纳个人所得税的部分=380 000-204 000=176 000(元)。

按照表4-4中的税率,李华强就这笔补偿金应纳个人所得税为

$$176\ 000 \times 20\% - 16\ 920 = 18\ 280(元)$$

(十一) 关于企业减员增效和行政事业单位、社会团体在机构改革过程中实行内部退养办法人员取得收入的征税问题

实行内部退养的个人在其办理内部退养手续后至法定离退休年龄之间从原任职单位取得的工资、薪金,不属于离退休工资,应按"工资、薪金所得"项目计征个人所得税。

个人在办理内部退养手续后从原任职单位取得的一次性收入,应按办理内部退养手续后至法定离退休年龄之间的所属月份进行平均,并与领取当月的"工资、薪金"所得合并后减除当月费用扣除标准,以余额为基数确定适用税率,再将当月工资、薪金加上取得的一次性收入,减去费用扣除标准,按适用税率计征个人所得税。

个人在办理内部退养手续后至法定离退休年龄之间重新就业取得的"工资、薪金"所得,应与其从原任职单位取得的同一月份的"工资、薪金"所得合并,并依法自行向主管税务机关申报缴纳个人所得税。

例 4-17：老王所在的单位今年由于改革对其进行了内部退养,单位给了老王 31.2 万元的一次性补贴,以及从退养时间起至法定退休年龄止,会给老王每月发放 3 000 元的工资。老王离退休还有 60 个月。问：老王的这笔补贴该如何交税？

解答：(1) 先按办理内部退养手续后至法定离退休年龄之间的所属月份进行平均：

$$312\ 000 \div 60 = 5\ 200(元)$$

(2) 与领取当月的"工资、薪金"所得合并后减除当月费用扣除标准,以余额为基数确定适用税率：

$$5\ 200 + 3\ 000 - 5\ 000 = 3200(元),税率为 10\%$$

(3) 再将当月工资、薪金加上取得的一次性收入,减去费用扣除标准,按适用税率计征个人所得税。

$$(3\ 000 + 312\ 000 - 5\ 000) \times 10\% - 210 = 30\ 790(元)$$

例 4-18：假如老王之后重新找了一份工作,每月工资 5 000 元。还有原单位每月发放的工资 3 000 元。问：其应该怎么交税呢？

解答：两者应该合并计税：

$$老王每月的应扣税额 = (5\ 000 + 3\ 000 - 5\ 000) \times 3\% = 90(元)$$

次年 3—6 月汇算清缴时需要将老王全年的综合所得合并计算,个人所得税多退少补。

(十二) 个人提前退休取得补贴收入征收个人所得税的规定

自 2019 年 1 月 1 日起,个人提前退休取得一次性补贴收入征收个人所得税按以下规定执行：个人办理提前退休手续而取得的一次性补贴收入,应按照办理提前退休手续至法定离退休年龄之间实际年度数平均分摊,确定适用税率和速算扣除数,单独适用综合所得税率表计算纳税。计算公式为

$$应纳税额 = \{[(一次性补贴收入 \div 办理提前退休手续至法定退休年龄的实际年度数) \\ - 费用扣除标准] \times 适用税率 - 速算扣除数\} \\ \times 办理提前退休手续至法定退休年龄的实际年度数$$

例 4-19：2019 年 3 月,工作了 35 年的老张提前办理了退休手续,退休时老张 57 岁,离他 58 岁的生日还差近 6 个月的时间。公司按照规定,给予老张提前退休一次性补贴 21 万元。问：老张提前退休的一次补贴该如何纳税？

解答：正常男性职工退休年龄为60岁，老张离正常退休还有3年，涉及2019年、2020年和2011年三个年度，21万元平均分摊到每年是7万元，免征额6万元，因此应纳税额＝(70 000－60 000)×3‰×3＝900(元)。

(十三) 企业促销展业赠送礼品个人所得税的规定

自2011年6月9日起，企业和单位在营销活动中以折扣折让、赠品、抽奖等方式，向个人赠送现金、消费券、物品、服务等(以下简称礼品)有关个人所得税的具体规定如下：

(1) 企业在销售商品(产品)和提供服务过程中向个人赠送礼品，属于下列情形之一的，不征收个人所得税：

① 企业通过价格折扣、折让方式向个人销售商品(产品)和提供服务。

② 企业在向个人销售商品(产品)和提供服务的同时给予赠品，如通信企业对个人购买手机赠话费、入网费，或者充话费赠手机等。

③ 企业对累积消费达到一定额度的个人按消费积分反馈礼品。

(2) 企业向个人赠送礼品，属于下列情形之一的，取得该项所得的个人应依法缴纳个人所得税，税款由赠送礼品的企业代扣代缴：

① 企业在业务宣传、广告等活动中，随机向本单位以外的个人赠送礼品，对个人取得的礼品所得，按照"偶然所得"项目，全额适用20%的税率缴纳个人所得税。

② 企业在年会、座谈会、庆典以及其他活动中向本单位以外的个人赠送礼品，对个人取得的礼品所得，按照"偶然所得"项目，全额适用20%的税率缴纳个人所得税。

③ 企业对累积消费达到一定额度的顾客，给予额外抽奖机会，个人的获奖所得，按照"偶然所得"项目，全额适用20%的税率缴纳个人所得税。

(3) 企业赠送的礼品是自产产品(服务)的，按该产品(服务)的市场销售价格确定个人的应税所得；是外购商品(服务)的，按该商品(服务)的实际购置价格确定个人的应税所得。

(十四) 企业给股东买车或者给个人买房的个人所得税征税办法

企业为股东购买车辆并且车辆所有权办到股东个人名下的，其实质为企业对股东实施了红利性质的实物分配，应按照"利息、股息、红利所得"项目征收个人所得税。考虑到该股东个人名下的车辆同时也为企业经营使用的实际情况，允许合理减除部分所得；减除的具体数额由主管税务机关根据车辆的实际使用情况合理确定。

个人取得以下情形的房屋或其他财产，不论所有权人是否将财产无偿或有偿交付企业使用，其实质均为企业对个人进行了实物性质的分配，应依法计征个人所得税：

① 企业出资购买房屋及其他财产，将所有权登记为投资者个人、投资者家庭成员或企业其他人员的。

② 企业投资者个人、投资者家庭成员或企业其他人员向企业借款用于购买房屋及其他财产，将所有权登记为投资者、投资者家庭成员或企业其他人员，且借款年度终了后未归还借款的。

上述购房的个人所得税根据不同的纳税人按照不同的项目纳税，对个人独资企业、合伙企业的个人投资者或其家庭成员取得的上述所得，视为企业对个人投资者的利润分配，按照

"个体工商户的生产、经营所得"项目计征个人所得税;对除个人独资企业、合伙企业以外其他企业的个人投资者或其家庭成员取得的上述所得,视为企业对个人投资者的红利分配,按照"利息、股息、红利"所得项目计征个人所得税;对企业其他人员取得的上述所得,按照"工资、薪金"所得项目计征个人所得税。

(十五)个人转让限售股征收个人所得税规定

自2010年1月1日起,对个人转让限售股取得的所得,按照"财产转让所得",适用20%的比例税率征收个人所得税。

(1) 关于限售股定义的范围如下:

① 上市公司股权分置改革完成后股票复牌日之前股东所持原非流通股股份,以及股票复牌日至解禁日期间由上述股份孳生的送、转股(以下统称股改限售股)。

② 2006年股权分置改革新老划断后,首次公开发行股票并上市的公司形成的限售股,以及上市首日至解禁日期间由上述股份孳生的送、转股(以下统称新股限售股)。

③ 个人从机构或其他个人受让的未解禁限售股。

④ 个人因依法继承或家庭财产依法分割取得的限售股。

⑤ 个人持有的从代办股份转让系统转到主板市场(或中小板、创业板市场)的限售股。

⑥ 上市公司吸收合并中,个人持有的原被合并方公司限售股所转换的合并方公司股份。

⑦ 上市公司分立中,个人持有的被分立方公司限售股所转换的分立后公司股份。

⑧ 财政部、国家税务总局、国务院法制办和证监会共同确定的其他限售股。

(2) 限售股在解禁前被多次转让的,转让方对每一次转让所得均应按规定缴纳个人所得税。对具有下列情形的,应按规定征收个人所得税:

① 个人通过证券交易所集中交易系统或大宗交易系统转让限售股。

② 个人用限售股认购或申购交易型开放式指数基金(ETF)份额。

③ 个人用限售股接受要约收购。

④ 个人行使现金选择权将限售股转让给提供现金选择权的第三方。

⑤ 个人协议转让限售股。

⑥ 个人持有的限售股被司法扣划。

⑦ 个人用限售股偿还上市公司股权分置改革中由大股东代其向流通股股东支付的对价。

⑧ 其他具有转让实质的情形。

(3) 应纳税额的计算。

个人转让限售股,以每次限售股转让收入,减除股票原值和合理税费后的余额,为应纳税所得额。计算公式为

$$应纳税额=[限售股转让收入-(限售股原值+合理税费)]\times 20\%$$

上述所称限售股转让收入,是指转让限售股股票实际取得的收入。限售股原值,是指限售股买入时的买入价及按照规定缴纳的有关费用。合理税费,是指转让限售股过程中发生

的印花税、佣金、过户费等与交易相关的税费。

如果纳税人未能提供完整、真实的限售股原值凭证的，不能准确计算限售股原值的，主管税务机关一律按限售股转让收入15％核定限售股原值及合理税费。

(十六) 企业转增股本个人所得税规定

股份制企业用资本公积金转增股本不属于股息、红利性质的分配，对个人取得的转增股本数额，不作为个人所得，不征收个人所得税。这里所表述的不征税"资本公积金"是指股份制企业股票溢价发行收入所形成的资本公积金。将此转增股本由个人取得的数额，不作为应税所得征收个人所得税。而与此不相符合的其他资本公积金分配个人所得部分，应当依法征收个人所得税。

股份制企业用盈余公积金派发红股属于股息、红利性质的分配，对个人取得的红股数额，应作为个人所得征税。

自2016年1月1日起，全国范围内的中小高新技术企业（未上市或未在新三板挂牌交易的）以未分配利润、盈余公积、资本公积向个人股东转增股本时，个人股东一次缴纳个人所得税确有困难的，可根据实际情况自行制定分期缴税计划，在不超过5个公历年度内（含）分期缴纳，并将有关资料报主管税务机关备案。

(1) 个人股东获得转增的股本，应按照"利息、股息、红利所得"项目，适用20％税率征收个人所得税。

(2) 股东转让股权并取得现金收入的，该现金收入应优先用于缴纳尚未缴清的税款。

(3) 在股东转让该部分股权之前，企业依法宣告破产，股东进行相关权益处置后没有取得收益或收益小于初始投资额的，主管税务机关对其尚未缴纳的个人所得税可不予追征。

这里所称的中小高新技术企业，是指注册在中国境内实行查账征收的、经认定取得高新技术企业资格，且年销售额和资产总额均不超过2亿元、从业人数不超过500人的企业。

非上市及未在全国中小企业股份转让系统挂牌的其他企业转增股本，应及时代扣代缴个人所得税。

上市公司、上市中小高新技术企业及在新三板挂牌的中小高新技术企业向个人股东转增股本（不含以股票发行溢价形成的资本公积转增股本），股东应纳的个人所得税，继续按照现行有关股息红利差别化个人所得税政策执行，即：

(1) 持股期限超过1年的，股息红利所得暂免征收个人所得税。

(2) 持股期限在1个月以内（含）的，其股息红利所得全额计入应纳税所得额。

(3) 持股期限在1个月以上至1年（含）的，暂减按50％计入应纳税所得额。

(十七) 个人股票期权所得个人所得税的征税方法

1. 股票期权所得性质的确认及其具体征税规定

(1) 员工接受实施股票期权计划企业授予的股票期权时，除另有规定外，一般不作为应税所得征税。

(2) 员工行权时，其从企业取得股票的实际购买价（施权价）低于购买日公平市场价（指该股票当日的收盘价，下同）的差额，是因员工在企业的表现和业绩，情况而取得的与任职、受雇有关的所得，应按"工资、薪金所得"适用的规定计算缴纳个人所得税。

对因特殊情况，员工在行权日之前将股票期权转让的，以股票期权的转让净收入，作为工资、薪金所得征收个人所得税。股票期权的转让净收入，一般是指股票期权转让收入。如果员工以折价购入方式取得股票期权的，可以股票期权转让收入扣除折价购入股票期权时实际支付的价款后的余额，作为股票期权的转让净收入。

员工行权日所在期间的工资、薪金所得，应按下列公式计算工资、薪金应纳税所得额：

$$股票期权形式的工资、薪金应纳税所得额 =（行权股票的每股市场价 － 员工取得该股票期权支付的每股施权价）\times 股票数量$$

公式中"员工取得该股票期权支付的每股施权价"，一般是指员工行使股票期权购买股票实际支付的每股价格。如果员工以折价购入方式取得股票期权的，上述施权价可包括员工折价购入股票期权时实际支付的价格。

（3）员工将行权后的股票再转让时获得的高于购买日公平市场价的差额，是因个人在证券二级市场上转让股票等有价证券而获得的所得，应按照"财产转让所得"适用的征免规定计算缴纳个人所得税。

（4）员工因拥有股权而参与企业税后利润分配取得的所得，应按照"利息、股息、红利所得"适用的规定计算缴纳个人所得税。

2. 应纳税款的计算

（1）认购股票所得（行权所得）的税款计算。员工因参加股票期权计划而从中国境内取得的所得，按规定应按工资、薪金所得计算纳税的，在2021年12月31日前，对该股票期权形式的工资、薪金所得不并入当年综合所得，全额单独适用综合所得税税率表计算纳税。计算公式为

$$应纳税额 = 股权激励收入 \times 适用税率 － 速算扣除数$$

居民个人一个纳税年度内取得两次以上（含两次）股权激励的，应合并按上述规定计算纳税。

（2）转让股票（销售）取得所得的税款计算。对于员工转让股票等有价证券取得的所得，应按现行税法和政策规定征免个人所得税。即：个人将行权后的境内上市公司股票再行转让而取得的所得，暂不征收个人所得税；个人转让境外上市公司的股票而取得的所得，应按税法的规定计算应纳税所得额和应纳税额，依法缴纳税款。

（3）参与税后利润分配取得所得的税款计算。员工因拥有股权参与税后利润分配而取得的股息、红利所得，除依照有关规定可以免税或减税的外，应全额按规定税率计算纳税。

3. 可公开交易的股票期权

部分股票期权在授权时即约定可以转让，且在境内或境外存在公开市场及挂牌价格（以下称为可公开交易的股票期权）。员工接受该可公开交易的股票期权时，按以下规定进行税务处理：

（1）员工取得可公开交易的股票期权，属于员工已实际取得有确定价值的财产，应按授权日股票期权的市场价格，作为员工授权日所在月份的工资、薪金所得，并按上述2（1）规定计算缴纳个人所得税。如果员工以折价购入方式取得股票期权的，可以授权日股票期权的

市场价格扣除折价购入股票期权时实际支付的价款后的余额,作为授权日所在月份的工资、薪金所得。

（2）员工取得上述可公开交易的股票期权后,转让该股票期权所取得的所得,属于财产转让所得,按上文 2(2)规定进行税务处理。

（3）员工取得本条所述可公开交易的股票期权后,实际行使该股票期权购买股票时,不再计算缴纳个人所得税。

4. 在行权日不实际买卖股票的情形

凡取得股票期权的员工在行权日不实际买卖股票,而按行权日股票期权所指定股票的市场价与施权价之间的差额,直接从授权企业取得价差收益的,该项价差收益应作为员工取得的股票期权形式的工资薪金所得,按照上述有关规定计算缴纳个人所得税。

例 4-20: 李先生 2018 年 1 月取得某上市公司授予的股票期权 15 000 股,授予日股票价格为 10 元/股,施权价为 8 元/股,该股票期权自 2019 年 2 月起可行权。假定李先生于 2019 年 2 月 28 日行权 10 000 股,行权当天股票市价为 16 元/股,那么李先生此次行权应缴纳多少个人所得税?

解答:李先生 2019 年 2 月 28 日行权时按照"工资、薪金所得"的应纳税所得额=(16-8)×10 000=80 000(元)。

李先生取得的股票期权激励,应全额单独计税,应纳个人所得税额=80 000×10%-2 520=5 480(元)。

假如李先生于 2019 年 10 月 31 日再次行使股票期权 5 000 股,施权价为 8 元/股,行权当日股票市价为 23 元/股,则李先生该次行权又该如何计算缴纳个人所得税?

第二次股权激励的应纳税所得额=(23-8)×5 000=75 000(元),合并二次股权激励应纳税所得额=80 000+75 000=155 000(元)。所以,第二次股权激励应申报纳税=155 000×20%-16 920-5 480=8 600(元)。

(十八)证券投资基金个人所得税的规定

对个人投资者买卖基金单位获得的差价收入,在对个人买卖股票的差价收入未恢复征收个人所得税以前,暂不征收个人所得税。

对投资者从基金分配中获得的股票的股息、红利收入以及企业债券的利息收入,由上市公司和发行债券的企业在向基金派发股息、红利、利息时代扣代缴 20%的个人所得税,基金向个人投资者分配股息、红利、利息时,不再代扣代缴个人所得税。

对投资者从基金分配中获得的国债利息、储蓄存款利息以及买卖股票价差收入,在国债利息收入、个人储蓄存款利息收入以及个人买卖股票差价收入未恢复征收所得税以前,暂不征收所得税。

对个人投资者从基金分配中获得的企业债券差价收入,应按税法规定对个人投资者征收个人所得税,税款由基金在分配时依法代扣代缴。

(十九)"长江学者奖励计划"有关个人所得税的规定

特聘教授取得的岗位津贴应并入其当月的工资、薪金所得计征个人所得税,税款由所在学校代扣代缴。

对特聘教授获得"长江学者成就奖"的奖金,可视为国务院部委颁发的教育方面的奖金,免予征收个人所得税。

对教育部颁发的特聘教授在聘期内享受的"特聘教授奖金",免予征收个人所得税。

(二十)律师事务所从业人员取得收入征收个人所得税的有关规定

律师个人出资兴办的独资和合伙性质的律师事务所的年度经营所得,从2000年1月1日起,停止征收企业所得税,作为出资律师的个人经营所得,按照有关规定,比照"经营所得"应税项目征收个人所得税。在计算其经营所得时,出资律师本人的工资、薪金不得扣除。

合伙制律师事务所应将年度经营所得全额作为基数,按出资比例或者事先约定的比例计算各合伙人应分配的所得,据以征收个人所得税。

律师个人出资兴办的律师事务所,凡有下列情形之一的,主管税务机关有权核定出资律师个人的应纳税额:

(1)依照法律、行政法规的规定可以不设置账簿的。

(2)依照法律、行政法规的规定应当设置账簿但未设置的。

(3)擅自销毁账簿或者拒不提供纳税资料的。

(4)虽设置账簿,但账目混乱或者成本资料、收入凭证、费用凭证残缺不全,难以查账的。

(5)发生纳税义务,未按照规定的期限办理纳税申报,经税务机关责令限期申报,逾期仍不申报的。

(6)纳税人申报的计税依据明显偏低,又无正当理由的。

律师事务所支付给雇员(包括律师及行政辅助人员,但不包括律师事务所的投资者,下同)的所得,按"工资、薪金所得"应税项目征收个人所得税。

作为律师事务所雇员的律师与律师事务所按规定的比例对收入分成,律师事务所不负担律师办理案件支出的费用(如交通费、资料费、通信费及聘请人员等费用),律师当月的分成收入按前述规定扣除办理案件支出的费用后,余额与律师事务所发给的工资合并,按"工资、薪金所得"应税项目计征个人所得税。律师从其分成收入中扣除办理案件支出费用的标准,由各省(自治区、直辖市)税务局根据当地律师办理案件费用支出的一般情况、律师与律师事务所之间的收入分成比例及其他相关参考因素,在律师当月分成收入的30%比例内确定。

兼职律师从律师事务所取得工资、薪金性质的所得,律师事务所在代扣代缴其个人所得税时,不再减除个人所得税法规定的费用扣除标准,以收入全额(取得分成收入的为扣除办理案件支出费用后的余额)直接确定适用税率,计算扣缴个人所得税。兼职律师应于次月7日内自行向主管税务机关申报两处或两处以上取得的工资、薪金所得,合并计算缴纳个人所得税。

律师以个人名义再聘请其他人员为其工作而支付的报酬,应由该律师按"劳务报酬所得"应税项目负责代扣代缴个人所得税。为了便于操作,税款可由其任职的律师事务所代为缴入国库。

律师从接受法律事务服务的当事人处取得的法律顾问费或其他酬金,均按"劳务报酬所得"应税项目征收个人所得税,税款由支付报酬的单位或个人代扣代缴。

(二十一)保险营销员、证券经纪人佣金收入的政策

保险营销员、证券经纪人取得的佣金收入,属于劳务报酬所得,自2019年1月1日起,以不含增值税的收入减除20%的费用后的余额为收入额,收入额减去展业成本以及附加税费后,并入当年综合所得,计算缴纳个人所得税。保险营销员、证券经纪人展业成本按照收入额的25%计算。

扣缴义务人向保险营销员、证券经纪人支付佣金收入时,应按照《个人所得税扣缴申报管理办法(试行)》规定的累计预扣法计算预扣税款。

例4-21:小李是某保险公司营销员,2019年1—3月,分别取得保险营销佣金收入15 450元、20 600元和18 540元,该保险公司接受税务机关委托代征税款,向个人保险代理人支付佣金费用后,代个人保险代理人统一向主管税务机关申请汇总代开增值税专用发票。假定小李每月应缴"四险一金"800元,无专项附加扣除和其他扣除,附加税费征收率为12%(7%+3%+2%)。保险公司该如何预扣预缴小李的个人所得税。

解答:1月份:代征增值税=15 450÷(1+3%)×3%=450(元)

代征附加税费=450×12%=54(元)

展业费用=(15 450-450)×(1-20%)×25%=3 000(元)

计税收入额=(15 450-450)×(1-20%)-3 000-54=8 964(元)

应预扣个人所得税额=(8 964-5 000-800)×3%=94.38(元)

2月份:应征增值税=20 600÷(1+3%)×3%=600(元)

应征附加税费=600×12%=72(元)

展业费用=(20 600-600)×(1-20%)×25%=4 000(元)

计税收入额=(20 600-600)×(1-20%)-4 000-72=11 928(元)

应预扣个人所得税=[(8 964+11 928)-2×5 000-2×800]×3%-94.38
=278.76-94.38=184.38(元)

3月份:应征增值税=18 540÷(1+3%)×3%=540(元)

应征附加税费=540×12%=64.8(元)

展业费用=(18 540-540)×(1-20%)×25%=3 600(元)

计税收入额=(18 540-540)×(1-20%)-3 600-64.8=10 735.2(元)

应预扣个人所得税=[(8 964+11 928+10 735.2)-3×5 000-3×800]×3%-94.38-184.38
=148.05(元)

九、个人所得税的税收优惠

《个人所得税法》及其实施条例以及财政部、国家税务总局的若干规定等,对一些个人所

得项目给予了减税和免税的优惠,主要内容如下。

(一) 免税政策

下列各项个人所得,免纳个人所得税:

(1) 省级人民政府、国务院部委和中国人民解放军军以上单位,以及外国组织、国际组织颁发的科学、教育、技术、文化、卫生、体育、环境保护等方面的奖金。

(2) 国债和国家发行的金融债券利息。这是指个人持有财政部发行的债券而取得的利息所得和2012年及以后年度发行的地方政府债券利息所得,以及个人持有国务院批准发行的金融债券而取得的利息所得。目前对个人取得的教育储蓄存款利息也免征个人所得税。

(3) 按照国家统一规定发给的补贴、津贴。这是指按照国务院规定发给的政府特殊津贴、院士津贴、资深院士津贴,以及国务院规定免纳个人所得税的其他补贴、津贴。

(4) 福利费、抚恤金、救济金。福利费是指根据国家有关规定,从企业、事业单位、国家机关、社会团体提留的福利费或者工会经费中支付给个人的生活补助费。救济金是指国家民政部门支付给个人的生活困难补助经费。抚恤金是指个人因公伤或者意外事故造成的生活特殊困难而取得的一部分经济补偿。

(5) 保险赔款。这是指发生各种灾害、事故时,从保险公司取得的相应数额的赔偿。

(6) 军人的转业费、复员费。这是指军人按照中国人民解放军有关部门规定的标准,在转业或者复员时领取的转业费、退役金。

(7) 按照国家统一规定发给干部、职工的安家费、退职费、基本养老金或者退休费、离休费、离休生活补助费。

(8) 依照我国有关法律规定应予免税的各国驻华使馆、领事馆的外交代表、领事官员和其他人员的所得。

(9) 中国政府参加的国际公约、签订的协议中规定免税的所得。

(10) 奖励见义勇为者的奖金或奖品,经主管税务机关核准,免征个人所得税。

(11) 企业和个人按照国家规定的比例提取并缴付的住房公积金、基本医疗保险金、基本养老保险金、失业保险金,不计入个人当期的工资、薪金收入,免征个人所得税。超过规定的比例缴付的部分计征个人所得税。个人领取原先提存的住房公积金、医疗保险金和基本养老保险金时,免予征收个人所得税。

(12) 生育妇女按照国家规定取得的生育津贴、生育医疗费或其他属于生育保险性质的津贴、补贴,免征个人所得税。

(13) 对工伤职工及其近亲属按照《工伤保险条例》规定取得的工伤保险待遇,免征个人所得税。

(14) 个人举报、协查各种违法、犯罪行为而获得的奖金。

(15) 个人办理代扣代缴税款手续,按规定取得的扣缴手续费。

(16) 个人转让自用超过5年以上并且是唯一的家庭居住用房取得的所得。

(17) 达到离退休年龄,但却因工作需要,适当延长离休、退休年龄的高级专家,其在延长离休退休期间的工资薪金所得,视同退休工资离休工资免征个人所得税。

(18) 外籍个人从外商投资企业取得的股息、红利所得。

(19) 世界银行直接派来我国工作的专家、联合国组织直接派来我国工作的专家、为联合国援助项目来华工作的专家,其工资薪金免税。而援助国派来我国专为该国无偿援助项目工作的专家,其工资、薪金和取得的生活津贴都免税。

(20) 单张有奖发票奖金所得不超过800元的免征个人所得税,超过800元则全额征税。购买社会福利彩票、体育彩票一次中奖收入不超过10 000元的免征个人所得税,超过10 000元的全额征税。

(21) 经国务院财政部门批准免税的所得。

(二)减税规定

有下列情形之一的,经批准可以减征个人所得税,具体幅度和期限由省、自治区、直辖市人民政府规定,并报同级人民代表大会常务委员会备案:

(1) 残疾、孤老人员和烈属的所得。

(2) 因自然灾害造成重大损失的。

国务院可以规定其他减税情形,报全国人民代表大会常务委员会备案。

(三)其他免税、减税规定

1. 关于保险的个人所得税优惠政策

对个人购买符合规定的商业健康保险产品的支出,允许在当年(月)计算应纳税所得额时予以税前扣除,扣除限额为2 400元/年(200元/月)。单位统一为员工购买符合规定的商业健康保险产品的支出,应分别计入员工个人工资薪金,视同个人购买,按上述限额予以扣除。

2. 关于企业年金和职业年金缴费的个人所得税优惠政策

企业和事业单位根据国家有关政策规定的办法和标准,为在本单位任职或者受雇的全体职工缴付的企业年金或职业年金单位缴费部分,在计入个人账户时,个人暂不缴纳个人所得税。

个人根据国家有关政策规定缴付的年金个人缴费部分,在不超过本人缴费工资计税基数的4%标准内的部分,暂不缴纳个人所得税。

年金基金投资运营收益分配计入个人账户时,个人暂不缴纳个人所得税。

3. 关于股权奖励个人所得税优惠政策

自2016年1月1日起,全国范围内的高新技术企业转化科技成果,给予本企业相关技术人员的股权奖励,个人一次缴纳税款有困难的,可根据实际情况自行制定分期缴税计划,在不超过5个公历年度内(含)分期缴纳,并将有关资料报主管税务机关备案。

个人获得股权奖励时,按照"工资、薪金所得"项目,参照《财政部 国家税务总局关于个人股票期权所得征收个人所得税问题的通知》(财税〔2005〕35号)有关规定计算确定应纳税额。股权奖励的计税价格参照获得股权时的公平市场价格确定。

技术人员转让奖励的股权(含奖励股权孳生的送、转股)并取得现金收入的,该现金收入应优先用于缴纳尚未缴清的税款。

技术人员在转让奖励的股权之前企业依法宣告破产,技术人员进行相关权益处置后没有取得收益或资产,或取得的收益和资产不足以缴纳其取得股权尚未缴纳的应纳税款的部分,税务机关可不予追征。

企业面向全体员工实施的股权奖励,不适用上述相应税优惠收政策。股权奖励,是指企业无偿授予相关技术人员一定份额的股权或一定数量的股份。

4. 关于股票、股息红利的个人所得税优惠政策

个人转让上市公司股票取得的所得暂免征收个人所得税。

自 2018 年 11 月 1 日(含)起,对个人转让新三板挂牌公司非原始股取得的所得,暂免征收个人所得税。非原始股,是指个人在新三板挂牌公司挂牌后取得的股票,以及由上述股票孳生的送、转股。

个人从公开发行和转让市场取得的上市公司股票,持股期限超过 1 年的,股息红利所得暂免征收个人所得税;持股期限在 1 个月以内(含 1 个月)的,其股息红利所得全额计入应纳税所得额;持股期限在 1 个月以上至 1 年(含 1 年)的,暂减按 50% 计入应纳税所得额;上述所得统一适用 20% 的税率计征个人所得税。

上市公司派发股息红利时,对个人持股 1 年以内(含 1 年)的,上市公司暂不扣缴个人所得税;待个人转让股票时,证券登记结算公司根据其持股期限计算应纳税额,由证券公司等股份托管机构从个人资金账户中扣收并划付证券登记结算公司,证券登记结算公司应于次月 5 个工作日内划付上市公司,上市公司在收到税款当月的法定申报期内向主管税务机关申报缴纳。

个人转让股票时,按照先进先出的原则计算持股期限,即证券账户中先取得的股票视为先转让。

5. 关于科技人员取得职务科技成果转化现金奖励的个人所得税优惠政策

为进一步支持国家大众创业、万众创新战略的实施,促进科技成果转化,2018 年 7 月 1 日起,依法批准设立的非营利性研究开发机构和高等学校(以下简称非营利性科研机构和高校)根据《中华人民共和国促进科技成果转化法》规定,从职务科技成果转化收入中给予科技人员的现金奖励,可减按 50% 计入科技人员当月"工资、薪金所得",依法缴纳个人所得税。

科技人员享受本通知规定税收优惠政策,须同时符合以下条件:

(1) 科技人员是指非营利性科研机构和高校中对完成或转化职务科技成果做出重要贡献的人员。

(2) 科技成果是指专利技术(含国防专利)、计算机软件著作权、集成电路布图设计专有权、植物新品种权、生物医药新品种,以及科技部、财政部、国家税务总局确定的其他技术成果。

(3) 科技成果转化是指非营利性科研机构和高校向他人转让科技成果或者许可他人使用科技成果。现金奖励是指非营利性科研机构和高校在实际取得科技成果转化收入之日起三年(36 个月)内奖励给科技人员的现金。非营利性科研机构和高校分次取得科技成果转化收入的,以每次实际取得日期为准。

(4) 非营利性科研机构和高校转化科技成果,应当签订技术合同,并根据《技术合同认定登记管理办法》,在技术合同登记机构进行审核登记,并取得技术合同认定登记证明。

6. 关于外籍个人有关津补贴的个人所得税优惠政策

在旧的个人所得税法中,对外籍个人的各种税收优惠,过渡期为三年,即在 2019 年 1 月 1 日至 2021 年 12 月 31 日三年期间,外籍个人符合居民个人条件的,可以选择享受个人所得税专项附加扣除,也可以选择享受住房补贴、语言训练费、子女教育费等津补贴免税优惠政策,但不得同时享受。外籍个人一经选择,在一个纳税年度内不得变更。

上述相应收入免税政策具体规定如下:

(1) 对外籍个人以非现金形式或实报实销形式取得的合理的住房补贴、伙食补贴和洗衣费免征个人所得税,应由纳税人在初次取得上述补贴或上述补贴数额、支付方式发生变化的月份的次月进行工资薪金所得纳税申报时,向主管税务机关提供上述补贴的有效凭证,由主管税务机关核准确认免税。

(2) 对外籍个人因到中国任职或离职,以实报实销形式取得的搬迁收入免征个人所得税,应由纳税人提供有效凭证,由主管税务机关审核认定,就其合理的部分免税。外商投资企业和外国企业在中国境内的机构、场所,以搬迁费名义每月或定期向其外籍雇员支付的费用,应计入工资薪金所得征收个人所得税。

(3) 对外籍个人按合理标准取得的境内、外出差补贴免征个人所得税,应由纳税人提供出差的交通费、住宿费凭证(复印件)或企业安排出差的有关计划,由主管税务机关确认免税。

(4) 对外籍个人取得的探亲费免征个人所得税,应由纳税人提供探亲的交通支出凭证(复印件),由主管税务机关审核,对其实际用于本人探亲,且每年探亲的次数和支付的标准合理的部分给予免税。

(5) 对外籍个人取得的语言培训费和子女教育费补贴免征个人所得税,应由纳税人提供在中国境内接受上述教育的支出凭证和期限证明材料,由主管税务机关审核,对其在中国境内接受语言培训以及子女在中国境内接受教育取得的语言培训费和子女教育费补贴,且在合理数额内的部分免予纳税。

(6) 受雇于我国境内企业的外籍个人(不包括香港澳门居民个人),因家庭、教育等原因居住在香港、澳门,每个工作日往返于内地与香港、澳门等地区,由此境内企业(包括其关联企业)给予在香港或澳门住房、伙食、洗衣、搬迁等非现金形式或实报实销形式的补贴,凡能提供有效凭证的,经主管税务机关审核确认后,可以依照相应规定免予征收个人所得税。

(7) 外籍个人就其在香港或澳门进行语言培训、子女教育而取得的费用补贴,凡能提供有效支出凭证等材料的,经主管税务机关审核确认为合理的部分,可以依照相应规定免予征收个人所得税。

自2022年1月1日起,外籍个人不再享受住房补贴、语言训练费、子女教育费津补贴免税优惠政策,应按规定享受专项附加扣除。

十、境外已纳所得税的抵免

在我国负有纳税义务的个人,包括我国公民和外国公民,从境外取得收入,一般都按取得地税法规定缴纳了个人所得税。可是按我国税法规定,这些收入在我国也应缴纳个人所得税,这就会出现重复征税的问题。为此,个人所得税法规定:个人从中国境外取得的所得,准予其在应纳税额中抵免已在境外缴纳的个人所得税税额,但抵免额不得超过其境外所得依照我国税法规定计算的应纳税额。对这条规定须做如下解释:

(1) 居民个人从中国境内和境外取得的综合所得、经营所得,应当分别合并计算应纳税额;从中国境内和境外取得的其他所得,也应当分别单独计算应纳税额。

(2) 已在境外缴纳的个人所得税税额,是指居民个人来源于中国境外的所得,依照该所得来源国家(地区)的法律应当缴纳并且实际已经缴纳的所得税税额。

(3) 纳税人境外所得依照《中华人民共和国个人所得税法》规定计算的应纳税额,是居民个人抵免已在境外缴纳的综合所得、经营所得以及其他所得的所得税税额的限额(以下简称抵免限额)。除国务院财政、税务主管部门另有规定外,来源于中国境外一个国家(地区)的综合所得抵免限额、经营所得抵免限额以及其他所得抵免限额之和,为来源于该国家(地区)所得的抵免限额。

(4) 居民个人在中国境外一个国家(地区)实际已经缴纳的个人所得税税额,低于依照前款规定计算出的来源于该国家(地区)所得的抵免限额的,应当在中国缴纳差额部分的税款;超过来源于该国家(地区)所得的抵免限额的,其超过部分不得在本纳税年度的应纳税额中抵免,但是可以在以后纳税年度来源于该国家(地区)所得的抵免限额的余额中补扣。补扣期限最长不得超过五年。

(5) 抵免限额的计算公式(分别分为综合所得、经营所得和其他所得分别计算)如下:

$$境外所得税税款抵免限额 = 境内、境外所得按税法计算的应纳税总额 \times (来源于某外国的所得额 \div 境内、境外所得总额)$$

(6) 居民个人申请抵免已在境外缴纳的个人所得税税额,应当提供境外税务机关出具的税款所属年度的有关纳税凭证。

例 4-22:居民纳税人陈某 2019 年取得来源于中国境内的工资薪金收入 32.4 万元,取得来源于中国境外 A 国的工资薪金收入 21.6 万元,无其他综合所得,需要合并计算境内境外的综合所得,可以扣除年度费用 6 万元,可以扣除专项扣除 6.8 万元,可以扣除专项附加扣除 4.8 万元,可以扣除的其他扣除为 2 万元。假设陈某国内工资薪金所得部分已经被预扣预缴税款为 10 280 元,其在 A 国缴纳的个人所得税是 6.2 万元。问:陈某境外所得已纳税款如何抵免? 他在次年汇算清缴时应该如何补税或退税?

解答:陈某境内外全部综合所得的应纳税所得额 = (32.4+21.6-6-6.8-4.8-2) = 34.4(万元),按照中国税法计算的全部税额 = 344 000×25%-31 920 = 54 080(元)。

可以抵免的境外税款的抵免限额 = 54 080×(境外收入 21.6 万/境外收入与境内收入之和 54 万) = 54 080×0.4 = 21 632(元),实际缴纳境外税款 6.2 万元,仅可抵免 21 632 元。

陈某在次年汇算清缴时应该补交税金 = 54 080-10 280-21 632 = 22 168(元)。

例 4-23:上例续,假如陈某当年取得来源于中国境外 A 国的股息红利收入 12 万元,而且依据 A 国国内法被扣除了 10% 的预提所得税 1.2 万元,陈某净得税后红利 10.8 万元。问:这部分境外利息所得的抵免限额是多少? 陈某 2019 年在 A 国已纳税款的总抵免额是多少？其在次年的汇算清缴中应该如何补税或退税？

解答：这部分境外红利单独计算境外所得，其单独的抵免限额是 $12×20\%=2.4$（万元），单就股息红利来说，其在境外缴纳的股息红利个税 1.2 万元可以全额抵免，实际上在境内需补税 1.2 万元。

综合抵免分析：将两个例子合并在一起，陈某源于 A 国的综合所得抵免限额、经营所得抵免限额以及其他所得抵免限额之和，为来源于 A 国所得的抵免限额。

如前所计算，其综合所得抵免限额为 21 632 元。其利息股息红利所得抵免限额＝120 000×20%＝24 000(元)。

则：其 A 国抵免限额之和＝综合所得抵免限额＋利息股息红利所得抵免限额
$$=21\,632+24\,000=45\,632(元)$$

由于其综合所得在境外实缴税款 62 000 元，股息红利实缴税款 12 000 元，均取得境外完税凭证，其实缴税款合计 74 000 元，超过了抵免限额，当年仅可抵免 45 632 元。

陈某次年汇算清缴时应该补交税金＝54 080＋24 000－45 632－10 280＝22 168(元)

十一、个人所得税的征收管理

个人所得税的纳税办法，全国通用实行的有自行申报纳税和全员全额扣缴申报纳税两种。此外，税收征管法还对无法查账征收的纳税人规定了核定征收的方式，但由于核定征收由各地税务局依据自身情况制定当地的细则，因此本书就此部分内容不做详述。

一、自行申报纳税

自行申报纳税，是由纳税人自行在税法规定的纳税期限内，向税务机关申报取得的应税所得项目和数额，如实填写个人所得税纳税申报表，并按照税法规定计算应纳税额，据此缴纳个人所得税的一种方法。

(一) 纳税人应当依法办理纳税申报的情形

有下列情形之一的，纳税人应当依法办理纳税申报：

(1) 取得综合所得需要办理汇算清缴。

(2) 取得应税所得没有扣缴义务人。

(3) 取得应税所得，扣缴义务人未扣缴税款。

(4) 取得境外所得。

(5) 因移居境外注销中国户籍。

(6) 非居民个人在中国境内从两处以上取得工资、薪金所得。

(7) 国务院规定的其他情形。

(二) 取得综合所得需要办理汇算清缴的纳税申报

取得综合所得且符合下列情形之一的纳税人，应当依法办理汇算清缴：

(1) 从两处以上取得综合所得，且综合所得年收入额减除专项扣除后的余额超过 6

万元。

(2) 取得劳务报酬所得、稿酬所得、特许权使用费所得中一项或者多项所得,且综合所得年收入额减除专项扣除的余额超过6万元。

(3) 纳税年度内预缴税额低于应纳税额。

(4) 地纳税年度内预缴税额多于应纳税额需要申请退税。

需要办理汇算清缴的纳税人,应当在取得所得的次年3月1日至6月30日内,向任职、受雇单位所在地主管税务机关办理纳税申报,并报送《个人所得税年度自行纳税申报表》。纳税人有两处以上任职、受雇单位的,选择向其中一处任职、受雇单位所在地主管税务机关办理纳税申报;纳税人没有任职、受雇单位的,向户籍所在地或经常居住地主管税务机关办理纳税申报。

纳税人办理综合所得汇算清缴,应当准备与收入、专项扣除、专项附加扣除、依法确定的其他扣除、捐赠、享受税收优惠等相关的资料,并按规定留存备查或报送。

纳税人办理汇算清缴退税或者扣缴义务人为纳税人办理汇算清缴退税的,税务机关审核后,按照国库管理的有关规定办理退税。纳税人申请退税时提供的汇算清缴信息有错误的,税务机关应当告知其更正;纳税人更正的,税务机关应当及时办理退税。纳税人申请退税,应当提供其在中国境内开设的银行账户,并在汇算清缴地就地办理税款退库。

(三) 取得经营所得的纳税申报

个体工商户业主、个人独资企业投资者、合伙企业个人合伙人、承包承租经营者个人以及其他从事生产、经营活动的个人取得经营所得需要纳税申报。

纳税人取得经营所得,按年计算个人所得税,由纳税人在月度或季度终了后15日内,向经营管理所在地主管税务机关办理预缴纳税申报,并报送《个人所得税经营所得纳税申报表(A表)》。在取得所得的次年3月31日前,向经营管理所在地主管税务机关办理汇算清缴,并报送《个人所得税经营所得纳税申报表(B表)》;从两处以上取得经营所得的,选择向其中一处经营管理所在地主管税务机关办理年度汇总申报,并报送《个人所得税经营所得纳税申报表(C表)》。

(四) 取得应税所得,扣缴义务人未扣缴税款的纳税申报

纳税人取得应税所得,如果扣缴义务人未扣缴税的,应当区别以下情形办理纳税申报:

(1) 居民个人取得综合所得的,且符合前述第(一)项所述情形的,应当依法办理汇算清缴。

(2) 非居民个人取得工资、薪金所得,劳务报酬所得,稿酬所得,特许权使用费所得的,应当在取得所得的次年6月30日前,向扣缴义务人所在地主管税务机关办理纳税申报,并报送《个人所得税自行纳税申报表(A表)》。有两个以上扣缴义务人均未扣缴税款的,选择向其中一处扣缴义务人所在地主管税务机关办理纳税申报。

非居民个人在次年6月30日前离境(临时离境除外)的,应当在离境前办理纳税申报。

(3) 纳税人取得利息、股息、红利所得,财产租赁所得,财产转让所得和偶然所得的,应当在取得所得的次年6月30日前,按相关规定向主管税务机关办理纳税申报,并报送《个人所得税自行纳税申报表(A表)》。

税务机关通知限期缴纳的,纳税人应当按照期限缴纳税款。

纳税人取得应税所得没有扣缴义务人的,应当在取得所得的次月 15 日内向税务机关报送纳税申报表,并缴纳税款。

(五) 取得境外所得的纳税申报

居民个人从中国境外取得所得的,应当在取得所得的次年 3 月 1 日至 6 月 30 日内,向中国境内任职、受雇单位所在地主管税务机关办理纳税申报;在中国境内没有任职、受雇单位的,向户籍所在地或中国境内经常居住地主管税务机关办理纳税申报;户籍所在地与中国境内经常居住地不一致的,选择其中一地主管税务机关办理纳税申报;在中国境内没有户籍的,向中国境内经常居住地主管税务机关办理纳税申报。

(六) 非居民个人在中国境内从两处以上取得工资、薪金所得的纳税申报

非居民个人在中国境内从两处以上取得工资、薪金所得的,应当在取得所得的次月 15 日内,向其中一处任职、受雇单位所在地主管税务机关办理纳税申报,并报送《个人所得税自行纳税申报表(A 表)》。

(七) 纳税申报方式

纳税人可以采用远程办税端、邮寄等方式申报,也可以直接到主管税务机关申报。远程办税端可以用最为便捷高效的"个人所得税"APP。

二、全员全额扣缴申报纳税

税法规定:扣缴义务人向个人支付应税款项时,应当依照个人所得税法规定预扣或者代扣税款,按时缴库,并专项记载备查。

全员全额扣缴申报,是指扣缴义务人应当在代扣税款的次月 15 日内,向主管税务机关报送其支付所得的所有个人的有关信息、支付所得数额、扣除事项和数额、扣缴税款的具体数额和总额以及其他相关涉税信息资料。这种方法,有利于控制税源、防止漏税和逃税。

具体相关规定如下:

(一) 扣缴义务人和代扣预扣税款的范围

扣缴义务人,是指向个人支付所得的单位或者个人。这里的支付,包括现金支付、汇拨支付、转账支付和以有价证券、实物以及其他形式的支付。

实行个人所得税全员全额扣缴申报的应税所得包括除了经营所得之外的其他八项所得。扣缴义务人应当依法办理全员全额扣缴申报。

(二) 不同项目所得扣缴方法

扣缴义务人向居民个人支付工资、薪金所得时,应当按照累计预扣法计算预扣税款,并按月办理扣缴申报。累计预扣法的计算方法见上文应纳税额计算相关部分。

扣缴义务人向居民个人支付劳务报酬所得、稿酬所得、特许权使用费所得时,应当按照按次或者按月预扣预缴税款,预扣税款的计算方法见上文应纳税额计算相关部分。

非居民个人取得工资、薪金所得,劳务报酬所得,稿酬所得和特许权使用费所得,有扣缴义务人的,由扣缴义务人按月或者按次代扣代缴税款,不办理汇算清缴。扣缴税款的计算方法同对居民纳税人这些所得的按次预扣计算方法。

扣缴义务人支付利息、股息、红利所得,财产租赁所得,财产转让所得或者偶然所得时,应当依法按次或者按月代扣代缴税款。

纳税人需要享受税收协定待遇的，应当在取得应税所得时主动向扣缴义务人提出，并提交相关信息、资料，扣缴义务人代扣代缴税款时按照享受税收协定待遇有关办法办理。

扣缴义务人未将扣缴的税款解缴入库的，不影响纳税人按照规定申请退税，税务机关应当凭纳税人提供的有关资料办理退税。

(三) 扣缴义务人责任与义务

支付工资、薪金所得的扣缴义务人应当于年度终了后两个月内，向纳税人提供其个人所得和已扣缴税款等信息。纳税人年度中间需要提供上述信息的，扣缴义务人应当提供。

纳税人取得除工资、薪金所得以外的其他所得，扣缴义务人应当在扣缴税款后，及时向纳税人提供其个人所得和已扣缴税款等信息。

扣缴义务人应当按照纳税人提供的信息计算税款、办理扣缴申报，不得擅自更改纳税人提供的信息。

扣缴义务人发现纳税人提供的信息与实际情况不符的，可以要求纳税人修改。纳税人拒绝修改的，扣缴义务人应当报告税务机关，税务机关应当及时处理。

纳税人发现扣缴义务人提供或者扣缴申报的个人信息、支付所得、扣缴税款等信息与实际情况不符的，有权要求扣缴义务人修改。扣缴义务人拒绝修改的，纳税人应当报告税务机关，税务机关应当及时处理。

扣缴义务人对纳税人提供的《个人所得税专项附加扣除信息表》，应当按照规定妥善保存备查。

扣缴义务人应当依法对纳税人报送的专项附加扣除等相关涉税信息和资料保密。

对扣缴义务人按照规定扣缴的税款，按年付给2%的手续费。不包括税务机关、司法机关等查补或者责令补扣的税款。

扣缴义务人领取扣缴手续费后，可用于提升办税能力、奖励办税人员。

扣缴义务人依法履行代扣代缴义务，纳税人不得拒绝。纳税人拒绝的，扣缴义务人应当及时报告税务机关。

扣缴义务人有未按照规定向税务机关报送资料和信息、有虚报虚扣专项附加扣除、应扣未扣税款、不缴或少缴已扣税款、借用或冒用他人身份等行为的，依照《中华人民共和国税收征收管理法》等相关法律、行政法规处理。

(四) 代扣代缴期限

扣缴义务人每月或者每次预扣、代扣的税款，应当在次月15日内缴入国库，并向税务机关报送《个人所得税扣缴申报表》。

扣缴义务人首次向纳税人支付所得时，应当按照纳税人提供的纳税人识别号等基础信息，填写《个人所得税基础信息表（A表）》，并于次月扣缴申报时向税务机关报送。

扣缴义务人对纳税人向其报告的相关基础信息变化情况，应当于次月扣缴申报时向税务机关报送。

三、专项附加扣除的操作办法

此次个人所得税改革的一大特点是增加了专项附加扣除，国家税务总局制定了《专项附加扣除操作办法》，自2019年1月1日起施行。可以享受专项附加扣除的纳税人，依照该办法规定办理。

关于专项附加扣除的类别以及范围和具体规定见上文的费用减除标准部分,下文主要介绍与专项附加扣除相关的具体操作细则。

(一) 报送信息及留存备查资料

纳税人选择在扣缴义务人发放工资、薪金所得时享受专项附加扣除的,首次享受时应当填写并向扣缴义务人报送《扣除信息表》;纳税年度中间相关信息发生变化的,纳税人应当更新《扣除信息表》相应栏次,并及时报送给扣缴义务人。

更换工作单位的纳税人,需要由新任职、受雇扣缴义务人办理专项附加扣除的,应当在入职的当月,填写并向扣缴义务人报送《扣除信息表》。

纳税人次年需要由扣缴义务人继续办理专项附加扣除的,应当于每年12月份对次年享受专项附加扣除的内容进行确认,并报送至扣缴义务人。纳税人未及时确认的,扣缴义务人于次年1月起暂停扣除,待纳税人确认后再行办理专项附加扣除。

上述填报和确认工作纳税人都可以使用个人所得税APP远程端进行信息输入和确认,系统自动上传到扣缴义务人的扣缴系统中。条件不允许使用APP的,可以填写纸质的《扣除信息表》交给扣缴义务人。

扣缴义务人应当将纳税人报送的专项附加扣除信息,在次月办理扣缴申报时一并报送至主管税务机关。

纳税人享受子女教育专项附加扣除,应当填报配偶及子女的姓名、身份证件类型及号码、子女当前受教育阶段及起止时间、子女就读学校以及本人与配偶之间扣除分配比例等信息。需要留存备查资料包括:子女在境外接受教育的,应当留存境外学校录取通知书、留学签证等境外教育佐证资料。

纳税人享受继续教育专项附加扣除,接受学历(学位)继续教育的,应当填报教育起止时间、教育阶段等信息;接受技能人员或者专业技术人员职业资格继续教育的,应当填报证书名称、证书编号、发证机关、发证(批准)时间等信息。需要留存备查资料包括:纳税人接受技能人员职业资格继续教育、专业技术人员职业资格继续教育的,应当留存职业资格相关证书等资料。

纳税人享受住房贷款利息专项附加扣除,应当填报住房权属信息、住房坐落地址、贷款方式、贷款银行、贷款合同编号、贷款期限、首次还款日期等信息;纳税人有配偶的,填写配偶姓名、身份证件类型及号码。需要留存备查资料包括:住房贷款合同、贷款还款支出凭证等资料。

纳税人享受住房租金专项附加扣除,应当填报主要工作城市、租赁住房坐落地址、出租人姓名及身份证件类型和号码或者出租方单位名称及纳税人识别号、租赁起止时间等信息;纳税人有配偶的,填写配偶姓名、身份证件类型及号码。需要留存备查资料包括:住房租赁合同或协议等资料。

纳税人享受赡养老人专项附加扣除,应当填报纳税人是否为独生子女、月扣除金额、被赡养人姓名及身份证件类型和号码、与纳税人关系;有共同赡养人的,需填报分摊方式、共同赡养人姓名及身份证件类型和号码等信息。需要留存备查资料包括:约定或指定分摊的书面分摊协议等资料。

纳税人享受大病医疗专项附加扣除,应当填报患者姓名、身份证件类型及号码、与纳税人关系、与基本医保相关的医药费用总金额、医保目录范围内个人负担的自付金额等信息。需要留存备查资料包括:大病患者医药服务收费及医保报销相关票据原件或复印件,或者医疗保障部门出具的纳税年度医药费用清单等资料。

纳税人将需要享受的专项附加扣除项目信息填报至《扣除信息表》相应栏次。填报要素完整的,扣缴义务人或者主管税务机关应当受理;填报要素不完整的,扣缴义务人或者主管税务机关应当及时告知纳税人补正或重新填报。纳税人未补正或重新填报的,暂不办理相关专项附加扣除,待纳税人补正或重新填报后再行办理。

(二)后续管理

纳税人应当将《扣除信息表》及相关留存备查资料,自法定汇算清缴期结束后保存五年。

纳税人报送给扣缴义务人的《扣除信息表》,扣缴义务人应当自预扣预缴年度的次年起留存五年。

纳税人向扣缴义务人提供专项附加扣除信息的,扣缴义务人应当按照规定予以扣除,不得拒绝。扣缴义务人应当为纳税人报送的专项附加扣除信息保密。

扣缴义务人应当及时按照纳税人提供的信息计算办理扣缴申报,不得擅自更改纳税人提供的相关信息。

扣缴义务人发现纳税人提供的信息与实际情况不符,可以要求纳税人修改。纳税人拒绝修改的,扣缴义务人应当向主管税务机关报告,税务机关应当及时处理。

除纳税人另有要求外,扣缴义务人应当于年度终了后两个月内,向纳税人提供已办理的专项附加扣除项目及金额等信息。

税务机关定期对纳税人提供的专项附加扣除信息开展抽查。

税务机关核查时,纳税人无法提供留存备查资料,或者留存备查资料不能支持相关情况的,税务机关可以要求纳税人提供其他佐证;不能提供其他佐证材料,或者佐证材料仍不足以支持的,不得享受相关专项附加扣除。

税务机关核查专项附加扣除情况时,可以提请有关单位和个人协助核查,相关单位和个人应当协助。

纳税人有下列情形之一的,主管税务机关应当责令其改正;情形严重的,应当纳入有关信用信息系统,并按照国家有关规定实施联合惩戒;涉及违反税收征管法等法律法规的,税务机关依法进行处理:

(1)报送虚假专项附加扣除信息;
(2)重复享受专项附加扣除;
(3)超范围或标准享受专项附加扣除;
(4)拒不提供留存备查资料;
(5)税务总局规定的其他情形。

十二、个人所得税的反避税规定

个人所得税新税法的特点之一是首次引入了反避税条款,具体内容如下。

(一) 税务机关有权进行纳税调整

有下列情形之一的,税务机关有权按照合理方法进行纳税调整:

(1) 个人与其关联方之间的业务往来不符合独立交易原则而减少本人或者其关联方应纳税额,且无正当理由。

(2) 居民个人控制的,或者居民个人和居民企业共同控制的设立在实际税负明显偏低的国家(地区)的企业,无合理经营需要,对应当归属于居民个人的利润不作分配或者减少分配。

(3) 个人实施其他不具有合理商业目的的安排而获取不当税收利益。

例 4-24: 中国居民 A 在海外通过 BVI(维尔京群岛)空壳公司进行投资,BVI 公司的利润只要不分配到个人股东层面,在原有税法下,其无需缴纳个人所得税;而反避税条款下,中国税务机关可以以受控关联公司的名义将没有商业实质的 BVI 公司取得的利润视同个人直接取得而课税。

(二) 补税及加征利息规定

税务机关依照前述规定情形做出纳税调整,需要补征税款的,应当补征税款,并依法加收利息。

依法加征的利息,应当按照税款所属纳税申报期最后一日中国人民银行公布的与补税期间同期的人民币贷款基准利率计算,自税款纳税申报期满次日起至补缴税款期限届满之日止按日加收。纳税人在补缴税款期限届满前补缴税款的,利息加收至补缴税款之日。

第三节 企业所得税

一、企业所得税概述

(一) 企业所得税的概念

企业所得税是对中国境内的企业和其他取得收入的组织的生产、经营所得和其他所得征收的一种税。

新中国成立以后至 1978 年的很长一段时间里,国家对国有企业不征收所得税,实行利润上缴制度;对非国营的其他企业征收"工商所得税"。1978 年起,我国对国有企业上缴利润制度多次进行了改革,先后实行过企业基金、利润留存、盈亏包干等制度,但这些改革都未能从根本上解决国家与国有企业之间分配制度的弊端。因此,1983 年实行了第一步"利改税",1984 年实行了第二步"利改税"。1993 年 12 月 13 日,国务院颁布了《中华人民共和国企业所得税暂行条例》,规定除外商投资企业和外国企业外,在中国境内的其他各类企业均应依法缴纳企业所得税,从而实现了内资企业所得税制的合并与统一。改革后的企业所得税,不仅降低了税率,统一了税基,统一了税前列支范围和标准,而且还限制了税收减免优惠的过多过滥。随着改革开放的进一步深化,内资企业和外资企业适用两套税制已经不能适应各类企业公平竞争的要求,经过多年的酝酿,内外资企业所得税的合并终于成为现实:2007年3月16日,第十届全国人民代表大会第五次会议通过了《中华人民共和国企业所得税法》;2007年12月6日,国务院又发布了《中华人民共和国企业所得税法实施条例》,新的企业所得税制自2008年1月1日起施行。

(二) 企业所得税的特点

现行企业所得税的特点归纳起来有以下四个。

1. 属于对收益额征税,征税对象是净所得额

企业所得税的征税对象为企业生产经营所得和其他所得,是纳税人的收入扣除各项成本、费用等开支后的净所得额,属于对收益额征税。所得额既不等于企业实现的利润额,也不是企业的增值额,更不是营业额或销售额。因此,企业所得税是一种不同于商品劳务税的税种。

2. 应纳税所得额的计算,通常要经过一系列复杂的程序,与成本、费用密切相关

由于企业所得税的征税对象是纳税人的收入扣除各项成本、费用等支出后的净额,因此应纳税所得额的计算必然涉及一定时期企业收入的确认和费用的扣除问题。由于政府往往将所得税作为调节国民收入分配、执行经济政策和社会政策的重要工具,为了对纳税人的不同所得项目实行区别对待,须通过不予计列项目将某些收入所得排除在应税所得之外。这就使得应税所得额的计算较为复杂。

3. 征税要考虑纳税人的负担能力

企业所得税以量能负担为原则。所得税的课税对象是纳税人的真实收入,税额的多少直接取决于纳税人有无收益和收益多少,反映着纳税人的负担能力。这种将所得税负担和纳税人所得多少联系起来征税的办法,便于体现税收公平原则。

4. 一般实行按年计征、分期预缴的征收办法

企业所得税的计算一般以全年应纳税所得额为计税依据,按月或按季预缴,年终汇算清缴,多退少补。对经营期间不足1年的企业,要将经营期间的所得额换算成1年的所得额,计算应纳的所得税。

(三) 企业所得税的作用

1. 公平税负,促进企业平等竞争

企业所得税对不同所有制企业一视同仁,且与外商投资企业和外国企业所得税税率一致,基本平衡了各类企业之间的税负。这样既有利于企业在市场中平等竞争,也为社会主义市场经济体制的建立创造了公平的税收环境。

2. 理顺国家与企业之间的分配关系,促进企业转换经营机制,增强企业活力

新中国成立以来,我国在处理国家与企业特别是国有企业之间的分配关系方面做出了许多探索,相应的改革在特定历史时期曾经发挥过积极作用,但其弊端和局限性随着改革的深化而日渐突出。建立统一的内资企业所得税,使国家以社会管理者的身份凭借政治权力对不同所有制的企业一视同仁地征税,理顺了国家与不同经济成分和经营方式之间的分配

关系,有利于促进企业走向市场,转换经营机制,成为自主经营、自负盈亏、自我约束、自我发展的商品生产者。

  3. **维护税法的统一性和严肃性,确保国家财政收入**

  原企业所得税由于按不同经济成分设置税种,产生了许多问题,不同程度上影响了税法的严肃性和完整性,导致国家财政收入流失。统一的内资企业所得税,既适应了我国的混合经济形式日益发展的客观情况,又简化了税制,维护了税法的完整统一,有利于确保国家财政收入。

二、企业所得税的纳税义务人及征税对象

（一）纳税义务人

  企业所得税的纳税义务人是指在中华人民共和国境内的企业和其他取得收入的组织（以下统称企业）。这里的企业不包括个人独资企业和合伙企业。个人独资企业和合伙企业适用个人所得税,为了避免重复征税,个人独资企业和合伙企业不适用企业所得税法。这里所说的依法在中国境内成立的企业包括依照中国法律、行政法规在中国境内成立的企业、事业单位、社会团体以及其他取得收入的组织。

  按照国际通行做法,企业所得税法将纳税人划分为"居民企业"和"非居民企业",并分别规定其纳税义务:居民企业就其境内外全部所得纳税;非居民企业就其来源于中国境内所得部分纳税。把企业分为"居民企业"和"非居民企业",是为了更好地保障我国税收管辖权的有效行使。税收管辖权是一国政府在征税方面的主权,是国家主权的重要组成部分。根据国际上通行做法,我国选择了地域管辖权和居民管辖权的双重管辖权标准,这样才能最大限度地维护我国的税收利益。

  1. **居民企业**

  居民企业,是指依法在中国境内成立,或者依照外国（地区）法律成立但实际管理机构在中国境内的企业。这里所说的企业包括以下几类:

  （1）国有企业。

  （2）集体企业。

  （3）私营企业。

  （4）联营企业。

  （5）股份制企业。

  （6）外商投资企业。

  （7）外国企业。

  （8）有生产经营所得和其他所得的其他组织。

  上述第(8)项"有生产经营所得和其他所得的其他组织"是指经国家有关部门批准,依法注册、登记的事业单位、社会团体等组织。我国的一些社会团体组织、事业单位在完成国家事业计划的过程中,开展多种经营和有偿服务活动,取得除财政部门各项拨款、财政部和国家价格主管部门批准的各项规费收入以外的经营收入,具有经营的特点,应当视同企业纳入征税范围。

企业所得税法对依照外国(地区)法律成立但是其实际管理机构在中国境内的企业也认定为居民企业,这可以有效地防范企业避税。这里的实际管理机构,是指对企业的生产经营、人员、账务、财产等实施实质性全面管理和控制的机构,是跨国企业的实际的指挥、控制和管理中心。

在国际上,居民企业的判断标准有"登记注册地标准""实际管理机构地标准""总机构所在地标准",大多数国家都采用了多种标准相结合的办法。结合我国的实际情况,我们采用了"登记注册地标准"和"实际管理机构地标准"相结合的办法,对居民企业和非居民企业做了明确界定。

2. 非居民企业

非居民企业,是指依照外国(地区)法律成立且实际管理机构不在中国境内,但在中国境内设立机构、场所的,或者在中国境内未设立机构、场所,但有来源于中国境内所得的企业。

这里所说的机构、场所是指在中国境内从事生产经营活动的机构、场所,包括:

(1) 管理机构、营业机构、办事机构。

(2) 工厂、农场、开采自然资源的场所。

(3) 提供劳务的场所。

(4) 从事建筑、安装、装配、修理、勘探等工程作业的场所。

(5) 其他从事生产经营活动的机构、场所。

非居民企业委托营业代理人在中国境内从事生产经营活动的,包括委托单位或者个人经常代其签订合同,或者储存、交付货物等,该营业代理人视为非居民企业在中国境内设立的机构、场所。

(二) 征税对象

1. 征税对象的确定原则

企业所得税的征税对象是企业取得的生产经营所得、其他所得和清算所得,但并不是说企业取得的任何一项所得,都是企业所得税的征税对象。确定企业的一项所得是否属于征税对象,要遵循以下原则:

(1) 必须是有合法来源的所得。即企业的所得必须是国家法律允许并保护的。企业从事非法行为取得的所得,不构成企业所得税的征税对象。

(2) 应纳税所得是扣除成本费用以后的纯收益。企业取得任何一项所得,都必然要有相应的消耗和支出,只有企业取得的所得扣除为取得这些所得而发生的成本费用支出后的余额,才是企业所得税的应税所得。

(3) 企业所得税的应纳税所得必须是实物或货币所得。各种荣誉性、知识性及体能、心理上的收益,都不是应纳税所得。

(4) 企业所得税的应纳税所得包括来源于中国境内、境外的所得。按照居民税收管辖权原则,凡中国的企业,应就其来源于境内、境外的所得征收企业所得税。但为了避免重复课税,对本国企业在境外已纳的所得税款可以抵扣。

2. 征税对象的具体内容

(1) 居民企业的征税对象。居民企业应当就其来源于中国境内、境外的所得缴纳企业所得税。所得包括销售货物所得、提供劳务所得、转让财产所得、股息红利等权益性投资所得、利息所得、租金所得、特许权使用费所得、接受捐赠所得和其他所得。各项所得详细内容如下：

① 销售货物所得，是指企业销售商品、产品、原材料、包装物、低值易耗品以及其他存货取得的所得。

② 提供劳务所得，是指企业从事建筑安装、修理修配、交通运输、仓储租赁、金融保险、邮电通信、咨询经纪、文化体育、科学研究、技术服务、教育培训、餐饮住宿、中介代理、卫生保健、社区服务、旅游、娱乐、加工以及其他劳务服务活动取得的所得。

③ 转让财产所得，是指企业转让固定资产、生物资产、无形资产、股权、债权等财产取得的所得。

④ 股息、红利等权益性投资收益，是指企业因权益性投资从被投资方取得的所得。

⑤ 利息所得，是指企业将资金提供他人使用但不构成权益性投资，或者因他人占用本企业资金取得的所得，包括存款利息、贷款利息、债券利息、欠款利息等所得。

⑥ 租金所得，是指企业提供固定资产、包装物或者其他资产的使用权取得的所得。

⑦ 特许权使用费所得，是指企业提供专利权、非专利技术、商标权、著作权以及其他特许权的使用权取得的所得。

⑧ 接受捐赠所得，是指企业接受的来自其他企业、组织或者个人无偿给予的货币性资产、非货币性资产。

⑨ 其他所得，是指除以上列举外的应当缴纳企业所得税的其他所得，包括企业资产溢余所得、逾期未退包装物押金所得、确实无法偿付的应付款项、已做坏账损失处理后又收回的应收款项、债务重组所得、补贴所得、违约金所得、汇兑收益等。

（2）非居民企业的征税对象。非居民企业在中国境内设立机构、场所的，应当就其所设机构、场所取得的来源于中国境内的所得，以及发生在中国境外但与其所设机构、场所有实际联系的所得，缴纳企业所得税。

非居民企业在中国境内未设立机构、场所的，或者虽设立机构、场所但取得的所得与其所设机构、场所没有实际联系的，应当就其来源于中国境内的所得缴纳企业所得税。

在境内设立机构、场所的非居民企业，其取得的所得与其所设立的机构、场所有无实际联系，直接关系到该非居民企业的纳税义务的大小：有实际联系的，那么来源于境内、境外的所得都要缴纳企业所得税；没有实际联系的，只就来源于境内的所得缴纳企业所得税。所以，对于实际联系的界定非常重要。

这里所称的实际联系，是指非居民企业在中国境内设立的机构、场所拥有据以取得所得的股权、债权，以及拥有、管理、控制据以取得所得的财产等。

非居民企业取得的所得如果与其在中国境内设立的机构、场所有以下两种关系的，就属于有"实际联系"：

① 非居民企业取得的所得，是通过该机构、场所拥有的股权、债权而取得的。例如，非居民企业通过该机构、场所对其他企业进行股权、债权等权益性投资或者债权性投资而获得股息、红利或者利息收入，就可以认定为与该机构、场所有实际联系。

② 非居民企业取得的所得，是通过该机构、场所拥有、管理和控制的财产取得的。例如，非居民企业将境内或者境外的房产对外出租收取的租金，如果该房产是由该机构、场所

拥有、管理或者控制的,那么就可以认定这笔租金收入与该机构、场所有实际联系。

如前所述,我国选择了地域管辖权和居民管辖权的双重管辖权标准,所以居民企业承担全面纳税义务,就其境内外全部所得纳税;非居民企业承担有限纳税义务,一般只就其来源于我国境内的所得纳税。

(3) 所得来源的确定。《企业所得税法》第三条所称来源于中国境内、境外的所得,按照以下原则确定:

① 销售货物所得,按照交易活动发生地确定;这里所谓的交易活动发生地,主要指销售货物行为发生的场所,通常是销售企业的营业机构,在送货上门的情况下为购货单位或个人的所在地,还可以是买卖双方约定的其他地点。

② 提供劳务所得,按照劳务发生地确定;劳务行为既包括部分工业生产活动,也包括商业服务行为,其所得以劳务行为发生地确定是来源于境内还是境外。比如,境外机构为中国境内居民提供金融保险服务,向境内居民收取保险费,则应认定为来源于中国境内的所得。

③ 转让财产所得,分为三种不同情况确定:一是不动产转让所得按照不动产所在地确定,如在中国境内投资房地产,取得的收入应为来源于境内的所得。二是动产转让所得按照转让动产的企业或者机构、场所所在地确定。由于动产是随时可以移动的财产,难以确定其所在地,而且动产与其所有人的关系最为密切,因此采取所有人地点的标准。同时,如果非居民企业在中国境内设立机构、场所,并从该机构、场所转让财产给其他单位或个人的,也应认定为来源于境内的所得。三是权益性投资资产转让所得按照被投资企业所在地确定;这里的权益性投资包括股权等投资,如境外企业之间转让中国居民企业发行的股票,其取得的收益应当属于来源于中国境内的所得,依法缴纳企业所得税。

④ 股息、红利等权益性投资所得,按照分配所得的企业所在地确定;企业因购买被投资方的股票而产生的股息、红利,是被投资方向投资方企业支付的投资回报,应当以被投资方所在地作为所得来源地。

⑤ 利息所得、租金所得、特许权使用费所得,按照负担、支付所得的企业或者机构、场所所在地确定,或者按照负担、支付所得的个人的住所地确定。

⑥ 其他所得,由国务院财政、税务主管部门确定。

三、税率

企业所得税的税率是指对纳税人应纳税所得额征税的比率,即企业应纳税额与应纳税所得额的比率。国家对纳税人征税多少以及纳税人的税收负担水平,均与税率的高低有直接关系。税率是企业所得税法的一个基本要素,是体现国家与企业分配关系的核心要素。税率的设计原则是要兼顾国家、企业和职工个人三者利益,既要保证国家财政收入的稳定增长,又要让企业在发展生产以及经营方面有一定的财力保证,既要考虑到企业的实际情况和负担能力,又要维护税率的统一性。

企业所得税实行比例税率。比例税率操作简便,而且透明度高,不会因征税而改变企业间收入分配比例,有利于促进税收效率的提高。现行税率采用如下两种税率。

1. 25％的基本税率

该基本税率适用于居民企业和在中国境内设有机构、场所且所得与机构、场所有关联的非居民企业。

2. 20％的低税率

该低税率适用于在中国境内未设立机构、场所，或者虽设立机构、场所但取得的所得与其所设机构、场所没有实际联系的非居民企业。但是，实际征税时适用10％的优惠税率。

将税率定为25％，主要考虑是：对内资企业要减轻税负，对外资企业也尽可能少增加税负，同时要将财政减收控制在可以承受的范围内，还要考虑国际上尤其是周边国家和地区的税率水平。

四、应纳税所得额的计算

企业所得税的计税依据，是企业的应纳税所得额。所谓应纳税所得额，是指企业每一纳税年度的收入总额，减除不征税收入、免税收入、各项扣除以及允许弥补的以前年度亏损后的余额，其基本公式为

应纳税所得额＝收入总额－不征税收入－免税收入－各项扣除－允许弥补以前年度亏损

企业应纳税所得额的计算，以权责发生制为原则，属于当期的收入和费用，不论款项是否收付，均作为当期的收入和费用；不属于当期的收入和费用，即使款项已经在当期收付，均不作为当期的收入和费用。即企业应纳税所得额是以会计利润为计算基础的。

但是，应纳税所得额与会计利润又是两个不同的概念，两者既有联系又有区别。应纳税所得额是一个税收概念，是按照税法的规定计算得到的纳税人在一定时期的计税所得，也就是企业所得税的计税依据。而会计利润则是按照会计准则的规定计算得到的纳税人在一定时期的账面利润，反映的是企业一定时期的财务成果。会计利润不是企业所得税的计税依据，但它是确定应税所得额的基础。一般须把会计利润按照税法规定做相应的调整后，才能作为企业的应纳税所得额。

企业应纳税所得额，是收入总额减除不征税收入、免税收入、各项扣除以及允许弥补的以前年度亏损后的余额。如何界定收入总额以及判别哪些项目属于不征税收入、免税收入、各项扣除和允许弥补的以前年度亏损至关重要，下面分别讲述这些问题。

（一）收入总额

收入总额是指企业以货币形式和非货币形式从各种来源取得的收入。

企业取得收入的货币形式，包括现金、存款、应收账款、应收票据、准备持有至到期的债券投资以及债务的豁免等。

企业取得收入的非货币形式，包括固定资产、生物资产、无形资产、股权投资、存货、不准备持有至到期的债券投资、劳务以及有关权益等。非货币形式取得的收入，应当按照公允价值确定收入额，公允价值是指按照市场价格确定的价值。

具体各类收入项目的内容以及其确认的基本标准如下。

1. 销售货物收入

销售货物收入是指企业销售商品、产品、原材料、包装物、低值易耗品以及其他货物取得的收入。销售货物收入的确认标准基本上按照会计上的确认标准,即同时满足如下条件:首先是商品销售合同已经签订,企业已将商品所有权相关的主要风险和报酬转移给购货方;其次是企业对已售出的商品既没有保留通常与所有权相联系的继续管理权,也没有实施有效控制;再次是收入的金额能够可靠地计量;最后是已发生或将发生的销售方的成本能够可靠地核算。

2. 提供劳务收入

提供劳务收入是指企业从事建筑安装、修理修配、交通运输、仓储租赁、金融保险、邮电通信、咨询经纪、文化体育、科学研究、技术服务、教育培训、餐饮住宿、中介代理、卫生保健、社区服务、旅游、娱乐、加工以及其他劳务服务活动取得的收入。劳务收入的确认标准为同时符合以下三点:首先是收入的金额能够可靠地计量;其次是交易的完工进度能够可靠地确定;最后是交易中已发生和将发生的成本能够可靠地核算。

3. 转让财产收入

转让财产收入是指企业转让固定资产、生物资产、无形资产、股权、债权等财产所取得的收入。当企业转让财产时,按照如下步骤确认转让财产收入:首先识别合同,其次识别履约义务,接着确定交易价格,然后分配交易价格,最后确认收入。

4. 股息、红利等权益性投资收益

股息、红利是指企业凭借权益性投资从被投资方分配取得的收入,包括股息、红利等。股息、红利等权益性投资收益,除国务院财政、税务主管部门另有规定外,按照被投资方做出利润分配决定的日期确认收入的实现。

5. 利息收入

利息收入是指企业将资金提供他人使用但不构成权益性投资,或他人占用本企业资金所取得的利息收入,包括存款利息、贷款利息、债券利息、欠款利息等收入。利息收入,按照合同约定的债务人应付利息的日期确认收入的实现。

6. 租金收入

租金收入是指企业提供固定资产、包装物或其他有形资产的使用权取得的收入。租金收入,按照合同约定的承租人应付租金的日期确认收入的实现。

7. 特许权使用费收入

特许权使用费收入是指企业提供专利权、非专利技术、商标权、著作权以及其他特许权的使用权而取得的收入。特许权使用费收入,按照合同约定的特许权使用人应付特许权使用费的日期确认收入的实现。

8. 接受捐赠收入

接受捐赠收入是指企业接受捐赠的货币和非货币资产。接受捐赠收入,按照实际收到捐赠资产的日期确认收入的实现。

9. 其他收入

其他收入包括企业资产盘盈或溢余收入、逾期未退包装物押金收入、因债权人原因确实无法支付的应付款项、已做坏账损失处理后又收回的应收款项、债务重组收入、补贴收入、违约金收入、汇兑收益等。

除了上述各类收入的基本确认标准外,税法中还对一些特殊的收入规定了确认标准如下:

(1) 以分期收款方式销售货物的,按照合同约定的收款日期确认收入的实现。

(2) 企业受托加工制造大型机械设备、船舶、飞机,以及从事建筑、安装、装配工程业务或者提供其他劳务等,持续时间超过12个月的,按照纳税年度内完工进度或者完成的工作量确认收入的实现。

(3) 采取产品分成方式取得收入的,按照企业分得产品的日期确认收入的实现,其收入额按照产品的公允价值确定。

(4) 企业发生非货币性资产交换,以及将货物、财产、劳务用于捐赠、偿债、赞助、集资、广告、样品、职工福利或者利润分配等用途的,应当视同销售货物、转让财产或者提供劳务,但国务院财政、税务主管部门另有规定的除外。

(二) 不征税收入

我国税法规定不征税收入,其主要目的是将非经营活动或非营利活动带来的经济利益流入从应税总收入中排除。目前,我国组织形式多样,除企业外,有的以半政府机构(比如事业单位)的形式存在,有的以公益慈善组织形式存在,还有其他复杂的社会团体和民办非企业单位等。这些机构严格来讲是不以营利活动为目的的,其收入的形式主要靠财政拨款以及为承担行政性职能所收取的行政事业性收费等,对这类组织取得的非营利性收入征税没有实际意义。把这些收入规定为"不征税收入"可以起到扶持和鼓励这些特殊的纳税人和特定的项目。税法中规定的"不征税收入"概念,不属于税收优惠的范畴,这些收入不属于营利性活动带来的经济利益,是专门从事特定目的的收入,这些收入从企业所得税原理上讲应永久不列为征税范围的收入范畴。收入总额中的下列收入为不征税收入。

1. 财政拨款

财政拨款是指各级人民政府对纳入预算管理的事业单位、社会团体等组织拨付的财政资金,但国务院和国务院财政、税务主管部门另有规定的除外。

2. 依法收取并纳入财政管理的行政事业性收费、政府性基金

行政事业性收费是指依照法律法规等有关规定,按照国务院规定程序批准,在实施社会公共管理,以及在向公民、法人或者其他组织提供特定公共服务过程中,向特定对象收取并纳入财政管理的费用。

政府性基金是指企业依照法律、行政法规等有关规定,代政府收取的具有专项用途的财政资金。

3. 国务院规定的其他不征税收入

国务院规定的其他不征税收入是指企业取得的,由国务院财政、税务主管部门规定专项用途并经国务院批准的财政性资金。

(三) 免税收入

企业的下列收入为免税收入:

(1) 国债利息收入。国债利息收入,是指企业持有国务院财政部门发行的国债取得的利息收入。此条规定旨在鼓励企业积极购买国债,支援国家建设。

（2）符合条件的居民企业之间的股息、红利等权益性投资收益。符合条件的居民企业之间的股息、红利等权益性投资收益是指居民企业直接投资于其他居民企业取得的投资收益。

（3）在中国境内设立机构、场所的非居民企业从居民企业取得与该机构、场所有实际联系的股息、红利等权益性投资收益。

上述（2）（3）中的股息、红利等权益性投资收益，不包括连续持有居民企业公开发行并上市流通的股票不足12个月取得的投资收益。上述两项的规定是消除企业间股息、红利的重复征税，防止税收政策扭曲、保持税收中性的必然要求，也是各国的普遍做法。

（4）符合条件的非营利组织的收入。符合条件的非营利组织是指同时符合下列条件的组织：

① 依法履行非营利组织登记手续。

② 从事公益性或者非营利性活动。

③ 取得的收入除用于与该组织有关的、合理的支出外，全部用于登记核定或者章程规定的公益性或者非营利性事业。

④ 财产及其孳息不用于分配。

⑤ 按照登记核定或者章程规定，该组织注销后的剩余财产用于公益性或者非营利性目的，或者由登记管理机关转赠给与该组织性质、宗旨相同的组织，并向社会公告。

⑥ 投入人对投入该组织的财产不保留或者享有任何财产权利。

⑦ 工作人员工资福利开支控制在规定的比例内，不变相分配该组织的财产。

⑧ 国务院财政、税务主管部门规定的其他条件。

非营利组织的认定管理办法由国务院财政、税务主管部门会同国务院有关部门制定。这里所称的符合条件的非营利组织的收入，不包括非营利组织从事营利性活动取得的收入，但国务院财政、税务主管部门另有规定的除外。

（四）扣除原则和扣除范围

在计算应纳税所得额时准予从收入额中扣除的项目，是指纳税人每一纳税年度发生的与取得应纳税收入有关的所有必要和正常的成本、费用、税金和损失。

过去，内资、外资企业所得税在成本、费用和损失税前扣除方面规定不尽一致，如内资企业所得税实行计税工资限额扣除制度，而外资企业所得税对工资支出实行全额据实扣除等；内资企业用于公益救济性捐赠按照应纳税所得额的一定比例限额扣除制度，而外资企业用于公益救济性捐赠实行全额据实扣除等。内资企业和外资企业在所得税前扣除项目上存在许多差异，税前扣除标准不统一，是造成内资企业的税负重于外资企业的重要原因，不利于内、外资企业的公平竞争和公平税负。新企业所得税法对内、外资企业实际发生的各项支出扣除做出了统一规范。

1. 税前扣除项目应遵循的原则

纳税人经营活动中发生支出可以在税前扣除一般应遵循以下原则：

（1）合理性原则。实质符合生产经营活动常规，应当计入当期损益或者有关资本成本的必要和正常的支出。

（2）权责发生制原则，是指企业费用应在发生的所属期扣除，而不是在实际支付时确认扣除。

(3) 配比原则,是指企业发生的费用应当与收入配比扣除。除特殊规定外,企业发生的费用不得提前或滞后申报扣除。

(4) 相关性原则。企业可扣除的费用从性质和根源上必须与取得应税收入直接相关。

(5) 确定性原则。即企业可扣除的费用不论何时支付,其金额必须是确定的。

2. 税前准予扣除项目的基本范围

在计算应税所得额时准予从收入额中扣除的项目,是指纳税人每一纳税年度发生的与纳税人取得的与收入有关的合理支出,包括成本、费用、税金、损失和其他支出。这里的合理支出是指符合生产经营活动常规,应当计入当期损益或者有关资产成本的必要和正常的支出。在实际中,计算应纳税所得额时还应注意三方面的内容:一是企业发生的支出应当区分收益性支出和资本性支出,收益性支出在发生当期直接扣除;资本性支出应当分期扣除或者计入有关资产成本,不得在发生当期直接扣除。二是企业的不征税收入用于支出所形成的费用或者财产,不得扣除或者计算对应的折旧、摊销扣除。三是除企业所得税法及其实施条例另有规定外,企业实际发生的成本、费用、税金、损失和其他支出,不得重复扣除。

(1) 成本。成本是指企业在生产经营活动中发生的销售成本、销货成本、业务支出以及其他耗费,即指企业纳税申报期间已经申报确认的销售商品(包括产品、材料、下脚料、废料和废旧物资等)、提供劳务、转让、处置固定资产和无形资产的成本。企业对象化的费用,有的成为在产品、产成品等存货,只有销售出去,并在申报纳税期间确认了销售(营业)收入的相关部分商品的成本才能申报扣除。

上述对成本的界定使得其针对性更强,包容性更广,既能适用于生产性企业,也能适用于商业流通企业和服务业企业等。对于所界定的成本概念,可从以下几方面来理解。

① 成本必须是生产经营过程中的成本。企业所发生的成本必须是企业在生产经营活动过程中的支出或者耗费,在非生产经营活动过程中所发生的支出,不得作为企业的生产经营成本予以认定。也就是说,企业所发生的成本,必须是企业在生产产品、提供劳务、销售商品等过程中的支出和耗费。

② 销售成本。销售成本主要是针对以制造业为主的生产性企业而言。生产性企业在生产产品过程中,将耗费产品所需的原材料、直接人工以及耗费在产品上的辅助材料、物料等,这些都属于销售成本的组成部分。

③ 销货成本。销货成本主要是针对以商业企业为主的流通性企业而言。流通性企业本身并不直接制造可见的成品,而是通过向生产性企业购买成品或者经过简单包装、处理就能出售的产品,通过购入价与售出价的差额等,来获取相应的利润。所以,此类企业的成本主要是所销售货物的成本,而所销售的货物是购置于生产性企业,应以购买价(含括了生产性企业所获取的利润)为主体部分,加上可直接归属于销售货物所发生的支出,就是销货成本。

④ 业务支出。业务支出主要是针对服务业企业而言的成本概念。与制造业企业和商业企业不同,服务业企业提供的服务,从广义上也可以称为"产品",但是从根本上说这种"产品"往往是无形的劳务,虽然在提供服务过程中也可能需要一定的辅助材料,但是它必须借助于服务业企业特有的人工或者技术,所以服务业企业的成本就称为业务支出,以区别于制造业企业和商业企业,它的成本主要包括提供服务过程中直接耗费的原材料、服务人员的工

资、薪金等直接可归属于服务的其他支出。

⑤ 其他耗费。其他耗费,这是一个兜底规定,保证企业发生的与取得收入有关、合理的支出得以在税前扣除。它适用于销售成本、销货成本和业务支出,凡是企业生产产品、销售商品、提供劳务等过程中耗费的直接相关支出,如果没有列入费用的范畴,则将被允许列入成本的范畴,准予税前扣除。

(2) 费用。费用是指企业在生产经营活动中发生的销售费用、管理费用和财务费用,已经计入成本的有关费用除外。

所发生的费用必须是在生产经营活动过程中的支出或者耗费,在非生产经营活动中所发生的支出,不得作为企业的生产经营费用予以认定。也就是说,企业所发生的费用,必须是企业在生产产品、提供劳务、销售商品等过程中的支出和耗费。

销售费用是指应由企业负担的为销售商品而发生的费用,包括运输费、装卸费、包装费、保险费、展览费、销售佣金、代销手续费、经营性租赁费及销售部门发生的差旅费、工资、福利费等费用。

管理费用是指企业行政管理部门为组织和管理生产经营活动提供各种支援性服务而发生的各种费用,包括由纳税人统一负担的总部经费、研究开发费、劳动保护费、业务招待费、工会经费、职工教育经费、股东大会或董事会会费、无形资产摊销、开办费摊销、坏账损失等。

财务费用是指企业为筹集生产经营所需资金等发生的费用,包括利息净支出、汇兑净损失、金融机构手续费以及其他非资本化支出。

(3) 税金。税金是指企业发生的除企业所得税和允许抵扣的增值税以外的各项税金及其附加。一般是指纳税人缴纳的消费税、资源税和城市维护建设税、教育费附加等产品销售税金及附加,关税、资源税、土地增值税、房产税、车船税、土地使用税、印花税等,但不包括由消费者在价外负担的增值税。这些税金准予扣除有两种方式:一是在发生当期扣除;二是在发生当期计入相关资产的成本,在以后各期分摊扣除。

(4) 损失。损失是指企业在生产经营活动中发生的固定资产和存货的盘亏、毁损、报废损失,转让财产损失,呆账损失,坏账损失,自然灾害等不可抗力因素造成的损失以及其他损失。

企业发生的损失,可以扣除的应该是净损失,即损失减除责任人赔偿和保险赔款后的余额,依照国务院财政、税务主管部门的规定扣除。

企业已经作为损失处理的资产,在以后纳税年度又全部收回或者部分收回时,应当计入当期收入。

企业发生的允许税前扣除的损失一般是指企业发生的与经营活动有关的资产损失。在非生产经营活动中所发生的损失,不得作为企业的生产经营损失予以认定。也就是说,企业所发生的损失,必须是企业在生产产品、提供劳务、销售商品等过程中的支出和耗费。

(5) 扣除的其他支出。其他支出是指除成本、费用、税金、损失外,企业在生产经营活动中发生的与生产经营活动有关的、合理的支出。

3. 税前准予扣除部分项目的具体范围和标准

在计算应纳税所得额时,下列项目可按照实际发生额或规定的标准扣除。

(1) 工资、薪金支出。企业发生的合理的工资、薪金支出,准予扣除。这里的工资、薪金,是指企业每一纳税年度支付给在本企业任职或者受雇的员工的所有现金形式或者非现金形式的劳动报酬,包括基本工资、奖金、津贴、补贴、年终加薪、加班工资,以及与员工任职或者受雇有关的其他支出。

这里须注意如下几点:

① 必须是实际已经支付给企业职工的工资、薪金支出,尚未支付的所谓应付工资、薪金支出,不能在其未支付的这个纳税年度内扣除,只有等到实际发生后,才准予税前扣除。

② 工资、薪金的发放对象必须是本企业任职或者受雇的员工。

③ 工资、薪金的标准应该限于合理的范围和幅度。至于合理范围是多少,企业所得税法实施条例中没有具体规定,在实践中由税务机关根据具体的情况来把握。

④ 工资薪金的表现形式包括所有的现金和非现金形式。对于非现金形式的工资在具体扣除时,应通过一定的方式,将其换算成等额现金的形式予以税前扣除。

(2) 职工福利费、职工工会经费和职工教育经费。关于上述三费的扣除,企业所得税法规定实际费用在规定的标准之内的按实际数扣除,超过标准的只能按照标准扣除,具体的标准如下。

① 职工福利费。企业发生的职工福利费支出,不超过工资薪金总额14%的部分,准予扣除。

② 职工工会经费。企业拨缴的工会经费,不超过工资薪金总额2%的部分,准予扣除。

③ 除国务院财政、税务主管部门另有规定外,企业发生的职工教育经费支出,自2018年1月1日起不超过工资薪金总额8%的部分,准予在计算企业所得税应纳税所得额时扣除;超过部分,准予在以后纳税年度结转扣除。

例 4-25:某企业2020年为本企业职工支付工资320万元,奖金48万元,地区补贴23万元,家庭财产保险10万元,假定该企业工资薪金支出符合合理标准,问:当年职工福利费、工会经费和职工教育经费可在所得税前列支的金额为多少?

解答:该企业当年工资总额为:$320+48+23=391$(万元)

其当年可在所得税前列支的职工福利费限额为:$391\times14\%=54.74$(万元)

其当年可在所得税前列支的工会经费限额为:$391\times2\%=7.82$(万元)

其当年可在所得税前列支的职工教育经费限额为:$391\times2.5\%=9.775$(万元)

(3) 社会保险费。关于社会保险费,总的来说有两种处理方法:一是在按照国家规定标准或在合理范围内的保险费可以扣除;二是不得扣除。

在规定范围和标准内可以扣除的有:

① 企业依照国务院有关主管部门或者省级人民政府规定的范围和标准为职工缴纳的基本养老保险费、基本医疗保险费、失业保险费、工伤保险费、生育保险费等基本社会保险费和住房公积金,准予扣除。

② 企业为投资者或者职工支付的补充养老保险费、补充医疗保险费,在国务院财政、税务主管部门规定的范围和标准内,准予扣除。

③ 依照国家有关规定为特殊工种职工支付的人身安全保险费可以扣除；国务院财政、税务主管部门规定可以扣除的其他商业保险费。

企业为投资者或者职工支付的商业保险费，不得扣除。

(4) 利息费用。企业在生产经营活动中发生的各种利息支出，按下列规定扣除。

① 非金融企业向金融企业借款的利息支出、金融企业的各项存款利息支出和同业拆借利息支出、企业经批准发行债券的利息支出可以据实扣除。

② 非金融企业向非金融企业借款的利息支出，不超过按照金融企业同期同类贷款利率计算的数额部分可以据实扣除，超过部分不允许扣除。这条规定是为了防止非金融企业之间通过资金拆借逃税，同时也是为了鼓励企业向金融企业借款，有助于维护国家金融秩序，也有利于实现企业之间的公平。

(5) 借款费用。关于借款费用的处理规定如下：

① 企业在生产经营活动中发生的合理的不需要资本化的借款费用，准予扣除。

② 企业为购置、建造固定资产、无形资产和经过12个月以上的建造才能达到预定可销售状态的存货发生借款的，在有关资产购置、建造期间发生的合理的借款费用，应当作为资本性支出计入有关资产的成本。有关资产交付使用之后发生的借款利息，可以在利息发生当期扣除。

例 4-26：企业年初向非金融机构借款 500 万元，期限 2 年，年利率为 8%（金融机构借款年利率为 7%），购置一条生产线，年底竣工结算投产。该企业对该项借款的利息费用在第一年和第二年分别准予在所得税前扣减多少？

解答：第一年的利息须资本化处理，所以不能在税前抵扣，第二年按照同期金融机构利率计算的利息准予扣除，即 $500 \times 7\% = 35$（万元）。

(6) 汇兑损失。关于汇兑损失的处理规定如下：

① 企业在货币交易中产生的汇兑损失，准予扣除。

② 纳税年度终了时将人民币以外的货币性资产、负债按照期末即期人民币汇率中间价折算为人民币时产生的汇兑损失，准予扣除。

③ 已经计入有关资产成本以及与向所有者进行利润分配相关的部分的汇兑损失，不予扣除。

(7) 业务招待费。企业发生的与生产经营活动有关的业务招待费支出，按照发生额的 60% 扣除，但最高不得超过当年销售（营业）收入的 5‰。

业务招待费是各国公司税法中滥用扣除最为严重的领域，管理难度大，各国一般都强调对业务招待费税前扣除的管理。具体来说，业务招待费在实际扣除时需要符合如下税前扣除的一般条件和原则：

① 企业开支的业务招待费必须是正常和必要的。

② 业务招待费支出一般要求与经营活动"直接相关"。

③ 必须有足够的有效凭证证明业务招待费与企业经营活动的相关性。

④ 如果纳税人无法对发生的金额进行证明,主管税务机关有权根据实际情况合理推算最确切的金额。企业在筹建期间,发生的与筹办活动有关的业务招待费支出,按照实际发生额的60%计入企业筹办费,并按有关规定在税前扣除。

例4-27：某企业当年发生的销售收入为2 800万元,发生的业务招待费为26万元,问:允许在所得税前扣除的最高限额为多少?

解答：$26 \times 60\% = 15.6$(万元)

$2\,800 \times 0.5\% = 14$(万元)

故允许在所得税前扣除的最高限额为14万元。

(8) 广告费和业务宣传费。企业发生的符合条件的广告费和业务宣传费支出,除国务院财政、税务主管部门另有规定外,不超过当年销售(营业)收入15%的部分,准予扣除;超过部分,准予在以后纳税年度结转扣除。

企业申报扣除的广告费支出应与赞助支出严格区分。企业申报扣除的广告费支出,必须符合下列条件：

① 广告是通过工商部门批准的专门机构制作的。

② 已经实际支付费用并已取得相应的发票。

③ 通过一定的媒体传播的广告。

企业在筹建期间,发生的广告费和业务宣传费,可按实际发生额计入企业筹办费,可按上述规定在税前扣除。烟草企业的烟草广告费和业务宣传费支出,一律不得在计算应纳税所得额时扣除。

例4-28：某企业当年发生的广告费为142万元、业务宣传费为11.7万元。当年实现的销售收入为367万元、其他收入为300万元。问：当年允许扣除的广告宣传费是多少?

解答：扣除限额 $= (367+300) \times 15\% = 100.05$(万元)

100.05万元 < 153.7(142+11.7)万元

所以,允许扣除的广告宣传费为100.05万元,对于不允许扣除的53.65万元可以在以后年度结转扣除。

(9) 环境保护专项资金。企业依照法律、行政法规有关规定提取的用于环境保护、生态恢复等方面的专项资金,准予扣除。上述专项资金提取后改变用途的,不得扣除。

(10) 保险费。企业参加财产保险,按照规定缴纳的保险费,准予扣除。

(11) 租赁费。企业根据生产经营活动的需要租入固定资产支付的租赁费,按照以下方法扣除：

① 以经营租赁方式租入固定资产发生的租赁费支出，按照租赁期限均匀扣除。

② 以融资租赁方式租入固定资产发生的租赁费支出，按照规定构成融资租入固定资产价值的部分应当提取折旧费用，分期扣除。

上述的经营性租赁是指所有权不转移的租赁；上述融资性租赁是虽然表面形式不转移所有权，但实际上已经转移了与租赁资产所有权有关的全部风险和报酬的一种租赁。

例 4-29：某企业自 2020 年 3 月 1 日起租入一间仓库存放存货，一次性支付 1 年的租金 36 万元，则计入 2020 年可以在税前扣减的成本费用的租金金额是多少？

解答：此租赁为经营性租赁，成本按照租赁期均摊，按照受益期，2020 年有 10 个月租用该仓库，则计入 2020 年可以在税前扣减的成本费用的租金额是 $36 \div 12 \times 10 = 30$（万元）。

（12）劳动保护费。企业发生的合理的劳动保护支出，准予扣除。

（13）公益性捐赠支出。公益性捐赠是指企业通过公益性社会团体或者县级以上人民政府及其部门，用于《中华人民共和国公益事业捐赠法》规定的公益事业的捐赠。这里的公益性社会团体，是指同时符合下列条件的基金会、慈善组织等社会团体：

① 依法登记，具有法人资格。

② 以发展公益事业为宗旨，且不以营利为目的。

③ 全部资产及其增值为该法人所有。

④ 收益和营运结余主要用于符合该法人设立目的的事业。

⑤ 终止后的剩余财产不归属任何个人或者营利组织。

⑥ 不经营与其设立目的无关的业务。

⑦ 有健全的财务会计制度。

⑧ 捐赠者不以任何形式参与社会团体财产的分配。

⑨ 国务院财政、税务主管部门会同国务院民政部门等登记管理部门规定的其他条件。

企业发生的公益性捐赠支出，不超过年度利润总额 12% 的部分，准予扣除。年度利润总额是指企业依照国家统一会计制度的规定计算的年度会计利润。

自 2019 年 1 月 1 日至 2022 年 12 月 31 日，企业通过公益性社会组织或者县级（含县级）以上人民政府及其组成部门和直属机构，用于目标脱贫地区的扶贫捐赠支出，准予在计算企业所得税应纳税所得额时据实扣除。

例 4-30：某企业 2020 年按照会计政策计算出的利润总额是 9 000 万元，2020 年 1 月通过红十字会向新冠肺炎重疫区捐赠 1 200 万元，问：当年准予在应纳税所得额前扣除的捐赠支出为多少？

解答：捐赠限额 $= 9\,000 \times 12\% = 1\,080$（万元），实际捐赠额 1 200 万元超过限额，所以当年准予在应纳税所得额前扣除的捐赠支出为 1 080 万元。

承例4-30，如果该企业当年通过红十字会捐赠1 000万元，另外向抗疫前线医护人员直接发放慰问金200万元，问：当年准予在应纳税所得额前扣除的捐赠支出为多少？

解答：捐赠限额仍然是1 080万元，但是直接捐赠的200万元按照税法规定不予扣除，所以当年准予在应纳税所得额前扣除的捐赠支出为1 000万元。

(14) 有关资产的费用。企业转让各类固定资产发生的费用，允许扣除。企业按规定计算的固定资产折旧费，无形资产和递延资产的摊销费，准予扣除。

(15) 总机构分摊的费用。非居民企业在中国境内设立的机构、场所，就其中国境外总机构发生的与该机构、场所生产经营有关的费用，能够提供总机构出具的费用汇集范围、定额、分配依据和方法等证明文件，并合理分摊的，准予扣除。

(16) 资产损失。企业当期发生的固定资产和流动资产盘亏、毁损净损失，由其提供清查盘存资料经税务机关审核后，准予扣除；企业因存货盘亏，毁损、报废等原因不得从销项税中抵扣的进项税，应视同财产损失，准予与存货损失一起在所得税前按规定扣除。

例4-31：某企业于2020年2月在一场火灾中毁损库存材料一批，其账面成本为101 820元（含运费1 820元），该企业的损失得到税务机关的审核和确认，问：在所得税前可扣除的损失金额为多少？

解答：按照增值税法规定，交通运输业按照运费金额的9%计算进项税额准予扣除，所以账面成本中的1 820元运费其运费单的金额应该是1 820÷(1-9%)=2 000(元)，其运费的进项税额=2 000×9%=180(元)。

所以不得抵扣的进项税额=(101 820-1 820)×13%+180=13 180(元)

在所得税前可以扣除的损失金额为101 820+13 180=115 000(元)

(17) 依照法律、行政法规和国家有关税法规定准予扣除的其他项目。如会员费、合理的会议费、违约金和诉讼费用等。

(18) 手续费及佣金支出。

① 企业发生的与生产经营有关的手续费及佣金支出，不超过以下规定计算限额以内的部分，准予扣除；超过部分，不得扣除。

保险企业：财产保险企业按当年全部保费收入扣除退保金等后余额的15%（含本数，下同）计算限额；人身保险企业按当年全部保费收入扣除退保金等后余额的10%计算限额。

其他企业：按与具有合法经营资格中介服务机构或个人（不含交易双方及其雇员、代理人和代表人等）所签订服务协议或合同确认的收入金额的5%计算限额。

② 企业应与具有合法经营资格中介服务企业或个人签订代办协议或合同，并按国家有关规定支付手续费及佣金。除委托个人代理外，企业以现金等非转账方式支付的手续费及佣金不得在税前扣除。企业为发行权益性证券支付给有关证券承销机构的手续费及佣金不

得在税前扣除。

③ 企业不得将手续费及佣金支出计入回扣、业务提成、返利、进场费等费用。

④ 企业已计入固定资产、无形资产等相关资产的手续费及佣金支出,应当通过折旧、摊销等方式分期扣除,不得在发生当期直接扣除。

⑤ 企业支付的手续费及佣金不得直接冲减服务协议或合同金额,并如实入账。

⑥ 企业应当如实向当地主管税务机关提供当年手续费及佣金计算分配表和其他相关资料,并依法取得合法真实凭证。

⑦ 电信企业在发展客户、拓展业务等过程中,需向经纪人、代办商支付手续费及佣金的,其实际发生的相关手续费及佣金支出,不超过企业年金当年收入总额5%的部分,准予在企业所得税前据实扣除。

⑧ 从事代理服务、主营业务收入为手续费、佣金的企业(如证券、期货、保险代理等企业),其为取得该类收入而实际发生的营业成本,准予在企业所得税前据实扣除。

(19) 企业维简费支出。企业实际发生的维简费支出,属于收益性支出的,可作为当期费用税前扣除;属于资本性支出的,应计入有关资产成本,并按《企业所得税法》规定计提折旧或摊销费用在税前扣除。

(20) 企业参与政府统一组织的棚户区改造支出。企业参与政府统一组织的工矿(含中央下放煤矿)棚户区改造、林区棚户区改造、垦区危房改造并同时符合一定条件的棚户区改造支出,准予在企业所得税前扣除。

(五) 税前不得扣除项目范围

按照企业所得税法及有关规定,在计算应纳税所得额时,下列支出不得扣除:

(1) 向投资者支付的股息、红利等权益性投资收益款项。

(2) 企业所得税税款。

(3) 税收滞纳金是指纳税人违反税收法规,被税务机关处以的滞纳金。

(4) 罚金、罚款和被没收财物的损失。

(5) 超过规定标准的捐赠支出。

(6) 赞助支出,指企业发生的与生产经营活动无关的各种非广告性质支出。

(7) 未经核定的准备金支出,指不符合国务院财政、税务主管部门规定的各项资产减值准备、风险准备等准备金支出。

(8) 企业之间支付的管理费、企业内营业机构之间支付的租金和特许权使用费,以及非银行企业内营业机构之间支持的利息。

(9) 与取得收入无关的其他支出。

(六) 亏损弥补

亏损,是指企业依照《企业所得税法》及其《暂行条例》的规定将每一纳税年度的收入总额减除不征税收入、免税收入和各项扣除后小于零的数额。税法规定,企业纳税年度发生的亏损,准予向以后年度结转,用以后年度的所得弥补,但结转年限最长不得超过5年。

这里的亏损弥补有两个含义:一是自亏损年度的下一年度起连续5年不间断地计算;二是如果连续发生年度亏损,应从第一个亏损年度算起,先亏先补,不得将每个亏损年度的连续弥补期相加,也不得断开计算。

例4-32：A、B两企业在第1—8个年份之内的应纳税所得额如下表（假设第1年之前没有亏损），问：各年应缴纳的所得税为多少？（假设所得税率为25%）

单位：万元

年 份	1	2	3	4	5	6	7	8
A企业应纳税所得额	10	−20	5	2	2	2	2	6
所 得 税								
B企业应纳税所得额	10	−20	5	2	−2	2	2	6
所 得 税								

解答：A企业第1年需要纳税2.5万元，第2年亏损不需要纳税，第3年至第7年期间所得共13万元弥补第2年的20万亏损，所以第3年到第7年都不需要纳税，第2年的亏损最长弥补期为5年，即虽然A企业第8年有6万元利润，而且第2年的亏损20万元也才弥补了13万元，因为已经超过了5年结转期，所以不能继续弥补，故第8年A企业需要纳税1.5(6×25%)万元。

B企业第1年需要纳税2.5万元，第2年亏损不需要纳税，第3年和第4年所得共7万元弥补第2年的20万元亏损，所以第3年和第4年都不需要纳税，第5年亏损不需要纳税，第6年和第7年所得4万元继续弥补第2年的亏损，也不需要纳税，第8年所得不能继续弥补第2年的亏损，但是可以弥补第5年的2万元亏损，所以第8年B企业应纳税1[(6−2)×25%]万元。

A、B企业的具体纳税情况见下表。

单位：万元

年 份	1	2	3	4	5	6	7	8
应税利润	10	−20	5	2	2	2	2	6
所得税	2.5	0	0	0	0	0	0	1.5
应税利润	10	−20	5	2	−2	2	2	6
所得税	2.5	0	0	0	0	0	0	1

年度亏损抵补是世界各国的一种通常做法，是国家为帮助纳税人尽快克服暂时困难，保证生产经营的顺利进行，以保护税源而采取的一项措施。但为了加强纳税人的经济责任，促进纳税人积极改善经营管理，努力扭亏增盈，通常又对抵补的最长期限做了限制性的规定。纳税人应如实申报亏损，如虚报亏损则要受到相应的处罚。所谓虚报亏损，是指企业年度申报表中所报亏损数额多于主管税务机关在纳税检查中按税法规定计算出的亏损数额。

企业多报亏损会造成以后年度不缴或少缴所得税款，主管税务机关依据《中华人民共和国税收征收管理法》的规定认定其为偷税而应处以罚款的，可将查出企业多报的亏损额视为查出相同数额的应税所得,再按法定税率计算出相应的应纳所得税额,以此作为罚款的依据。企业多报亏损,经主管税务机关检查调整后如果仍然亏损的,可按上述原则予以罚款,不存在补税问题;如果企业多报亏损,经主管税务机关检查调整后有盈余,还应就调整后的应纳税所得按适用税率补缴企业所得税;如果企业多报的亏损已用以后年度的应纳税所得进行了弥补,还应对多报亏损已弥补部分按适用税率计算补缴企业所得税。

五、资产的税务处理

资产是由于资本投资而形成的财产,对于资本性支出以及无形资产受让、开办、开发费用,不允许作为成本、费用从纳税人的收入总额中做一次性扣除,只能采取分次计提折旧或分次摊销的方式予以扣除,即纳税人经营活动中使用的固定资产的折旧费用、无形资产和长期待摊费用的摊销费用可以扣除。税法规定企业的各项资产,包括固定资产、生物资产、无形资产、长期待摊费用、投资资产、存货等,均以历史成本为计税基础。历史成本是指企业取得该项资产时实际发生的支出。企业持有各项资产期间资产增值或者减值,除国务院财政、税务主管部门规定可以确认损益外,不得调整该资产的计税基础。

(一) 固定资产的税务处理

固定资产是指企业为生产产品、提供劳务、出租或者经营管理而持有的、使用时间超过12个月的非货币性资产,包括房屋、建筑物、机器、机械、运输工具以及其他与生产经营活动有关的设备、器具、工具等。

1. 固定资产的计税基础

税法规定,固定资产按照以下方法确定计税基础:

(1) 外购的固定资产,以购买价款和支付的相关税费以及直接归属于使该资产达到预定用途发生的其他支出为计税基础。

(2) 自行建造的固定资产,以竣工结算前发生的支出为计税基础。

(3) 融资租入的固定资产,以租赁合同约定的付款总额和承租人在签订租赁合同过程中发生的相关费用为计税基础,租赁合同未约定付款总额的,以该资产的公允价值和承租人在签订租赁合同过程中发生的相关费用为计税基础。

(4) 盘盈的固定资产,以同类固定资产的重置完全价值为计税基础。

(5) 通过捐赠、投资、非货币性资产交换、债务重组等方式取得的固定资产,以该资产的公允价值和支付的相关税费为计税基础。

(6) 改建的固定资产,除已足额提取折旧的固定资产和租入的固定资产以外的其他固定资产,以改建过程中发生的改建支出增加计税基础。

2. 固定资产折旧的范围

企业按照规定计算的固定资产折旧,准予在税前扣除。会计准则中规定不予计提折旧的固定资产在税法中同样不能计提折旧作为税前扣除额。下列固定资产不得计算折旧扣除:

(1) 房屋、建筑物以外未投入使用的固定资产。

(2) 以经营租赁方式租入的固定资产。

(3) 以融资租赁方式租出的固定资产。

(4) 已足额提取折旧仍继续使用的固定资产。

(5) 与经营活动无关的固定资产。

(6) 单独估价作为固定资产入账的土地。

(7) 其他不得计算折旧扣除的固定资产。

3. 固定资产折旧的计提方法

(1) 固定资产按照直线法计算的折旧,准予扣除。

(2) 企业应当自固定资产投入使用月份的次月起计算折旧;停止使用的固定资产,应当自停止使用月份的次月起停止计算折旧。即折旧额的计提依据始终是固定资产的当期的期初余额。

(3) 企业应当根据固定资产的性质和使用情况,合理确定固定资产的预计净残值。固定资产的预计净残值一经确定,不得变更。

4. 固定资产折旧的计提年限

除国务院财政、税务主管部门另有规定外,固定资产计算折旧的最低年限如下:

(1) 房屋、建筑物,为 20 年。

(2) 飞机、火车、轮船、机器、机械和其他生产设备,为 10 年。

(3) 与生产经营活动有关的器具、工具、家具等,为 5 年。

(4) 飞机、火车、轮船以外的运输工具,为 4 年。

(5) 电子设备,为 3 年。

从事开采石油、天然气等矿产资源的企业,在开始商业性生产前发生的费用和有关固定资产的折耗、折旧方法,由国务院财政、税务主管部门另行规定。

5. 固定资产改扩建的税务处理

自 2011 年 7 月 1 日起,企业对房屋、建筑物在未足额提取抵旧前进行改扩建的,如属于推倒重置的,该资产原值减除提取折旧后的净值,应并入重置后的固定资产计税成本,并在该固定资产投入使用后的次月起,按税法规定的折旧年限,一并计提折旧。如属于提升功能、增加面积的,该固定资产的改扩建支出,并入该固定资产计税基础,并从改扩建完工投入使用后的次月起,重新按税法规定的该固定资产折旧年限计提折旧。

(二) 生物资产的税务处理

生物资产是指有生命的动物和植物。生物资产分为消耗性生物资产、生产性生物资产和公益性生物资产。

消耗性生物资产,是指为出售而持有的,或在将来收获为农产品的生物资产,包括生长中的农田作物、蔬菜、用材林以及存栏待售的牲畜等。

生产性生物资产,是指为产出农产品、提供劳务或出租等目的而持有的生物资产,包括经济林、薪炭林、产畜和役畜等。

公益性生物资产是指以防护、环境保护为主要目的的生物资产,包括防风固沙林、水土保持林和水源涵养林等。

1. 生物资产的计税基础

生产性生物资产按照以下方法确定计税基础:

（1）外购的生产性生物资产，以购买价款和支付的相关税费为计税基础。

（2）通过捐赠、投资、非货币性资产交换、债务重组等方式取得的生产性生物资产，以该资产的公允价值和支付的相关税费为计税基础。

2. 生物资产的折旧方法

生物资产的折旧方法基本上与固定资产是一致的，具体如下：

（1）生产性生物资产按照直线法计算的折旧，准予扣除。

（2）企业应当自生产性生物资产投入使用月份的次月起计算折旧；停止使用的生产性生物资产，应当自停止使用月份的次月起停止计算折旧。

（3）企业应当根据生产性生物资产的性质和使用情况，合理确定生产性生物资产的预计净残值。生产性生物资产的预计净残值一经确定，不得变更。

3. 生物资产折旧的计提年限

生产性生物资产计算折旧的最低年限如下：

（1）林木类生产性生物资产，为 10 年。

（2）畜类生产性生物资产，为 3 年。

（三）无形资产的税务处理

无形资产是指企业为生产商品、提供劳务、出租给他人，或为管理而拥有的没有实物形态的可辨认非货币性资产，包括专利权、商标权、著作权、土地使用权和非专利技术、商誉等。

1. 无形资产的计税基础

无形资产按照以下方法确定计税基础：

（1）外购的无形资产，以购买价款和支付的相关税费以及直接归属于使该资产达到预定用途发生的其他支出为计税基础。

（2）自行开发的无形资产，以开发过程中该资产符合资本化条件后至达到预定用途前发生的支出为计税基础。

（3）通过捐赠、投资、非货币性资产交换、债务重组等方式取得的无形资产，以该资产的公允价值和支付的相关税费为计税基础。

2. 无形资产的摊销范围

在计算应纳税所得额时，企业按照规定计算的无形资产摊销费用，准予扣除。

下列无形资产不得计算摊销费用扣除：

（1）自行开发的支出已在计算应纳税所得额时扣除的无形资产。

（2）自创商誉。

（3）与经营活动无关的无形资产。

（4）其他不得计算摊销费用扣除的无形资产。

3. 无形资产的摊销方法及年限

无形资产按照直线法计算的摊销费用，准予扣除。无形资产的摊销年限不得低于 10 年。作为投资或者受让的无形资产，有关法律规定或者合同约定了使用年限的，可以按照规定或者约定的使用年限分期摊销。外购商誉的支出，在企业整体转让或者清算时，准予扣除。

(四)长期待摊费用的税务处理

长期待摊费用是指企业已经支出,但摊销期限在1年以上或几个年度内进行摊销的各项费用,包括开办费、租入固定资产的改良支出以及摊销期在1年以上的固定资产大修理支出、股票发行费用等。

1. 长期待摊费用的摊销范围

在计算应纳税所得额时,企业发生的下列支出作为长期待摊费用,按照规定摊销的,准予扣除:

(1) 已足额提取折旧的固定资产的改建支出。

(2) 租入固定资产的改建支出。

(3) 固定资产的大修理支出。

(4) 其他应当作为长期待摊费用的支出。

上述第一项和第二项所称固定资产的改建支出,是指改变房屋或者建筑物结构、延长使用年限等发生的支出。

上述第三项所称固定资产的大修理支出,是指同时符合修理支出达到取得固定资产时的计税基础50%以上以及修理后固定资产的使用年限延长2年以上这两个条件的支出。

2. 长期待摊费用的摊销方法和年限

固定资产的修理支出可在发生当期直接扣除。固定资产改良支出,如果有关固定资产尚未提足折旧,可增加固定资产价值,如有关固定资产已提足折旧,可作为长期待摊费用,在规定的期间内平均摊销。

(1) 已足额提取折旧的固定资产的改建支出,按照固定资产预计尚可使用年限分期摊销。

(2) 租入固定资产的改建支出,按照合同约定的剩余租赁期限分期摊销。

(3) 改建的固定资产延长使用年限的,除已足额提取折旧的固定资产的改建支出和租入固定资产的改建支出外,应当适当延长折旧年限。

(4) 固定资产的大修理支出,按照固定资产尚可使用年限分期摊销。

(5) 其他应当作为长期待摊费用的支出,自支出发生月份的次月起,分期摊销,摊销年限不得低于3年。

(五)存货的税务处理

存货是指企业持有以备出售的产品或者商品、处在生产过程中的在产品、在生产或者提供劳务过程中耗用的材料和物料等。

1. 存货的计税基础

存货按照以下方法确定成本:

(1) 通过支付现金方式取得的存货,以购买价款和支付的相关税费为成本。

(2) 通过支付现金以外的方式取得的存货,以该存货的公允价值和支付的相关税费为成本。

(3) 生产性生物资产收获的农产品,以产出或者采收过程中发生的材料费、人工费和分摊的间接费用等必要支出为成本。

2. 存货的成本计算方法

企业使用或者销售的存货的成本计算方法,可以在先进先出法、加权平均法、个别计价法中选用一种。计价方法一经选用,不得随意变更。

企业使用或者销售存货,按照规定计算的存货成本,准予在计算应纳税所得额时扣除。企业转让以上五大类资产,在计算应纳税所得额时,该项资产的净值,准予扣除。这里所称资产的净值是指有关资产、财产的计税基础减除已经按照规定扣除的折旧、折耗、摊销、准备金等后的余额。

除国务院财政、税务主管部门另有规定外,企业在重组过程中,应当在交易发生时确认有关资产的转让所得或者损失,相关资产应当按照交易价格重新确定计税基础。

(六) 投资资产的税务处理

投资资产是指企业对外进行权益性投资和债权性投资形成的资产。

1. 投资资产的计税基础

投资资产应按照以下方法确定成本:

(1) 通过支付现金方式取得的投资资产,以购买价款为成本。

(2) 通过支付现金以外的方式取得的投资资产,以该资产的公允价值和支付的相关税费为成本。

2. 投资资产成本的扣除方法

企业对外投资期间,投资资产的成本在计算应纳税所得额时不得扣除。而企业在转让或者处置投资资产时,投资资产的成本,准予扣除。

3. 投资企业撤回或减少投资的税务处理

自2011年7月1日起,投资企业从被投资企业撤回或减少投资,其取得的资产中,相当于初始出资的部分,应确认为投资收回;相当于被投资企业累计未分配利润和累计盈余公积按减少实收资本比例计算的部分,应确认为股息所得;其余部分确认为投资资产转让所得。

被投资企业发生的经营亏损,由被投资企业按规定结转弥补;投资企业不得调整减低其投资成本,也不得将其确认为投资损失。

(七) 税法规定与会计规定差异的处理问题

在计算应纳税所得额时,企业财务、会计处理办法与税收法律、行政法规的规定不一致的,应当依照税收法律、行政法规的规定计算。

企业在平时进行会计核算时,可以按会计制度的有关规定进行账务处理,但在申报纳税时,对税法规定和会计准则有差异的,要完全按照税法规定进行纳税调整。具体规定如下。

(1) 企业不能提供完整、准确的收入和成本、费用等凭证资料的,不能准确计算应纳税所得额的,由税务机关核定其应纳税所得额。

(2) 企业依法清算时,以其清算所得向税务机关申报并依法缴纳企业所得税。所谓清算所得,是指企业的全部资产可变现价值或者交易价格减除资产净值、清算费用以及相关税费等后的余额。

(3) 企业应纳税所得额是根据税收法规计算出来的,它在数额上与依据财务会计制度计算的利润总额往往不一致。因此,税法规定,对企业按照有关财务会计规定计算的利润总额,必须依照税法的规定进行必要调整后,才能作为应纳税所得额计算并缴纳所得税。

(4) 自2011年7月1日起,企业当年度实际发生的相关成本、费用,由于各种原因未能及时取得该成本、费用的有效凭证,企业在预缴季度所得税时,可暂按账面发生金额进行核算;但在汇算清缴时,应补充提供该成本、费用的有效凭证。

例 4-33：某企业年终进行清算时的全部资产可变现价值为 982 万元，清算费用为 36 万元，清算时的负债为 660 万元，企业的资本公积金为 26 万元，问：该企业清算所得为多少？

解答：清算所得＝982－36－660－26＝260（万元）

六、应纳税额的计算

通过上述问题的描述，我们已经了解了收入总额的确定，不征税收入和免税收入的范围，也清楚知道了准予扣除项目的扣除方法以及亏损的抵减情况。在此基础上，接下来就可以计算应纳税所得额。因为纳税人分为居民企业和非居民企业，我们分别来看这两类纳税人的应纳税额的计算。

（一）居民企业应纳税额的计算

居民企业的应纳税额等于应纳税所得额乘以适用税率，减除依照本法关于税收优惠的规定减免和抵免的税额后的余额，为应纳税额。应纳税额的基本计算公式为

$$居民企业应纳税额＝应纳税所得额\times 适用税率－减免税额－抵免税额$$

公式中的减免税额和抵免税额，是指依照《企业所得税法》和国务院的税收优惠规定减征、免征和抵免的应纳税额。

根据公式可以看出，居民企业应纳税额的多少，取决于应纳税所得额和适用税率两个因素。在实际过程中，应纳税额的计算有两种方法。

1. 直接法

直接法是在已知纳税收入的情况下，用纳税收入扣除不征税收入等就得到应纳税所得额，再乘以相应的税率后扣除掉减免税额和抵免税额后就是应纳税额，公式如下：

$$应纳税额＝（收入总额－不征税收入－免税收入\\－各项扣除－以前年度亏损）\times 税率\\－减免税额－抵免税额$$

例 4-34：假设某居民企业 2019 年度实现的收入总额为 8 000 万元，其中属于不征税收入的有 90 万元，还有 50 万元是购买国债的利息收入，税法规定可以抵扣的成本费用总额为 5 122 万元。假设没有以前年度亏损和减免税额及抵免税额。试求该企业 2019 年度的应纳税额。

解答：应纳税额＝应纳税所得额×25％＝（收入总额－不征税收入－免税收入
－各项扣除－以前年度亏损）×25％－减免税额－抵免税额
＝（8 000－90－50－5 122）×25％－0＝684.5（万元）

但是,我们知道在实际工作中,税法规定下的税收收入总额很难获得,而是以会计利润的形式出现,所以这一公式实际上用得并不多,除非在会计规定和税收规定基本上一致的情况下。因此我们必须还有另外一种计算法,那就是间接法。

2. 间接法

如果已知的是会计利润和一些需要调整的事项,则用间接法计算应纳税额,公式如下:

$$应纳税额=(会计利润+调增项目-调减项目)\times 税率-减免税额-抵免税额$$

上述公式中的调增项目主要是那些会计核算中没有计入收入,但是税法规定要纳税的项目,以及会计核算中作为费用计量的但是税法规定不可以作为税前扣除的那些项目;调减项目与此相反,是那些会计核算中作为收入,但是税法规定可以免税不需要纳税的项目,以及会计核算中没有作为费用计量的但是税法规定可以作为税前扣除的那些项目。

例4-35. 假设某居民企业 2019 年的会计利润为 252 万元,有如下一些需要调整的事项:

(1) 实现国债利息收入 9 万元。

(2) 企业本期发生广告费用为 92 万元,会计上作为 2019 年的销售费用。当年企业共实现销售收入为 588 万元。

(3) 企业 2019 年总共发生业务招待费 4 万元。全部在会计利润前作为费用扣除。

(4) 2019 年企业通过公益性社会团体向贫困山区捐款 35 万元,支付税收滞纳金 5 万元,这两项支出都已计入营业外支出。

(5) 计入成本费用的实发工资总额为 125 万元,拨缴职工工会经费 2 万元,支出职工福利费 18 万元,支出职工教育经费 4 万元。

要求:计算该企业 2019 年度实际应纳的企业所得税。

解答:(1) 国债利息收入可以免税,在会计利润基础上调减 9 万元。

(2) 广告费调增所得额 $=92-588\times 15\%=3.8$(万元)

(3) 业务招待费调增所得额 $=4-4\times 60\%=1.6$(万元)

$$588\times 0.5\%=2.94 > 4\times 60\%=2.4(万元)$$

(4) 捐赠支出应调增所得额 $=35-252\times 12\%=4.76$(万元)

(5) 滞纳金不能在税前抵扣,调增 5 万元。

(6) 工会经费经不需要调增所得额。$125\times 2\% > 2$(万元)

(7) 职工福利费应调增所得额 $=18-125\times 14\%=0.5$(万元)

(8) 职工教育经费应调增所得税 $=4-125\times 2.5\%=0.875$(万元)

企业 2019 年的应税所得额 $=252-9+3.8+1.6+4.76+5+0.5+0.875=259.535$(万元)

企业 2019 年应纳税额 $=259.535\times 25\%=64.884$(万元)

(二) 境外所得抵扣税额的计算

企业取得的下列所得已在境外缴纳的所得税税额,可以从其当期应纳税额中抵免,抵免限额为该项所得依照税法规定计算的应纳税额;超过抵免限额的部分,可以在以后5个年度内,用每年度抵免限额抵免当年应抵税额后的余额进行抵补。

(1) 居民企业来源于中国境外的应税所得。

(2) 非居民企业在中国境内设立机构、场所,取得发生在中国境外但与该机构、场所有实际联系的应税所得。

上述所称已在境外缴纳的所得税税额,是指企业来源于中国境外的所得依照中国境外税收法律以及相关规定应当缴纳并已经实际缴纳的企业所得税性质的税款。

居民企业从其直接或者间接控制的外国企业分得的来源于中国境外的股息、红利等权益性投资收益,外国企业在境外实际缴纳的所得税税额中属于该项所得负担的部分,可以作为该居民企业的可抵免境外所得税税额,在《企业所得税法》第二十三条规定的抵免限额内抵免。

上述所称直接控制,是指居民企业直接持有外国企业20%以上股份。

上述所称间接控制,是指居民企业以间接持股方式持有外国企业20%以上股份,具体认定办法由国务院财政、税务主管部门另行制定。

企业依照《企业所得税法》的规定抵免企业所得税税额时,应当提供中国境外税务机关出具的税款所属年度的有关纳税凭证。

抵免限额是指企业来源于中国境外的所得,依照企业所得税法和本条例的规定计算的应纳税额。除国务院财政、税务主管部门另有规定外,该抵免限额应当分国(地区)不分项计算,计算公式如下:

$$抵免限额 = 中国境内、境外所得按税法规定计算的应纳税总额 \times 来源于某国(地区)的应纳税所得额 \div 中国境内、境外应纳税所得总额$$

前述所称5个年度,是指从企业取得的来源于中国境外的所得,已经在中国境外缴纳的企业所得税性质的税额超过抵免限额的当年的次年起连续5个纳税年度。

例4-36:我国某公司2019年其境内应纳税所得额为300万元,该公司适用25%的所得税税率,其在A国分支机构取得的应纳税所得额为100万元,A国所得税税率为20%,已在A国缴纳20万元税款;在B国分支机构取得的应纳税所得额为150万元,B国所得税税率30%,已在B国缴纳45万元税款。假设A、B两国分支机构按国内税法计算的应纳税所得额与国外的一致。要求:计算其汇总时在我国应该缴纳的企业所得税税额。

解答:其向我国税务机关缴纳的税款计算步骤如下。

第一步:按我国税法计算境内、境外所得应缴纳的税款:

应纳税额 = (境内所得 + 境外所得) × 境内税率 = (300 + 100 + 150) × 25% = 137.5 (万元)

第二步：计算A、D两国扣除限额。

A国扣除限额=境内、境外所得按税法计算的应纳税总额×来源于A国的所得额÷境内、境外所得总额=（300+100+150）×25％×100÷550=25（万元）

B国扣除限额=（300+100+150）×25％×150÷550=37.5（万元）

A国分支机构实际缴纳的20万元所得税税款，低于25万元的A国扣除限额，可以如数抵免。

B国分支机构实际缴纳45万元所得税税款，高于37.5万元的B国扣除限额，只能抵免37.5万元。

第三步：计算该公司实际向我国税务机关缴纳的税款：

实际应纳税额=137.5-20-37.5=80（万元）

（三）非居民企业应纳税额的计算

对于在中国境内未设立机构、场所的，或者虽设立机构、场所但取得的所得与其所设机构、场所没有实际联系的非居民企业的所得，按照下列方法计算其应纳税所得额：

(1) 股息、红利等权益性投资收益和利息、租金、特许权使用费所得，以收入全额为应纳税所得额；

(2) 转让财产所得，以收入全额减除财产净值后的余额为应纳税所得额；

(3) 其他所得，参照前两项规定的方法计算应纳税所得额。

上述财产净值是指有关资产、财产的计税基础减除已经按照规定扣除的折旧、折耗、摊销、准备金等后的余额。

七、税收优惠

税收优惠是指国家运用税收政策在税收法律、行政法规中规定对某一部分特殊企业和课税对象给予减轻或免除税收负担的一种措施。税法规定的企业所得税的税收优惠方式包括免税、减税、加计扣除、加速折旧、减计收如何税额抵免等。

（一）免征与减征优惠

企业的下列所得，可以免征、减征企业所得税。但是，如果从事国家限制和禁止发展的项目，不得享受企业所得税优惠。

1. 从事农、林、牧、渔业项目的所得，包括免征与减征两部分

(1) 企业从事下列农、林、牧、渔业项目的所得，免征企业所得税：

① 蔬菜、谷物、薯类、油料、豆类、棉花、麻类、糖料、水果、坚果的种植。

② 农作物新品种的选育。

③ 中药材的种植。

④ 林木的培育和种植。

⑤ 牲畜、家禽的饲养。

⑥ 林产品的采集。

⑦ 灌溉、农产品初加工、兽医、农技推广、农机作业和维修等农、林、牧、渔服务业项目。
⑧ 远洋捕捞。
(2) 企业从事下列项目的所得，减半征收企业所得税：
① 花卉、茶以及其他饮料作物和香料作物的种植。
② 海水养殖、内陆养殖。

2. 从事国家重点扶持的公共基础设施项目投资经营的所得

《企业所得税法》中所称国家重点扶持的公共基础设施项目，是指《公共基础设施项目企业所得税优惠目录》规定的港口码头、机场、铁路、公路、电力、水利等项目。

企业从事税法规定的国家重点扶持的公共基础设施项目的投资经营的所得，自项目取得第一笔生产经营收入所属纳税年度起，第1—3年免征企业所得税，第4—6年减半征收企业所得税。

企业承包经营、承包建设和内部自建自用本条规定的项目，不得享受本条规定的企业所得税优惠。

3. 从事符合条件的环境保护、节能节水项目的所得

这里所称符合条件的环境保护、节能节水项目，包括公共污水处理、公共垃圾处理、沼气综合开发利用、节能减排技术改造、海水淡化等。项目的具体条件和范围由国务院财政、税务主管部门商国务院有关部门制定，报国务院批准后公布施行。

企业从事前款规定的符合条件的环境保护、节能节水项目的所得，自项目取得第一笔生产经营收入所属纳税年度起，第1—3年免征企业所得税，第4—6年减半征收企业所得税。

上述规定享受减免税优惠的项目，在减免税期限内转让的，受让方自受让之日起，可以在剩余期限内享受规定的减免税优惠；减免税期限届满后转让的，受让方不得就该项目重复享受减免税优惠。

4. 符合条件的技术转让所得

这里所称符合条件的技术转让所得免征、减征企业所得税，是指一个纳税年度内，居民企业技术转让所得不超过500万元的部分，免征企业所得税；超过500万元的部分，减半征收企业所得税。

(二) 小型微利企业优惠

符合条件的小型微利企业，减按20%的税率征收企业所得税。这里所称符合条件的小型微利企业，是指企业的全部生产经营活动产生的所得均负有我国企业所得税纳税义务，并符合下列条件的企业。非居民企业不适用下述规定。

(1) 工业企业，年度应纳税所得额不超过50万元，从业人数不超过100人，资产总额不超过3 000万元。

(2) 其他企业，年度应纳税所得额不超过50万元，从业人数不超过80人，资产总额不超过1 000万元。

从事国家非限制和禁止行业，且同时符合年度应纳税所得额不超过300万元、从业人数不超过300人、资产总额不超过5 000万元等三个条件的小型微利企业，自2019年1月1日至2021年12月31日，其年应纳税所得额不超过100万元的部分，减按25%计入应纳税所得额，按20%的税率缴纳企业所得税；对年应纳税所得额超过100万元但不超过300万元的

部分,减按50%计入应纳税所得额,按20%的税率缴纳企业所得税。

(三) 高新技术企业优惠

国家需要重点扶持的高新技术企业,减按15%的税率征收企业所得税。这里所称国家需要重点扶持的高新技术企业是指拥有核心自主知识产权,并同时符合下列条件的企业:

(1) 企业申请认定时须注册成立一年以上。

(2) 企业通过自主研发、受让、受赠、并购等方式,获得对其主要产品(服务)在技术上发挥核心支持作用的知识产权的所有权。

(3) 对企业主要产品(服务)发挥核心支持作用的技术属于《国家重点支持的高新技术领域》规定的范围。

(4) 企业从事研发和相关技术创新活动的科技人员占企业当年职工总数的比例不低于10%。

(5) 企业近三个会计年度(实际经营期不满三年的按实际经营时间计算)的研究开发费用总额占同期销售收入总额的比例符合如下要求:

① 最近一年销售收入小于5 000万元(含)的企业,比例不低于5%;

② 最近一年销售收入在5 000万元至2亿元(含)的企业,比例不低于4%;

③ 最近一年销售收入在2亿元以上的企业,比例不低于3%。

其中,企业在中国境内发生的研究开发费用总额占全部研究开发费用总额的比例不低于60%。

(6) 近一年高新技术产品(服务)收入占企业同期总收入的比例不低于60%。

(7) 企业创新能力评价应达到相应要求。

(8) 企业申请认定前一年内未发生重大安全、重大质量事故或严重环境违法行为。

《国家重点支持的高新技术领域》由国务院科技、财政、税务主管部门商国务院有关部门制定,报国务院批准后公布施行。

(四) 技术先进型服务企业优惠

自2017年1月1日起,在全国范围内对经认定的技术先进型服务企业,减按15%的税率征收企业所得税。

(五) 加计扣除优惠

企业的下列支出,可以在计算应纳税所得额时加计扣除。

1. 一般企业研究开发费

研究开发费,自2018年至2020年12月31日,未形成无形资产计入当期损益的,在按照规定据实扣除的基础上,再按照研究开发费用的75%加计扣除;形成无形资产的,按照无形资产成本的175%摊销。

2. 高科技型中小企业研究开发费用

科技型中小企业开展研发活动中实际发生的研发费用,未形成无形资产计入当期损益的,在按照规定据实扣除的基础上,在2017年1月1日至2019年12月31日期间,再按照实际发生额的75%在税前加计扣除;形成无形资产的,在上述期间按照无形资产成本的175%摊销。根据《财政部 税务总局 科技部关于提高研究开发费用税前加计扣除比例的通知》(财税〔2018〕99号)规定,该研发费用加计扣除政策适用时限延长至2020年12月31日。

3. 企业委托境外研究开发费用与税前加计扣除

按照《财政部 税务总局 科技部关于企业委托境外研究开发费用税前加计扣除有关政策问题的通知》(财税〔2018〕64号)的规定,企业委托境外的研发费用按照费用实际发生额的80%计入委托方的委托境外研发费用,不超过境内符合条件的研发费用2/3的部分,可以按规定在企业所得税前加计扣除。

4. 安置残疾人员及国家鼓励安置的其他就业人员所支付的工资

企业安置残疾人员的,在按照支付给残疾职工工资据实扣除的基础上,按照支付给残疾职工工资的100%加计扣除。残疾人员的范围适用《中华人民共和国残疾人保障法》的有关规定。

企业安置国家鼓励安置的其他就业人员所支付的工资的加计扣除办法,由国务院另行规定。

(六) 创投企业优惠

创业投资企业从事国家需要重点扶持和鼓励的创业投资,可以按投资额的一定比例抵扣应纳税所得额。

《企业所得税法》第三十一条所称抵扣应纳税所得额,是指创业投资企业采取股权投资方式直接投资于初创科技型企业满2年的,可以按照其投资额的70%在股权持有满2年的当年抵扣该创业投资企业的应纳税所得额;当年不足抵扣的,可以在以后纳税年度结转抵扣。

例4-37:A企业2018年1月1日向B企业投资2 000万元,而B企业是未上市的中小高新技术企业,股权持有到2019年12月31日。则A企业在2019年可以在应纳税所得额前抵扣1 400万元。

(七) 加速折旧优惠

企业的固定资产由于技术进步等原因,确须加速折旧的,可以缩短折旧年限或者采取加速折旧的方法。

这里所称可以采取缩短折旧年限或者采取加速折旧的方法的固定资产,包括:

(1) 由于技术进步,产品更新换代较快的固定资产。

(2) 常年处于强震动、高腐蚀状态的固定资产。

采取缩短折旧年限方法的,最低折旧年限不得低于规定折旧年限的60%;采取加速折旧方法的,可以采取双倍余额递减法或者年数总和法。

国家对于一些特殊行业,有加速折旧扣除的优惠规定,近年来的一些规定如下:

(1) 对生物药品制造等六行业加速折旧规定。对生物药品制造业,专用设备制造业,铁路、船舶、航空航天和其他运输设备制造业,计算机、通信和其他电子设备制造业,仪器仪表制造业,信息传输、软件和信息技术服务业等六个行业的小型微利企业2014年1月1日后新购进的研发和生产经营共用的仪器、设备,单位价值不超过100万元的,允许一次性计入当期成本费用在计算应纳税所得额时扣除,不再分年度计算折旧;单位价值超过100万元的,可缩短折旧年限或采取加速折旧的方法。

（2）对所有行业企业2014年1月1日后新购进的专门用于研发的仪器、设备,单位价值不超过100万元的,允许一次性计入当期成本费用在计算应纳税所得额时扣除,不再分年度计算折旧;单位价值超过100万元的,可缩短折旧年限或采取加速折旧的。

（3）对所有行业企业持有的单位价值不超过5 000元的固定资产,允许一次性计入当期成本费用在计算应纳税所得额时扣除,不再分年度计算折旧。

（4）对轻工、纺织、机械、汽车四个领域重点行业加速折旧规定。对轻工、纺织、机械、汽车四个领域重点行业企业2015年1月1日后新购进的固定资产（包括自行建造）,允许缩短折旧年限或采取加速折旧方法。

对上述四个领域重点行业小型微利企业2015年1月1日后新购进的研发和生产经营共用的仪器、设备,单位价值不超过100万元（含）的,允许在计算应纳税所得额时一次性全额扣除;单位价值超过100万元的,允许缩短折旧年限或采取加速折旧方法。设备、器具等固定资产一次性扣除规定。企业在2018年1月1日至2020年12月31日期间新购进的设备、器具（指除房屋、建筑物以外的固定资产）,单位价值不超过500万元的,允许一次性计入当期成本费用在计算应纳税所得额时扣除,不再分年度计算折旧;单位价值超过500万元的,仍按《企业所得税法实施条例》、《财政部 国家税务总局关于完善固定资产加速折旧企业所得税政策的通知》（财税〔2014〕75号）、《财政部 国家税务总局关于进一步完善固定资产加速折旧企业所得税政策的通知》（财税〔2015〕106号）等相关规定执行。

（八）减计收入优惠

企业综合利用资源,生产符合国家产业政策规定的产品所取得的收入,可以在计算应纳税所得额时减计收入。

这里所称减计收入,是指企业以《资源综合利用企业所得税优惠目录》规定的资源作为主要原材料,生产国家非限制和禁止并符合国家和行业相关标准的产品取得的收入,减按90%计入收入总额。

上述所称原材料占生产产品材料的比例不得低于《资源综合利用企业所得税优惠目录》规定的标准。

（九）税额抵减优惠

企业购置用于环境保护、节能节水、安全生产等专用设备的投资额,可以按一定比例实行税额抵免。

这里所称税额抵免,是指企业购置并实际使用《环境保护专用设备企业所得税优惠目录》《节能节水专用设备企业所得税优惠目录》和《安全生产专用设备企业所得税优惠目录》规定的环境保护、节能节水、安全生产等专用设备的,该专用设备的投资额的10%可以从企业当年的应纳税额中抵免;当年不足抵免的,可以在以后5个纳税年度结转抵免。

享受上述规定的企业所得税优惠的企业,应当实际购置并自身实际投入使用前款规定的专用设备;企业购置上述专用设备在5年内转让、出租的,应当停止享受企业所得税优惠,并补缴已经抵免的企业所得税税款。转让的受让方可以按照该专用设备投资额的10%抵免当年企业所得税应纳税额;当年税额不足抵免的,可以在以后5个纳税年度结转抵免。

上述所有的企业所得税税收优惠目录,由国务院财政、税务主管部门商国务院有关部门制定,报国务院批准后公布施行。

根据国民经济和社会发展的需要,或者由于突发事件等原因对企业经营活动产生重大影响的,国务院可以制定企业所得税专项优惠政策,报全国人民代表大会常务委员会备案。

企业同时从事适用不同企业所得税待遇的项目的,其优惠项目应当单独计算所得,并合理分摊企业的期间费用;没有单独计算的,不得享受企业所得税优惠。

(十)民族自治地方的优惠

民族自治地方的自治机关对本民族自治地方的企业应缴纳的企业所得税中属于地方分享的部分,可以决定减征或者免征。自治州、自治县决定减征或者免征的,须报省、自治区、直辖市人民政府批准。

《企业所得税法》第二十九条所称民族自治地方,是指依照《中华人民共和国民族区域自治法》的规定,实行民族区域自治的自治区、自治州、自治县。

对民族自治地方内国家限制和禁止行业的企业,不得减征或者免征企业所得税。

(十一)非居民企业优惠

非居民企业取得企业所得税法规定的所得,减按10%的税率征收企业所得税。

非居民企业的下列所得可以免征企业所得税:

(1)外国政府向中国政府提供贷款取得的利息所得。

(2)国际金融组织向中国政府和居民企业提供优惠贷款取得的利息所得。

(3)经国务院批准的其他所得。

八、源泉扣缴

(一)扣缴义务人

《企业所得税法》中仅对非居民企业采取扣缴方式,具体有如下两种情况。

(1)对非居民企业在中国境内未设立机构、场所的,或者虽设立机构、场所但取得的所得与其所设机构、场所没有实际联系的所得应缴纳企业所得税,实行源泉扣缴,以支付人为扣缴义务人。税款由扣缴义务人在每次支付或者到期应支付时,从支付或者到期应支付的款项中扣缴。

上述所称支付人,是指依照有关法律规定或者合同约定对非居民企业直接负有支付相关款项义务的单位或者个人。

上述所称支付,包括现金支付、汇拨支付、转账支付和权益兑价支付等货币支付和非货币支付。

上述所称到期应支付的款项,是指支付人按照权责发生制原则应当计入相关成本、费用的应付款项。

(2)对非居民企业在中国境内取得工程作业和劳务所得应缴纳的所得税,税务机关可以指定工程价款或者劳务费的支付人为扣缴义务人。

(二)扣缴方法

依照《企业所得税法》对非居民企业应当缴纳的企业所得税实行源泉扣缴的,应当依照

《企业所得税法》第十九条的规定计算应纳税所得额。

应当扣缴的所得税,扣缴义务人未依法扣缴或者无法履行扣缴义务的,由纳税人在所得发生地缴纳。纳税人未依法缴纳的,税务机关可以从该纳税人在中国境内其他收入项目的支付人应付的款项中,追缴该纳税人的应纳税款。

上述所称所得发生地,是指依照《实施条例》第七条规定的原则确定的所得发生地。在中国境内存在多处所得发生地的,由纳税人选择其中之一申报缴纳企业所得税。

上述所称该纳税人在中国境内其他收入,是指该纳税人在中国境内取得的其他各种来源的收入。

扣缴义务人每次代扣的税款,应当自代扣之日起7日内缴入国库,并向所在地的税务机关报送扣缴企业所得税报告表。

税务机关在追缴该纳税人应纳税款时,应当将追缴理由、追缴数额、缴纳期限和缴纳方式等告知该纳税人。

九、特别纳税调整

(一)调整范围

特别纳税调整的范围,是指企业与其关联方之间的业务往来,不符合独立交易原则而减少企业或者其关联方应纳税收入或者应纳税所得额的,税务机关有权按照合理方法调整。

1. 何谓关联方

关联方是指与企业有下列关联关系之一的企业、其他组织或者个人:

(1)在资金、经营、购销等方面存在直接或者间接的控制关系。

(2)直接或者间接地同为第三者控制。

(3)在利益上具有相关联的其他关系。

2. 关联企业之间关联业务的税务处理

(1)企业与其关联方共同开发、受让无形资产,或者共同提供、接受劳务发生的成本,在计算应纳税所得额时应当按照独立交易原则进行分摊。这里所称独立交易原则,是指没有关联关系的交易各方,按照公平成交价格和营业常规进行业务往来遵循的原则。

(2)企业与其关联方分摊成本时,应当按照成本与预期收益相配比的原则进行分摊,并在税务机关规定的期限内,按照税务机关的要求报送有关资料。

企业与其关联方分摊成本时违反上述(1)和(2)两点规定的,其自行分摊的成本不得在计算应纳税所得额时扣除。

(3)企业可以向税务机关提出与其关联方之间业务往来的定价原则和计算方法,税务机关与企业协商、确认后,达成预约定价安排。

(4)企业向税务机关报送年度企业所得税纳税申报表时,应当就其与关联方之间的业务往来,附送年度关联业务往来报告表。

税务机关在进行关联业务调查时,企业及其关联方,以及与关联业务调查有关的其他企业,应当按照规定提供相关资料。

企业不提供与其关联方之间业务往来资料,或者提供虚假、不完整资料,未能真实反映其关联业务往来情况的,税务机关有权依法核定其应纳税所得额。

(5) 由居民企业,或者由居民企业和中国居民控制的设立在实际税负明显低于25%的税率水平的国家(地区)的企业,并非由于合理的经营需要而对利润不做分配或者减少分配的,上述利润中应归属于该居民企业的部分,应当计入该居民企业的当期收入。

这里所指控制包括以下几个方面:

① 居民企业或者中国居民直接或者间接单一持有外国企业10%以上有表决权股份,且由其共同持有该外国企业50%以上股份。

② 居民企业,或者居民企业和中国居民持股比例没有达到第①项规定的标准,但在股份、资金、经营、购销等方面对该外国企业构成实质控制。

③ 上述所指的实际税负明显低于企业所得税法规定的税率水平,是指低于企业所得税法规定的25%税率的50%。

(6) 企业从其关联方接受的债权性投资与权益性投资的比例超过规定标准而发生的利息支出,不得在计算应纳税所得额时扣除。企业间接从关联方获得的债权性投资,包括:

① 关联方通过无关联第三方提供的债权性投资。

② 无关联第三方提供的、由关联方担保且负有连带责任的债权性投资。

③ 其他间接从关联方获得的具有负债实质的债权性投资。

企业所得税法所称权益性投资,是指企业接受的不需要偿还本金和支付利息,投资人对企业净资产拥有所有权的投资。

(7) 母子公司间提供服务支付费用有关企业所得税处理:

① 母公司为其子公司(以下简称子公司)提供各种服务而发生的费用,应按照独立企业之间公平交易原则确定服务的价格,作为企业正常的劳务费用进行税务处理。

母子公司未按照独立企业之间的业务往来收取价款的,税务机关有权予以调整。

② 母公司向其子公司提供各项服务,双方应签订服务合同或协议,明确规定提供服务的内容、收费标准及金额等,凡按上述合同或协议规定所发生的服务费,母公司应作为营业收入申报纳税;子公司作为成本费用在税前扣除。

③ 母公司向其多个子公司提供同类项服务,其收取的服务费可以采取分项签订合同或协议收取;也可以采取服务分摊协议的方式,即,由母公司与各子公司签订服务费用分摊合同或协议,以母公司为其子公司提供服务所发生的实际费用并附加一定比例利润作为向子公司收取的总服务费,在各服务受益子公司(包括盈利企业、亏损企业和享受减免税企业)之间按《中华人民共和国企业所得税法》第四十一条第二款规定合理分摊。

④ 母公司以管理费形式向子公司提取费用,子公司因此支付给母公司的管理费,不得在税前扣除。

⑤ 子公司申报税前扣除向母公司支付的服务费用,应向主管税务机关提供与母公司签订的服务合同或者协议等与税前扣除该项费用相关的材料。不能提供相关材料的,支付的服务费用不得税前扣除。

(二) 调整方法

税法规定对关联企业所得不实的,税务机关有权按照合理方法调整,调整方法如下:

(1) 可比非受控价格法,是指按照没有关联关系的交易各方进行相同或者类似业务往来的价格进行定价的方法。

（2）再销售价格法，是指按照从关联方购进商品再销售给没有关联关系的交易方的价格，减除相同或者类似业务的销售毛利进行定价的方法。

（3）成本加成法，是指按照成本加合理的费用和利润进行定价的方法。

（4）交易净利润法，是指按照没有关联关系的交易各方进行相同或者类似业务往来取得的净利润水平确定利润的方法。

（5）利润分割法，是指将企业与其关联方的合并利润或者亏损在各方之间采用合理标准进行分配的方法。

（6）其他符合独立交易原则的方法。

（三）核定征收

企业不提供与其关联方之间业务往来资料，或者提供虚假、不完整资料，未能真实反映其关联业务往来情况的，税务机关有权依法核定其应纳税所得额。核定可以采用下列方法：

(1) 参照同类或者类似企业的利润率水平核定。

(2) 按照企业成本加合理的费用和利润的方法核定。

(3) 按照关联企业集团整体利润的合理比例核定。

(4) 按照其他合理方法核定。

企业对税务机关按照前款规定的方法核定的应纳税所得额有异议的，应当提供相关证据，经税务机关认定后，调整核定的应纳税所得额。

（四）加收利息

企业实施其他不具有合理商业目的的安排而减少其应纳税收入或者所得税额的，税务机关有权按照合理方法调整。

税务机关根据税收法律、行政法规的规定，对企业做出特别纳税调整后，除了应当补征税款外，应当对补征的税款，自税款所属纳税年度的次年6月1日起至补缴税款之日止的期间，按日加收利息。该规定加收的利息，企业不得在计算应纳税所得额时扣除。

上述所称利息，应当按照税款所属纳税年度中国人民银行公布的与补税期间同期的人民币贷款基准利率加5个百分点计算。

企业与其关联方之间的业务往来，不符合独立交易原则，或者企业实施其他不具有合理商业目的的安排的，税务机关有权在该业务发生的纳税年度起10年内，进行纳税调整。

十、征收管理

（一）纳税地点

有关纳税地点的规定有如下五点：

（1）除税收法律、行政法规另有规定外，居民企业以企业登记注册地为纳税地点；但登记注册地在境外的，以实际管理机构所在地为纳税地点。企业登记注册地，是指企业依照国家有关规定登记注册的住所地。

（2）居民企业在中国境内设立不具有法人资格的营业机构的，应当汇总计算并缴纳企业所得税。企业汇总计算并缴纳企业所得税时，应当统一核算应纳税所得额，具体办法由国务院财政、税务主管部门另行制定。

(3) 非居民企业在中国境内设立机构、场所的,应当就其所设机构、场所取得的来源于中国境内的所得,以及发生在中国境外但与其所设机构、场所有实际联系的所得,以机构、场所所在地为纳税地点。非居民企业在中国境内设立两个或者两个以上机构、场所的,经税务机关审核批准,可以选择由其主要机构、场所汇总缴纳企业所得税。

非居民企业经批准汇总缴纳企业所得税后,需要增设、合并、迁移、关闭机构、场所或者停止机构、场所业务的,应当事先由负责汇总申报缴纳企业所得税的主要机构、场所向其所在地税务机关报告;需要变更汇总缴纳企业所得税的主要机构、场所的,依照前款规定办理。

(4) 非居民企业在中国境内未设立机构、场所的,或者虽设立机构、场所但取得的所得与其所设机构、场所没有实际联系的所得,以扣缴义务人所在地为纳税地点。

(5) 除国务院另有规定外,企业之间不得合并缴纳企业所得税。

(二) 纳税期限

企业所得税按纳税年度计算,分月或者分季预缴,年终汇算清缴,多退少补。

企业所得税的纳税年度自公历 1 月 1 日起至 12 月 31 日止。企业在 1 个纳税年度中间开业,或者终止经营活动,使该纳税年度的实际经营期不足 12 个月的,应当以其实际经营期为 1 个纳税年度。

企业依法清算时,应当以清算期间作为 1 个纳税年度。

企业应当自月份或者季度终了之日起 15 日内,向税务机关报送预缴企业所得税纳税申报表,预缴税款。

企业应当自年度终了之日起 5 个月内,向税务机关报送年度企业所得税纳税申报表,并汇算清缴,结清应缴应退税款。

企业在年度中间终止经营活动的,应当自实际经营终止之日起 60 日内,向税务机关办理当期企业所得税汇算清缴。

(三) 纳税申报

企业应当在办理注销登记前,就其清算所得向税务机关申报并依法缴纳企业所得税。

企业所得以人民币以外的货币计算的,预缴企业所得税时,应当按照月度或者季度最后 1 日的人民币汇率中间价,折合成人民币计算应纳税所得额。年度终了汇算清缴时,对已经按照月度或者季度预缴税款的,不再重新折合计算,只就该纳税年度内未缴纳企业所得税的部分,按照纳税年度最后 1 日的人民币汇率中间价,折合成人民币计算应纳税所得额。

经税务机关检查确认,企业少计或者多计前款规定的所得的,应当按照检查确认补税或者退税时的上 1 个月最后 1 日的人民币汇率中间价,将少计或者多计的所得折合成人民币计算应纳税所得额,再计算应补缴或者应退的税款。

企业在纳税年度内无论盈利或者亏损,都应当依照企业所得税法规定的期限,向税务机关报送预缴企业所得税纳税申报表、年度企业所得税纳税申报表、财务会计报告和税务机关规定应当报送的其他有关资料。

第四节 土地增值税

一、土地增值税概述

　　我国的土地增值税是为了规范土地、房地产市场交易秩序,合理调节土地增值收益,维护国家权益,对转让国有土地使用权、地上的建筑物及其附着物产权并取得增值性收入的单位和个人征收的一种税。我国现行的土地增值税征收依据是1994年1月1日起施行的《中华人民共和国土地增值税暂行条例》。这是我国第一个对土地增值额或土地收益额征收的税种。

　　土地增值税以转让房地产的增值额为征税对象,征税面比较广,凡发生应税行为的单位和个人,不论其经济性质,也不分内、外资企业或中、外籍人员,无论专营或兼营房地产业务,均有缴纳义务。土地增值税采用扣除法和评估法计算增值额,实行超率累进税率,在房地产发生转让的环节实行按次征收。

二、土地增值税的纳税人和征税范围

　　转让国有土地使用权、地上的建筑物及其附着物并取得收入的单位和个人,为土地增值税的纳税义务人,应当依照条例缴纳土地增值税。

　　土地增值税的征税范围为有偿转让使用权的国有土地、地上建筑物及附着物。地上建筑物,是指建于土地上的一切建筑物,包括地上地下的各种附属设施。其附着物,是指附着于土地上的不能移动,一经移动即遭损坏的物品。

　　土地增值税只对转让国有土地使用权的行为征税,转让非国有土地的行为不在征税之列。对属于集体所有的土地,按现行规定应该先由国家征用后才能转让。对以继承、赠与等方式无偿转让的房地产不征收此税。

三、土地增值税的征税对象和税率

　　土地增值税的征税对象是纳税人转让房地产所取得的增值额。此处所指增值额即转让房地产取得的收入,减去规定扣除项目金额后的余额。

　　1. 计算增值额的扣除项目

　　(1) 取得土地使用权所支付的金额。这是指纳税人为取得土地使用权所支付的地价款和按国家统一规定交纳的有关费用。

　　(2) 开发土地和新建房及配套设施的成本。这是指纳税人开发房地产项目实际发生的成本,包括土地征用及拆迁补偿费、前期工程费、建筑安装工程费、基础设施费、公共配套费、开发间接费用。

(3) 开发土地和新建房及配套设施的费用。这是指与房地产开发项目有关的销售费用、管理费用、财务费用。

财务费用中的利息支出，凡能够按转让房地产项目计算分摊利息支出并提供金融机构证明的，经县级地方税务机关核准后，房地产开发费用中的利息支出，允许按不超过商业银行同类同期贷款利率计算并据实扣除；对扣除利息支出后的房地产开发费用不超过取得土地使用权所支付的金额和开发土地和新建房及配套设施的成本金额之和（以下简称开发产品成本）5%的，据实扣除，超过开发产品成本5%的，按5%计算扣除，即

$$允许扣除的房地产开发费用 = 利息 + (取得土地使用权所支付的金额 + 房地产开发的成本) \times 5\%以内$$

对不能按转让房地产项目计算分摊利息支出或不能提供金融机构证明的，房地产开发费用不超过开发产品成本的10%的，据实扣除，超过开发产品成本10%的，按10%计算扣除。

$$允许扣除的房地产开发费用 = (取得土地使用权所支付的金额 + 房地产开发的成本) \times 10\%以内$$

(4) 旧房及建筑物的评估价格。这是指在转让已使用的房屋建筑物时，由政府批准设立的房地产评估机构评定的重置成本价乘以成新度折扣率后的价格。评估价格须经当地税务机关确认。

(5) 与转让房地产有关的税金。这是指在转让房地产时缴纳的城市维护建设税、印花税；因转让房地产交纳的教育费附加、地方教育费，也可视同税金予以扣除。

(6) 财政部规定的其他扣除项目加计扣除。对从事房地产开发的纳税人，可按取得土地使用权所支付的金额和开发土地和新建房及配套设施的成本的金额之和，加计20%的扣除，即

$$允许的加计扣除 = (取得土地使用权所支付的金额 + 房地产开发成本) \times 20\%$$

(7) 地方政府要求房地产开发企业代收的费用。

2. 税率

土地增值税采用四级超率累进税率，最低税率为30%，最高税率为60%。超率累进税率是以征税对象数额的相对率为累进依据，按超额累进方式计算和确定适用税率。

增值额未超过扣除项目金额50%的部分，税率为30%。增值额超过扣除项目金额50%、未超过扣除项目金额100%的部分，税率为40%。增值额超过扣除项目金额100%、未超过200%的部分，税率为50%。增值额超过扣除项目金额200%的部分，税率为60%。四级超率累进税率中，每级"增值额未超过扣除项目金额"的比例，均包括本比例数。

四、土地增值税应纳税额的计算

土地增值税应纳税额的计算可以按以下步骤进行：
(1) 计算转让房地产收入。
(2) 计算扣除项目金额。
(3) 计算增值额。

$$增值额＝取得的转让收入－扣除项目金额$$

(4) 计算增值比率。

$$增值比率＝增值额÷扣除项目金额$$

(5) 计算土地增值税税额。

$$土地增值税税额＝增值额×适用税率$$

在实际征收工作中，为了方便计算，可按土地增值额乘以适用税率减去扣除项目金额乘以速算扣除系数的简便办法，计算土地增值税税额，具体计税公式如下。

(1) 增值额未超过扣除项目金额50%的：

$$土地增值税税额＝增值额×30\%$$

(2) 增值额超过扣除项目金额50%，未超过100%的：

$$土地增值税税额＝增值额×40\%－扣除项目金额×5\%$$

(3) 增值额超过扣除项目金额100%，未超过200%的：

$$土地增值税税额＝增值额×50\%－扣除项目金额×15\%$$

(4) 增值额超过扣除项目200%的：

$$土地增值税税额＝增值额×60\%－扣除项目金额×35\%$$

上述公式中的5%、15%、35%为速算扣除系数。

例4-38：某房地产开发公司出售房地产收入600万元，扣除项目金额为200万元，应纳土地增值税计算如下：

$$土地增值额＝600－200＝400（万元）$$
$$增值比率＝400÷200＝200\%$$
$$应纳税额＝400×50\%－200×15\%＝170（万元）$$

五、房地产开发企业土地增值税清算

(一) 土地增值税的清算单位

土地增值税以国家有关部门审批的房地产开发项目为单位进行清算。对于分期开发的项目,以分期项目为单位清算。

开发项目中同时包含普通住宅和非普通住宅的,应分别计算增值额。

(二) 土地增值税的清算条件

符合下列情形之一的,纳税人进行土地增值税清算:

(1) 房地产开发项目全部竣工、完成销售的;

(2) 整体转让未竣工决算房地产开发项目的;

(3) 直接转让土地使用权的。

符合下列情形之一的,主管税务机关可要求纳税人进行土地增值税清算:

(1) 已竣工验收的房地产开发项目,已转让的房地产建筑面积占整个项目可售建筑面积的比例在85%以上,或该比例虽未超过85%,但剩余的可售建筑面积已经出租或者自用的;

(2) 取得销售许可证满3年仍未销售完毕的;

(3) 纳税人申请注销税务登记但未办理土地增值税清算手续的;

(4) 省级税务机关规定的其他情形。

(三) 扣除项目规定

1. 可据实扣除的项目

(1) 房地产开发企业开发建造的与清算项目配套的居委会和派出所用房、会所、停车场、物业管理场所等公共设施。

(2) 房地产开发企业销售已装修房屋,其装修费用可以计入房地产开发成本。

(3) 建筑安装施工企业就质量保证金对房地产开发企业开具发票的,可按发票金额扣除。

(4) 房地产开发企业为取得土地使用权支付的契税,计入"取得土地使用权所支付的金额"扣除。

(5) 房地产开发企业支付给回迁户的补差价款,计入拆迁补偿费;回迁户支付给房地产开发企业的补差价款,应抵减拆迁补偿费。

(6) 货币安置拆迁的,凭有效凭证计入拆迁补偿费。

2. 不可扣除项目

(1) 取得土地使用权所支付的金额、房地产开发成本、费用与转让房地产有关税金,不能提供合法有效凭证的,不予扣除。

(2) 房地产开发企业的预提费用,除另有规定外,不得扣除。

(3) 建筑安装施工企业就质量保证金未对房地产开发企业开具发票的,不得扣除。

(4) 房地产开发企业逾期开发缴纳的土地闲置费不得扣除。

六、土地增值税的税收优惠

有下列情形之一的,免征土地增值税:

(1) 纳税人建造普通标准住宅出售,增值额未超过扣除项目金额20%的。

(2) 因国家建设需要依法征用、收回的房地产;因城市规划,国家建设需要而搬迁由纳税人自行转让原房地产的。

(3) 企事业单位、社会团体以及其他组织转让旧房作为公租房房源,且增值额未超过扣除项目金额20%的。

七、土地增值税的纳税时间和纳税地点

1. 纳税时间

纳税人应当自转让房地产合同签订之日起7日内向房地产所在地主管税务机关办理纳税申报,并在税务机关核定的期限内缴纳土地增值税。税务机关核定的纳税期限,应在纳税人签订房地产转让合同之后,办理房地产权属转让(即过户及登记)手续之前。

纳税人在项目全部竣工结算前转让房地产取得收入,由于涉及成本确定或其他原因,而无法据以计算土地增值税的,可以预征土地增值税,待该项目全部竣工,办理结算后再进行清算,多退少补。

对于转让的房地产是一次性交割、付清价款的,税务机关可在其办理纳税申报后根据其应纳税额的大小及有关部门办理过户、登记手续的期限,规定其在办理过户登记手续前缴纳全部的土地增值税。

对于以分期收款方式转让房地产的,可根据合同规定的收款日期来确定具体的纳税期限。

2. 纳税地点

纳税人应当向房地产所在地主管税务机关办理纳税申报,缴纳土地增值税。房地产所在地,是指房地产的坐落地。纳税人转让的房地产坐落在两个或两个以上地区的,应按房地产所在地分别申报纳税。各省、自治区、直辖市、计划单列市地方税务部门可根据本地实际情况,对房地产市场管理机构比较健全且各项管理制度比较完善、具备土地增值税代征能力的地区,从有利于税收征管、减少税款流失出发,按照税务机关征税为主的原则,把一些不易于税务机关直接征收且应纳税额较易计算的纳税事项,委托房地产管理部门进行代征。

本章习题

一、单项选择题

1. 下列各项所得,应缴纳个人所得税的是( )。
   A. 托儿补助费　　　　　　　　B. 保险赔款
   C. 退休人员再任职收入　　　　D. 差旅费津贴

2. 下列项目中,可不征收个人所得税的是( )。
   A. 股票转让所得   B. 股息、红利所得
   C. 偶然所得   D. 特许权使用费所得
3. 根据税法规定,稿酬所得应缴纳的个人所得税的实际税率为( )。
   A. 20%   B. 14%   C. 15%   D. 10%
4. 个体工商户发生的下列支出中,允许在个人所得税税前扣除的是( )。
   A. 用于家庭的支出   B. 非广告性质赞助支出
   C. 已缴纳的增值税税款   D. 生产经营过程中发生的财产转让损失
5. 下列所得,应按"综合所得"缴纳个人所得税的是( )。
   A. 工资薪金所得   B. 经营所得
   C. 财产租赁所得   D. 财产转让所得
6. 下列补贴中,属于个人所得税"工资、薪金所得"征税范围的是( )。
   A. 独生子女补贴   B. 托儿补助费
   C. 劳动分红   D. 差旅费津贴、误餐补助
7. 劳务报酬所得属于同一项目连续取得收入的,以( )取得的收入为一次计征个人所得税。
   A. 每天   B. 每月   C. 每周   D. 每季
8. 下列人员为个人所得税的非居民纳税义务人的是( )。
   A. 在中国境内居住不满183天的外籍人员   B. 中国国内公民
   C. 在中国境内有住所的个人   D. 在中国境内定居的外国侨民
9. 2019年5月公民方某将持有的境内上市公司限售股转让,取得转让收入20万元,假设该限售股原值无法确定,方某转让限售股应缴纳的个人所得税为( )万元。
   A. 0   B. 3.4   C. 4.0   D. 2.0
10. 中国某公民取得两次特许权使用费,一次收入3 000元,一次收入4 500元,应纳个人所得税是( )。
    A. 1 160元   B. 1 200元   C. 1 340元   D. 1 500元
11. 根据企业所得税法规定,国家重点扶持的高新技术企业适用的企业所得税税率为( )。
    A. 10%   B. 20%   C. 15%   D. 25%
12. 某居民企业向其主管税务机关申报应纳税所得额与会计利润相等,为100万元,其中产品销售收入为50 000万元,业务招待费265万元,假设不存在其他账项调整事项,该企业当年度应纳企业所得税为( )万元。
    A. 58.1   B. 51.5   C. 59.9   D. 56.2
13. 通过支付现金方式取得的存货,以( )为成本。
    A. 公允价值   B. 购买价款和支付的相关税费
    C. 公允价值和支付的相关税费   D. 购买价款
14. 某居民企业2019年实现主营业务收入1 500万元,本年度发生业务宣传费为35万元,发生广告费为143万元,下列有关广告费和业务宣传费企业所得税税前扣除的说法中,正确的是( )。

A. 广告费可在税前扣除 130 万元

B. 广告费和业务宣传费合计可在税前扣除 178 万元

C. 业务宣传费不得在税前扣除

D. 广告费和业务宣传费合计可在税前扣除 225 万元

15. 某居民企业 2019 年境内应纳税所得额为 200 万元,在全年已预缴税款 25 万元,来源于境外某国税前所得 100 万元,境外实际缴纳税款 20 万元,该企业 2019 年汇算清缴应补(退)的税款为( )万元。

   A. 10   B. 12   C. 79   D. 30

16. 中国公民赵某出版作品集取得稿酬所得 20 000 元,赵某稿酬所得年末应并入综合所得的收入额为( )元。

   A. 2 240   B. 20 000   C. 11 200   D. 16 000

17. 某企业(增值税一般纳税人)2019 年由于管理不善,库存的一批外购材料丢失,该批材料是数月前从农业生产者手中收购的农业初级产品,已抵扣过进项税额,抵扣率为 10%,账面成本 31 500 元,保险公司审理后同意赔付 30 000 元,税务机关接受了该企业的资产损失的专项申报,则该企业在企业所得税前可扣除的损失金额为( )元。

   A. 5 000   B. 1 850.5   C. 4 408.5   D. 1 500

18. 计算应纳税所得额时,在以下项目中,不超过规定比例的准予扣除,超过部分,准予在以后纳税年度结转扣除的项目是( )。

   A. 职工福利费   B. 工会经费   C. 职工教育经费   D. 社会保险费

19. 根据税法规定,企业所得税的征收办法是( )。

   A. 按月征收   B. 按年计征,分月或分季预缴

   C. 按季征收   D. 按季计征,分月预缴

20. 某公司 2014 年度发生的亏损,按税法规定可以用以后年度的所得弥补,不足弥补可延续弥补,但延续弥补的期限最长不得超过( )。

   A. 2016 年   B. 2017 年   C. 2018 年   D. 2019 年

21. 中国公民李某取得工程设计收入 20 000 元,从中拿出 5 000 元,直接捐赠给了农村义务教育,李某就该笔收入应预缴的个人所得税为( )元。

   A. 0   B. 2 400   C. 3 200   D. 3 800

22. 王某 2019 年 3 月因身体原因提前 2 年退休,企业按照统一标准发放给王某一次性补贴 150 000 元。王某应就该项一次性补贴缴纳的个人所得税为( )元。

   A. 700   B. 750   C. 780   D. 900

23. 韩国居民崔先生受其供职的境外公司委派,来华从事设备安装调试工作,在华停留 60 天,期间取得境外公司支付的工资 40 000 元,取得中国体育彩票中奖收入 20 000 元。崔先生应在中国缴纳个人所得税( )元。

   A. 4 000   B. 5 650   C. 9 650   D. 10 250

24. 下列各项中,不免征个人所得税的所得是( )。

   A. 外籍个人以现金形式取得的住房补贴、伙食补贴

   B. 个人转让自用达 5 年以上并且是唯一的家庭居住用房取得的所得

C. 军人的转业费、复员费

D. 外籍个人从外商投资企业取得的股息、红利所得

二、多项选择题

1. 下列人员中,属于个人所得税的纳税义务人的有( )。
   A. 中国公民
   B. 在中国境内有所得的外籍人员
   C. 个体工商户
   D. 港澳台同胞

2. 下列各项所得,应征个人所得税的有( )。
   A. 民政部门支付给个人的生活困难补助
   B. 稿酬所得
   C. 劳务报酬所得
   D. 独生子女补贴

3. 应征个人所得税的工资、薪金所得包括( )。
   A. 一般性奖金
   B. 年终加薪
   C. 职务工资
   D. 交通费补贴

4. 下列各项所得,免征个人所得税的有( )。
   A. 个人的房屋租赁所得
   B. 个人根据遗嘱继承房产的所得
   C. 储蓄机构内从事代扣代缴工作的办税人员取得的扣缴利息税手续费所得
   D. 个人转让自用达5年以上且是唯一的家庭居住用房取得的所得

5. 下列个人所得,适用20%比例税率的有( )。
   A. 经营所得
   B. 财产租赁所得
   C. 财产转让所得
   D. 偶然所得

6. 下列项目中,计征或预扣个人所得税时,允许从总收入中扣除800元的有( )。
   A. 房租收入1 500元
   B. 有奖销售中一次获奖1 200元
   C. 一次取得咨询费收入2 400元
   D. 稿费收入3 500元

7. 个人所得税法将纳税义务人区分为居民纳税人和非居民纳税人所依据的标准有( )。
   A. 意愿标准
   B. 国籍标准
   C. 居住时间标准
   D. 住所标准

8. 下列各项个人所得中,应当征收个人所得税的有( )。
   A. 偶然所得
   B. 从股份公司取得股息
   C. 企业债券利息
   D. 国债利息

9. 有下列情形之一的,纳税人应当依法办理纳税申报( )。
   A. 取得综合所得需要办理汇算清缴
   B. 取得应税所得没有扣缴义务人
   C. 取得应税所得扣缴义务人未扣缴税款
   D. 取得境外所得

10. 下列稿酬收入,应该合并为一次所得预扣个人所得税的有( )。
    A. 同一作品在报刊上连载,分月取得的稿酬
    B. 同一作品出版后,再版取得的稿酬收入

C. 同一作品在发表时,以预付形式取得的稿酬

D. 同一作品因为添加印数而追加的稿酬

11. 下列各项中,属于我国企业所得税纳税人的有( )。
    A. 有限责任公司　　B. 合伙企业　　C. 个人独资企业　　D. 外商投资企业

12. 目前我国企业所得税执行的税率有( )。
    A. 30%　　B. 33%　　C. 15%　　D. 25%　　E. 20%

13. 下列属于构成收入总额的项目是( )。
    A. 销售货物　　B. 接受捐赠收入　　C. 租金收入　　D. 转让财产收入
    E. 利息收入　　F. 特许权使用费收入　　G. 股息收入

14. 根据企业所得税法的规定,下列各项中,在计算企业所得税应纳税额时,不准扣除的有( )。
    A. 企业利润总额12%以内公益性支出　　B. 企业所得税税款
    C. 未经核定的准备金支出　　D. 企业之间支付的管理费
    E. 向投资者支付的股息、红利等权益性投资收益款项

15. 下列税金中,可以当期直接或分期间接在企业所得税前扣除的税金有( )。
    A. 可抵扣的增值税　　B. 车辆购置税　　C. 出口关税
    D. 资源税　　E. 消费税

16. 下列属于应当提取折旧的固定资产的是( )。
    A. 房屋、建筑物　　B. 以经营租赁方式租入的固定资产
    C. 以融资租赁方式租入的固定资产　　D. 在用的机器设备、运输车辆

17. 企业所得税法中的小型微利工业企业的条件的是( )。
    A. 资产总额不超过3 000万元　　B. 资产总额不超过1 000万元
    C. 年度应纳税所得额不超过50万元　　D. 从业人数不超过100人
    E. 从业人数不超过80人

18. 我国居民企业的判断标准有( )。
    A. 登记注册地　　B. 总机构所在地
    C. 销售所在地　　D. 生产经营所在地
    E. 实际管理机构地标准

19. 税法规定对关联企业所得不实的,税务机关有权按照下列( )合理方法调整。
    A. 可比非受控价格法　　B. 再销售价格法
    C. 成本加成法　　D. 交易净利润法
    E. 利润分割法

20. 下列符合关联企业认定标准的有( )。
    A. 在资金方面存在直接或者间接的控制关系
    B. 直接或者间接地同为第三者控制
    C. 在利益上具有相关联的其他关系
    D. 在经营方面存在直接或者间接的控制关系
    E. 在购销方面存在直接或者间接的控制关系

三、判断题

1. 因严重自然灾害造成重大损失的,可以减征个人所得税。（   ）
2. 个人举报各种违法行为而获得的奖金,可以适当减征个人所得税。（   ）
3. 对个人所得的股息、红利,均可免征个人所得税。（   ）
4. 对股票转让所得,也应征收个人所得税。（   ）
5. 在中国境内的外商投资企业工作的外籍人员,其工资薪金所得附加减除费用的标准为每月5 000元。（   ）
6. 财产租赁所得应以每次取得的收入为一次计税。（   ）
7. 军人的转业费、复员费,应按规定减征部分个人所得税。（   ）
8. 个人所获得的保险赔款可免征个人所得税。（   ）
9. 个人所得税的累计预扣法会导致纳税人一年中前期预交税少、后期预交税多的现象。（   ）
10. 王先生有两处住房,2019年他将其中一处居住10年的房屋出售,收入20万元,由于房屋使用超过5年,所以可以免征个人所得税。（   ）
11. 应纳税所得额与会计利润是一致的,因此,交纳所得税时只需依据利润表中的利润总额计算即可。（   ）
12. 在计算应税所得额时,职工工会经费、职工福利费、职工教育经费,分别按照企业工资、薪金支出总额的2%、14%、1.5%计算扣除。（   ）
13. 企业为投资者或者职工支付的商业保险费,不得在应纳税所得额前扣除。（   ）
14. 企业购置用于环境保护、节能节水、安全生产等专用设备的投资额,可以按一定比例实行税额抵免。（   ）
15. 建造、购进的固定资产在尚未使用前的借款利息支出不得从收入总额中扣除。（   ）
16. 纳税人2019年7月以经营租赁方式租入设备一台,租期1年,租赁费7.2万元,已全部支付,则租赁费可在2019年应纳税所得额中扣除3.6万元。（   ）
17. 年度终了,某企业填报的损益表反映全年利润总额为−170万元,因此,企业当年不需要缴纳企业所得税。（   ）
18. 纳税人直接向受赠人的捐赠,在年度会计利润的12%以内的部分准予扣除。（   ）
19. 纳税人按国家规定为特殊工种职工支付的法定人身安全保险费,准予在计算应纳税所得额时据实扣除。（   ）
20. 我国税法规定,国家对企业来自中国境外的所得,已在境外缴纳的所得税税款,准予在汇兑缴纳时,从其应纳税所得额中全额扣除。（   ）

四、计算题

1. 张某于2019年1月1日与某事业单位签订承包合同经营招待所。据合同规定承包期为1年,其个人全年上交费用80 000元,年末招待所实现利润总额272 400元。请计算张某2019年应交纳的个人所得税额。假设张某当年没有其他任何收入,暂时不考虑专项附加扣除等项目。

2. 假定某居民个人纳税人为独生子女,2019年交完社保和住房公积金后共取得税前工资收入30万元,劳务报酬2万元,稿酬1.8万元。该纳税人有两个小孩且均由其扣除子女教育专项附加,纳税人的父母健在且均已年满60岁。计算其当年应纳个人所得税税额。

3. 王某于2019年1月将其自有的五间共180平方米的房屋出租给乙作为商店使用,租期1年,王某每月取得租金收入5 000元,全年租金收入60 000元,在租用期内,王某于5月份支付房屋修理费800元(有发票收据)。请计算王某全年应纳所得税额。

4. 有一中国公民,2019年1月至12月从中国境内取得工资、薪金收入200 000元,取得稿酬收入20 000元;当年还从A国取得特许权使用费收入10 000元,从B国取得利息收入20 000元。该纳税人已按A国、B国税法规定分别缴纳了个人所得税1 800元和800元。请计算该纳税人2019年应纳个人所得税税额。假设其每个月有专项附加扣除3 000元,没有其他扣除。

5. 某企业为居民企业,2019年经营业务如下:

(1) 取得产品销售收入2 700万元。

(2) 销售成本共计1 200万元。

(3) 发生销售费用690万元(其中广告费460万元),管理费用490万元(其中业务招待费16万元);财务费用62万元。

(4) 销售税金162万元(含增值税118万元)。

(5) 营业外收入72万元,营业外支出52万元(含通过公益性社会团体向贫困小学的捐款32万元,支付税收滞纳金5万元)。

(6) 计入成本、费用的实发工资总额为150万元,拨缴职工公费经费3万元,支出职工福利费和教育经费39万元。

要求:计算该企业2019年应纳的企业所得税。

6. 某企业2019年在损益表中反映的利润总额为325万元,经某会计师事务所检查,涉及利润表的有关业务如下:

(1) 取得国库券利息收入3.3万元,取得国家指定用于设备更新的补贴收入4.5万元。

(2) 以经营性租赁方式租入设备一台,租赁期2年,一次性支付租金32万元,已经计入其他业务支出。

(3) 企业用库存商品一批用于偿还欠乙企业的债务,该批商品价格为58.76万元(含税),该批商品账面价值31万元。

(4) 对外捐款7万元,其中,5.8万元捐赠给希望工程基金会,向灾区直接捐赠1.2万元,均已计入营业外支出。

(5) 为投资者及职工支付商业保险费0.88万元。

要求:计算该企业2019年度应纳税所得额。

7. 某生产混凝土搅拌机的生产企业在2019年汇算清缴年度企业所得税时,对有关收支项目进行纳税调整后,将全年会计利润500万元按税法规定调整为全年应纳税所得额600万元。税务部门在税务检查时,发现该企业以下几项业务尚未进行调整:

(1) 4月,该企业购入机器设备一台,购置总成本80万元,使用期为10年,支出全部计入当期费用(残值比例按5%)。

(2) 6月,该企业为解决职工子女上学问题,直接向某小学捐款50万元,在营业外支出中列支。在计算应纳税所得额时未做纳税调整。

(3) 7月,该企业将在建工程应负担的贷款利息10万元计入当年财务费用。在计算应纳税所得额时未做纳税调整。

(4) 12月,该企业购进环境保护专用设备一台,购置价格300万元。该设备符合设备抵免的相关规定。

要求:根据上述资料以及所得税法律制度的有关规定,计算该企业当年应缴纳企业所得税税额。

8. 某资产总额895万元的运输公司2019年成立并开业,2019年全年取得营运收入690万元,取得合作方违约罚款收入20万元。当年各项营运成本及费用支出461.3万元(不含工会经费、福利等),缴纳营业税等税金21.54万元。该公司有职工60人,当年列支工资总额140万元,当年实际发生职工工会经费3万元,职工福利费20万元,职工教育经费3万元,支付财产保险费和运输保险费共计15万元,因运输事故损失40万元,得到保险公司赔款22万元,用于职工已购商品房修理支出80万元。该公司会计人员计算全年企业应纳税所得额=690+20−461.3−21.54−140−3−20−3−15−40−80=−73.84(万元),所以企业不需要纳税。

要求:分析该公司计算缴纳所得税是否正确;如不正确,请指出错误之处并列出步骤计算应纳税所得额。

9. 某市卷烟厂为增值税一般纳税人,职工人数年均70人,资产总额2 500万元。2019年度有关生产经营情况如下:

(1) 年初库存外购已税烟丝10吨,每吨单价0.8万元,共计金额8万元;当年内又购进已税烟丝50吨,每吨不含税单价0.8万元,取得销售方开具的增值税专用发票,以银行存款支付购货金额40万元、增值税额5.2万元,烟丝全部验收入库,采购烟丝过程中共计以银行存款支付运输费用2万元,取得运输单位开具的增值税专用发票。

(2) 当年生产领用烟丝45万元;销售卷烟120标准箱给某大型商场,向购买方开具了增值税专用发票,取得销售金额300万元,增值税额39万元;经批准销售卷烟8标准箱给使用单位和消费者个人,开具普通发票,取得销售收入22.6万元。

(3) 当年卷烟销售成本共计为90万元;财务费用8万元。

(4) 发生管理费用20万元(管理费用中含业务招待费4万元)。

(5) 销售费用10万元(含广告费8万元)。

(6) 计入成本、费用的实发工资费用150万元和计提的三项经费37.5万元。三项经费具体情况如下:计提工会经费3万元,已取得专用收据;计提福利费30万元,实际发生28万元;计提教育经费4.5万元,实际发生3万元。

(7) 营业外支出20万元,其中被工商部门行政罚款6万元,向本厂困难职工直接捐赠4万元,通过民政部门向贫困地区捐赠10万元。

(8) "投资收益"账户表明有来源于全资子公司投资收益27万元(子公司适用企业所得税税率为25%)。

(9) 2018年经税务机关审核的经营损失为7.30万元。

(烟丝消费税税率30%,卷烟消费税税率56%,每标准箱定额征收消费税150元。)

要求:按下列顺序回答问题,每步均为共计金额。

(1) 计算本年度应缴纳的增值税。

(2) 计算本年度应缴纳的消费税。

(3) 计算本年度应缴纳的城建税和教育费附加。
(4) 计算该企业2019年收入总额。
(5) 计算业务招待费和广告费应调整的应纳税所得额。
(6) 计算工资费用以及职工工会经费、职工福利费和职工教育经费应调整的应纳税所得额。
(7) 计算所得税前准予扣除的公益性捐赠。
(8) 计算该企业境内生产经营所得应纳税所得额。
(9) 计算该企业汇算清缴应缴纳的企业所得税额。

10. 某开发企业出售新建普通标准住宅一栋,总建筑面积10 000平方米,售价每平方米4 000元。建设该楼支付土地出让金600 000元,前期开发费500 000元,建筑工程费5 000 000元,基础设施费400 000元,公共配套设施费1 500 000元,商品房贷款利息100 000元,营业税2 000 000元,城建税140 000元,教育费60 000元,印花税12 000元,销售合同已签署完毕,房款已收取。试计算土地增值税。

第五章

财 产 税

在税收发展的历史进程中,财产税一直是十分重要的税种,在许多国家,财产税的征收历史要比商品劳务课税和所得课税早得多。随着商品劳务税和所得税在税收体系中的地位不断提高,财产税的地位已远不如以前那么显赫了,但是财产税作为现代三大税收体系中的一个独立体系,在社会经济生活中仍然发挥着不可替代的作用。

我国对财产征税的历史,可谓源远流长。汉武帝时征收的"缗钱税",就属于财产税的性质。如今,财产税是货物劳务税、所得税之外的又一大税收类别。

第一节 财产税概述

一、财产税的概念与特征

所谓财产税,就是对纳税人拥有和支配的财产征收的一类税收。同其他税类相比,财产税有以下特征。

(一)财产税是对涉及财产相关权利的征税

财产税包括对财产所有权、使用权等征收的税。这就使它有别于其他跟财产相关的税收,如对财产转让征收的货物劳务税、对真正或推定来源的财产所得收入征收的所得税。

(二)财产税的应税对象可以是动产,也可以是不动产,或者两者兼而有之

就个人而言,应税动产通常包括机动车辆、有价证券;就企业而言,应税动产一般包括原材料、设备、机器等。应税不动产通常是建造物、有建造物或没有建造物的土地。

(三)财产税税负转嫁较难

从世界各国财产税的实践看,财产税的纳税人大部分是负税人,因此,财产税在较大程度上属直接税的范畴。与商品劳务税和所得税相比,财产税的税负转嫁较难。

二、财产税的优点与缺点

财产税的优点主要有：可以促进财产所有者提高财产的使用效率，适当调节财产所有人的收入，防止财产过于集中，防止不劳而获，有利于限制奢侈性消费；税收负担较难转嫁；课征相对方便易行，财产成为待纳税收的担保，税收难以逃避，特别是财产中的不动产是固定的，易于确定，可以成为一个稳定的税基。

财产税也存在以下缺点：对财产的估价较为困难，难以做到准确，而且征收方法也较难确定；收入弹性较弱，不能适应财政需要的变化而及时筹集资金；不利于储蓄，同时，对财产课税会减少私人投资者的资本收益，从而降低私人投资者的投资积极性，在商品经济不发达时期不利于资本的形成；财产价值无法全面反映纳税人受益和支付能力大小，因而财产课税的负担有失公平。

三、财产税的分类

（一）依课征方式，可分为一般财产税与特别财产税

一般财产税亦称为综合财产税，是对纳税人所拥有的一切财产综合课征的税。课征时要考虑日常生活必需品的免税、一定货币数量以下的财产免课以及负债的扣除等。特别财产税是对土地、房屋、资本或其他财产分别课征的税。特别财产税的形式主要有：对土地课征的土地税；对房屋课征的房屋税或房产税；将土地与房屋合并课征的房地产税；对土地、房屋同其他不动产合并课征的不动产税；对车、船、金融资产等动产课征的动产税等。一般不需要考虑免税和扣除。

（二）依课征对象，可以分为静态财产税和动态财产税

静态财产税是对一定时间的静态财产（如土地、房屋），依其数量或价值课征的财产税。动态财产税是对财产的转移、变动（如财产继承、财产增值等）课征的财产税。

（三）依课税依据，可分为财产价值税和财产增值税

财产价值税是以财产的全部价值额为课税依据课征的财产税。由于其针对财产拥有者或使用者，不管财产是否有收益，一律按财产价值课税，因而亦称为财产净值税或财富税。财产增值税是以财产的增值额为课税依据课征的财产税。财产增值税具有所得税性质，被许多国家列入所得课税体系，亦称财产收益税或资本所得税。

（四）依财产性质，可分为动产税与不动产税

所谓动产，是指可以移动的财产，其特征主要是具有移动性。动产又可分为有形动产与无形动产：有形动产如农场机械、家具、商品、车辆等；无形动产如股票、债券、抵押权、银行存款等。至于不动产则有土地、建筑物等。无形动产不但有充分的移动性，而且很容易隐藏，故现在许多国家已不再对其课税。

第二节 房产税

一、房产税一般规定

(一) 概述

房产税是以房屋为征税对象,按照房产原值(减除一定比例)或出租房屋的租金收入向房产所有人或经营人征收的一种财产税。我国现行的房产税的征收依据是1986年10月1日起施行的《中华人民共和国房产税暂行条例》(2011年1月8日修订),各省、自治区、直辖市政府根据暂行条例的规定,制定实施细则。

房产税属于财产税中的个别财产税。财产税按征税对象的不同,可以分为一般财产税和个别财产税。一般财产税是对纳税人拥有的各类财产综合课征的税收,个别财产税是对纳税人拥有的土地、房屋、资本和其他财产分别课征的税收。房产税属于个别财产税,其征税对象只是房屋。

我国房产税的征收范围限于城镇的经营性房屋,不涉及农村。农村的房屋大部分是农民居住用房,若将其纳入征收范围,将会加重农民的负担。另外,对某些拥有房屋但自身没有纳税能力的单位,如国家拨付行政经费、事业经费和国防经费的单位自用的房产,税法也通过免税的方式将这类房屋排除在征税范围之外。

我国房产税区别房屋的经营使用方式规定征税办法。对于只用于经营自用的按房产计税余值征税,对于出租、出典的房屋按租金收入征税。

(二) 征税范围

房产税的征税范围为坐落于城市、县城、建制镇和工矿区的房屋。其中:

(1) 城市是指经国务院批准设立的市。

(2) 县城是指县人民政府所在地。

(3) 建制镇是指经省、自治区、直辖市人民政府批准设立的建制镇。

(4) 工矿区是指工商业比较发达,人口比较集中,符合国务院规定的建制镇标准,但尚未设立建镇制的大中型工矿企业所在地。开征房产税的工矿区须经省、自治区、直辖市人民政府批准。

现行房产税的征税范围尚未扩展到农村。但是,由于近年来农村工业和副业有较大发展,有些地区甚至与城镇相差无几,所以纳税人是有负担能力的。如果不对这些房屋产权所有者征收房产税进行调节,是不利于企业之间的平等竞争的。因此,可以考虑尽早对农村地区开征房产税。

(三) 纳税义务人

房产税由产权所有人缴纳。我国房屋的产权所有人,主要分为国家(国有)、集体和个人三种。其中:

(1) 产权属于全民所有的,由经营管理的单位缴纳。产权由集体和个人所有的,由集体单位和个人缴纳。

（2）产权出典的，由承典人缴纳。所谓"出典"，是指产权所有人为了某种需要，将自己的房屋的支配权在一定期限内转让给他人使用，以押金及费用形式换取一定数额的现金或实物，并立有某种契约或合同。产权所有人，称为房屋的"出典人"。契约或合同到期后，双方各自收回自己的财产（钱物）。

（3）产权所有人、承典人不在房产所在地的，产权未确定及租典纠纷未解决的，由房产代管人或者使用人纳税。所谓"租典纠纷"，是指产权所有人在房产出典和租赁关系上，与承典人、租赁人发生种种争议特别是权利与义务的争议并悬而未决。此外还有一些产权归属不清的问题，也都属于租典纠纷。

（4）纳税单位和个人无租使用房产管理部门、免税及纳税单位的房产，应由使用人代为交纳房产税。

外商投资企业和外国企业从2009年1月1日起也缴纳房产税。

（四）税率

房产税的税率，依照房产计税余值计算缴纳的，年税率为1.2%，依照房产租金收入计算缴纳的，税率为12%。从2001年1月1日起，对个人出租住房用于居住的，其应缴纳的房产税减按4%的税率征收。从2008年3月1日起，对于个人出租住房，不区分用途，按4%的税率征收房产税。

（五）计税依据

房产税的计税依据是房产的价值和房产出租的租金收入。按房产价值计征的，为从价征税，按房产出租租金征税的，为从租征税。

（1）房产税依据房产原值一次减除10%~30%的余值计算缴纳。具体减除幅度，由省、自治区、直辖市人民政府规定。

（2）房产原值是指纳税人按照会计制度规定，在账簿"固定资产"科目中记载的房屋原值。对没有房产原值作为依据的，由房产所在地税务机关比照同类结构、同等新旧程度的房产核定。对纳税人未按会计制度记录的，在计征房产税时，应按规定调整原值，对房产原值明显不合理的，应重新予以评估。

自2009年1月1日起，对依照房产原值计税的房产，不论是否记载在会计账簿固定资产科目中，均应按照房屋原价计算缴纳房产税。

自2010年12月21日起，对按照房产原值计税的房产，无论会计上如何核算，房产原值均应包含地价，包括为取得土地使用权支付的价款、开发土地发生的成本费用等。

（3）纳税人对原有房屋进行改建、扩建的，要相应增加房屋的原值。

（4）房产是以房屋形态表现的财产。房屋是指有屋面和围护结构（有墙或两边有柱），能够遮风雨，可供人们在其中生产、工作、学习、娱乐、居住或储藏物资的场所。房产价值应包括与房屋不可分割的各种附属设备或一般不单独计算价值的成套设施。主要有：暖气、卫生、通风、照明、煤气等设备；各种管线，如蒸汽、压缩空气、石油、给水排水等管道及电力、电信、电缆导线；电梯、升降机、过道、晒台等。从2006年1月1日起，为了维持和增加房屋的使用功能或使房屋满足设计要求，凡以房屋为载体，不可随意移动的附属设备和配套设施，如给水排水、采暖、消防、中央空调、电气及智能化楼宇设备等，无论在会计核算中是否单独记账与核算，都应计入房产原值，计征房产税。对于更换房屋附属设备和配套设施的，在将其价值计入房产原值时，可扣减原来相应设备和设施的价值；对附属设备和配套设施中易损坏、需要经常更换的零配件，更新后不再计入房产原值。独立房屋之外的建筑物，如围墙、烟囱、水塔、变电塔、油池油柜、酒窖菜窖、酒精池、糖蜜池、室外游泳池、玻璃暖房、砖瓦石窑以及各种油气罐等，不属于房产。

(5) 出租的房产，以租金收入为计税依据。出租收入包括房屋产权所有人出租房屋取得的货币收入、实物收入。以劳务或其他形式为报酬抵付房租收入的，应当根据当地同类房产的租金水平确定一个标准的租金金额从租计征。

(6) 对投资联营的房产及融资租赁的房产在计征房产税时应区别对待。

① 对于以房产投资联营，投资者参与投资利润分红，共担风险的，按房产的余值作为计税依据。

② 对以房产投资，收取固定收入，不承担联营风险的，实际是以联营名义取得房产租金，应由出租方按租金收入计算缴纳房产税。

③ 对于融资租赁房屋的情况，由于租赁费包括购进房屋的价款、手续费、借款利息等，与一般房屋出租的"租金"内涵不同，且租赁期满后，当承租方偿还最后一笔租赁费时，房屋产权要转移到承租方。这实际上是一种变相的分期付款购买固定资产的形式，所以在计征房产税时应以房产余值计算征收。

(六) 减免税优惠

《中华人民共和国房产税暂行条例》以及有关部门其他文件规定的免税项目如下：

(1) 国家机关、人民团体、军队自用的房产。

(2) 由国家财政部门全额或差额拨付事业经费的单位本身业务范围内使用的房产。

(3) 宗教寺庙、公园、名胜古迹自用的房产。

(4) 个人所有非营业用的房产。

(5) 经财政部批准免税的其他房产：毁损不堪使用的房屋和危险房屋；大修停用期间的房屋；企业办的各类学校、医院、托儿所、幼儿园自用的房屋；基建工地的临时性房屋；地下人防设施的房屋；农林牧副渔用地和农民居住用房屋及土地。

(6) 老年服务机构自用的房产，如老年社会福利院、敬老院、老年服务中心、老年公寓(含老年护理院、康复中心、托老院)等。

(7) 从2001年1月1日起，按政府规定价格向居民出租的公有住房和廉租住房。

(8) 经营公租房的租金收入。

(9) 邮政部门房产。对坐落在城市、县城、工矿区范围以外的尚在县邮政局内核算的房产，在单位账务中划分清楚的，从2001年1月1日起不再征收房产税。

纳税人纳税确有困难的，可由省、自治区、直辖市人民政府确定，定期减征或免征房产税。

自2018年10月1日至2020年12月31日，对按照去产能和调结构政策要求停产停业、关闭的企业，自停产停业次月起，免征房产税。

自2019年1月1日至2021年12月31日，对国家级、省级科技企业孵化器、大学科技园和国家备案众创空间自用以及无偿或通过出租等方式提供给在孵对象使用的房产，免征房产税。

目 2019 年 1 月 1 日至 2021 年 12 月 31 日,对高校学生公寓免征房产税。

(七) 应纳税额的计算

1. 应纳税额从价计征的计算公式

$$应纳税额 = 房产计税余值 \times 适用税率 = 房产原值 \times (1 - 扣除比例) \times 适用税率$$

例 5-1:某厂"固定资产"科目,房产项目原值 7 000 万元,其中生产用房 5 000 万元,幼儿园、培训学校用房 500 万元,职工宿舍 1 000 万元,尚未房改,租金很低。试计算该厂当年应纳的房产税。(该省规定房产税按原值一次扣除 30% 后的余值计税)

解答:应纳税额 =(7 000 - 500)×(1 - 30%)× 1.2%
= 6 500 × 70% × 1.2% = 54.6(万元)

2. 应纳税额从租计征的计算公式

$$应纳税额 = 租金收入 \times 适用税率$$

例 5-2:某饮食公司房屋原值 300 万元,其中生活用房原值 25 万元,将临街房屋 5 间(原值 25 万元)出租,每月租金 2 000 元。计算该公司年应纳房产税额。(该省规定房产税按照原值一次扣除 30% 后的余额计税)

解答:应纳税额 =(300 - 25)×(1 - 30%)× 1.2% + 0.2 × 12% × 12
= 2.31 + 0.288 = 2.598(万元)

(八) 房产税的纳税期限和地点

房产税实行按年计算,分期缴纳。纳税期限由省、自治区、直辖市人民政府规定。一般规定按季或按半年征收一次。

(1)纳税人自建的房屋,自建成之次月起征收房产税。

(2)纳税人委托施工企业建设的房屋,从办理验收手续之次月起征收房产税。纳税人在办理验收手续前已使用或出租、出借的新建房屋,应按规定征收房产税。

房产税在房产所在地缴纳。房产不在同一地方的纳税人,应按房产坐落地点分别向房产所在地的税务机关缴纳。

二、上海和重庆的房产税改革试点措施

(一) 上海

根据上海市人民政府 2011 年 1 月 27 日发布的《上海市开展对部分个人住房征收房产

税试点的暂行办法》，上海市房产税改革试点的主要内容如下。

1. 征税对象

上海市房产税试点的征税对象为上海居民家庭新购第二套及以上住房和非上海居民家庭的新购住房。

2. 纳税人

纳税人为应税住房产权所有人。产权所有人为未成年人的，由其法定监护人代为纳税。

3. 计税依据

计税依据为参照应税住房的房地产市场价格确定的评估值，评估值按规定周期进行重估。试点初期，暂以应税住房的市场交易价格作为计税依据。房产税暂按应税住房市场交易价格的70%计算缴纳。

4. 适用税率

适用税率暂定为0.6%，但对应税住房每平方米市场交易价格低于上年度新建商品住房平均销售价格2倍（含2倍）的，税率暂减为0.4%。

5. 应纳税额的计算

根据上述规定，上海市个人住房房产税应纳税额的计算公式如下：

年应纳房产税税额（元）＝新购住房应征税的面积（建筑面积）×新购住房单价（或核定的计税价格）×70%×税率

6. 减免税规定

（1）本市居民家庭在本市新购且属于该居民家庭第二套及以上住房的，合并计算的家庭全部住房面积人均不超过60平方米的，其新购的住房暂免征收房产税；人均超过60平方米的，对属新购住房超出部分的面积，按本暂行办法规定计算征收房产税。

合并计算的家庭全部住房面积为居民家庭新购住房面积和其他住房面积的总和。本市居民家庭中有无住房的成年子女共同居住的，经核定可计入该居民家庭计算免税住房面积；对有其他特殊情形的居民家庭，免税住房面积计算办法另行制定。

（2）本市居民家庭在新购一套住房后的1年内出售该居民家庭原有唯一住房的，其新购住房已按本暂行办法规定计算征收的房产税，可予退还。

（3）本市居民家庭中的子女成年后，因婚姻等需要而首次新购住房且该住房属于成年子女家庭唯一住房的，暂免征收房产税。

（4）符合国家和本市有关规定引进的高层次人才、重点产业紧缺急需人才，持有本市居住证并在本市工作生活的，其在本市新购住房且该住房属于家庭唯一住房的，暂免征收房产税。

（5）持有本市居住证满3年并在本市工作生活的购房人，其在本市新购住房、且该住房属于家庭唯一住房的，暂免征收房产税；持有本市居住证但不满3年的购房人，其上述住房先按本暂行办法规定计算征收房产税，待持有本市居住证满3年并在本市工作生活的，其上述住房已征收的房产税，可予退还。

7. 征收管理

房产税由应税住房所在地的地方税务机关负责征收。房产税税款自纳税人取得应税住房产权的次月起计算,按年计征,不足1年的按月计算应纳房产税税额。

例 5-3：上海某户三口之家原拥有一套 150 平方米的住房,2014 年 5 月新购一套 130 平方米的住房,房价 3.5 万元/平方米。2013 年上海市新建商品住房平均销售价格为 14 213 元/平方米。试计算该家庭年应纳房产税。

解答：应纳房产税税额＝(150＋130－60×3)×35 000×70％×0.6％＝14 700(元/年)

(二) 重庆

根据重庆市人民政府 2011 年 1 月 27 日发布的《关于进行对部分个人住房征收房产税改革试点的暂行办法》和《个人住房房产税征收管理实施细则》,重庆市房产税改革试点方案的主要内容如下。

1. 征税对象

重庆房产税试点的征税对象为：

(1) 个人拥有的独栋商品住宅。

(2) 个人新购的高档住房。高档住房是指建筑面积交易单价达到上两年主城九区新建商品住房成交建筑面积均价 2 倍(含 2 倍)以上的住房。

(3) 在重庆市同时无户籍、无企业、无工作的个人新购的第二套(含第二套)以上的普通住房。

2. 计税依据

应税住房的计税价值为房产交易价。条件成熟时,以房产评估值作为计税依据。

3. 税率

(1) 独栋商品住宅和高档住房建筑面积交易单价在上两年主城九区新建商品住房成交建筑面积均价 3 倍以下的住房,税率为 0.5％；3 倍(含 3 倍)至 4 倍的,税率为 1％；4 倍(含 4 倍)以上的税率为 1.2％。

(2) 在重庆市同时无户籍、无企业、无工作的个人新购第二套(含第二套)以上的普通住房,税率为 0.5％。

4. 应纳税额的计算

重庆市个人住房房产税应纳税额的计算公式如下：

$$应纳税额＝应税建筑面积×建筑面积交易单价×税率$$

应税建筑面积是指纳税人应税住房的建筑面积扣除免税面积后的面积。

扣除免税面积以家庭为单位,一个家庭只能对一套应税住房扣除免税面积。纳税人在本办法施行前拥有的独栋商品住宅,免税面积为 180 平方米；新购的独栋商品住宅、高档住房,免税面积为 100 平方米。纳税人家庭拥有多套新购应税住房的,按时间顺序对先购的应税住房计算扣除免税面积。在重庆市同时无户籍、无企业、无工作的个人的应税住房均不扣除免税面积。

5. 减免税规定

重庆的试点办法规定了以下减免税政策：

（1）对农民在宅基地上建造的自有住房,暂免征收房产税。

（2）在重庆市同时无户籍、无企业、无工作的个人拥有的普通应税住房,如纳税人在重庆市具备有户籍、有企业、有工作任一条件的,从当年起免征税,如已缴纳税款的,退还当年已缴税款。

（3）因自然灾害等不可抗力因素,纳税人纳税确有困难的,可向地方税务机关申请减免税和缓缴税款。

6. 征收管理

个人住房房产税的纳税义务发生时间为取得住房的次月。税款按年计征,不足1年的按月计算应纳税额。

第三节 车船税、车辆购置税

一、车船税

（一）概述

车船税指对在我国境内应依法到公安、交通、农业、渔业、军事等管理部门办理登记的车辆、船舶,根据其种类,按照规定的计税依据和年税额标准计算征收的一种财产税。2012年1月1日起,我国正式施行《中华人民共和国车船税法》(2019年4月23日修正)。

（二）纳税人

在中华人民共和国境内,车辆、船舶的所有人或者管理人为车船税的纳税人。其中,车船指依法应当在车船管理部门登记的机动车船,车船管理部门是指公安、交通、农业、渔业、军事等依法具有车船管理职能的部门。在单位内部场所行驶或者作业,依法不需要在车船管理部门登记的车船,也应当缴纳车船税。

（三）适用税额

根据车船税法,我国车船税的适用税额如表5-1所示。

表5-1 车船税税目税额

税 目	子 税 目	计税单位	年基准税额	备 注
乘用车(按发动机汽缸容量〔排气量〕分档)	1.0升(含)以下的	每辆	60~360元	核定载客人数9人(含)以下
	1.0升以上至1.6升(含)的		300~540元	
	1.6升以上至2.0升(含)的		360~660元	
	2.0升以上至2.5升(含)的		660~1 200元	
	2.5升以上至3.0升(含)的		1 200~2 400元	
	3.0升以上至4.0升(含)的		2 400~3 600元	
	4.0升以上的		3 600~5 400元	

(续表)

税　目	子　税　目	计税单位	年基准税额	备　注
商用车	客　车	每　辆	480～1 440元	核定载客人数9人以上,包括电车
商用车	货　车	整备质量每吨	16～120元	包括半挂牵引车、三轮汽车和低速载货汽车等
挂　车		整备质量每吨	按照货车税额的50%计算	
其他车辆	专项作业车	整备质量每吨	16～120元	不包括拖拉机
其他车辆	轮式专用机械车	整备质量每吨	16～120元	
摩托车		每　辆	36～180元	
船　舶	机动驳船	净吨位每吨	3～6元	拖船、非机动驳船分别按照机动船舶税额的50%计算
船　舶	游　艇	艇身长度每米	600～2 000元	

注：车辆的具体适用税额由省、自治区、直辖市人民政府依照表中规定的税额幅度和国务院的规定确定。船舶的具体适用税额由国务院在表中规定的税额幅度内确定。

（四）应纳税额的计算

车船税计算公式如下。

（1）乘用车、商用客车和摩托车：

$$应纳税额=车辆数×适用单位税额$$

（2）乘用车、商用客车和摩托车以外的车辆：

$$应纳税额=整备质量吨数×适用单位税额$$

（3）机动驳船：

$$应纳税额=净吨位数×适用单位税额$$

（4）拖船和非机动驳船：

$$应纳税额=净吨位数×适用单位税额×50\%$$

（5）游艇：

$$应纳税额=艇身长度×适用单位税额$$

（五）减免税

下列车船免征车船税：

（1）捕捞、养殖渔船。

(2) 军队、武警专用的车船。

(3) 警用车船。

(4) 依照法律规定应当予以免税的外国驻华使领馆、国际组织驻华代表机构及其有关人员的车船。

(5) 对节约能源的车船,减半征收车船税,对使用新能源的车船,免征车船税。

(6) 省、自治区、直辖市人民政府根据当地实际情况,可以对公共交通车船,农村居民拥有并主要在农村地区使用的摩托车、三轮汽车和低速载货汽车定期减征或者免征车船税。

(7) 国家综合性消防救援车辆由部队号牌改挂应急救援专用号牌的,一次性免征改挂当年车船税。

(六) 征收管理

车船税由地方税务机关负责征收。

车船税的纳税地点为车船的登记地或者车船税扣缴义务人所在地。依法不需要办理登记的车船,车船税的纳税地点为车船的所有人或者管理人所在地。

车船税纳税义务发生时间为取得车船所有权或者管理权的当月。购置的新车船,购置当年的应纳税额自纳税义务发生的当月起按月计算。计算公式为

$$应纳税额=(年应纳税额/12)×应纳税月份数$$

车船税按年申报缴纳。具体申报纳税期限由省、自治区、直辖市人民政府确定。

从事机动车第三者责任强制保险业务的保险机构为机动车车船税的扣缴义务人,应当在收取保险费时依法代收车船税,并出具代收税款凭证。

二、车辆购置税

(一) 概述

车辆购置税是以在中国境内购置的汽车、摩托车、电车、挂车、农用运输车等为课税对象,向车辆购置者征收的一种税。车辆购置税于2001年1月1日起随着《中华人民共和国车辆购置税暂行条例》的正式施行在我国开始征收,是在车辆购置附加费的基础上,通过"费改税"的方式演变而来的。2018年12月29日,第十三届全国人民代表大会常务委员会第七次会议通过《中华人民共和国车辆购置税法》,2019年7月1日起施行,车辆购置税暂行条例正式上升为法律。

(二) 纳税人

按照《中华人民共和国车辆购置税法》(以下简称"车辆购置税法")的规定,车辆购置税的纳税人是指在我国境内购置应税车辆的单位和个人。

(三) 征收对象和征收范围

按照车辆购置税法的规定,车辆购置税的征税对象是在我国境内购置的应税车辆。这里所说的购置,是指以购买、进口、自产、受赠、获奖或者其他方式取得并自用应税车辆的行为。

车辆购置税的征收范围包括汽车、有轨电车、汽车挂车、排气量超过150毫升的摩托车。

(四) 车辆购置税税率和计税依据

车辆购置税的税率为10%。车辆购置税的计税价格根据不同情况，按照下列规定确定。

(1) 纳税人购买自用的应税车辆的计税价格，为纳税人购买车辆实际支付给销售者的全部价款，不包括增值税税款。

(2) 纳税人进口自用应税车辆的计税价格的计算公式为

$$计税价格＝关税完税价格＋关税＋消费税$$

(3) 纳税人自产自用应税车辆的计税价格，按照纳税人生产的同类应税车辆的销售价格确定，不包括增值税税款。

(4) 纳税人以受赠、获奖或其他方式取得自用应税车辆的计税价格，按照购置应税车辆时相关凭证载明的价格确定，不包括增值税税款。

纳税人申报的应税车辆计税价格明显偏低又无正当理由的，由税务机关按照《中华人民共和国税收征收管理法》的规定核定其应纳税额。

纳税人以外汇结算应税车辆价款的，按照申报纳税之日的人民币汇率中间价折合成人民币计算缴纳税款。

(5) 纳税人自产自用、受赠使用、获奖使用和以其他方式取得并自用应税车辆的，凡不能取得该型车辆的购置价格，或者低于最低计税价格的，以国家税务总局核定的最低计税价格作为计税依据计算征收车辆购置税。

① 国产车辆的最低计税价格，暂按交通部《关于部分国产车辆和进口车辆计征车辆购置附加费最低征费额的通知》中规定的最低征费换算确定，换算公式为

$$最低计税价格＝最低征费额÷10\%$$

② 进口车辆的最低计税价格，按《进口车辆最低计税价格目录》执行。

③ 对已经缴纳车辆购置税并办理了登记注册手续的车辆，其发动机或底盘发生更换，其最低计税价格按同类新车最低计税价格的70%计算。

④ 纳税人以外汇结算车辆价款的，按照申报纳税之日中国人民银行公布的人民币基准汇价，折合成人民币计算应纳税额。

(五) 应纳税额的计算

车辆购置税实行从价定率征收的办法计算应纳税额，其计算公式为

$$应纳税额＝计税价格×税率$$

例5-4： 王某2019年12月购买小汽车一辆，价款175 500元(含增值税)。另外支付临时牌照费150元，代收保险费350元，购买零配件价款1 300元，车辆装饰费200元。试计算

车辆购置税应纳税额。

解答：计税价格：(175 500＋150＋350＋1 300＋200)/(1＋13%)＝157 079.65(元)

应纳税额：157 079.65×10%＝15 707.97(元)

例5-5：某公司经批准从美国进口某种汽车2辆,到岸价格为5万美元,海关征收30%的进口关税,消费税税率为8%,企业按规定缴纳进口关税246 000元,消费税65 600元。公司进行车辆购置税纳税申报当日人民银行公布的基准汇价为1美元＝8.20元人民币。试计算应纳税额。

解答：计税价格：50 000×8.2＋246 000＋65 600＝721 600(元)

应纳税额：721 600×10%＝72 160(元)

例5-6：某公司向儿童福利基金会捐赠面包车1辆,国家税务总局规定的最低计税价格为40 000元。则基金会在缴纳车辆购置税时,其应纳的车辆购置税税额为：

40 000×10%＝4 000(元)

（六）税收优惠

下列车辆免征车辆购置税：

(1) 外国驻华使馆、领事馆和国际组织驻华机构及其有关人员自用车辆。

(2) 中国人民解放军和中国人民武装警察部队列入装备订货计划的车辆。

(3) 悬挂应急救援专用号牌的国家综合性消防救援车辆。

(4) 设有固定装置的非运输专用作业车辆。

(5) 城市公交企业购置的公共汽电车辆。

(6) 防汛部门和森林消防部门用于指挥、检查、调度、报汛(警)、联络的由指定厂家生产的设有固定装置的指定型号的车辆。

(7) 回国服务的在外留学人员用现汇购买1辆个人自用国产小汽车。

(8) 农用三轮运输车。

针对新能源汽车,财政部、国家税务总局等部门于2014年、2017年、2020年分别发布公告,规定自2014年9月1日至2017年12月31日、2018年1月1日至2020年12月31日、2021年1月1日至2022年12月31日,对购置的新能源汽车免征车辆购置税。

自2018年7月1日至2021年6月30日,对购置挂车减半征收车辆购置税。

有国务院规定予以免税或减税的其他情形的,按照规定免税或减税。

(七)征收管理

1. 纳税申报

车辆购置税的纳税义务发生时间为纳税人购置应税车辆的当日。纳税人应当自纳税义务发生之日起 60 日内申报缴纳车辆购置税。免税、减税车辆因转让、改变用途等原因不再属于免税、减税范围的,应当在办理车辆转移登记或者变更登记前缴纳车辆购置税。

2. 纳税地点

购置应税车辆,应当向车辆登记地的主管税务机关申报纳税;购置不需要办理车辆登记的应税车辆,应当向纳税人所在地的主管税务机关申报纳税。

第四节 城镇土地使用税、耕地占用税

一、城镇土地使用税

(一)概念和特点

城镇土地使用税是以城镇土地为征税对象,以实际占用的土地面积为计税依据,按规定税额对拥有土地使用权的单位和个人征收的一种税。国务院在 1988 年 9 月 27 日发布了《中华人民共和国城镇土地使用税暂行条例》,并于当年 11 月 1 日起实施。由于城镇土地资源的稀缺性,2006 年 12 月 30 日国务院第一百六十三次常务会议通过《国务院关于修改〈中华人民共和国城镇土地使用税暂行条例〉的决定》,修改后的条例从 2007 年 1 月 1 日开始实施,修改的主要内容是提高城镇土地使用税税额标准,将每平方米年税额在 1988 年《暂行条例》规定的基础上提高 2 倍;并且将征收范围扩大到外商投资企业和外国企业。2013 年 12 月 4 日国务院第三十二次常务会议进行了部分修改,从 2013 年 12 月 7 日开始实施。

城镇土地使用税具有以下特点:

(1) 对占用或使用土地的行为征税。

(2) 征税对象是国有土地。

(3) 征收范围比较广。

(4) 实行差别幅度税额。

(二)纳税人

在城市、县城、建制镇、工矿区范围内使用土地的单位和个人,为城镇土地使用税的纳税义务人。拥有土地使用权的单位和个人、土地代管人或实际使用人、土地使用权的共用人,均为城镇土地使用税的纳税人。几个人或几个单位共同拥有一块土地的使用权时,土地使用税应以其实际使用的土地面积占总面积的比例,分别计算缴纳土地使用税。

(三)应纳税额的计算

1. 计税依据

城镇土地使用税的征税范围是城市、县城、建制镇、工矿区内国家所有和集体所有的土地,以纳税人实际占用的土地面积为计税依据。目前,对外商投资企业和外国企业用地也征

收城镇土地使用税。

土地面积的计量标准为每平方米。土地占用面积的组织测量工作，由省、自治区、直辖市人民政府根据实际情况确定。纳税人实际占用的土地面积是指由省、自治区、直辖市人民政府确定的单位组织测定的土地面积。尚未组织测量，但纳税人持有政府部门核发的土地使用证书的，以证书确认的面积为准。尚未核发证书的，应由纳税人据实申报土地面积，待核发土地使用证之后再做调整。

2. 税额

土地使用税每平方米年税额如下：

(1) 大城市(人口50万以上)，1.5~30元。

(2) 中等城市(人口20万~50万)，1.2~24元。

(3) 小城市(人口20万以下)，0.9~18元。

(4) 县城、建制镇、工矿区，0.6~12元。

市区及郊区非农业人口总计在50万以上的为大城市，20万~50万的为中等城市，在20万以下的为小城市。

省、自治区、直辖市人民政府，可在上述税额幅度内，根据市政建设状况、经济繁荣程度等条件，确定所辖地区的适用税额幅度。经省、自治区、直辖市人民政府批准，经济落后地区土地使用税的适用税额标准可以适当降低，但降低额不得超过上述规定最低税额的30%。经济发达地区土地使用税的适用税额标准可以适当提高，但须报经财政部批准。

3. 应纳税额计算

城镇土地使用税应纳税额的计算公式为

$$应纳税额 = 计税土地面积 \times 适用税额$$

例5-7：某城市的甲和乙二人共同拥有一块土地使用权，甲实际使用面积为1/4，乙实际使用面积为3/4，这块土地总面积为5 000平方米，经税务机关核定，该土地为应税土地，每平方米年税额为4元。请计算甲、乙全年应纳的土地使用税额分别为多少。

解答：甲应纳土地使用税税额＝5 000×1/4×4＝5 000(元)

乙应纳土地使用税税额＝5 000×3/4×4＝15 000(元)

(四) 税收优惠

《中华人民共和国城镇土地使用税暂行条例》规定，下列土地可以免缴城镇土地使用税：

(1) 国家机关、人民团体、军队自用的土地。

(2) 由国家财政部门拨付事业经费的单位自用的土地。

(3) 宗教寺庙、公园、名胜古迹自用的土地。

(4) 市政街道、广场、绿化地带等公共地。

(5) 直接用于农、林、牧、渔业的生产用地。

(6) 经批准开山填海整治的土地和改造的废弃土地,从使用的月份起免缴土地使用税5~10年。

(7) 由财政部另行规定免税的能源、交通、水利设施用地和其他用地。

非营利性医疗机构、疾病控制机构和妇幼保健机构等卫生机构自用的土地,免征城镇土地使用税。

公共租赁住房建设期间用地及公共租赁住房建成后占地免征城镇土地使用税;个人出租住房,免征城镇土地使用税。

企业办的学校、医院、托儿所、幼儿园,其用地能与企业其他用地明确区分的,免征城镇土地使用税。

免税单位无偿使用纳税单位的土地,免征城镇土地使用税。纳税单位无偿使用免税单位的土地,纳税单位应照章缴纳城镇土地使用税。纳税单位与免税单位共同使用共有使用权土地上的多层建筑,对纳税单位可按其占用的建筑面积占建筑总面积的比例计征城镇土地使用税。

对行使国家行政管理职能的中国人民银行总行(含国家外汇管理局)所属分支机构自用的土地,免征城镇土地使用税。

为了体现国家的产业政策,支持重点产业的发展,对石油、电力、煤炭等能源用地,民用港口、铁路等交通用地和水利设施用地,三线调整企业、盐业、采石场、邮电等一些特殊用地,划分征免税界限并给予政策性减免税照顾。

自2016年1月1日至2021年12月31日,对专门经营农产品的农产品批发市场、农贸市场使用(包括自有和承租,下同)的土地,暂免征收城镇土地使用税。对同时经营其他产品的农产品批发市场和农贸市场使用的土地,按其他产品与农产品交易场地面积的比例确定征免城镇土地使用税。

自2018年10月1日至2020年12月31日,对按照去产能和调结构政策要求停产停业、关闭的企业,自停产停业、关闭次月起,免征城镇土地使用税。

自2019年1月1日至2021年12月31日,对国家级、省级科技企业孵化器、大学科技园和国家备案众创空间自用以及无偿或通过出租等方式提供给在孵对象使用的土地,免征城镇土地使用税。

(五)征收管理

1. 纳税时间

土地使用税按年计算,分期缴纳。缴纳期限由省、自治区、直辖市人民政府确定。新征用的土地,依照下列规定缴纳土地使用税:征用的耕地,自批准征用之日起满1年时开始缴纳土地使用税;征用的非耕地,自批准征用次月起缴纳土地使用税。

2. 纳税地点

城镇土地使用税的纳税地点为土地所在地,由土地所在地的税务机关负责征收。纳税人使用土地不属于同一省、自治区、直辖市管辖的,由纳税人分别向土地所在地的税务机关缴纳土地使用税。在同一省、自治区、直辖市管辖范围内,纳税人跨区使用的土地,如何确定纳税地点,由各省、自治区、直辖市税务局确定。

3. 纳税申报

纳税人应依照当地税务机关规定的期限,填写城镇土地使用税纳税申报表,将其占用土地的权属、位置、用途、面积和税务机关规定的其他内容,据实向当地税务机关办理纳税申报登记,并提供有关证明文件。

二、耕地占用税

(一) 概念和特点

耕地占用税是指国家对占用耕地建房或者从事非农业建设的单位和个人,依其占用耕地的面积征收的一种税。此处所称耕地,是指用于种植农作物的土地。2007年12月1日,国务院发布了《中华人民共和国耕地占用税暂行条例(修订案)》,2008年1月1日起施行。现行耕地占用税的法律依据,是2018年12月29日第十三届全国人民代表大会常务委员会第七次会议通过的《中华人民共和国耕地占用税法》。

耕地占用税具有以下特点:

(1) 兼具有行为税和资源税的特点。

(2) 具有税收用途补偿性的特点。

(3) 实行一次性征收,纳税人完税后使用、转让、继承过程中不再缴纳耕地占用税。

(4) 耕地占用税以县、自治县、不设区的市、市辖区为单位,以人均耕地面积为标准,分别规定单位税额。

(5) 耕地占用税征收标准的确定具有较大的灵活性。

(二) 纳税人

占用耕地建设建筑物、构筑物或者从事非农业建设的单位和个人,都是耕地占用税的纳税义务人(以下简称纳税人)。

(三) 征税对象和征税范围

耕地占用税的征税对象是占用耕地建设建筑物、构筑物或者从事非农业建设的行为。占用耕地建设农田水利设施的,不缴纳耕地占用税。耕地占用税依纳税人实际占用的耕地面积计税,按照规定税额一次性征收。

(四) 应纳税额的计算

耕地占用税实行从量计征的地区差别定额税率,以规定的单位面积的税额作为计税标准。

(1) 以县、自治县、不设区的市、市辖区为单位(以下同),人均耕地在1亩以下(含1亩)的地区,每平方米为10~50元;

(2) 人均耕地在1~2亩(含2亩)的地区,每平方米为8~40元;

(3) 人均耕地在2~3亩(含3亩)的地区,每平方米为6~30元;

(4) 人均耕地在3亩以上的地区,每平方米为5~25元。

各地区耕地占用税的适用税额,由省、自治区、直辖市人民政府根据人均耕地面积和经济发展等情况,在上述规定的税额幅度内提出,报同级人民代表大会常务委员会决定,并报全国人民代表大会常务委员会和国务院备案。各省、自治区、直辖市耕地占用税适用税额的平均水平,不得低于《中华人民共和国耕地占用税法》所附《各省、自治区、直辖市耕地占用税平均税额表》规定的平均税额。人均耕地低于 0.5 亩的地区,省、自治区、直辖市可以根据当地经济发展情况,适当提高耕地占用税的适用税额,但提高的部分不得超过前述确定的适用税额的 50%。占用基本农田的,适用税额在当地适用税额的基础上提高 50%。

耕地占用税应纳税额的计算公式为

$$应纳税额=实际占用的耕地面积(平方米)\times适用税额(元/平方米)$$

(五) 税收优惠

下列经批准占用耕地的,免征耕地占用税:

(1) 军事设施用地。

(2) 学校、幼儿园、社会福利机构、医疗机构用地。

铁路线路、公路线路、飞机场跑道、停机坪、港口、航道水利工程占用耕地,减按每平方米 2 元的税额征收耕地占用税。

农村居民在规定用地标准以内占用耕地新建自用住宅,按照当地适用税额减半征收耕地占用税;其中农村居民经批准搬迁,新建自用住宅占用耕地不超过原宅基地面积的部分,免征耕地占用税。

农村烈士遗属、因公牺牲军人遗属、残疾军人以及符合农村最低生活保障条件的农村居民,在规定用地标准以内新建自用住宅,免征耕地占用税。

纳税人因建设项目施工或者地质勘查临时占用耕地,应当依照规定缴纳耕地占用税。纳税人在批准临时占用耕地期满之日起一年内依法复垦,恢复种植条件的,全额退还已缴纳的耕地占用税。

占用园地、林地、草地、农田水利用地、养殖水面、渔业水域滩涂以及其他农用地建设建筑物、构筑物或者从事非农业建设的,依照《中华人民共和国耕地占用税法》的规定缴纳耕地占用税。

(六) 纳税期限和纳税地点

耕地占用税的纳税义务发生时间为纳税人收到自然资源主管部门办理占用耕地手续的书面通知的当日。纳税人应当自纳税义务发生之日起 30 日内申报缴纳耕地占用税。自然资源主管部门凭耕地占用税完税凭证或者免税凭证和其他有关文件发放建设用地批准书。

耕地占用税由税务机关负责征收。纳税人占用耕地,应当在耕地所在地申报纳税。

本章习题

一、判断题

1. 李某将个人拥有产权的房屋出典给王某,王某认为自己是承典人,不应当是房产税的纳税人,王某的观点是正确的。 (   )

2. 纳税人新购置车船的,从使用之日起,发生车船税的纳税义务。 (   )

3. 车船税的纳税人是中华人民共和国境内车辆、船舶的所有人、管理人或使用人。（   ）

4. 纳税人使用的土地不属于同一省管辖的，纳税人可选择其中一地统一办理城镇土地使用税的纳税申报。（   ）

5. 凡在中华人民共和国境内拥有土地使用权的单位和个人，均应依法缴纳城镇土地使用税。（   ）

二、不定项选择题

1. 根据我国《房产税暂行条例》的规定，不征收房产税的地区是（   ）。
   A. 县城　　　　　　　B. 农村　　　　　　　C. 建制镇　　　　　　　D. 城市

2. 下列关于车船税的说法错误的有（   ）。
   A. 军队专用的车辆免税
   B. 在同一个地方大型车要比小型车缴纳更多的车船税
   C. 畜力车以辆为计税依据征税
   D. 木船以载重吨位为计税依据

3. 下列各项中，可以免缴城镇土地使用税的有（   ）。
   A. 财政支付事业经费单位的食堂用地　　　　B. 名胜古迹场所设立的照相馆用地
   C. 公园内设立的影剧院用地　　　　　　　　D. 宗教寺庙人员的生活用地

4. 城镇土地使用税的征税范围包括（   ）。
   A. 城市　　　　　　　B. 县城　　　　　　　C. 工矿区　　　　　　　D. 建制镇

5. 房产税的从价计征方式是按房产的原值减除（   ）后的余值计算缴纳。
   A. 10%～20%　　　　B. 5%～20%　　　　C. 10%～30%　　　　D. 5%～30%

6. 下列有关房产税纳税义务发生时间的说法中正确的是（   ）。
   A. 纳税人将房屋出典的，以签订合同的时间为纳税义务发生时间
   B. 纳税人办理验收手续之前已经使用的房屋，应征收房产税
   C. 纳税人自建房屋的，自房屋建成之日起开始缴纳房产税
   D. 纳税人委托施工企业建设的房屋，从办理验收手续之次月起，缴纳房产税

7. 经财政部批准免税的车船有（   ）。
   A. 已领取行驶执照，但在企业内部行驶，偶尔上公路的车辆
   B. 残疾人专用的车辆
   C. 营利性医疗机构自用的车船
   D. 校办企业完全自用的车辆

8. 王某是一机动船的拥有人，他与李某签订了为期一年的（2019年1月1日—2019年12月31日）的租赁合同，2019年的车船税由（   ）缴纳。
   A. 王某　　　　　　　　　　　　　　　　　B. 李某
   C. 均不缴纳　　　　　　　　　　　　　　　D. 税务机关指定王某或李某中的一人

9. 下列房地产转移或转让行为中，应当征收土地增值税的是（   ）。
   A. 直系亲属继承的房屋　　　　　　　　　　B. 有偿转让的合作建房
   C. 无偿赠予直系亲属的房屋　　　　　　　　D. 个人交换自有经营住房

10. 某房地产开发企业从事房地产开发项目,取得土地使用权支付了200万元,房地产开发成本为360万元。计算土地增值税的增值额时,两项支出允许扣除的金额为(　　)元。
   A. 560万　　　　　B. 660万　　　　　C. 672万　　　　　D. 632万

11. 关于现行的耕地占用税,以下表述正确的有(　　)。
   A. 外商投资企业不需要缴纳耕地占用税
   B. 农业户口居民占用耕地建设自用的住宅,可减半征收耕地占用税
   C. 耕地占用税只在应税行为发生时征收一次,以后不再征收
   D. 耕地占用税由地方税务机关负责征收管理

三、计算题

1. 某企业有原值为2 500万元的房产,2019年1月1日将其中的30%用于对外投资联营,投资期限为10年,每年固定利润分红50万元,不承担投资风险。已知当地政府规定的扣除比例为20%,求企业2019年度应纳房产税。

2. 某企业下属的一个劳动服务公司与某学校校办工厂合用一块面积为500平方米的用地,其中劳动服务公司占用了300平方米,其余为校办工厂实际占用,该地区适用的年单位税额为每平方米4元,由当地税务机关每季度征收一次,请计算上述两单位每次应纳城镇土地使用税税额。

3. 某企业2019年度共计拥有土地65 000平方米,其中子弟学校占地3 000平方米、幼儿园占地1 200平方米、企业内部绿化占地2 000平方米。2019年度的上半年企业共有房产原值4 000万元,7月1日起企业将原值200万元、占地面积400平方米的一栋仓库出租给商场存放货物,租期1年,每月租金收入1.5万元。8月10日对委托施工单位建设的生产车间办理验收手续,由在建工程转入固定资产原值500万元(城镇土地使用税4元/平方米,房产税计算余值的扣除比例20%)。

   要求:(1) 计算该企业2019年应缴纳的城镇土地使用税。
   　　　(2) 计算该企业2019年应缴纳的房产税。

第六章

其 他 税

第一节 资 源 税

一、资源税概述

资源税是对在我国境内从事国有资源开发,包括开采应税矿产品及生产盐的单位和个人,就其资源和开发条件差异所形成的级差收入征收的一种税。1993年12月25日,国务院发布《中华人民共和国资源税暂行条例》,规定资源税实行从量计征。2010年6月起,资源税从价计征改革逐步实施。国务院于2011年9月对《暂行条例》做了部分修改,明确资源税按照从价定率或者从量定额的办法计算征收。2016年5月,财政部、国家税务总局发布《关于全面推进资源税改革的通知》和《关于资源税改革具体政策问题的通知》;同年7月1日起,资源税从价计征改革全面推开。2019年8月26日,第十三届全国人民代表大会常务委员会第十二次会议通过《中华人民共和国资源税法》,自2020年9月1日起施行。

资源税的开征增加了国家的财政收入,促进了国有资源的合理开采、节约使用和有效配置,可排除因资源条件上的差异造成的利润分配上的不合理,为社会主义市场经济条件下的企业竞争创造公平的环境。

二、资源税的纳税人和征税范围

资源税的纳税人是指在中华人民共和国领域和中华人民共和国管辖的其他海域开发应税资源的单位和个人。应税资源的具体范围,由《中华人民共和国资源税法》所附《资源税税目税率表》确定。

我国将逐步扩大资源税的征收范围,其中水资源税已经在北京、河北、天津、山西、内蒙古、山东、河南、四川、陕西和宁夏10个省、自治区和直辖市开展试点,各省、自治区、直辖市可结合本地区实际,提出对森林、草场、滩涂等资源征收资源税的具体方案建议,报国务院批准后实施。

三、资源税的计税依据及税率

《中华人民共和国资源税法》第二条规定,资源税的税目、税率,依照该法所附《资源税税目税率表》(见表 6-1)执行。《税目税率表》中规定实行幅度税率的,其具体适用税率由省、自治区、直辖市人民政府统筹考虑该应税资源的品位、开采条件以及对生态环境的影响等情况,在《税目税率表》规定的税率幅度内提出,报同级人民代表大会常务委员会决定,并报全国人民代表大会常务委员会和国务院备案。《税目税率表》中规定征税对象为原矿或者选矿的,应当分别确定具体适用税率。

表 6-1 资源税税目税率表

税	目		征税对象	税 率
能源矿产	原油		原矿	6%
	天然气、页岩气、天然气水合物		原矿	6%
	煤		原矿或者选矿	2%～10%
	煤成(层)气		原矿	1%～2%
	铀、钍		原矿	4%
	油页岩、油砂、天然沥青、石煤		原矿或者选矿	1%～4%
	地热		原矿	1%～20%或者每立方米 1～30 元
金属矿产	黑色金属	铁、锰、铬、钒、钛	原矿或者选矿	1%～9%
	有色金属	铜、铅、锌、锡、镍、锑、镁、钴、铋、汞	原矿或者选矿	2%～10%
		铝土矿	原矿或者选矿	2%～9%
		钨	选矿	6.5%
		钼	选矿	8%
		金、银	原矿或者选矿	2%～6%
		铂、钯、钌、锇、铱、铑	原矿或者选矿	5%～10%
		轻稀土	选矿	7%～12%
		中重稀土	选矿	20%
		铍、锂、锆、锶、铷、铯、铌、钽、锗、镓、铟、铊、铪、铼、镉、硒、碲	原矿或者选矿	2%～10%
非金属矿产	矿物类	高岭土	原矿或者选矿	1%～6%
		石灰岩	原矿或者选矿	1%～6%或者每吨(或者每立方米)1～10 元
		磷	原矿或者选矿	3%～8%
		石墨	原矿或者选矿	3%～12%
		萤石、硫铁矿、自然硫	原矿或者选矿	1%～8%

续表

税 目			征税对象	税 率
非金属矿产	矿物类	天然石英砂、脉石英、粉石英、水晶、工业用金刚石、冰洲石、蓝晶石、硅线石(矽线石)、长石、滑石、刚玉、菱镁矿、颜料矿物、天然碱、芒硝、钠硝石、明矾石、砷、硼、碘、溴、膨润土、硅藻土、陶瓷土、耐火黏土、铁钒土、凹凸棒石黏土、海泡石黏土、伊利石黏土、累托石黏土	原矿或者选矿	1%～12%
		叶蜡石、硅灰石、透辉石、珍珠岩、云母、沸石、重晶石、毒重石、方解石、蛭石、透闪石、工业用电气石、白垩、石棉、蓝石棉、红柱石、石榴子石、石膏	原矿或者选矿	2%～12%
		其他黏土(铸型用黏土、砖瓦用黏土、陶粒用黏土、水泥配料用黏土、水泥配料用红土、水泥配料用黄土、水泥配料用泥岩、保温材料用黏土)	原矿或者选矿	1%～5%或者每吨(或者每立方米)0.1～5元
	岩石类	大理岩、花岗岩、白云岩、石英岩、砂岩、辉绿岩、安山岩、闪长岩、板岩、玄武岩、片麻岩、角闪岩、页岩、浮石、凝灰岩、黑曜岩、霞石正长岩、蛇纹岩、麦饭石、泥灰岩、含钾岩石、含钾砂页岩、天然油石、橄榄岩、松脂岩、粗面岩、辉长岩、辉石岩、正长岩、火山灰、火山渣、泥炭	原矿或者选矿	1%～10%
		砂石	原矿或者选矿	1%～5%或者每吨(或者每立方米)0.1～5元
	宝玉石类	宝石、玉石、宝石级金刚石、玛瑙、黄玉、碧玺	原矿或者选矿	4%～20%
水气矿产	二氧化碳气、硫化氢气、氦气、氡气		原矿	2%～5%
	矿泉水		原矿	1%～20%或者每立方米1～30元
盐	钠盐、钾盐、镁盐、锂盐		选矿	3%～15%
	天然卤水		原矿	3%～15%或者每吨(或者每立方米)1～10元
	海盐			2%～5%

四、资源税的应纳税额

资源税根据不同的应税产品,分别采用从价计征和从量计征两种方法计算应纳税额。

采用从量计征方法时,以应税产品的销售数量为计税依据,按照适用税额标准计税。应纳税额计算公式为

$$应纳税额=应税产品销售数量\times适用税额标准$$

如果纳税人不能准确提供应税产品的销售数量,以应税产品的产量或者按照税务机关确定的折算比例换算成的数量为计征资源税的销售数量。

采用从价计征方法时,以应税产品的销售额为计税依据,按照适用税率计税,应纳税额计算公式为

$$应纳税额＝应税产品销售额×适用税率$$

上述公式中的销售额,包括纳税人销售应税产品向购买方收取的全部价款和价外费用,但是不包括收取的增值税销项税额。

如果纳税人申报的应税产品销售额明显偏低并且无正当理由,或者有视同销售应税产品行为而无销售额,按照下列顺序确定销售额:

(1) 按照纳税人最近时期同类产品的平均销售价格确定;
(2) 按照其他纳税人最近时期同类产品的平均销售价格确定;
(3) 按照组成计税价格确定,组成计税价格为

$$组成计税价格＝成本×(1＋成本利润率)÷(1－税率)$$

上述公式中的成本指应税产品的实际生产成本,成本利润率由省级税务机关确定。

对于应税煤炭的销售额,若纳税人开采原煤直接对外销售,以原煤销售额作为应税煤炭销售额计算缴纳资源税,其中原煤销售额不含从坑口到车站、码头等的运输费用。

若纳税人将其开采的原煤加工为洗选煤销售的,以洗选煤销售额乘以折算率作为应税煤炭销售额计算缴纳资源税,即

$$洗选煤应纳税额＝洗选煤销售额×折算率×适用税率$$

洗选煤销售额包括洗选副产品的销售额,不包括洗选煤从洗选煤厂到车站、码头等的运输费用。折算率可通过洗选煤销售额扣除洗选环节成本、利润计算,也可通过洗选煤市场价格与其所用同类原煤市场价格的差额及综合回收率计算,由省、自治区、直辖市财税部门或其授权地市级财税部门确定。

另外,纳税人开采、生产应税产品,自用于连续生产应税产品的,不缴纳资源税;自用非生产项目和生产非应税产品的,视同销售,依法缴纳资源税。

例 6-1:某公司 9 月份开采砂石 700 吨,其中对外销售 500 吨,自用 200 吨(用于本企业的基建 100 吨,用于继续深加工的 100 吨),单位税额为 3 元/吨。计算该公司 9 月份应缴纳的资源税。

解答:应纳税额＝3×500＋3×100＝1 800(元)

五、资源税的减免税优惠

《中华人民共和国资源税法》规定,有下列情形之一的,免征资源税:
(1) 开采原油以及在油田范围内运输原油过程中用于加热的原油、天然气;
(2) 煤炭开采企业因安全生产需要抽采的煤成(层)气。

有下列情形之一的,减征资源税:

（1）从低丰度油气田开采的原油、天然气，减征20%资源税；

（2）高含硫天然气、三次采油和从深水油气田开采的原油、天然气，减征30%资源税；

（3）稠油、高凝油减征40%资源税；

（4）从衰竭期矿山开采的矿产品，减征30%资源税。

根据国民经济和社会发展需要，国务院对有利于促进资源节约集约利用、保护环境等情形可以规定免征或者减征资源税，报全国人民代表大会常务委员会备案。

有下列情形之一的，省、自治区、直辖市可以决定免征或者减征资源税：

（1）纳税人开采或者生产应税产品过程中，因意外事故或者自然灾害等原因遭受重大损失；

（2）纳税人开采共伴生矿、低品位矿、尾矿。

免征或者减征资源税的具体办法，由省、自治区、直辖市人民政府提出，报同级人民代表大会常务委员会决定，并报全国人民代表大会常务委员会和国务院备案。

六、资源税的缴纳

1. 纳税期限

资源税纳税人销售应税产品，纳税义务发生时间为收讫销售款或者取得索取销售款凭据的当日；自用应税产品的，纳税义务发生时间为移送应税产品的当日。资源税按月或者按季申报缴纳；不能按固定期限计算缴纳的，可以按次申报缴纳。纳税人按月或者按季申报缴纳的，应当自月度或者季度终了之日起15日内，向税务机关办理纳税申报并缴纳税款；按次申报缴纳的，应当自纳税义务发生之日起15日内，向税务机关办理纳税申报并缴纳税款。

2. 纳税地点

纳税人应当向应税产品开采地或者生产地的税务机关申报缴纳资源税。

第二节　环境保护税

一、环境保护税概述

尽管在中国现行税制中一些税种涉及环境保护内容，比如消费税、资源税和车船税，但一直以来，中国缺少针对污染、破坏环境的行为或产品课征的专门性税种，即真正意义上的环境保护税，而在西方很多国家环境保护税从20世纪90年代以来已经实行相当长的时间。为了保护和改善环境，减少污染物排放，推进生态文明建设，2016年12月25日，第十二届全国人民代表大会常务委员会第二十五次会议通过了《中华人民共和国环境保护税法》，自2018年1月1日起施行。2017年12月30日，国务院发布了《中华人民共和国环境保护税法实施条例》。

二、环境保护税的纳税义务人和征税范围

在中华人民共和国领域和中华人民共和国管辖的其他海域,直接向环境排放应税污染物的企业事业单位和其他生产经营者为环境保护税的纳税人。

有下列情形之一的,不属于直接向环境排放污染物,不缴纳相应污染物的环境保护税:

(1)企业事业单位和其他生产经营者向依法设立的污水集中处理、生活垃圾集中处理场所排放应税污染物的;

(2)企业事业单位和其他生产经营者在符合国家和地方环境保护标准的设施、场所贮存或者处置固体废物的。

其中应税污染物是指《中华人民共和国环境保护税法》所附《应税污染物和当量值表》(表6-2)和《环境保护税税目税额表》(表6-3)规定的大气污染物、水污染物、固体废物和噪声。

三、环境保护税的计税依据及税率

应税污染物的计税依据,按照下列方法确定:

(1)应税大气污染物按照污染物排放量折合的污染当量数确定;

(2)应税水污染物按照污染物排放量折合的污染当量数确定;

(3)应税固体废物按照固体废物的排放量确定;

(4)应税噪声按照超过国家规定标准的分贝数确定。

其中,固体废物的排放量为当期应税固体废物的产生量减去当期应税固体废物的贮存量、处置量、综合利用量的余额。

应税大气污染物、水污染物的污染当量数,以该污染物的排放量除以该污染物的污染当量值计算。每种应税大气污染物、水污染物的具体污染当量值,依照《应税污染物和当量值表》(表6-2)执行。

从两个以上排放口排放应税污染物的,对每一排放口排放的应税污染物分别计算征收环境保护税;纳税人持有排污许可证的,其污染物排放口按照排污许可证载明的污染物排放口确定。

表6-2 应税污染物和当量值表

(第一类水污染物污染当量值)

污 染 物	污染当量值(千克)
1. 总汞	0.0005
2. 总镉	0.005
3. 总铬	0.04
4. 六价铬	0.02
5. 总砷	0.02
6. 总铅	0.025

续表

污 染 物	污染当量值(千克)	备 注
7. 总镍	0.025	
8. 苯并(a)芘	0.0000003	
9. 总铍	0.01	
10. 总银	0.02	

(第二类水污染物污染当量值)

污染物	污染当量值(千克)	备注
11. 悬浮物(SS)	4	
12. 生化需氧量(BOD_5)	0.5	同一排放口中的化学需氧量、生化需氧量和总有机碳，只征收一项。
13. 化学需氧量(COD_{cr})	1	
14. 总有机碳(TOC)	0.49	
15. 石油类	0.1	
16. 动植物油	0.16	
17. 挥发酚	0.08	
18. 总氰化物	0.05	
19. 硫化物	0.125	
20. 氨氮	0.8	
21. 氟化物	0.5	
22. 甲醛	0.125	
23. 苯胺类	0.2	
24. 硝基苯类	0.2	
25. 阴离子表面活性剂(LAS)	0.2	
26. 总铜	0.1	
27. 总锌	0.2	
28. 总锰	0.2	
29. 彩色显影剂(CD-2)	0.2	
30. 总磷	0.25	
31. 单质磷(以P计)	0.05	
32. 有机磷农药(以P计)	0.05	
33. 乐果	0.05	
34. 甲基对硫磷	0.05	
35. 马拉硫磷	0.05	
36. 对硫磷	0.05	
37. 五氯酚及五氯酚钠(以五氯酚计)	0.25	
38. 三氯甲烷	0.04	
39. 可吸附有机卤化物(AOX)(以Cl计)	0.25	
40. 四氯化碳	0.04	

续表

污 染 物	污染当量值(千克)	备 注
41. 三氯乙烯	0.04	
42. 四氯乙烯	0.04	
43. 苯	0.02	
44. 甲苯	0.02	
45. 乙苯	0.02	
46. 邻-二甲苯	0.02	
47. 对-二甲苯	0.02	
48. 间-二甲苯	0.02	
49. 氯苯	0.02	
50. 邻二氯苯	0.02	
51. 对二氯苯	0.02	
52. 对硝基氯苯	0.02	
53. 2,4-二硝基氯苯	0.02	
54. 苯酚	0.02	
55. 间-甲酚	0.02	
56. 2,4-二氯酚	0.02	
57. 2,4,6-三氯酚	0.02	
58. 邻苯二甲酸二丁酯	0.02	
59. 邻苯二甲酸二辛酯	0.02	
60. 丙烯腈	0.125	
61. 总硒	0.02	

(pH值、色度、大肠菌群数、余氯量水污染物污染当量)

污 染 物		污染当量值	备 注
1. pH值	1. 0～1,13～14 2. 1～2,12～13 3. 2～3,11～12 4. 3～4,10～11 5. 4～5,9～10 6. 5～6	0.06 吨污水 0.125 吨污水 0.25 吨污水 0.5 吨污水 1 吨污水 5 吨污水	pH值5～6指大于等于5,小于6;pH值9～10指大于9,小于等于10,其余类推。
2. 色度		5 吨水·倍	
3. 大肠菌群数(超标)		3.3 吨污水	大肠菌群数和余氯量只征收一项。
4. 余氯量(用氯消毒的医院废水)		3.3 吨污水	

(禽畜养殖业、小型企业和第三产业水污染物污染当量值)
(本表仅适用于计算无法进行实际监测或者物料衡算的禽畜养殖业、小型企业和第三产业等小型排污者的水污染物污染当量数)

类 型		污染当量值	备 注
畜牧养殖场	1. 牛	0.1 头	仅对存栏规模大于 50 头牛、500 头猪、5 000 羽鸡鸭等的禽畜养殖场征收。
	2. 猪	1 头	
	3. 鸡、鸭等家禽	30 羽	
4. 小型企业		1.8 吨污水	
5. 饮食娱乐服务业		0.5 吨污水	
6. 医院	消毒	0.14 床	医院病床数大于 20 张的按照本表计算污染当量数。
		2.8 吨污水	
	不消毒	0.07 床	
		1.4 吨污水	

（大气污染物污染当量值）

污 染 物	污染当量值（千克）	污 染 物	污染当量值（千克）
1. 二氧化硫	0.95	23. 二甲苯	0.27
2. 氮氧化物	0.95	24. 苯并(a)芘	0.000 002
3. 一氧化碳	16.7	25. 甲醛	0.09
4. 氯气	0.34	26. 乙醛	0.45
5. 氯化氢	10.75	27. 丙烯醛	0.06
6. 氟化物	0.87	28. 甲醇	0.67
7. 氰化氢	0.005	29. 酚类	0.35
8. 硫酸雾	0.6	30. 沥青烟	0.19
9. 铬酸雾	0.000 7	31. 苯胺类	0.21
10. 汞及其化合物	0.0001	32. 氯苯类	0.72
11. 一般性粉尘	4	33. 硝基苯	0.17
12. 石棉尘	0.53	34. 丙烯腈	0.22
13. 玻璃棉尘	2.13	35. 氯乙烯	0.55
14. 碳黑尘	0.59	36. 光气	0.04
15. 铅及其化合物	0.02	37. 硫化氢	0.29
16. 镉及其化合物	0.03	38. 氨	9.09
17. 铍及其化合物	0.000 4	39. 三甲胺	0.32
18. 镍及其化合物	0.13	40. 甲硫醇	0.04
19. 锡及其化合物	0.27	41. 甲硫醚	0.28
20. 烟尘	2.18	42. 二甲二硫	0.28
21. 苯	0.05	43. 苯乙烯	25
22. 甲苯	0.18	44. 二硫化碳	20

环境保护税从量计征,其税额依照《环境保护税税目税额表》(表 6-3)执行。

表 6-3 环境保护税税目税额表

税 目		计税单位	税 额	备 注
大气污染物		每污染当量	1.2 元至 12 元	
水污染物		每污染当量	1.4 元至 14 元	
固体废物	煤矸石	每吨	5 元	
	尾矿	每吨	15 元	
	危险废物	每吨	1 000 元	
	冶炼渣、粉煤灰、炉渣、其他固体废物(含半固态、液态废物)	每吨	25 元	
噪声	工业噪声	超标 1~3 分贝	每月 350 元	1. 一个单位边界上有多处噪声超标,根据最高一处超标声级计算应纳税额;当沿边界长度超过 100 米有两处以上噪声超标,按照两个单位计算应纳税额。 2. 一个单位有不同地点作业场所的,应当分别计算应纳税额,合并计征。 3. 昼、夜均超标的环境噪声,昼、夜分别计算应纳税额,累计计征。 4. 声源一个月内超标不足 15 天的,减半计算应纳税额。 5. 夜间频繁突发和夜间偶然突发厂界超标噪声,按等效声级和峰值噪声两种指标中超标分贝值高的一项计算应纳税额。
		超标 4~6 分贝	每月 700 元	
		超标 7~9 分贝	每月 1 400 元	
		超标 10~12 分贝	每月 2 800 元	
		超标 13~15 分贝	每月 5 600 元	
		超标 16 分贝以上	每月 11 200 元	

应税大气污染物和水污染物的具体适用税额的确定和调整,由省、自治区、直辖市人民政府统筹考虑本地区环境承载能力、污染物排放现状和经济社会生态发展目标要求,在《环境保护税税目税额表》规定的税额幅度内提出,报同级人民代表大会常务委员会决定,并报全国人民代表大会常务委员会和国务院备案。

四、环境保护税的应纳税额

环境保护税的应纳税额根据应税污染物的类型分别确定。

其中,应税大气污染物和应税水污染物以污染物的污染当量数为计税依据,按照适用税额标准计税,计算公式为

$$应纳税额 = 污染当量数 \times 具体适用税额标准$$

应税固体废物以固体废物排放量为计税依据,按照适用税额标准计税,计算公式为

$$应纳税额 = 固体废物排放量 \times 具体适用税额标准$$

应税噪声的应纳税额为超过国家规定标准的分贝数对应的适用税额标准。例如,超标分贝数为 5 分贝,则对应的应缴纳环境保护税额为每月 700 元。

例 6-2:某石化厂排气筒每小时排气量为 25 000 立方米,实测所排废气中二氧化硫平均浓度为 800 毫克/立方米,粉尘浓度为 300 毫克/立方米,氮氧化物平均浓度为 400 毫克/立方米,若该厂 2018 年 3 月共生产 30 天,每天 20 小时,当地大气污染物每污染当量的税额标准是 2 元,求该工厂这个月共应缴纳环境保护税多少元?

解答:二氧化硫月排放量 = 30 × 20 × 25 000 × 800 ÷ 1 000 000 = 12 000(千克)
二氧化硫污染当量数 = 12 000/0.95 = 12 632
氮氧化物月排放量 = 30 × 20 × 25 000 × 400 ÷ 1 000 000 = 6 000(千克)
氮氧化物污染当量数 = 6 000/0.95 = 6 316
粉尘月排放量 = 30 × 20 × 25 000 × 300 ÷ 1 000 000 = 4 500(千克)
粉尘污染当量数 = 4 500/4 = 1 125
污染物总当量数 = 12 632 + 6 316 + 1 125 = 20 073
当月应纳环境保护税额 = 20 073 × 2 = 40 146(元)

五、环境保护税的减免税优惠

下列情形,暂予免征环境保护税:
(1) 农业生产(不包括规模化养殖)排放应税污染物的;
(2) 机动车、铁路机车、非道路移动机械、船舶和航空器等流动污染源排放应税污染物的;
(3) 依法设立的城乡污水集中处理、生活垃圾集中处理场所排放相应应税污染物,不超过国家和地方规定的排放标准的;
(4) 纳税人综合利用的固体废物,符合国家和地方环境保护标准的;
(5) 国务院批准免税的其他情形。

纳税人排放应税大气污染物或者水污染物的浓度值低于国家和地方规定的污染物排放标准 30% 的,减按 75% 征收环境保护税。纳税人排放应税大气污染物或者水污染物的浓度值低于国家和地方规定的污染物排放标准 50% 的,减按 50% 征收环境保护税。

六、环境保护税的缴纳

环境保护税由税务机关依照《中华人民共和国税收征收管理法》和《中华人民共和国环境保护税法》的有关规定征收管理。

生态环境主管部门依照法律法规的规定负责对污染物的监测管理。

县级以上地方人民政府应当建立税务机关、生态环境主管部门和其他相关单位分工协作工作机制,加强环境保护税征收管理,保障税款及时足额入库。

1. 纳税期限

环境保护税纳税义务发生时间为纳税人排放应税污染物的当日。环境保护税采取按月计算,按季申报缴纳的方法。不能按固定期限计算缴纳的,可以按次申报缴纳。纳税人按季申报缴纳的,应当自季度终了之日起15日内,向税务机关办理纳税申报并缴纳税款。纳税人按次申报缴纳的,应当自纳税义务发生之日起15日内,向税务机关办理纳税申报并缴纳税款。

2. 纳税地点

纳税人应当向应税污染物排放地的税务机关申报缴纳环境保护税。纳税人申报缴纳时,应当向税务机关报送所排放应税污染物的种类、数量,大气污染物、水污染物的浓度值,以及税务机关根据实际需要要求纳税人报送的其他纳税资料。税务机关应当将纳税人的纳税申报数据资料与生态环境主管部门交送的相关数据资料进行比对。

税务机关发现纳税人的纳税申报数据资料异常或者纳税人未按照规定期限办理纳税申报的,可以提请生态环境主管部门进行复核,生态环境主管部门应当自收到税务机关的数据资料之日起15日内向税务机关出具复核意见。税务机关应当按照生态环境主管部门复核的数据资料调整纳税人的应纳税额。

第三节 印花税

一、印花税概述

印花税是针对经济活动和经济交往中书立、领受的应税经济凭证所征收的一种税。

现行印花税的基本规范是于1988年10月1日起施行的《中华人民共和国印花税暂行条例》。

印花税兼有凭证税和行为税性质,征收范围广泛,税收负担比较轻,由纳税义务人自行完成纳税义务。因此,征收印花税既有利于加强凭证的法律效力,提高合同的兑现率,促进经济行为规范化和法制化,也有利于通过税收加强对各种经济凭证的监督和管理,为国家的经济建设筹集更多的资金。

二、印花税的纳税人和征税范围

(一)征税范围

现行印花税只对《印花税暂行条例》列举的凭证征税,这里所指的凭证不仅包括在我国境内书立、领受的凭证,而且包括在境外书立、领受但在我国境内使用并具有法律效力,受我国法律保护的凭证。具体有以下5类:

(1)购销、加工承揽、建设工程承包、财产租赁、货物运输、仓储保管、借款、财产保险、技术合同和具有合同性质的凭证。

(2) 产权转移书据。

(3) 营业账簿。

(4) 权利、许可证照。

(5) 经财政部确定征税的其他凭证。

(二) 纳税人

凡在中华人民共和国境内书立、领受应税凭证的单位和个人,都是印花税的纳税人。具体包括以下4类:

(1) 各种立合同人。

(2) 产权转移书据的立据人。

(3) 营业账簿的立账人。

(4) 权利、许可证照的领受人。

三、印花税的计税依据及税率

印花税根据不同征税项目,分别实行从价计征和从量计征两种征收方式。

在从价计税情况下,各类经济合同,以合同上记载的金额、收入或费用为计税依据;产权转移书据以书据中所载的金额为计税依据;记载资金的营业账簿,以实收资本和资本公积两项合计的金额为计税依据。在从量计税情况下,实行从量计税的其他营业账簿和权利、许可证照,以计税数量为计税依据。

印花税采用比例税率和定额税率两种税率形式。对经济合同、产权转移书据和记载资金的账簿实行比例税率。对其他账簿和权利、许可证照采用定额税率。比例税率有四个档次,即 0.1‰、0.05‰、0.03‰ 和 0.005‰;定额税率为每件 5 元。具体见表 6-4。

表 6-4 印花税税目税率

税 目	范 围	税 率	纳税人
1. 购销合同	包括供应、预购、采购、购销结合及协作、调剂、补偿、易货等合同	按购销金额 0.03‰ 贴花	立合同人
2. 加工承揽合同	包括加工、定作、修缮、修理、印刷、广告、测绘、测试等合同	按加工或承揽收入 0.05‰ 贴花	立合同人
3. 建设工程勘察设计合同	包括勘察、设计合同	按收取费用 0.05‰ 贴花	立合同人
4. 建筑安装工程承包合同	包括建筑、安装工程承包合同	按承包金额 0.03‰ 贴花	立合同人
5. 财产租赁合同	包括租赁房屋、船舶、飞机、机动车辆、机械、器具、设备等合同	按承租金额 0.1‰ 贴花。税额不足一元的按一元贴花	立合同人
6. 货物运输合同	包括民用航空、铁路运输、海上运输、内河运输、公路运输和联运合同	按运输费用 0.05‰ 贴花。单据作为合同使用的按合同贴花	立合同人

续表

税　　目	范　　围	税　　率	纳税人
7. 仓储保管合同	包括仓储、保管合同	按仓储保管费用 0.1% 贴花。仓单或栈单作为合同使用的,按合同贴花	立合同人
8. 借款合同	银行及其他金融组织和借款人(不包括银行同业拆借)所签订的借款合同	按借款金额 0.005% 贴花。单据作为合同使用的按合同贴花	立合同人
9. 财产保险合同	包括财产、责任、保证、信用等保险合同	按保费收入的 0.1% 贴花。单据作为合同使用的,按合同贴花	立合同人
10. 技术合同	包括技术开发转让、咨询、服务等合同	按所载金额 0.03% 贴花	立合同人
11. 产权转移书据	包括财产、所有权和版权、商标专用权、专利权、专有技术使用权等转移书据	按所载金额 0.05% 贴花	立据人
12. 营业账簿	生产经营用账册	记载资金的账簿,按固定资产原值与自有流动资金总额 0.05% 贴花,其他账簿按件贴花 5 元	立账簿人
13. 权利、许可证照	包括政府部门发给的房屋产权证、工商营业执照、商标注册证、专利证、土地使用证	按件贴花 5 元	领受人

此外,在上海证券交易所、深圳证券交易所和全国中小企业股份转让系统进行的股票交易,应按实际成交价格,由出让股票的一方按 0.1% 的税率缴纳印花税。

四、印花税的应纳税额的计算

印花税应纳税额的计算按应税凭证的不同税率计算,计算公式有以下两种。

1. 采用比例税率计算应缴的印花税

$$应纳印花税税额＝凭证所载的应税金额×适用的比例税率$$

2. 采用定额税率计算应缴的印花税

$$应纳印花税税额＝应税凭证件数×定额税率(5元)$$

例 6-3：某公司 2019 年领取工商营业执照、房屋产权证、土地使用证各一件；订立购销合同一份,金额 200 万元；办理财产保险,保费为 5 000 元,在企业账簿中"实收资本"科目载有资金 400 万元,其他账簿 5 本。计算该公司 2019 年的应纳印花税税额。

解答：(1) 权利、许可证照应纳税额：

$$应纳税额＝3×5＝15(元)$$

(2) 购销合同应纳税额：

$$应纳税额＝2\,000\,000×0.03‰＝600(元)$$

(3) 财产保险合同应纳税额：

$$应纳税额 = 5\,000 \times 0.1\% = 5(元)$$

(4) 营业账簿中"实收资本"应纳税额：

$$应纳税额 = 4\,000\,000 \times 0.05\% = 2\,000(元)$$

(5) 其他营业账册应纳税额：

$$应纳税额 = 5 \times 5 = 25(元)$$

(6) 应纳印花税税额合计：

$$应纳税额 = 15 + 600 + 5 + 2\,000 + 25 = 2\,645(元)$$

五、印花税的减免税优惠

(1) 已缴纳印花税的凭证的副本或者抄本免税；但是如果以副本或抄本代替正本使用时，应按规定缴纳印花税。

(2) 财产所有人将财产赠给政府、社会福利单位、学校所立的书据免税。

(3) 国家指定的收购部门与村民委员会、农民个人书立的农副产品收购合同免税。

(4) 无息、贴息贷款合同免税。

(5) 外国政府或者国际金融组织向我国政府及国家金融机构提供优惠贷款所书立的合同免税。

(6) 对商店、门市部的零星加工修理业务开具的修理单，不贴印花。

(7) 对房地产管理部门与个人订立的租房合同，凡用于生活居住的，暂免贴印花。

(8) 对铁路、公路、航运、水路承运快件行李、包裹开具的托运单据，暂免贴印花。

(9) 企业与主管部门等签订的租赁承包经营合同，不属于财产租赁合同，不应贴花。

(10) 对公共租赁住房经营管理单位购买住房作为公共租赁住房，免征印花税；对公共租赁住房租赁双方免征签订租赁协议涉及的印花税。

(11) 自2018年5月1日起，对按万分之五税率贴花的资金账簿减半征收印花税，对按件贴花5元的其他账簿免征印花税。

(12) 自2019年1月1日至2021年12月31日，对与高校学生签订的高校学生公寓租赁合同，免征印花税。

六、印花税的缴纳

1. 纳税环节和纳税期限

各种应税凭证应当在书立或者领受时贴花。具体来说，各种合同在签订时贴花；产权转移书据在立据时贴花；营业账簿在启用时贴花；权利许可证照在领用时贴花；在国外签订的合同在我国境内履行的，应在使用时贴花。

2. 税款缴纳方式

印花税实行由纳税义务人根据规定自行计算应纳税额,购买并一次贴足印花税票的缴纳办法。印花税票是缴纳印花税的完税凭证,由国家税务总局负责监制。其票面金额以人民币为单位,分为1角、2角、5角、1元、2元、5元、10元、50元、100元9种。印花税票为有价证券,可以委托单位或个人代售,并由税务机关付给5%的手续费,支付来源从实征印花税款中提取。

为了简化贴花手续,应纳税额较大或者贴花次数频繁的,纳税义务人可向税务机关提出申请,采取以缴款书代替贴花或者按期汇总缴纳的办法。凡获准汇总缴纳印花税的纳税义务人,税务机关应发给汇缴许可证,汇总缴纳的期限由当地税务机关确定,但最长不得超过1个月。

凡发放权利、许可证照的单位和办理凭证的签证、公证及其他有关事项的单位,可接受税务机关的委托代为征收印花税税款。

第四节 城市维护建设税

一、城市维护建设税概述

城市维护建设税是国家为了加强城市的维护和建设,扩大和稳定城市维护建设的资金来源,而要求有经营收入的单位和个人缴纳的一种行为税,属于地方税种。1985年2月8日,国务院发布《中华人民共和国城市维护建设税暂行条例》。2020年8月11日,第十三届全国人民代表大会常务委员会第二十一次会议通过《中华人民共和国城市维护建设税法》,自2021年9月1日起施行。

城市维护建设税具有税款专款专用的特点,即专门用于城市的公用事业和公共设施的维护建设;它不是一个独立的税种,而是一种税收附加。城市维护建设税根据城镇规模设计税率,征收范围较广,从而为新兴城市的开发和改造以及城镇居民生活环境的改善提供一项稳定的资金来源,促进城市公用事业的发展和城市经济的繁荣。

二、城市维护建设税的纳税人和征税范围

凡在中华人民共和国境内缴纳增值税、消费税的单位和个人,都是城乡维护建设税的纳税人。

城市维护建设税的征税范围包括城市、县城、建制镇以及税法规定征税的其他地区。城市、县城、建制镇的范围应根据行政区划作为划分标准,不得随意扩大或缩小各行政区域的管辖范围。

三、城市维护建设税计税依据及税率

城市维护建设税,以纳税义务人实际缴纳的增值税、消费税税额为计税依据,分别与增值税、消费税同时缴纳。对增值税、消费税加收的滞纳金和罚款不作为城市维护建设税的计税依据。金融保险企业以其实际的营业收入作为计税依据。海关对进口产品代征的增值税

和消费税不征收城市维护建设税。

城市维护建设税是根据城市维护建设资金的不同层次的需要而设计的,实行分区域的差别比例税率,即按纳税义务人所在城市、县城、建制镇等不同的行政区域分别规定不同的比例税率。具体规定为:

(1) 纳税人所在地在市区的,税率为7%。
(2) 纳税人所在地在县城、镇的,税率为5%。
(3) 纳税人所在地不在市区、县城或者镇的,税率为1%。

四、城市维护建设税的减免税优惠

(1) 城市维护建设税是以增值税、消费税实际缴纳的税额作为计税依据并同时征收的,因此,增值税、消费税减税或免税的同时,城市维护建设税也相应减税或免税。

(2) 根据国民经济和社会发展的需要,国务院对重大公共基础设施建设、特殊产业和群体以及重大突发事件应对等情形可以规定减征或者免征城市维护建设税,报全国人民代表大会常务委员会备案。

五、应纳税额的计算

城市维护建设税是按纳税人实际缴纳的增值税、消费税税额和适用税率计算的,其计算公式为

$$应纳城市维护建设税税额 = 纳税人实际缴纳的增值税、消费税税额 \times 适用税率$$

例6-4:某企业2019年10月31日计算出企业当月应交的消费税为485 000元,增值税为360 000元。该企业地处某镇,城市维护建设税税率为5%。求当月应纳城市维护建设税税额。

解答:应纳税额 = (485 000 + 360 000) × 5% = 42 250(元)

六、纳税期限及纳税地点

凡缴纳增值税、消费税的单位和个人均应在申报缴纳增值税、消费税的同时,申报缴纳城市维护建设税。

纳税义务人直接缴纳增值税、消费税的,在缴纳增值税、消费税的地点缴纳城市维护建设税;代征、代扣代缴增值税、消费税的企业单位,同时也要代征、代扣代缴城市维护建设税。各银行缴纳的城市维护建设税,均由取得业务收入的核算单位在当地缴纳。

第五节 烟叶税、契税、船舶吨税

一、烟叶税

(一)概述

烟叶税是对在我国境内从事烟叶收购的单位就其收购金额课征的一种税。国务院于 2006 年 4 月 28 日发布并实施《中华人民共和国烟叶税暂行条例》。2017 年 12 月 27 日,第十二届全国人民代表大会常务委员会第三十一次会议通过《中华人民共和国烟叶税法》,烟叶税暂行条例平移上升为法律,自 2018 年 7 月 1 日起施行。

课征烟叶税是适应我国长期以来实行的烟叶专卖政策,保证国家财政收入特别是一些烟叶产区的地方财政收入、维持地方各项事业发展的需要,是 2006 年 2 月国务院取消烟叶特产农业税的一个替代措施。

(二)纳税人及征税范围

烟叶税以在我国境内收购烟叶的单位为纳税人。"收购烟叶的单位"是指依照《中华人民共和国烟草专卖法》的规定有权收购烟叶的烟草公司或者受其委托收购烟叶的单位。烟叶是指晾晒烟叶、烤烟叶。

(三)计税依据、税率及应纳税额

烟叶税的计税依据为纳税人收购烟叶实际支付的价款总额。

烟叶税实行比例税率,税率为 20%。

烟叶税应纳税额的计算公式为

$$应纳税额 = 烟叶收购价款 \times 税率$$

(四)征收管理

烟叶税由税务机关征收。纳税人收购烟叶,应当向烟叶收购地的主管税务机关申报纳税。

烟叶税的纳税义务发生时间为纳税人收购烟叶的当日。烟叶税按月计征,纳税人应当自纳税义务发生月终了之日起 15 日内申报纳税。具体纳税期限由主管税务机关核定。

二、契税

(一)概述

契税是在我国境内转移土地使用权和房屋所有权时,根据当事人双方签订的契约(合同),以及确定价格的一定比例,向产权承受人征收的一种税。1997 年 7 月 7 日,国务院发布《中华人民共和国契税暂行条例》,自 1997 年 10 月 1 日起实施。2020 年 8 月 11 日,第十三

届全国人民代表大会常务委员会第二十一次会议通过《中华人民共和国契税法》，自2021年9月1日起施行。

征收契税可以从法律上保护产权所有人的合法权益，避免产权纠纷，调节收入分配，促进房地产市场的健康发展，并适当增加一部分财政收入。

（二）纳税人及征税范围

在中华人民共和国境内发生转移土地、房屋权属行为并承受土地、房屋权属的单位和个人都是契税的纳税人。

契税的征税范围包括所有在我国境内的单位和个人转移土地、房屋权属的行为。具体包括以下5种行为：

（1）国有土地使用权出让。

（2）土地使用权转让，包括出售、赠与和互换，不包括农村集体土地承包经营权的转移。

（3）房屋买卖。

（4）房屋赠与。

（5）房屋互换。

典当、继承、分拆（分割）、出租或者抵押等，均不属于契税的征税范围。

（三）计税依据、税率及应纳税额

契税的计税依据是土地、房屋权属转移时，当事人双方签订的契约上载明的不动产价格。现行契税根据土地、房屋权属转移的形式和定价方法的不同，确定了不同的计税依据。具体如下：

（1）土地使用权出让、出售，房屋买卖，为土地、房屋权属转移合同确定的成交价格，包括应交付的货币以及实物、其他经济利益对应的价款；

（2）土地使用权互换、房屋互换，为所互换的土地使用权、房屋价格的差额；

（3）土地使用权赠与、房屋赠与以及其他没有价格的转移土地、房屋权属行为，为税务机关参照土地使用权出售、房屋买卖的市场价格依法核定的价格。

纳税人申报的成交价格、互换价格差额明显偏低且无正当理由的，由税务机关依照《中华人民共和国税收征收管理法》的规定核定。

契税采取3%～5%的幅度比例税率，具体执行税率由各省、自治区、直辖市人民政府在规定范围内确定。

契税是根据计税依据和规定的税率计算的，公式为

$$应纳契税税额 = 计税依据 \times 适用税率$$

例6-5：某公司接受捐赠房屋一幢，其账面价值为200万元，现市场价格为300万元，该公司在接受捐赠登记时，应纳契税规定税率为4%，求应纳契税税额。

解答：应纳契税税额＝300×4%＝12（万元）

(四) 税收优惠及征收

为照顾由国家财政拨付经费的单位及某些有困难的个人,根据规定对以下情况给予减免税优惠:

(1) 国家机关、事业单位、社会团体、军事单位承受土地、房屋用于办公、教学、医疗、科研和军事设施的,免征契税;

(2) 非营利性的学校、医疗机构、社会福利机构承受土地、房屋权属用于办公、教学、医疗、科研、养老、救助的,免征契税;

(3) 承受荒山、荒地、荒滩土地使用权用于农、林、牧、渔业生产的,免征契税;

(4) 婚姻关系存续期间夫妻之间变更土地、房屋权属的,免征契税;

(5) 法定继承人通过继承承受土地、房屋权属,免征契税;

(6) 依照法律规定应当予以免税的外国驻华使馆、领事馆和国际组织驻华代表机构承受土地、房屋权属,免征契税。

(7) 公租房经营管理单位购买住房作为公租房的,免征契税。

(8) 对个人购买家庭唯一住房,面积90平方米及以下的,减按1%的税率征收契税;面积为90平方米以上的,减按1.5%的税率征收契税。

(9) 对个人购买家庭第二套改善性住房,面积为90平方米及以下的,减按1%的税率征收契税;面积为90平方米以上的,减按2%的税率征收契税。

契税的纳税义务发生时间,为纳税人签订土地、房屋权属转移合同的当日,或者纳税义务人取得其他具有土地、房屋权属转移合同性质凭证的当日。纳税人应当在依法办理土地、房屋权属登记手续前申报缴纳契税。

契税征收机关为土地、房屋所在地的税务机关。具体征收机关由省、自治区、直辖市人民政府确定。纳税人办理纳税事宜后,征收机关应向纳税人开具完税凭证。纳税人办理土地、房屋权属登记,不动产登记机构应当查验契税完税、减免税凭证或者有关信息。未按照规定缴纳契税的,不动产登记机构不予办理土地、房屋权属登记。

三、船舶吨税

(一) 概述

船舶吨税是海关代表国家交通管理部门在设关口岸对从境外港口进入中国境内港口的船舶征收的一种税,税款一般专项用于航道设施建设。

我国船舶吨税最初于1952年开征,主要依据为《中华人民共和国海关船舶吨税暂行办法》。2011年11月23日,国务院发布了《中华人民共和国船舶吨税暂行条例》。2017年12月27日,第十二届全国人民代表大会常务委员会第三十一次会议通过了《中华人民共和国船舶吨税法》,船舶吨税暂行条例平移上升为法律,自2018年7月1日起施行。

(二) 纳税人

船舶吨税以自中国境外港口进入中国境内港口的船舶为课税主体。

(三) 计税依据、税率和应纳税额

船舶吨税的计税依据为船舶的净吨位,按照吨税执照期限征收。其中净吨位,是指由船

籍国(地区)政府签发或者授权签发的船舶吨位证明书上标明的净吨位。

应税船舶负责人在每次申报纳税时,可以按照《船舶吨税税目税率表》(表6-5)选择申领一种期限的吨税执照。《船舶吨税税目税率表》规定了两类税率:普通税率和优惠税率。中华人民共和国籍的应税船舶、船籍国(地区)与中华人民共和国签订含有相互给予船舶税费最惠国待遇条款的条约或者协定的应税船舶,适用优惠税率;其他应税船舶,适用普通税率。

表6-5 船舶吨税税目税率表

税目 (按船舶净吨位划分)	税率(元/净吨)					
	普通税率(按执照期限划分)			优惠税率(按执照期限划分)		
	1年	90日	30日	1年	90日	30日
不超过2 000净吨	12.6	4.2	2.1	9.0	3.0	1.5
超过2 000净吨,但不超过10 000净吨	24.0	8.0	4.0	17.4	5.8	2.9
超过10 000净吨,但不超过50 000净吨	27.6	9.2	4.6	19.8	6.6	3.3
超过50 000净吨	31.8	10.6	5.3	22.8	7.6	3.8

注:① 拖船的净吨位,按发动机功率1千瓦折合0.67净吨计算。② 无法提供净吨位证明的游艇的净吨位,按发动机功率1千瓦折合0.05净吨计算。③ 拖船、非机动驳船的适用税额标准,按相同净吨位船舶适用税额标准的50%计算。

船舶吨税的应纳税额,按照船舶净吨位乘以适用税率计算,公式为

$$应纳税额 = 应税船舶净吨位 \times 适用税率$$

(四) 税收优惠

以下船舶免征船舶吨税:

(1) 应纳税额在人民币50元以下的船舶;

(2) 自中国境外以购买、受赠和继承等方式取得船舶所有权的初次进口到港的空载船舶;

(3) 执照期满以后24小时之内不上下客货的船舶;

(4) 非机动船舶(不包括非机动驳船);捕捞、养殖渔船;避难、防疫隔离、修理、终止运营或者拆解,并不上下客货的船舶;

(5) 军队、武装警察部队专用和征用的船舶;

(6) 警用船舶;

(7) 依法应当免税的外国驻华领馆、领事馆和国际组织驻华代表机构及其有关人员的船舶;

(8) 国务院规定的其他船舶。

在吨税执照期限内,应税船舶发生下列情形之一的,海关按照实际发生的天数批注延长吨税执照期限:

(1) 避难、防疫隔离、修理、改造,并不上下客货;

(2) 军队、武装警察部队征用。

(五) 征收管理

船舶吨税纳税义务发生时间为应税船舶进入港口的当日。应税船舶在进入港口办理入境手续时,应当向海关申报纳税领取吨税执照,或者交验吨税执照(或者申请核验吨税执照电子信息)。

应税船舶负责人申领船舶吨税执照时,应当向海关提供下列文件:船舶国籍证书或者海事部门签发的船舶国籍证书收存证明;船舶吨位证明。

应税船舶在船舶吨税执照期限内,因修理、改造导致净吨位变化的,吨税执照继续有效。应税船舶办理出入境手续时,应当提供船舶经过修理、改造的证明文件。应税船舶在船舶吨税执照期限内,因税目税率调整或者船籍改变而导致适用税率变化的,船舶吨税执照继续有效。因船籍改变而导致适用税率变化的,应税船舶在办理出入境手续时,应当提供船籍改变的证明文件。

应税船舶在离开港口办理出境手续时,应当交验船舶吨税执照(或者申请核验船舶吨税执照电子信息)。应税船舶在船舶吨税执照期满后尚未离开港口的,应当申领新的船舶吨税执照,自上一次执照期满的次日起续缴船舶吨税。

船舶吨税由海关负责征收,海关征收船舶吨税应当制发缴款凭证。应税船舶负责人缴纳船舶吨税或者提供担保后,海关按照其申领的执照期限填发船舶吨税执照。

应税船舶到达港口前,经海关核准先行申报并办结出入境手续的,应税船舶负责人应当向海关提供与其依法履行船舶吨税缴纳义务相适应的担保;应税船舶到达港口后,依法向海关申报纳税。下列财产、权利可以用于担保:人民币、可自由兑换货币;汇票、本票、支票、债券、存单;银行、非银行金融机构的保函;海关依法认可的其他财产、权利。

应税船舶负责人应当自海关填发船舶吨税缴款凭证之日起 15 日内缴清税款。未按期缴清税款的,自滞纳税款之日起至缴清税款之日止,按日加收滞纳税款万分之五的税款滞纳金。

本章习题

一、判断题

1. 烟叶税是以在我国境内生产和收购烟叶的单位和个人为纳税人课征的一种税。(   )
2. 环境保护税是对直接向环境排放应税污染物的企事业单位等纳税人课征的一种税。
(   )
3. 资源税的纳税义务人是从事应税资源开采或者生产而进行销售或自用的内资企业和个人,不包括外商投资企业和外国企业。(   )
4. 无息、贴息贷款合同,按借款金额的 0.005% 贴印花税票。(   )
5. 城市维护建设税实行地区差别比例税率,即纳税人所在地为市区的,税率为 8%;纳税人所在地为县城、镇的,税率为 6%;纳税人所在地不在市区、县城或者镇的,税率为 3%。(   )

二、选择题

1. 对已缴纳车辆购置税并办理了登记注册手续的车辆,其底盘发生更换的,其最低计税价格按同类型新车最低计税价格的( )计算。

A. 30% B. 50% C. 70% D. 60%

2. 下列各项中，应征收印花税的有( )。

A. 分包或转包合同 B. 会计咨询合同

C. 财政贴息贷款合同 D. 未列明金额的购销合同

3. 某汽车维护厂所在地为省会，当月实际已纳增值税 275 万元，消费税 400 万元，营业税 25 万元，则应纳城市维护建设税为( )。

A. 55 万元 B. 19.25 万元

C. 472.5 万元 D. 49 万元

4. 某学校将一栋闲置不用的房屋转让给邻近的公司，房产价值 400 万元，土地使用权当年是以无偿划拨方式取得的。按规定该转让行为( )。

A. 应由受让公司缴纳契税

B. 应由学校在转让时补交契税

C. 应由学校和公司各负担一半契税

D. 学校补交土地使用权的契税，公司缴纳房屋买卖的契税

5. 烟叶税是( )。

A. 1994 年以后开征的新税种

B. 地方政府可以自行决定是否开征的税收

C. 只向合法收购烟叶的单位课征的税收

D. 消费税的一个税目

6. 资源税的纳税环节应是( )。

A. 移送使用时 B. 最终消费时

C. 开采时 D. 生产销售时

7. 某公司年初实收资本与资本公积合计为 300 万元，已经全额贴花，年末计提资本公积 50 万元，应贴的印花税票为( )元。

A. 0 B. 5 C. 250 D. 1 750

8. 某一设在农村的国有大中型企业，其缴纳城市维护建设税应适用( )的税率。

A. 8% B. 5% C. 3% D. 1%

9. 城市维护建设税( )。

A. 是一种附加税 B. 对进口货物不征税

C. 采用幅度比例税率 D. 是与增值税、消费税同时缴纳的一种税

E. 是税款专款专用的一种税

10. 以下项目中从价计征资源税的是( )。

A. 原油 B. 煤炭 C. 稀土 D. 砂石

三、计算题

1. 某股民 2019 年 5 月 31 日买卖股票记录如下：

（数量单位：股）

股票名称	买或卖	委托价	委托数量	成交价	成交数量
邯郸钢铁	买	7.50	10 000	7.48	8 000
浦东大众	卖	7.40	5 000	7.46	2 000
中辽国际	买	6.80	5 000	6.80	4 000
深圳机场	卖	9.90	20 000	9.90	20 000

请计算该股民该日应交印花税额。

2. 若某煤矿企业2019年12月份生产的原煤以及期初库存原煤于月底前已全部用于外销和自用。情况如下：销售50 000吨，发电用煤30 000吨，职工食堂、浴池等用煤量为10 000吨。已知该企业煤炭销售价格为每吨500元，适用的煤炭资源税率为5%。请计算该煤矿企业2019年12月份应纳的资源税税额。

3. 张某2019年12月8日从上海大众汽车有限公司购买一辆小汽车供自己使用，支付含增值税车价款106 000元，另支付代收临时牌照费150元，代收保险费352元，支付购买工具和配件款2 035元，车辆装饰费250元。支付的各项价费款均由上海大众汽车有限公司开具"机动车销售统一发票"和有关票据。计算车辆购置税应纳税额。

4. 某啤酒厂6月份销售啤酒5 000吨，每吨售价1 400元（啤酒消费税税额每吨220元）。请计算该企业6月份应缴纳的城市维护建设税税额。

5. 甲、乙两单位互换经营性用房，甲的房屋价格为500万元，乙的房屋价格为550万元，房屋价格不足的部分由甲单位用自产产品补足，当地政府规定的契税税率为3%，则甲单位应纳契税税额为多少？

第七章

行业和政策性税收制度

众所周知,一个国家的税收体系往往是为实现政府的多种政策目标服务的,复合税制的意义也正在于此。当今世界,各国政府的政策目标都日益多元化,而从每一个目标出发又会形成涉及多个税种的一系列的具体规定。理解这些体现政府特定政策目标的规定对于全面认识我国的税收制度也是很有必要的,因此本书专辟一章来探讨我国的行业和政策性税收制度。限于篇幅,且考虑到影响面和在当前经济运行中的意义,我们主要探讨金融税制、房地产税制、资源环境税制和科技税制4个方面。

第一节 金 融 税 制

一、金融税制概述

金融税制泛指与银行、保险、证券等行业直接相关的税收制度。金融税制是各国税制的重要组成部分,税制的优化程度对金融业的发展有着相当大的影响。

改革开放以来,经过1984年、1994年、2016年三次税制改革,我国初步形成了以增值税、企业所得税为主体的金融税制框架。

二、现行金融税制的主要内容

目前涉及金融业的主要税种有8个,即增值税、印花税、企业所得税、个人所得税、城镇土地使用税、房产税、城市维护建设税和车船税。其中,在城镇土地使用税、房产税、城市维护建设税、车船税方面,金融企业与其他企业一样纳税,没有特殊规定,可以参照其他章节。本节将对其他的4个税种进行介绍。

（一）增值税

1. 纳税人和扣缴义务人

在中华人民共和国境内销售服务、无形资产或者不动产的单位和个人，为增值税纳税人。包括从事金融业务的单位和个人。其中的单位，是指企业、行政单位、事业单位、军事单位、社会团体及其他单位；个人，是指个体工商户和其他个人。

中华人民共和国境外的单位或者个人在境内发生应税行为，在境内未设有经营机构的，以购买方为增值税扣缴义务人。财政部和国家税务总局另有规定的除外。

2. 税目

金融服务，是指经营金融保险的业务活动。包括贷款服务、直接收费金融服务、保险服务和金融商品转让。

（1）贷款服务。贷款，是指将资金贷与他人使用而取得利息收入的业务活动。

各种占用、拆借资金取得的收入，包括金融商品持有期间（含到期）利息（保本收益、报酬、资金占用费、补偿金等）收入、信用卡透支利息收入、买入返售金融商品利息收入、融资融券收取的利息收入，以及融资性售后回租、押汇、罚息、票据贴现、转贷等业务取得的利息及利息性质的收入，按照贷款服务缴纳增值税。

融资性售后回租，是指承租方以融资为目的，将资产出售给从事融资性售后回租业务的企业后，从事融资性售后回租业务的企业将该资产出租给承租方的业务活动。

以货币资金投资收取的固定利润或者保底利润，按照贷款服务缴纳增值税。

（2）直接收费金融服务。直接收费金融服务，是指为货币资金融通及其他金融业务提供相关服务并且收取费用的业务活动。包括提供货币兑换、账户管理、电子银行、信用卡、信用证、财务担保、资产管理、信托管理、基金管理、金融交易场所（平台）管理、资金结算、资金清算、金融支付等服务。

（3）保险服务。保险服务，是指投保人根据合同约定，向保险人支付保险费，保险人对于合同约定的可能发生的事故因其发生所造成的财产损失承担赔偿保险金责任，或者当被保险人死亡、伤残、疾病或者达到合同约定的年龄、期限等条件时承担给付保险金责任的商业保险行为。包括人身保险服务和财产保险服务。其中，人身保险服务是指以人的寿命和身体为保险标的的保险业务活动，财产保险服务是指以财产及其有关利益为保险标的的保险业务活动。

（4）金融商品转让。金融商品转让，是指转让外汇、有价证券、非货物期货和其他金融商品所有权的业务活动。其中，其他金融商品转让包括基金、信托、理财产品等各类资产管理产品和各种金融衍生品的转让。

3. 销售额的确定

增值税的应纳税额为当期销项税额抵扣当期进项税额的余额，其中当期销项税额为销售额和税率的乘积。金融服务的销售额按以下方法确定：

（1）贷款服务。以销售贷款服务取得的全部利息及利息性质的收入为销售额。自2018年1月1日起，资管产品管理人运营资管产品提供的贷款服务以2018年1月1日起产生的利息及利息性质的收入为销售额。

（2）直接收费金融服务。以销售直接收费金融服务收取的手续费、佣金、酬金、管理费、服务费、经手费、开户费、过户费、结算费、转托管费等各类费用为销售额。

(3) 保险服务。以保费收入为销售额。

(4) 金融商品转让。按照卖出价扣除买入价后的余额为销售额。

转让金融商品出现的正负差,按盈亏相抵后的余额为销售额。若相抵后出现负差,可结转下一纳税期与下期转让金融商品销售额相抵,但年末时仍出现负差的,不得转入下一个会计年度。

金融商品的买入价,可以选择按照加权平均法或者移动加权平均法进行核算,选择后36个月内不得变更。

金融商品转让,不得开具增值税专用发票。

4. 税率

纳税人销售金融服务税率为6%。

5. 免税规定

以下金融服务收入免征增值税:

(1) 自2017年1月1日至2019年12月31日,对金融机构农户小额贷款的利息收入。

(2) 国家助学贷款利息。

(3) 国债、地方政府债利息。

(4) 中国人民银行对金融机构的贷款利息。

(5) 住房公积金管理中心用住房公积金在指定的委托银行发放的个人住房贷款利息。

(6) 外汇管理部门在从事国家外汇储备经营过程中,委托金融机构发放的外汇贷款利息。

(7) 统借统还业务中,企业集团或企业集团中的核心企业以及集团所属财务公司按不高于支付给金融机构的借款利率水平或者支付的债券票面利率水平,向企业集团或者集团内下属单位收取的利息。自2019年2月1日至2020年12月31日,对企业集团内单位(含企业集团)之间的资金无偿借贷行为,免征增值税。

(8) 自2018年11月7日起至2021年11月6日止,境外机构投资境内债券市场取得的债券利息收入。

(9) 被撤销金融机构以货物、不动产、无形资产、有价证券、票据等财产清偿债务。

(10) 保险公司开办的一年期以上人身保险产品取得的保费收入。

(11) 下列金融商品转让收入:

① 合格境外投资者(QFII)委托境内公司在我国从事证券买卖业务。

② 香港市场投资者(包括单位和个人)通过沪港通买卖上海证券交易所上市A股。

③ 对香港市场投资者(包括单位和个人)通过基金互认买卖内地基金份额。

④ 证券投资基金(封闭式证券投资基金,开放式证券投资基金)管理人运用基金买卖股票、债券。

⑤ 个人从事金融商品转让业务。

(12) 金融同业往来利息收入。

(13) 同时符合下列条件的担保机构从事中小企业信用担保或者再担保业务取得的收入(不含信用评级、咨询、培训等收入)3年内免征增值税:

① 已取得监管部门颁发的融资性担保机构经营许可证,依法登记注册为企(事)业法人,实收资本超过 2 000 万元。

② 平均年担保费率不超过银行同期贷款基准利率的 50%。平均年担保费率＝本期担保费收入/(期初担保余额＋本期增加担保金额)×100%。

③ 连续合规经营 2 年以上,资金主要用于担保业务,具备健全的内部管理制度和为中小企业提供担保的能力,经营业绩突出,对受保项目具有完善的事前评估、事中监控、事后追偿与处置机制。

④ 为中小企业提供的累计担保贷款额占其两年累计担保业务总额的 80% 以上,单笔 800 万元以下的累计担保贷款额占其累计担保业务总额的 50% 以上。

⑤ 对单个受保企业提供的担保余额不超过担保机构实收资本总额的 10%,且平均单笔担保责任金额最多不超过 3 000 万元人民币。

⑥ 担保责任余额不低于其净资产的 3 倍,且代偿率不超过 2%。

(14) 国家商品储备管理单位及其直属企业承担商品储备任务,从中央或者地方财政取得的利息补贴收入和价差补贴收入。

(15) 为境外单位之间的货币资金融通及其他金融业务提供的直接收费金融服务收入,且该服务与境内的货物、无形资产和不动产无关。

6. 纳税期限

一般而言,增值税纳税义务发生时间为纳税人发生应税销售行为并收讫销售款项或者取得索取销售款项凭据的当天;先开具发票的,为开具发票的当天。纳税人从事金融商品转让的,为金融商品所有权转移的当天。

金融企业发放贷款后,自结息日起 90 天内发生的应收未收利息按现行规定缴纳增值税,自结息日起 90 天后发生的应收未收利息暂不缴纳增值税,待实际收到利息时按规定缴纳增值税。

(二) 企业所得税

1. 纳税人

中国境内从事生产、经营的各类企业为企业所得税的纳税人,其中包括金融企业。

2. 计税依据

企业所得税的计税依据为企业的应纳税所得额。对于金融企业来说,还有以下的特别规定。

金融企业按规定发放的贷款,属于未逾期贷款(含展期,下同),应根据先收利息后收本金的原则,按贷款合同确认的利率和结算利息的期限计算利息,并于债务人应付利息的日期确认收入的实现;属于逾期贷款,其逾期后发生的应收利息,应于实际收到的日期,或者虽未实际收到,但会计上确认为利息收入的日期,确认收入的实现。

金融企业已确认为利息收入的应收利息,逾期 90 天仍未收回,且会计上已冲减了当期利息收入的,准予抵扣当期应纳税所得额。金融企业已冲减了利息收入的应收未收利息,以后年度收回时,应计入当期应纳税所得额计算纳税。

自 2017 年 1 月 1 日至 2019 年 12 月 31 日,对金融机构农户小额贷款的利息收入,在计算应纳税所得额时,按 90% 计入收入总额。

自2017年1月1日至2019年12月31日,对保险公司为种植业、养殖业提供保险业务取得的保费收入,在计算应纳税所得额时,按90%计入收入总额。

3. 扣除项目

企业所得税的扣除项目主要是企业的成本、费用和损失,对于金融企业来说,还可以扣除贷款损失准备金等特别的项目。

(1) 一般贷款损失准备金。自2014年1月1日起至2018年12月31日,政策性银行、商业银行、财务公司、城乡信用社和金融租赁公司等金融企业对于以下贷款资产准予税前提取贷款损失准备金:

① 贷款(含抵押、质押、担保等贷款);

② 银行卡透支、贴现、信用垫款(含银行承兑汇票垫款、信用证垫款、担保垫款等)、进出口押汇、同业拆出、应收融资租赁款等各项具有贷款特征的风险资产;

③ 由金融企业转贷并承担对外还款责任的国外贷款,包括国际金融组织贷款、外国买方信贷、外国政府贷款、日本国际协力银行不附条件贷款和外国政府混合贷款等资产。

金融企业准予当年税前扣除的贷款损失准备金计算公式如下:

$$准予当年税前扣除的贷款损失准备金 = 本年末准予提取贷款损失准备金的贷款资产余额 \times 1\% - 截至上年末已在税前扣除的贷款损失准备金的余额$$

金融企业按上述公式计算的数额如为负数,应当相应调增当年应纳税所得额。

金融企业的委托贷款、代理贷款、国债投资、应收股利、上交央行准备金以及金融企业剥离的债权和股权、应收财政贴息、央行款项等不承担风险和损失的资产,不得提取贷款损失准备金在税前扣除。

金融企业发生的符合条件的贷款损失,应先冲减已在税前扣除的贷款损失准备金,不足冲减部分可据实在计算当年应纳税所得额时扣除。

(2) 涉农贷款和中小企业贷款的贷款损失准备金。自2014年1月1日起至2018年12月31日,金融企业对其涉农贷款和中小企业贷款进行风险分类后,按照以下比例计提的贷款损失准备金,准予在计算应纳税所得额时扣除:

① 关注类贷款,计提比例为2%;

② 次级类贷款,计提比例为25%;

③ 可疑类贷款,计提比例为50%;

④ 损失类贷款,计提比例为100%。

涉农贷款是指农户贷款和农村企业及各类组织贷款。

农户贷款,是指金融企业发放给农户的所有贷款。农户贷款的判定应以贷款发放时的承贷主体是否属于农户为准。农户,是指长期(一年以上)居住在乡镇(不包括城关镇)行政管理区域内的住户,还包括长期居住在城关镇所辖行政村范围内的住户和户口不在本地而在本地居住一年以上的住户,国有农场的职工和农村个体工商户。位于乡镇(不包括城关镇)行政管理区域内和在城关镇所辖行政村范围内的国有经济的机关、团体、学校、企事业单位的集体户;有本地户口,但举家外出谋生一年以上的住户,无论是否保留承包耕地均不属于农户。农户以户为统计单位,既可以从事农业生产经营,也可以从事非农业生产经营。

农村企业及各类组织贷款,是指金融企业发放给注册地位于农村区域的企业及各类组织的所有贷款。农村区域,是指除地级及以上城市的城市行政区及其市辖建制镇之外的区域。

中小企业贷款,是指金融企业对年销售额和资产总额均不超过2亿元的企业的贷款。

金融企业发生的符合条件的涉农贷款和中小企业贷款损失,应先冲减已在税前扣除的贷款损失准备金,不足冲减部分可据实在计算应纳税所得额时扣除。

(3) 存款保险保费。银行业金融机构依据《存款保险条例》的有关规定,按照不超过万分之一点六的存款保险费率,计算交纳的存款保险保费,准予在企业所得税税前扣除。

准予在企业所得税税前扣除的存款保险保费计算公式如下:

准予在企业所得税税前扣除的存款保险保费＝保费基数×存款保险费率

银行业金融机构是指《存款保险条例》规定在我国境内设立的商业银行、农村合作银行、农村信用合作社等吸收存款的银行业金融机构。保费基数以中国人民银行核定的数额为准。企业所得税税前扣除的存款保险保费,不包括存款保险保费滞纳金。

(4) 手续费及佣金支出。从事代理服务、主营业务收入为手续费、佣金的企业(如证券、期货、保险代理等企业),其为取得该类收入而实际发生的营业成本(包括手续费及佣金支出),准予在企业所得税前据实扣除。

(5) 保险保障基金。保险公司按下列规定缴纳的,准予据实税前扣除:

① 非投资型财产保险业务,不得超过保费收入的0.8%;投资型财产保险业务,有保证收益的,不得超过业务收入的0.08%,无保证收益的,不得超过业务收入的0.05%。

② 有保证收益的人寿保险业务,不得超过业务收入的0.15%;无保证收益的人寿保险业务,不得超过业务收入的0.05%。

③ 短期健康保险业务,不得超过保费收入的0.8%;长期健康保险业务,不得超过保费收入的0.15%。

④ 非投资型意外伤害保险业务,不得超过保费收入的0.8%;投资型意外伤害保险业务,有保证收益的,不得超过业务收入的0.08%,无保证收益的,不得超过业务收入的0.05%。

保险公司有下列情形之一的,其缴纳的保险保障基金不得在税前扣除:财产保险公司的保险保障基金余额达到公司总资产6%的;人身保险公司的保险保障基金余额达到公司总资产1%的。

(6) 责任准备金和赔款准备金。保险公司按国务院财政部门的相关规定提取的未到期责任准备金、寿险责任准备金、长期健康险责任准备金、已发生已报案未决赔款准备金和已发生未报案未决赔款准备金,准予在税前扣除。

未到期责任准备金、寿险责任准备金、长期健康险责任准备金依据经中国保监会核准任职资格的精算师或出具专项审计报告的中介机构确定的金额提取。

已发生已报案未决赔款准备金,按最高不超过当期已经提出的保险赔款或者给付金额的100%提取;已发生未报案未决赔款准备金按不超过当年实际赔款支出额的8%提取。

(7) 大灾准备金。保险公司经营财政给予保费补贴的农业保险,按不超过财政部门规定的农业保险大灾风险准备金(简称大灾准备金)计提比例,计提的大灾准备金,准予在企业所得税前据实扣除。具体计算公式如下:

> 本年度扣除的大灾准备金＝本年度保费收入×规定比例－上年度已在税前扣除的大灾准备金结存余额

按上述公式计算的数额如为负数,应调增当年应纳税所得额。

其中财政给予保费补贴的农业保险,是指各级财政按照中央财政农业保险保费补贴政策规定给予保费补贴的种植业、养殖业、林业等农业保险。规定比例,是指按照《财政部关于印发〈农业保险大灾风险准备金管理办法〉的通知》(财金〔2013〕129号)规定的计提比例。保险公司实际发生的各种保险赔款、给付,应首先冲抵按规定提取的准备金,不足冲抵部分,准予在当年税前扣除。

从事再保险业务的保险公司(以下称再保险公司)发生的再保险业务赔款支出,按照权责发生制的原则,应在收到从事直保业务公司(以下称直保公司)再保险业务赔款账单时,作为企业当期成本费用扣除。为便于再保险公司再保险业务的核算,凡在次年企业所得税汇算清缴前,再保险公司收到直保公司再保险业务赔款账单中属于上年度的赔款,准予调整作为上年度的成本费用扣除,同时调整已计提的未决赔款准备金;次年汇算清缴后收到直保公司再保险业务赔款账单的,按该赔款账单上发生的赔款支出,在收单年度作为成本费用扣除。

(8) 证券交易所风险基金。上海、深圳证券交易所依据《证券交易所风险基金管理暂行办法》(证监发〔2000〕22号)的有关规定,按证券交易所交易收取经手费的20%、会员年费的10%提取的证券交易所风险基金,在各基金净资产不超过10亿元的额度内,准予在企业所得税税前扣除。

(9) 证券结算风险基金。中国证券登记结算公司所属上海分公司、深圳分公司依据《证券结算风险基金管理办法》(证监发〔2006〕65号)的有关规定,按证券登记结算公司业务收入的20%提取的证券结算风险基金,在各基金净资产不超过30亿元的额度内,准予在企业所得税税前扣除。证券公司依据《证券结算风险基金管理办法》(证监发〔2006〕65号)的有关规定,作为结算会员按人民币普通股和基金成交金额的十万分之三、国债现货成交金额的十万分之一、1天期国债回购成交额的千万分之五、2天期国债回购成交额的千万分之十、3天期国债回购成交额的千万分之十五、4天期国债回购成交额的千万分之二十、7天期国债回购成交额的千万分之五十、14天期国债回购成交额的十万分之一、28天期国债回购成交额的十万分之二、91天期国债回购成交额的十万分之六、182天期国债回购成交额的十万分之十二逐日交纳的证券结算风险基金,准予在企业所得税税前扣除。

(10) 证券投资者保护基金。上海、深圳证券交易所依据《证券投资者保护基金管理办法》(证监会令第27号、第124号)的有关规定,在风险基金分别达到规定的上限后,按交易经手费的20%缴纳的证券投资者保护基金,准予在企业所得税税前扣除。证券公司依据《证券投资者保护基金管理办法》(证监会令第27号、第124号)的有关规定,按其营业收入0.5%~5%缴纳的证券投资者保护基金,准予在企业所得税税前扣除。

(11) 期货交易所风险准备金。大连商品交易所、郑州商品交易所和中国金融期货交易所依据《期货交易管理条例》(国务院令第489号)、《期货交易所管理办法》(证监会令第42号)和《商品期货交易财务管理暂行规定》(财商字〔1997〕44号)的有关规定,上海期货交易所依据《期货交易管理条例》(国务院令第489号)、《期货交易所管理办法》(证监会令第42号)和《关于调整上海期货交易所风险准备金规模的批复》(证监函〔2009〕107号)的有关规定,分别按向会员收取手续费收入的20%计提的风险准备金,在风险准备金余额达到有关规定的额度内,准予在企业所得税税前扣除。

(12) 期货公司风险准备金。期货公司依据《期货公司管理办法》(证监会令第43号)和《商品期货交易财务管理暂行规定》(财商字〔1997〕44号)的有关规定,从其收取的交易手续费收入减去应付期货交易所手续费后的净收入的5%提取的期货公司风险准备金,准予在企业所得税税前扣除。

(13) 期货投资者保障基金。上海期货交易所、大连商品交易所、郑州商品交易所和中国金融期货交易所依据《期货投资者保障基金管理办法》(证监会令第38号、第129号)和《关于明确期货投资者保障基金缴纳比例有关事项的规定》(证监会财政部公告〔2016〕26号)的有关规定,按其向期货公司会员收取的交易手续费的2%(2016年12月8日前按3%)缴纳的期货投资者保障基金,在基金总额达到有关规定的额度内,准予在企业所得税税前扣除。期货公司依据《期货投资者保障基金管理办法》(证监会令第38号、第129号)和《关于明确期货投资者保障基金缴纳比例有关事项的规定》(证监会财政部公告〔2016〕26号)的有关规定,从其收取的交易手续费中按照代理交易额的亿分之五至亿分之十的比例(2016年12月8日前按千万分之五至千万分之十的比例)缴纳的期货投资者保障基金,在基金总额达到有关规定的额度内,准予在企业所得税税前扣除。

4. 不可扣除项目

金融、保险企业提取的国家税收法规规定之外的各项准备金,不得在税前扣除。准予在企业所得税税前扣除的各项准备金如发生清算、退还,应按规定补征企业所得税。

5. 税率

企业所得税标准税率为25%。

6. 减免税规定

(1) 对社保基金的减免税。对全国社会保障基金(简称"社保基金")理事会、社保基金投资管理人管理的社保基金银行存款利息收入,社保基金从证券市场中取得的收入,包括买卖证券投资基金、股票、债券的差价收入,证券投资基金红利收入,股票的股息、红利收入,债券的利息收入及产业投资基金收益、信托投资收益等其他投资收入,作为企业所得税不征税收入。

在香港上市的境内居民企业派发股息时,可凭香港中央结算(代理人)有限公司确定的社保基金所持H股证明,不予代扣代缴企业所得税。

在香港以外上市的境内居民企业向境外派发股息时,可凭有关证券结算公司确定的社保基金所持股证明,不予代扣代缴企业所得税。

(2) 对证券投资基金的减免税。对证券投资基金从证券市场中取得的收入,包括买卖股票、债券的差价收入,股权的股息、红利收入,债券的利息收入及其他收入,暂不征收企业所得税;对投资者从证券投资基金分配中取得的收入,暂不征收企业所得税;对证券投资基金管理人运用基金买卖股票、债券的差价收入,暂不征收企业所得税。

(3) 对中国证券投资者保护基金公司的减免税。中国证券投资者保护基金公司(简称投保基金公司)代收备付的行政和解金不属于投保基金公司的收入,不征收企业所得税。

行政相对人交纳的行政和解金,不得在所得税税前扣除。对企业投资者从投保基金公司取得的行政和解金,应计入企业当期收入,依法征收企业所得税;对个人投资者从投保基金公司取得的行政和解金,暂免征收个人所得税。

(4) 对合格境外投资机构投资者的减免税。经国务院批准,从2014年11月17日起,对合格境外机构投资者(简称QFII)、人民币合格境外机构投资者(简称RQFII)取得来源于中国境内的股票等权益性投资资产转让所得,暂免征收企业所得税。在2014年11月17日之前QFII和RQFII取得的上述所得应依法征收企业所得税。

本规定适用于在中国境内未设立机构、场所,或者在中国境内虽设立机构、场所,但取得的上述所得与其所设机构、场所没有实际联系的QFII、RQFII。

(三) 个人所得税

1. 纳税人

在中国境内有住所,或者无住所而在境内居住满1年的个人,应当就其从中国境内和境外取得的全部所得缴纳个人所得税。在中国境内无住所又不居住,或者在中国境内无住所而在中国境内居住不满1年的个人,应当就其从中国境内取得的所得缴纳个人所得税。

2. 计税依据

在个人所得税的征税项目中,与金融有关的主要是综合所得,利息、股息、红利所得,财产转让所得等项目。其中,综合所得是以纳税人每年收入额减除费用60 000元以及专项扣除、专项附加扣除和依法确定的其他扣除后的余额为应纳税所得额。利息、股息、红利所得以个人取得的利息、股息、红利的全部金额为应纳税所得额。财产转让所得以个人转让有价证券、股权等财产取得的收入减除被转让财产的原值和有关费用后的余额为应纳税所得额。

3. 税率

(1) 综合所得适用七级超额累进税率,税率为3%～45%。

(2) 利息、股息、红利所得和财产转让所得,税率为20%。

4. 减免税规定

(1) 个人取得国债利息、国家发行的金融债券利息、储蓄存款利息,均免征个人所得税。

(2) 对个人取得的教育储蓄存款利息所得以及国务院财政部门确定的其他专项储蓄存款或者储蓄性专项基金存款的利息所得,免征个人所得税。

(3) 保险赔款免征个人所得税。

(4) 对符合条件的非上市公司股票期权、股权期权、限制性股票和股权奖励实行递延纳税政策。

非上市公司授予本公司员工的股票期权、股权期权、限制性股票和股权奖励,符合规定条件的,经向主管税务机关备案,可实行递延纳税政策,即员工在取得股权激励时可暂不纳税,递延至转让该股权时纳税;股权转让时,按照股权转让收入减除股权取得成本以及合理税费后的差额,适用"财产转让所得"项目,按照20%的税率计算缴纳个人所得税。

股权转让时,股票(权)期权取得成本按行权价确定,限制性股票取得成本按实际出资额确定,股权奖励取得成本为零。

(5) 对上市公司股票期权、限制性股票和股权奖励适当延长纳税期限。

上市公司授予个人的股票期权、限制性股票和股权奖励,经向主管税务机关备案,个人可自股票期权行权、限制性股票解禁或取得股权奖励之日起,在不超过12个月的期限内缴纳个人所得税。

(6) 企业和事业单位根据国家有关政策规定的办法和标准,为在本单位任职或者受雇的全体职工缴付的企业年金或职业年金单位缴费部分,在计入个人账户时,个人暂不缴纳个人所得税。

个人根据国家有关政策规定缴付的年金个人缴费部分,在不超过本人缴费工资计税基数的4%标准内的部分,暂从个人当期的应纳税所得额中扣除。超过规定的标准缴付的年金单位缴费和个人缴费部分,应并入个人当期的工资、薪金所得,依法计征个人所得税。税款由建立年金的单位代扣代缴,并向主管税务机关申报解缴。

企业年金个人缴费工资计税基数为本人上一年度月平均工资。月平均工资按国家统计局规定列入工资总额统计的项目计算。月平均工资超过职工工作地所在设区城市上一年度职工月平均工资300%以上的部分,不计入个人缴费工资计税基数。

职业年金个人缴费工资计税基数为职工岗位工资和薪级工资之和。职工岗位工资和薪级工资之和超过职工工作地所在设区城市上一年度职工月平均工资300%以上的部分,不计入个人缴费工资计税基数。

年金基金投资运营收益分配计入个人账户时,个人暂不缴纳个人所得税。个人达到国家规定的退休年龄,在本规定实施之后按月领取的年金,全额按照"工资、薪金所得"税目适用的税率,计征个人所得税;在本规定实施之后按年或按季领取的年金,平均分摊计入各月,每月领取额全额按照"工资、薪金所得"项目适用的税率,计征个人所得税。

(7) 个人转让上市公司股票取得的所得,暂免征收个人所得税。

(8) 外籍个人从外商投资企业取得的股息、红利所得,暂免征收个人所得税。

(9) 个人从公开发行和转让市场取得的上市公司股票,持股期限超过1年的,股息红利所得暂免征收个人所得税。个人从公开发行和转让市场取得的上市公司股票,持股期限在1个月以内(含1个月)的,其股息红利所得全额计入应纳税所得额;持股期限在1个月以上至1年(含1年)的,暂减按50%计入应纳税所得额;上述所得统一适用20%的税率计征个人所得税。

(10) 对内地个人投资者通过沪港通投资香港联交所上市股票取得的转让差价所得,自2014年11月17日起至2019年12月4日止,暂免征收个人所得税。

(四)印花税

1. 纳税人

印花税的纳税人为在中国境内书立、领受印花税暂行条例所列举凭证的单位和个人。

2. 征税项目、计税依据和税率

金融业所涉及的印花税征税项目主要有购销合同、借款合同、财产保险合同、产权转移书据、营业账簿、权利、许可证照、股票交易等。

(1) 购销合同以购销金额为计税依据,税率为万分之三。

(2) 借款合同以借款金额为计税依据,税率为万分之零点五。

(3) 财产保险合同以保险费收入为计税依据,税率为千分之一。

(4) 产权转移书据以书据所载金额为计税依据,税率为万分之五。

(5) 记载资金的账簿以实收资本和资本公积的合计金额为计税依据,税率为万分之五,其他账簿每件贴花5元。

3. 免税规定

(1) 无息、贴息贷款合同免征印花税。

(2) 外国政府或者国际金融组织向中国政府及国家金融机构提供优惠贷款所书立的合同免征印花税。

(3) 农林作物、牧业畜类保险合同暂免征收印花税。

(4) 已缴纳印花税的凭证副本或抄本免征印花税,但视同正本使用的除外。

(5) 人寿保险合同、健康保险合同不征收印花税。

(6) 自2018年5月1日起,对按万分之五税率贴花的资金账簿减半征收印花税,对按件贴花5元的其他账簿免征印花税。

4. 证券交易印花税的特殊规定

(1) 香港市场投资者通过沪港通买卖、继承、赠与上交所上市A股,按照内地现行税制规定缴纳证券(股票)交易印花税。内地投资者通过沪港通买卖、继承、赠与联交所上市股票,按照香港特别行政区现行税法规定缴纳印花税。中国结算和香港结算可互相代收上述税款。

(2) 在上海证券交易所、深圳证券交易所、全国中小企业股份转让系统买卖、继承、赠与优先股所书立的股权转让书据,均依书立时实际成交金额,由出让方按1‰的税率计算缴纳证券(股票)交易印花税。

(3) 在全国中小企业股份转让系统买卖、继承、赠与股票所书立的股权转让书据,依书立时实际成交金额,由出让方按1‰的税率计算缴纳证券(股票)交易印花税。

第二节 房地产税制

一、房地产税制概述

本节所称房地产税制是指与房地产有直接关系的各种税收制度。鉴于房地产市场的经济活动既对国家总体经济的健康发展产生重要影响,又与普通公众的生活息息相关,因此房地产税制构成了我国税收制度中一个十分值得关注的方面。其中,房地产是指广义的房地产,即作为财产的房地产和附着在其上的各种权益的总称。

二、现行房地产税制的主要内容

我国税收制度中涉及房地产的主要包括10个税种,即增值税、耕地占用税、城镇土地使用税、契税、土地增值税、城市维护建设税、房产税、个人所得税、企业所得税、印花税。

以上税种中,房地产流通阶段涉及的税种有:购置房地产应缴纳的税种,主要包括契税和印花税;出售房地产应缴纳的税种,主要包括增值税、印花税、企业所得税、个人所得税、城市维护建设税;出租房地产应缴纳的税种,主要包括增值税、房产税、城镇土地使用税、印花税、企业所得税、个人所得税和城市维护建设税。

房地产保有阶段涉及的税种主要有房产税、城镇土地使用税和耕地占用税。

由于城市维护建设税与其他非房地产行业一致,房产税、城镇土地使用税、土地增值税、耕地占用税、契税等在第三章、第五章、第六章已有专门介绍,下面将主要介绍其他税种中与房地产有关的部分。

(一) 增值税

1. 纳税人和扣缴义务人

在中国境内销售建筑服务、不动产租赁服务、不动产,以及转让土地使用权的单位和个人,成为增值税的纳税人。

中华人民共和国境外的单位或者个人在境内发生应税销售行为,在境内未设有经营机构的,以购买方为增值税扣缴义务人。

2. 税目

(1) 建筑服务。建筑服务是指各类建筑物、构筑物及其附属设施的建造、修缮、装饰,线路、管道、设备、设施等的安装以及其他工程作业的业务活动。包括工程服务、安装服务、修缮服务、装饰服务和其他建筑服务。

① 工程服务,是指新建、改建各种建筑物、构筑物的工程作业,包括与建筑物相连的各种设备或者支柱、操作平台的安装或者装设工程作业,以及各种窑炉和金属结构工程作业。

② 安装服务,是指生产设备、动力设备、起重设备、运输设备、传动设备、医疗实验设备以及其他各种设备、设施的装配、安置工程作业,包括与被安装设备相连的工作台、梯子、栏杆的装设工程作业,以及被安装设备的绝缘、防腐、保温、油漆等工程作业。

固定电话、有线电视、宽带、水、电、燃气、暖气等经营者向用户收取的安装费、初装费、开户费、扩容费以及类似收费,按照安装服务缴纳增值税。

③ 修缮服务,是指对建筑物、构筑物进行修补、加固、养护、改善,使之恢复原来的使用价值或者延长其使用期限的工程作业。

④ 装饰服务,是指对建筑物、构筑物进行修饰装修,使之美观或者具有特定用途的工程作业。

⑤ 其他建筑服务,是指上列工程作业之外的各种工程作业服务,如钻井(打井)、拆除建筑物或者构筑物、平整土地、园林绿化、疏浚(不包括航道疏浚)、建筑物平移、搭脚手架、爆破、矿山穿孔、表面附着物(包括岩层、土层、沙层等)剥离和清理等工程作业。

(2) 租赁服务。租赁服务,包括融资租赁服务和经营租赁服务,与房地产相关的不动产经营租赁服务和不动产融资租赁服务属于这一税目。

（3）销售无形资产。销售无形资产是指转让无形资产所有权或者使用权的业务活动。无形资产，是指不具实物形态，但能带来经济利益的资产，包括技术、商标、著作权、商誉、自然资源使用权和其他权益性无形资产。

土地使用权是自然资源使用权的一种，因此与房地产相关的转让土地使用权属于这一税目。

（4）销售不动产。销售不动产，是指转让不动产所有权的业务活动。不动产，是指不能移动或者移动后会引起性质、形状改变的财产，包括建筑物、构筑物等。其中建筑物，包括住宅、商业营业用房、办公楼等可供居住、工作或者进行其他活动的建造物；构筑物，包括道路、桥梁、隧道、水坝等建造物。

转让建筑物有限产权或者永久使用权的，转让在建的建筑物或者构筑物所有权的，以及在转让建筑物或者构筑物时一并转让其所占土地的使用权的，按照销售不动产缴纳增值税。

3. 销售额的确定

上述房地产相关税目的销售额，一般而言为纳税人发生应税销售行为取得的全部价款和价外费用（不含税），但其中的销售建筑服务和不动产在某些条件下又可以进行一定的扣除，具体情况如下文所述。

（1）建筑服务。以取得的全部价款和价外费用扣除支付的分包款后的余额为销售额。

（2）销售不动产。

① 非房地产开发企业。

一般纳税人转让 2016 年 4 月 30 日前取得的不动产（不含自建），选择简易计税方法计税的，以取得的全部价款和价外费用扣除不动产购置原价或取得不动产时的作价后的余额为销售额。一般纳税人转让 2016 年 4 月 30 日前自建的不动产，选择简易计税方法计税的，以取得的全部价款和价外费用为销售额。一般纳税人转让 2016 年 4 月 30 日前取得或自建的不动产，选择一般计税方法计税的，以取得的全部价款和价外费用为销售额。一般纳税人转让 2016 年 5 月 1 日后取得或自建的不动产，以一般计税方法计税，以取得的全部价款和价外费用为销售额。

小规模纳税人转让其取得的不动产（不含自建），以取得的全部价款和价外费用扣除不动产购置原价或取得不动产时的作价后的余额为销售额。小规模纳税人转让其自建的不动产，以取得的全部价款和价外费用为销售额。

② 房地产开发企业。

房地产开发企业中的一般纳税人销售自行开发的房地产项目，适用一般计税方法计税，按照取得的全部价款和价外费用，扣除当时销售房地产项目对应的土地价款后的余额计算销售额。

房地产开发企业中的一般纳税人销售自行开发的房地产老项目（合同开工日期在 2016 年 4 月 30 日前），选择简易计税方法的，以及房地产开发企业中的小规模纳税人销售自行开发的房地产项目，以取得的全部价款和价外费用为销售额。

③ 个人。

个人转让其购买的住房，按有关规定（见本小节的减免税规定部分）全额缴纳增值税的，以取得的全部价款和价外费用为销售额;个人转让其购买的住房,按有关规定差额缴纳增值税的,以取得的全部价款和价外费用扣除购买住房价款后的余额为销售额。

4. 税率

对于增值税一般纳税人,提供建筑服务、不动产租赁服务,转让土地使用权和销售不动产的增值税税率均为9%。纳税人也可按规定选择简易计税方法,适用5%或3%的征收率。

根据"营改增"改革中做出的规定,下列情况适用5%的征收率:

(1) 小规模纳税人销售自建或取得的不动产。
(2) 一般纳税人选择简易计税方法计税的不动产销售。
(3) 房地产开发企业中的小规模纳税人,销售自行开发的房地产项目。
(4) 其他个人销售其取得(不含自建)的不动产(不含其购买的住房)。
(5) 一般纳税人选择简易计税方法计税的不动产经营租赁。
(6) 小规模纳税人出租(经营租赁)其取得的不动产(不含住房)。
(7) 其他个人出租(经营租赁)其取得的不动产(不含住房)。
(8) 个人出租住房,按照5%的征收率减按1.5%计算应纳税额。
(9) 一般纳税人2016年4月30日前签订的不动产融资租赁合同,或以2016年4月30日前取得的不动产提供的融资租赁服务,选择适用简易计税方法的。
(10) 纳税人转让2016年4月30日前取得的土地使用权,选择适用简易计税方法的。

下列情况下纳税人选择简易计税方法时征收率均为3%:

(1) 以清包工方式提供的建筑服务。

以清包工方式提供建筑服务,是指施工方不采购建筑工程所需的材料或只采购辅助材料,并收取人工费、管理费或者其他费用的建筑服务。

(2) 一般纳税人为甲供工程提供的建筑服务。

甲供工程,是指全部或部分设备、材料、动力由工程发包方自行采购的建筑工程。

(3) 一般纳税人为建筑工程老项目提供的建筑服务。

建筑工程老项目,是指《建筑工程施工许可证》注明的合同开工日期在2016年4月30日前的建筑工程项目,或者未取得《建筑工程施工许可证》的,建筑工程承包合同注明的开工日期在2016年4月30日前的建筑工程项目。

由于销售不动产计税依据和税率的规定较为复杂,我们列表归纳如下:

表7-1 销售不动产的增值税应纳税额计算方法

A. 非房地产开发企业转让不动产

纳税人类别	应税销售行为	计 税 方 法
一般纳税人	转让2016年4月30日前取得(不含自建)的不动产(选择简易计税方式)	应纳税额=(全部价款和价外费用−不动产购置原价或取得不动产时的作价)/(1+5%)×5%
	转让2016年4月30日前自建的不动产(选择简易计税方式)	应纳税额=全部价款和价外费用/(1+5%)×5%
	其他不动产销售	销项税额=全部价款和价外费用/(1+11%)×11%

续表

纳税人类别	应税行为	计税方法
小规模纳税人	销售取得(不含自建)的不动产	应纳税额=(全部价款和价外费用-不动产购置原价或取得不动产时的作价)/(1+5%)×5%
	销售自建的不动产	应纳税额=全部价款和价外费用/(1+5%)×5%

B. 房地产开发企业销售自行开发的房地产项目

纳税人类别	应税行为	计税方法
一般纳税人	销售老项目(合同开工日期在2016年4月30日前)(选择简易计税方式)	应纳税额=全部价款和价外费用/(1+5%)×5%
	其他	销项税额=(全部价款和价外费用-当期允许扣除的土地价款)/(1+11%)×11%
小规模纳税人	不区分新老项目	应纳税额=全部价款和价外费用/(1+5%)×5%

5. 减免税规定

(1) 个人销售自建自用住房,免征增值税。

(2) 住房公积金管理中心用住房公积金在指定的委托银行发放的个人住房贷款,免征增值税。

(3) 军队空余房产租赁收入,免征增值税。

(4) 为了配合国家住房制度改革,企业、行政事业单位按房改成本价、标准价出售住房取得的收入,免征增值税。

(5) 将土地使用权转让给农业生产者用于农业生产,免征增值税。

(6) 涉及家庭财产分割的个人无偿转让不动产、土地使用权,免征增值税。

(7) 土地所有者出让土地使用权和土地使用者将土地使用权归还给土地所有者,免征增值税。

(8) 个人将购买不足2年的住房对外销售的,按照5%的征收率全额缴纳增值税;在北京市、上海市、广州市和深圳市以外的地区,个人将购买2年以上(含2年)的住房对外销售的,免征增值税;在北京市、上海市、广州市和深圳市,个人将购买2年以上(含2年)的非普通住房对外销售的,以销售收入减去购买住房价款后的差额按照5%的征收率缴纳增值税,个人将购买2年以上(含2年)的普通住房对外销售的,免征增值税。

(二) 印花税

房屋买卖时会涉及产权转移书据,房屋租赁会涉及财产租赁合同,这些都是印花税的税目,其中产权转移书据交易双方均须按万分之五的税率贴花,财产租赁合同交易双方均须按承租金额0.1%贴花。但在以下情况下可免征印花税:

(1) 个人出租、承租住房签订的租赁合同免征印花税。

(2) 自2019年1月1日至2021年12月31日,对与高校学生签订的高校学生公寓租赁合同,免征印花税。

(3) 对公租房经营管理单位建造管理公租房涉及的印花税予以免征。

（三）个人所得税

房地产个人所得税的纳税人是指在中国境内居住的公民个人和有从中国境内取得的应税所得的外籍人员。

房地产个人所得税的征税对象包括个体工商户的房地产开发、经营所得、房地产租赁、转让所得。

房地产个人所得税的计税依据和适用税率如下。

1. 个体工商户从事房地产开发投资、经营应税所得额的计算和适用税率

个体工商户以每一纳税年度从事房地产开发投资、经营总收入扣除成本、费用以及损失后的余额为计税所得额。个体工商户从事房地产开发投资经营所得，适用5%～35%的五级超额累进税率。

2. 房地产租赁应纳税所得额的计算和适用税率

房地产租赁所得，以1个月内取得的收入为一次。每次收入不超过4 000元的，减除费用800元；4 000元以上的，减除20%的费用，以其余额为应纳税所得额。纳税人出租房屋取得的租赁所得，在计算征税时，除可依法扣除规定的费用外，还可准予扣除出租房屋按照国家有关规定已缴纳的税金和教育费附加以及实际开支的修缮费用。允许扣除的修缮费用，以每次800元为限，一次扣除不完，准予在下一次继续扣除，直到扣完为止。

房地产租赁所得，适用20%的比例税率。但对个人按市场价格出租的居民住房取得的所得，自2001年1月1日起暂减按10%的税率征收个人所得税。

3. 房地产转让应税所得额的计算和适用税率

房地产转让以转让收入总额减除原值和合理费用后的余额为应纳税所得额。原值是指：

(1) 建筑物以建造费或者购进价格以及其他有关费用为原值。

(2) 土地使用权以取得土地使用权所支付的金额、开发土地的费用以及其他有关费用为原值。

个人转让住房所得应纳个人所得税的计算具体规定如下：

(1) 以实际成交价格为转让收入。

(2) 纳税人可凭原购房合同、发票等有效凭证，经税务机关审核，允许从其转让收入中减除房屋原值、转让住房过程中缴纳的税金及有关合理费用。

(3) 纳税人未提供完整、准确的房屋原值凭证，不能正确计算房屋原值和应纳税额的，税务机关可根据《税收征收管理法》第三十五条的规定，对其实行核定征税，即按纳税人住房转让收入的一定比例核定应纳个人所得税额。具体比例在住房转让收入的1%～3%的幅度内确定。

(4) 对个人转让自用达5年以上并且是唯一的家庭居住用房取得的所得免征个人所得税。

（四）企业所得税

房地产企业所得税的纳税人是指符合《企业所得税法》及其《实施条例》规定的直接负有纳税义务的实行独立核算，有生产经营所得和其他所得的各种性质的房地产开发、投资企业。

房地产企业所得税的征税对象是应纳税所得额,包括房地产生产经营所得和其他所得。

(1) 房地产生产经营所得,是指从事建筑安装工程作业、房地产开发和物业管理以及其他营利事业取得的所得。

(2) 其他所得,是指股息、利息、租金、转让各类资产收益、特许权使用费以及营业外收益等。

房地产企业所得税计税依据和税率与第四章第三节关于企业所得税的介绍一致。

(五) 关于公共租赁住房、经济适用住房的税收优惠政策

(1) 对公共租赁住房免征房产税。对经营公共租赁住房取得的租金收入,免征增值税。

(2) 对公共租赁住房、经济适用住房建设用地以及公共租赁住房建成后占地免征城镇土地使用税。

开发商在经济适用住房、商品住房项目中配套建造公共租赁住房,在商品住房项目中配套建造经济适用住房,如能提供政府部门出具的相关材料,可按公共租赁住房、经济适用住房建筑面积占总建筑面积的比例免征开发商应缴纳的城镇土地使用税。

(3) 企事业单位、社会团体以及其他组织转让旧房作为公共租赁住房、经济适用住房房源且增值额未超过扣除项目金额20%的,免征土地增值税。

(4) 对公共租赁住房、经济适用住房经营管理单位与公共租赁、经济适用住房相关的印花税以及公共租赁住房承租人、经济适用住房购买人涉及的印花税予以免征。

开发商在经济适用住房、商品住房项目中配套建造公共租赁住房,在商品住房项目中配套建造经济适用住房,如能提供政府部门出具的相关材料,可按公共租赁住房、经济适用住房建筑面积占总建筑面积的比例免征开发商应缴纳的印花税。

(5) 对公共租赁住房经营管理单位购买住房作为公共租赁住房、经济适用住房经营管理单位回购经济适用住房继续作为经济适用住房房源的,免征契税。

(6) 对个人购买经济适用住房,在法定税率基础上减半征收契税。

(7) 对符合地方政府规定条件的低收入住房保障家庭从地方政府领取的住房租赁补贴,免征个人所得税。

(8) 企事业单位、社会团体以及其他组织捐赠住房作为公共租赁住房的,按企业所得税法有关公益性捐赠政策执行。个人捐赠住房作为公共租赁住房的,捐赠额未超过其申报的应纳税所得额30%的部分,准予从其应纳税所得额中扣除。

第三节 资源环境税制

一、资源环境税制概述

本节所称资源环境税制是税收体系中与环境、自然资源利用和保护有关的各种税种和税目的总称。它不仅包括环境保护税、资源税等,还包括为实现特定的环境目的而筹集资金

的税收,以及政府影响某些与环境有关的经济活动的性质和规模的税收手段。

二、现行资源环境税制的主要内容

我国目前与资源环境有关的主要税种有9个,即企业所得税、资源税、消费税、车船税、城市维护建设税、城镇土地使用税、耕地占用税、增值税、环境保护税。由于资源税和环境保护税在第六章中已有专门介绍,本节主要介绍其他税种中与资源环境相关的部分。

(一) 企业所得税

我国2008年起实施的《企业所得税法》及其《实施条例》十分重视利用税收优惠来鼓励企业采取措施节约资源、保护环境,具体的规定有以下方面。

(1) 企业从事符合条件的环境保护、节能节水项目的所得,可以免征、减征企业所得税。

符合条件的环境保护、节能节水项目,包括公共污水处理、公共垃圾处理、沼气综合开发利用、节能减排技术改造、海水淡化等。项目的具体条件和范围由国务院财政、税务主管部门商国务院有关部门制订,报国务院批准后公布施行。

企业从事符合条件的环境保护、节能节水项目的所得,自项目取得第一笔生产经营收入所属纳税年度起,第一年至第三年免征企业所得税,第四年至第六年减半征收企业所得税。

(2) 企业综合利用资源,生产符合国家产业政策规定的产品所取得的收入,可以在计算应纳税所得额时减计收入。

具体地说,企业以《资源综合利用企业所得税优惠目录》规定的资源作为主要原材料,原材料占生产产品材料的比例不低于《资源综合利用企业所得税优惠目录》规定的标准,生产国家非限制和禁止并符合国家和行业相关标准的产品取得的收入,减按90%计入收入总额。

(3) 企业购置用于环境保护、节能节水、安全生产等专用设备的投资额,可以按一定比例实行税额抵免。

具体地说,企业购置并实际使用《环境保护专用设备企业所得税优惠目录》《节能节水专用设备企业所得税优惠目录》和《安全生产专用设备企业所得税优惠目录》规定的环境保护、节能节水、安全生产等专用设备的,该专用设备的投资额的10%可以从企业当年的应纳税额中抵免;当年不足抵免的,可以在以后5个纳税年度结转抵免。企业购置上述专用设备在5年内转让、出租的,应当停止享受企业所得税优惠,并补缴已经抵免的企业所得税税款。

(二) 消费税

由于大气污染与能源消费和机动车使用密切相关,所以在消费税征税范围中对环境影响比较大的是三类能源和能源有关产品,即成品油、摩托车和小汽车。其中,成品油是直接能源产品,而摩托车和小汽车则可视为能源产品的互补产品,以征收消费税手段对其消费加以抑制,从理论上讲,可以间接起到抑制汽油等能源产品消费增长的作用。税率见表3-1。

(三) 车船税

由于大量机动车船的使用与能源消费有关,因此,从政策作用上讲,车船税间接地构成了一种车船能源消费的代价,一定程度上可以起到抑制能源消费的作用。与能源消费有关的车船税税额见表5-1。

(四) 城市建设维护税

城市建设维护税是为了扩大和稳定城市维护资金的来源而开征的一个税种。所征收的税款主要用于城市住宅、道路、桥梁、防洪排水、供热、造林绿化、环境卫生以及公共消防、路灯照明灯公共设施的建设和维护。该税种具有专款专用的特点,因此,已经成为城市环境基础设施建设投资一项重要的资金来源。这些基础设施包括城市污水收集和处理系统、生活垃圾处理系统、集中供热系统和清洁燃料供应等,对于改善城市大气和水环境质量具有特别重要的意义。其中,对城市供热基础设施的专项开支与城市能源消费结构的转变有直接关系,进而影响着城市大气质量的改善。

(五) 城镇土地使用税

开征城镇土地使用税的目的在于加强对土地的管理,合理、节约使用城镇土地资源,提高土地使用效益,适当调节城镇土地级差收入。国家规定的每平方米应税土地的年税额标准参见本书第五章第四节。

(六) 耕地占用税

我国人均耕地少,耕地资源严重不足,城乡非农业建设滥用耕地的情况严重影响了农业的发展。耕地占用税的征收是为了加强对土地的合理利用,保护日益减少的农用耕地。耕地占用税根据不同地区人均占有耕地数量和经济发展状况规定不同的税率,每平方米应税土地的年税额参见本书第五章第四节。

(七) 增值税

增值税的涉及范围广,它的征收与环境资源存在着间接的关系,特别是由于部分货物适用低税率。目前适用低税率且与环境有关的货物可分为两类:一类是有利于环境保护的产品,如对销售或进口石油液化气、天然气、煤气等较清洁能源实行9%的低档税率;另一类是对环境不利或可能产生污染的产品,如农药、化肥和农膜等。从保护环境的角度来说,对这两类产品应实行相反的税收而不是都实行低税率,但由于农药、化肥是重要的农业生产资料,因此,在增值税中考虑环境保护的因素基本不具有现实的可行性。

第四节 科技税制

一、科技税制概述

科技税制从广义上说包括所有与科学技术相关的税种,即对科技企业、科技成果和对科技人员所征收的税收。科技的进步,一要靠国家的直接投入;二要靠国家采取有关措施进行引导和鼓励。从税收手段来讲,就是要通过科技税制的完善,来发挥税收对科技进步的调节作用。

二、现行科技税制的主要内容

现行税制对科学技术的促进主要是通过低税率或减免税来实现的,主要涉及企业所得税、个人所得税、增值税。

(一)企业所得税

1. 技术转让所得优惠

自2015年10月1日起,全国范围内的居民企业转让5年以上非独占许可使用权取得的技术转让所得,纳入享受企业所得税优惠的技术转让所得范围。居民企业的年度技术转让所得不超过500万元的部分,免征企业所得税;超过500万元的部分,减半征收企业所得税。

其中技术,包括专利(含国防专利)、计算机软件著作权、集成电路布图设计专有权、植物新品种权、生物医药新品种,以及财政部和国家税务总局确定的其他技术。其中,专利是指法律授予独占权的发明、实用新型以及非简单改变产品图案和形状的外观设计。

2. 高新技术企业和技术先进型服务企业优惠

国家需要重点扶持的高新技术企业和技术先进型服务企业,减按15%的税率征收企业所得税。高新技术企业和技术先进型服务企业发生的职工教育经费支出,不超过工资薪金总额8%的部分,准予在计算企业所得税应纳税所得额时扣除;超过部分,准予在以后纳税年度结转扣除。

认定为高新技术企业须同时满足以下条件:企业申请认定时须注册成立一年以上;企业通过自主研发、受让、受赠、并购等方式,获得对其主要产品(服务)在技术上发挥核心支持作用的知识产权的所有权;对企业主要产品(服务)发挥核心支持作用的技术属于《国家重点支持的高新技术领域》规定的范围;企业从事研发和相关技术创新活动的科技人员占企业当年职工总数的比例不低于10%;企业近三个会计年度(实际经营期不满三年的按实际经营时间计算,下同)的研究开发费用总额占同期销售收入总额的比例符合要求;近一年高新技术产品(服务)收入占企业同期总收入的比例不低于60%;企业创新能力评价应达到相应要求;企业申请认定前一年内未发生重大安全、重大质量事故或严重环境违法行为。

认定为技术先进型服务企业须同时满足以下条件:企业从事《技术先进型服务业务认定范围(试行)》中的一种或多种技术先进型服务业务,采用先进技术或具备较强的研发能力,其中服务贸易创新发展试点地区技术先进型服务业务领域范围属于《技术先进型服务业务领域范围(服务贸易类)》;注册地及生产经营地在示范城市或创新发展试点地区(含所辖区、县、县级市等全部行政区划)内;具有大专以上学历的员工占企业职工总数的50%以上;从事《技术先进型服务业务认定范围(试行)》中的技术先进型服务业务取得的收入占企业当年总收入的50%以上,从事《技术先进型服务业务领域范围(服务贸易类)》中的技术先进型服务业务取得的收入占企业当年总收入的50%以上;从事离岸服务外包业务取得的收入不低于企业当年总收入的35%。

3. 研究开发费用扣除优惠

企业开展研发活动中实际发生的研发费用,未形成无形资产计入当期损益的,在按规定据实扣除的基础上,按照本年度实际发生额的50%,从本年度应纳税所得额中扣除;形成无形资产的,按照无形资产成本的150%在税前摊销。

企业委托外部机构或个人进行研发活动所发生的费用,按照费用实际发生额的80%计入委托方研发费用并计算加计扣除,受托方不得再进行加计扣除。企业委托境外机构或个人进行研发活动所发生的费用,不得加计扣除。

科技型中小企业开展研发活动中实际发生的研发费用,未形成无形资产计入当期损益的,在按规定据实扣除的基础上,在2017年1月1日至2019年12月31日期间,再按照实际发生额的75%在税前加计扣除;形成无形资产的,在上述期间按照无形资产成本的175%在税前摊销。根据《财政部 税务总局 科技部关于提高研究开发费用税前加计扣除比例的通知》(财税〔2018〕99号),该研发费用加计扣除政策适用时限延长至2020年12月31日。

4. 创投企业优惠

创业投资企业采取股权投资方式投资于未上市的中小高新技术企业2年(24个月)以上的,可以按照其对中小高新技术企业投资额的70%,在股权持有满2年的当年抵扣该创业投资企业的应纳税所得额;当年不足抵扣的,可以在以后纳税年度结转抵扣。

有限合伙制创业投资企业采取股权投资方式投资于未上市的中小高新技术企业满2年(24个月)的,该投资企业的法人合伙人可按照其对未上市中小高新技术企业投资额的70%抵扣该法人合伙人从该投资企业分得的应纳税所得额,当年不足抵扣的,可以在以后纳税年度结转抵扣。

公司制创业投资企业采取股权投资方式直接投资于种子期、初创期科技型企业(以下简称初创科技型企业)满2年(24个月)的,可以按照投资额的70%在股权持有满2年的当年抵扣该公司制创业投资企业的应纳税所得额;当年不足抵扣的,可以在以后纳税年度结转抵扣。

有限合伙制创业投资企业采取股权投资方式直接投资于初创科技型企业满2年(24个月)的,法人合伙人可以按照对初创科技型企业投资额的70%抵扣法人合伙人从合伙创投企业分得的所得;当年不足抵扣的,可以在以后纳税年度结转抵扣。

5. 固定资产加速折旧

可以采取缩短折旧年限或者加速折旧方法的固定资产,包括因技术进步,产品更新换代较快的固定资产和常年处于强震动、高腐蚀状态的固定资产。采取缩短折旧年限方法的,最低折旧年限不得低于税法规定折旧年限的60%;采取加速折旧方法的,可以采取双倍余额递减法或者年数总和法。

对所有行业企业,2014年1月1日以后新购进的专门用于研发的仪器、设备,单位价值不超过100万元的,允许一次性计入当期成本费用在计算应纳税所得额时扣除,不再分年度计算折旧;单位价值超过100万元的,可缩短折旧年限或采取加速折旧的方法。

对生物药品制造等六个行业①和轻工、纺织、机械、汽车四个领域重点行业中的小型微利企业新购进的研发和生产经营公用的仪器、设备,单位价值不超过100万元的,允许一次

---

① 指生物药品制造业,专用设备制造业,铁路、船舶、航空航天和其他运输设备制造业,计算机、通信和其他电子设备制造业,仪器仪表制造业,信息传输、软件和信息技术服务业。

性计入当期成本费用在计算应纳税所得额时扣除,不再分年度计算折旧;单位价值超过100万元的,可缩短折旧年限或采取加速折旧的方法。

6. 软件企业和集成电路企业

(1) 集成电路线宽小于0.8微米(含)的集成电路生产企业,经认定后,在2017年12月31日前自获利年度起计算优惠期,第一年至第二年免征企业所得税,第三年至第五年按照25%的法定税率减半征收企业所得税,并享受至期满为止。

(2) 集成电路线宽小于0.25微米或投资额超过80亿元的集成电路生产企业,经认定后,减按15%的税率征收企业所得税,其中经营期在15年以上的,在2017年12月31日前自获利年度起计算优惠期,第一年至第五年免征企业所得税,第六年至第十年按照25%的法定税率减半征收企业所得税,并享受至期满为止。

(3) 我国境内新办的集成电路设计企业和符合条件的软件企业,经认定后,在2017年12月31日前自获利年度起计算优惠期,第一年至第二年免征企业所得税,第三年至第五年按照25%的法定税率减半征收企业所得税,并享受至期满为止。

(4) 国家规划布局内的重点软件企业和集成电路设计企业,如当年未享受免税优惠的,可减按10%的税率征收企业所得税。

(5) 符合条件的软件企业按照《财政部 国家税务总局关于软件产品增值税政策的通知》(财税〔2011〕100号)规定取得的即征即退增值税款,由企业专项用于软件产品研发和扩大再生产并单独进行核算,可以作为不征税收入,在计算应纳税所得额时从收入总额中减除。

(6) 集成电路设计企业和符合条件软件企业的职工培训费用,应单独进行核算并按实际发生额在计算应纳税所得额时扣除。

(7) 企业外购的软件,凡符合固定资产或无形资产确认条件的,可以按照固定资产或无形资产进行核算,其折旧或摊销年限可以适当缩短,最短可为2年(含)。

(8) 集成电路生产企业的生产设备,其折旧年限可以适当缩短,最短可为3年(含)。

(9) 符合条件的集成电路封装、测试企业在2017年(含2017年)前实现获利的,自获利年度起,第一年至第二年免征企业所得税,第三年至第五年按照25%的法定税率减半征收企业所得税,并享受至期满为止;2017年前未实现获利的,自2017年起计算优惠期,享受至期满为止。

符合条件的集成电路关键专用材料生产企业或集成电路专用设备生产企业在2017年(含2017年)前实现获利的,自获利年度起,第一年至第二年免征企业所得税,第三年至第五年按照25%的法定税率减半征收企业所得税,并享受至期满为止;2017年前未实现获利的,自2017年起计算优惠期,享受至期满为止。

(10) 2018年1月1日后新设立的集成电路线宽小于130纳米,且经营期限在10年以上的集成电路生产企业或项目,第一年和第二年免征企业所得税、第三年至第五年按25%法定税率减半征收,享受至期满为止。

(11) 2018年1月1日后新设立的集成电路线宽小于65纳米或投资额超过150亿元,且经营期限在15年以上的集成电路生产企业或项目,第一年至第五年免征企业所得税、第六年至第十年按25%法定税率减半征收,享受至期满为止。

7. 孵化器和科技园

符合非营利组织条件的孵化器或科技园的收入,免征企业所得税。

(二) 个人所得税

1. 科学技术奖金

省级人民政府、国务院部委和中国人民解放军军以上单位,以及外国组织、国际组织颁发的科学、技术的奖金免税。

2. 外籍专家

通过民间科研协定来华工作的专家,其工资、薪金所得由该国政府机构负担的外籍专家取得的工资、薪金所得可免征个人所得税。

3. 企业转增股本

自 2016 年 1 月 1 日起,全国范围内的中小高新技术企业以未分配利润、盈余公积、资本公积向个人股东转增股本时,个人股东一次缴纳个人所得税确有困难的,可根据实际情况自行制定分期缴税计划,在不超过 5 个公历年度内(含)分期缴纳,并将有关资料报主管税务机关备案。

4. 股权奖励

自 1999 年 7 月 1 日起,科研机构、高等学校转化职务科技成果以股份或出资比例等股权形式给予个人奖励,获奖人在取得股份、出资比例时,暂不缴纳个人所得税;取得按股份、出资比例分红或转让股权、出资比例所得时,应依法缴纳个人所得税。

自 2016 年 1 月 1 日起,全国范围内的高新技术企业转化科技成果,给予本企业相关技术人员的股权奖励,个人一次缴纳税款有困难的,可根据实际情况自行制定分期缴税计划,在不超过 5 个公历年度内(含)分期缴纳,并将有关资料报主管税务机关备案。

5. 技术成果投资入股

以技术成果投资入股的个人(也包括企业)投资入股当期可暂不纳税,允许递延至转让股权时,按股权转让收入减去技术成果原值和合理税费后的差额计算缴纳所得税。

6. 有限合伙制创业投资企业的个人合伙人

有限合伙制创业投资企业采取股权投资方式直接投资于初创科技型企业满 2 年(24 个月)的,个人合伙人可以按照对初创科技型企业投资额的 70% 抵扣个人合伙人从合伙创投企业分得的经营所得;当年不足抵扣的,可以在以后纳税年度结转抵扣。

7. 天使投资个人

天使投资个人采取股权投资方式直接投资于初创科技型企业满 2 年的,可以按照投资额的 70% 抵扣转让该初创科技型企业股权取得的应纳税所得额;当期不足抵扣的,可以在以后取得转让该初创科技型企业股权的应纳税所得额时结转抵扣。

(三) 增值税

1. 进口重大技术装备

自 2018 年 1 月 1 日起,符合规定条件的企业为生产《国家支持发展的重大技术装备和产品目录(2017 年修订)》所列装备或产品,而确有必要进口《重大技术装备和产品进口关键零部件及原材料商品目录(2017 年修订)》所列零部件、原材料,免征关税和进口环节增值税。

2. 技术收入

纳税人提供技术转让、技术开发和与之相关的技术咨询、技术服务免征增值税。

3. 研发机构采购设备

为了鼓励科学研究和技术开发,促进科技进步,经国务院批准,2016年1月1日至2018年12月31日,继续对内资研发机构和外资研发中心采购国产设备全额退还增值税。2019年11月,财政部、商务部和国家税务总局联合发布《关于继续执行研发机构采购设备增值税政策的公告》,自2019年1月1日至2020年12月31日,继续对内资研发机构和外资研发中心采购国产设备全额退还增值税。

4. 软件企业和集成电路企业

2011年1月1日起,增值税一般纳税人销售其自行开发生产的软件产品,按17％税率征收增值税后,对其增值税实际税负超过3％的部分实行即征即退政策。

增值税一般纳税人将进口软件产品进行本地化改造后对外销售,其销售的软件产品可享受上述增值税即征即退政策。

自2011年11月1日起,对国家批准的集成电路重大项目企业因购进设备形成的增值税期末留抵税额准予退还。

自2017年2月24日起,享受增值税期末留抵退税政策的集成电路企业,其退还的增值税期末留抵税额,应在城市维护建设税、教育费附加和地方教育附加的计税(征)依据中予以扣除。

5. 研制大型客机、大型客机发动机项目和生产销售新支线飞机

自2015年1月1日至2018年12月31日,对纳税人从事大型客机、大型客机发动机研制项目而形成的增值税期末留抵税额予以退还。

自2015年1月1日至2018年12月31日,对纳税人生产销售新支线飞机暂减按5％征收增值税,并对其因生产销售新支线飞机而形成的增值税期末留抵税额予以退还。

6. 孵化器和科技园

2016年5月1日起,对科技企业孵化器(含众创空间)和国家大学科技园向孵化企业出租场地、房屋以及提供孵化服务的收入,免征增值税。

(四) 其他税收优惠

1. 科教用品

自2016年1月1日至2020年12月31日,对科学研究机构、技术开发机构、学校等单位进口国内不能生产或者性能不能满足需要的科学研究、科技开发和教学用品,免征进口关税和进口环节增值税、消费税;对出版物进口单位为科研院所、学校进口用于科研、教学的图书、资料等,免征进口环节增值税。

2. 孵化器和科技园

自2016年1月1日至2018年12月31日,对符合条件的科技企业孵化器或国家大学科技园自用以及无偿或通过出租等方式提供给孵化企业使用的房产、土地,免征房产税和城镇土地使用税。自2019年1月1日至2021年12月31日,对国家级、省级科技企业孵化器、大学科技园和国家备案众创空间向在孵对象提供孵化服务取得的收入,免征增值税。

本章习题

一、判断题

1. 金融商品转让按卖出价减去买入价后的差额课征增值税。（ ）
2. 保险公司的营业收入免征增值税。（ ）
3. 证券投资基金从证券市场取得的收入暂不征收企业所得税,但个人投资者买卖基金单位取得的价差收入,需要缴纳个人所得税。（ ）
4. 我国目前在保有环节对房地产的课税主要是以价值和租金为计税依据,没有以面积为计税依据的。（ ）

二、多项选择题

1. 以下项目中免征增值税的是(   )。
A. 金融机构之间相互拆借资金取得的利息收入
B. 外汇转贷利息收入
C. 个人出售购买超过五年的住房取得的转让收入
D. 保险公司的分保业务收入

2. 以下说法正确的是(   )。
A. 我国对农药、化肥、农膜课征增值税时适用低税率的做法不利于保护环境。
B. 我国开征城镇土地使用税有利于节约使用城镇土地资源。
C. 我国车船税和消费税的征收都有利于节能减排。
D. 企业从事环境保护、节能节水项目可以获得投资税收抵免。

3. 以下说法正确的是(   )。
A. 国家需要重点扶持的高新技术企业,减按15％的税率征收企业所得税。
B. 企业开发新技术、新产品、新工艺发生的研究开发费用可以按照研究开发费用的100％加计扣除。
C. 科研单位取得的技术转让收入免征增值税。
D. 中小高新技术企业可以就其投资额的70％抵扣应纳税所得额。

三、简答题

按我国现行税制,个人进行房屋买卖可能要缴纳的税收有哪些？它们分别是如何计税的？

第八章

我国港澳台地区税制

第一节 香港地区税制

一、香港税制概述

香港现行的税制是以 1947 年制定的《税务条例》为基础发展起来的。《税务条例》颁布至今,已有 70 多年的历史。虽经过多次修订,但始终以有利于吸引外资、促进本港经济贸易的发展为指导思想,使税制能够符合税率低、税制简单、具有税收能力、最少干扰经济的要求。

1997 年 7 月 1 日,香港回归祖国,在"一国两制"的方针下,《中华人民共和国香港特别行政区基本法》规定,为保持香港特别行政区的稳定和繁荣,香港实行包括税收政策制度在内的有关法律、经济、对外交往等方面的高度自治,享有行政管理权、立法权、独立的司法权和终审权。

在财政税收政策方面,基本法规定:香港特别行政区保持财政独立,香港特别行政区的财政收入全部用于自身需要,不上缴中央政府,中央人民政府不在香港特别行政区征税。也就是说,香港特别行政区实行独立的税收制度,不需执行内地的税收政策,自行立法,规定税种、税率。

在对外贸易和关税设置上,香港特别行政区仍然为单独的关税地区,保持自由港地位,除法律另有规定外,不征收关税。香港特别行政区可完全享用现在取得或以前取得仍继续有效的出口配额、关税优惠及其他税收安排。对于在中国内地创办的港商投资企业和从内地取得所得的香港企业、个人仍然参照外商投资企业、外国企业和外籍人员,适用现行中国内地的涉外税收法律。适用的税种不变,税收优惠不变。

在香港投资、贸易的内地居民应该遵守香港特别行政区税法,在税收问题上,必须执行香港特别行政区的有关税收法律、法规,并享受公平的税收待遇。

作为独立的税收管辖区,2006 年香港和内地签订了具有全面税收协定性质的《关于对所得避免双重征税和防止偷漏税的安排》。

二、香港税制特点

香港《税务条例》最早以港英政府制定的税制为基础,其税收原则体现了英国传统的税收原则,规定的税种、税率也借鉴了英国税法采用的模式,整体上体现了税负轻、税种少、直接税为主的特点。

现行香港税制由《税务条例》及其附例和香港税务规则构成,规定了香港税收的稽征事项,香港的税收和税务处理都是按照上述条例和相关法规并按有关判例施行的。具体特点如下:

1. 税制以收入为基础

香港税制中税收负担以有利于取得足够的经常收入为限,即应可以支付政府一般收入账目开支的大部分,并将香港的财政储备维持在一个满意的水平。可以看出,香港税制是以收入为基础的,税制的调控意识较弱,是与其所奉行的"不干预主义"经济政策密切相关的。

2. 征税范围窄,税种少,税负轻

香港制定税收政策时,尽可能不影响香港本地的成本与价格结构以及投资决定,并且最大限度吸引外资。因此,香港采用低税率、少税种的做法。如直接税的税率始终控制在20%以下,至今也仅有15种税(不含利息税)。香港对一般进口货物不设关税,只对6种特殊商品如烟草、化妆品等征税。另外,香港不设投资利得税,对保护投资者的积极性具有重要作用。

3. 一贯坚持属地制原则

香港一直坚持所得来源地原则,只对香港来源的收入才课税,从而有效避免了跨国公司在香港双重纳税问题,有利于香港经济的国际化。

4. 稽征简便

香港对每一项税的课征,不论是直接税还是间接税,稽征力求简便。税项基本上是依据标准税率征收,只有薪俸税及个人入息税用累进税率。

三、主要税种

香港的税种按性质可分为直接税和间接税。

(一) 直接税

直接税在税制结构中占主体地位,包括物业税、薪俸税、利得税等税种①。

1. 利得税

利得税是指向在香港从事贸易、专业或商业活动而获得或赚取纯利者征收的税。

(1) 纳税人:香港《税务条例》规定,利得税的纳税人是指在香港经营任何行业、专业或业务而获得利益的公司、合伙、商号、团体和个人。纳税人没有居港人士或非居港人士的分别,也就是说,居港人士获自境外的利润可无须在香港纳税,而非居港人士赚取来源于香港的利润须纳税。

(2) 税率:香港利得税采用标准税率,公司等法人或团体为16.5%,法团以外的人士为15%。

---

① 2006年2月11日起香港正式取消了遗产税。此前,不论是香港永久居民,还是因工作在港停留,如果财产拥有者在港资产(包括房产物业、股票及奢侈品等)达750万港元或以上,去世时均须缴交遗产税,税率最高可相当于资产价值的15%。

但是以下项目可适用特惠税率,为一般税率的一半:
——从符合资格的债务票据所获得的利润及利息收入;
——以专业再保险人身份,或以获授权专属自保保险人身份获得的离岸业务所得(适用于 2013/14① 及其后的课税年度);
——合资格企业财资中心的合资格利润(适用于 2016/2017 及其后的课税年度);
——合资格飞机出租商或合资格飞机租赁管理商的合资格利润(适用于 2017/2018 及其后的课税年度)。

所有的纳税人,不论其居住地或注册地,一律按法团或法团以外的人士的税率纳税。

但是,任何年满 18 岁或未满 18 岁而父母双亡的香港永久居民或临时居民,均可选择按个人入息课税办法(参见下文关于薪俸税的介绍)计税,以减轻将利润及收入全部以标准税率计税时的负担。当采用个人入息课税计算的税款较分别以利得税、薪俸税及物业税计税的税款为低时,纳税人将可通过该选择得到税务宽减。

(3) 课税范围:利得税纳税人在香港经营行业、专业或业务而从该行业、专业或业务获得于香港产生或得自香港的应评税利润(售卖资本资产所得的利润除外),均须纳税。应评税利润(或经调整的亏损)指纳税人在评税基期内依照《税务条例》的规定所计算的于香港产生或得自香港的纯利(或蒙受的亏损),售卖资本资产所获利润(或所蒙受的亏损)除外。

至于业务是否在香港经营及利润是否得自香港的问题,主要是根据事实而定,但所采用的原则可参考在香港法庭及英国枢密院判决的税务案件。于境外产生的利润,即使将款项汇回香港,亦无须纳税。

根据《税务条例》,下列款项须被当作因在香港经营行业、专业或业务而于香港产生或得自香港的营业收入:

① 因在香港上映或使用电影或电视的影片、纪录带或录音,或任何与该影片、纪录带或录音有关的宣传资料而获得的款项。

② 因容许或授权在香港使用专利权、设计、商标、受版权保护的数据、秘密工序或方程式或其他相类似性质的财产而收取的款项。

③ 因在香港经营业务而收取有关的补助金、津贴或相类似资助形式的款项,但任何与资本开支有关的款项除外。

④ 因容许或授权在香港使用动产,而以租赁费、租金或其他相类似形式所收取的款项。

⑤ 就容许或授权在香港以外地方使用专利、设计、商标、受版权保护的资料、秘密工序或方程式或其他相类似性质的财产而收取的款项(不适用于在 2004 年 6 月 25 日前收取或应累算的款项)。

(4) 评税基期:评税基期是确定利润所属年度或某年度应实现利润的基本日期,一般表现为课税年度。在香港,课税年度内的应评税利润,一般是以该课税年度内的利润为基础。而课税年度的确定,一般又是以会计年度为依据的,但会计年度与课税年度有时会发生不一致的情况。

评税基期为以下期间之一:

---

① 香港的课税年度是从每年的 4 月至次年的 3 月。

① 当会计年度与课税年度起始时期相同时,通常为年度的 4 月 1 日始至次年 3 月 31 日止,两者体现的业务盈亏和责权是一致的。

② 如果会计年度不是以 3 月 31 日为结束日的,应以在该课税年度内结算的会计年度的利润为依据。

(5) 豁免:应评税利润并不包括以下各项入息或利润:

① 非来自或源于在香港赚取或获得的利润。

② 资本性收入或利润。

③ 已缴付香港利得税的法团所分派的股息。

④ 储税券利息。

⑤ 根据《借款条例》或《借款(政府债券)条例》发行的债券所派发的利息及所获得的利润;或从外汇基金债务票据或多边代理机构港币债务票据所获得的利息或利润。

⑥ 认可互惠基金法团或认可单位信托的受托人用以下方式收取或应累算的款项:利息;证券以出售、其他处置、到期被赎回或于出示时被赎回所产生的收益或利润;根据任何外汇合约或期货合约而得的收益或利润。

(6) 扣除:可扣除的开支:一般而论,所有由纳税人为赚取应评税利润而付出的各项开支费用,均可获准扣除。在计算香港分行或附属公司的利得税时,如总公司将部分可扣除的行政费用转账,则此项转入的费用也可予以扣除,但亦仅限于在有关课税年度的基期内用以赚取应评税利润的部分。

在计算应评税利润时,以下项目不得扣除:

① 家庭或私人开支及任何非为产生应评税利润而花费的款项。

② 资本的任何亏损或撤回,用于资产改良方面的成本,或任何资本性质的开支。

③ 根据保险计划或弥偿合约而可得回的款项。

④ 非为产生应评税利润而占用或使用楼宇的租金或有关开支。

⑤ 根据税务条例缴纳的各种税款,但就支付雇员薪酬而已缴付的薪俸税除外。

(7) 捐款的扣减:应课薪俸税、个人入息课税或利得税的个人或业务捐款人,可将在课税年度的评税基期所作出认可慈善捐款申请扣除,总额最高可达应评税入息或利润(视属何种情况而定)的 35%(2004/2005 至 2007/2008 课税年度上限为 25%),但捐款总额不得少于 100 元。"认可慈善捐款"是指捐赠给根据《税务条例》第 88 条获豁免缴税的属公共性质的慈善机构或慈善信托作慈善用途的款项,或指捐赠给政府作慈善用途的款项。

(8) 利得税的计算:利得税是以抵消了任何承上年亏损后的应评税利润,按适当的税率来计算的。

$$应评税利润 = 利润总额 - 各项可扣除项目 - 亏损$$

$$应纳税额 = 应评税利润 \times 税率$$

$$应评税利润 = 会计纯利或亏损 + 核定入息或利润 +$$
$$不可扣除开支或项目 - 豁免入息或利润 -$$
$$可扣除开支或项目 - 折旧免税额$$

例 8-1：甲公司 2018 年 4 月 1 日至 2019 年 3 月 31 日会计利润为 6 330 万港元，其中：销售收入 15 000 万港元（有 900 万元来自境外），租金收入 530 万港元，出售设备盈利 300 万港元。支出：生产成本 6 400 万元（有 500 万为境外销售而支出），工资 2 000 万元，租金 350 万元（有 100 万港元为支付董事住房费），利息支出 250 万元（认可的 80 万元），折旧 500 万元（税务局认可的折旧免税额 150 万元）。税率 16.5%。请计算甲公司应纳利得税。

解答：应评税利润＝会计利润－免税收入＋不可扣除项目
$$=6\,330-(900+300)+(500+100+170+350)$$
$$=6\,250（万港元）$$

应纳利得税＝$6\,250×16.5\%=1\,031.25$（万港元）

利得税是根据课税年度内的实际利润而征收的。由于某一年的利润要到该年度完结之后才能确定，因此税务局会在该年度完结前征收暂缴税。在下一年当有关年度的利润评定后，已缴付的暂缴税款会用来支付该年度应缴付的利得税。

2. 薪俸税

薪俸税是对任何人士在香港从事有收益的职业而赚取的入息或长俸所征收的一种税。"入息"相当于"工资"或"工资类收入"，常指服务于政府部门获得的工资收入或服务于企业或其他团体获取的收入。"长俸"指退休金。它相当于个人所得税、工资所得税。

(1) 纳税人：任何人士在香港有职位或职业①从而获得或赚取入息，包括在香港工作而赚取的入息及长俸，必须缴纳薪俸税。任何人士访港工作，每年合计不超过 60 天，可不缴纳薪俸税。房屋津贴、旅游津贴及公司股份认购权所得之利益按个别条款纳税。已婚夫妇选择合并评税时，向丈夫征收。

(2) 课税范围：入息总额为所有"因在本港任职、受雇及退休而来自或获自香港的入息"，具体包括：

① 受雇在香港工作而取得收入，包括薪金、工资、奖金、津贴、慰劳金、手续费等。

② 退休金的收益。

③ 雇主免费提供的寓所租值或者雇主以低于租赁价值的房租提供住房时，租赁价值与房租的差额部分，评税时的计算方法是按雇员薪酬总数的 10% 作为该寓所的租值。

④ 任何行使、转让、放弃认购股份而得的利润，不论有关公司是否为纳税人的雇主。

(3) 扣除：薪俸税的扣除包括免税额和可扣除项目，免税额情况见表 8-1。薪俸税对可扣除项目的尺度非常严格，故一般只包括给认可慈善机构的捐款，强制性公积金计划或认可职业退休计划的供款，个人进修开支，居所贷款利息，完全、纯粹及必须为产生该评税入息而

---

① "职位"是指一个长久存在的职位，例如公司的董事职位；"职业"是指一般有雇主与雇员关系的职位，例如营业代表、会计主任或文员等。而下述 60 天的豁免条例只适用于受雇职员从职业所取得的入息。

招致的开支等。具体包括:

① 完全、纯粹及必须为产生评税入息而导致的所有支出和开支,但属于家庭性质或私人性质的开支以及资本开支则不能扣除,具体又可分为统一开支的免税额和特殊开支项目费用的扣除。统一开支的免税额指从事某些职务的雇员某些数额不大的开支项目规定的定额免税标准,比如消防队中的制服职员可获得定额的有关设备保养的费用开支免税额。特殊开支项目费用扣除包括:服装费、佣金、交际费、专业学会的学费、交通费用、住宅楼宇的扣除等。

② 为赚取应评税入息而必须装置的机器或设备的折旧额可在税前扣除。

③ 对上年度结转入该年度的亏损的处理。从上年度转拨到本课税年度的剩余亏损抵消顺序为:先抵消该纳税人的应评税入息;从配偶的应评税入息中抵消;若不能完全抵消,可转拨下一年度。

④ 为取得或维持在受雇工作中应有的资格而与教育课程有关的费用(包括学费和考试费),限额为8万港元。

⑤ 在一个课税年度内向认可的慈善机构捐款总额不少于100港元,可获扣减。扣除额最高不可超过应评税入息或合并评税入息减去可扣除费用和折旧免税额外负担的35%。

⑥ 由纳税人或其配偶为其或其配偶的父母、祖父母或外祖父母所缴付给安老院的住宿照顾开支,每个人在课税年度内的扣除额不可超过8万港元。

表8-1 薪俸税免税额(2016/2017 和 2017/2018 及以后)

	2016/2017	2017/2018 及以后
基本免税额		
已婚人士	264 000 港元	264 000 港元
单身人士	132 000 港元	132 000 港元
单亲免税额	132 000 港元	132 000 港元
子女免税额(每名计算)		
第一至九名子女(在每名子女出生的课税年度,子女免税额可获额外增加)	100 000 港元	100 000 港元
供养父母或(外)祖父母免税额		
年龄为60岁或以上,或有资格按政府伤残津贴计划申索津贴的父母/祖父母/外祖父母	46 000 港元	46 000 港元
年龄为55岁或以上,但未满60岁的父母/祖父母/外祖父母	23 000 港元	23 000 港元
供养父母或(外)祖父母额外免税额		
年龄为60岁或以上,或有资格按政府伤残津贴计划申索津贴的父母/祖父母/外祖父母	46 000 港元	46 000 港元
年龄为55岁或以上,但未满60岁的父母/祖父母/外祖父母	23 000 港元	23 000 港元
供养兄弟姊妹免税额	33 000 港元	375 000 港元
伤残受养人免税额	66 000 港元	75 000 港元

⑦ 对强制性公积金计划的强制性供款或认可职业退休计划的供款可以扣除,每一个课税年度最高可获扣除额见表 8-2。

表 8-2　公积金计划及职业退休计划的供款扣除额

课 税 年 度	最高可获扣除额
2008/2009 至 2011/2012	12 000 港元
2012/2013	14 500 港元
2013/2014	15 000 港元
2014/2015	17 500 港元
2015/2016 及以后	18 000 港元

⑧ 为在香港境内的住宅及同一住宅物业内的车位所缴付的居所贷款利息可以扣除,2008/2009 及以后课税年度的最高限额为 10 万港元。

⑨ 为赚取须缴纳物业税的租金收入而借款所支付的利息在纳税人选择超额累进税率计税时可以扣除,但可扣除的利息款额不可超过每一出租物业的应评税净值。而在非出租期间的利息支出,不会获得扣除。

(4) 税率:薪俸税采用标准税率和超额累进税率。

① 标准税率为 15%。

② 超额累进税率。纳税人也可采用超额累进税率计算薪俸税,但不得超过以扣除费用前的总所得乘以标准税率计算出来的税额(表 8-3)。

表 8-3　超额累进税率(扣除基本免税额之后)

应税所得(入息)额	税　率
40 000 港元以下	2%
40 000~80 000 港元	7%
80 000~120 000 港元	12%
120 000 港元以上	17%

(5) 薪俸税的计算:薪俸税纳税人可以按标准税率和超额累进税率两种方法计算其应纳的薪俸税。

① 按标准税率计算。

$$应纳薪俸税额 = 应评税入息实额 \times 标准税率$$

② 按累进税率计算。

$$应纳薪俸税额 = 应评税入息实额 \times 累进税率$$

例 8-2：张先生为香港某公司人力资源主管,2018/2019 年度其薪金总额为 400 000 港元。公司为其提供了免费住所。在此期间他参加大学中跨国人力资源管理课程共支付 20 000 港元学费,并曾向认可的慈善机构捐款 15 000 港元。该先生已婚无子女,与年满 60 岁父亲同住。该先生的太太无课税收入。请计算张先生 2018/19 年度应纳薪俸税。

解答：应评薪俸税入息＝薪金 400 000＋房屋住宿福利(400 000×10%)＝440 000(港元)

可扣除项目＝认可个人进修开支 20 000＋认可慈善捐款 15 000＝35 000(港元)

免税额＝已婚人士免税额 264 000＋父母免税额 92 000＝356 000(港元)

应课税入息实额＝440 000－35 000－356 000＝49 000(港元)

应纳薪俸税＝40 000×2%＋9 000×7%＝1 430(港元)

按照超额累进税率计算的薪俸税税额(1 430 港元)要比按照标准税率计算的税额(49 000×15%＝7 350 港元)少得多。

3. 物业税

物业税是向香港土地及建筑物的业主所征收的税负,它是以每一课税年度土地及建筑物的应评税净值,用标准税率计算和征收的一种税。应评税净值是指应评税值减去差饷和若干免税扣除额等法定扣除项目后的差额。

(1) 纳税人：物业税的纳税人是在香港拥有土地及楼宇的业主。业主包括向政府批租的地主、受益业主、抵押人、终身租用人、已占用房地的承押人、分期付款购买房产的人,也包括管理业主遗产的遗嘱执行人。物业税只向有租金收入的业主征收,没有租金收入的业主不是物业税的纳税人。

(2) 税率：现行物业税的标准税率为 15%。

(3) 课税范围：香港《税务条例》规定,所有位处香港的土地和建筑物都属于物业税的征税范围。土地和建筑物指土地、楼宇(包括楼宇的任何部分)、码头、墩以及不构成楼宇的其他建筑物。由于香港土地资源有限,建筑物一般为楼宇,在税收术语中就以"楼宇"代替"建筑物"。

(4) 豁免：根据香港《税务条例》及有关法例规定,豁免物业具体是指以下物业：政府及领事物业；供商业公司业主作业务用途的物业,如其应课税物业收益已包括在利得税利润内,则该物业可豁免物业税；闲置物业；业主自住楼宇；家、族、堂物业等。

(5) 扣除：由业主负责支付的差饷①；来自应课税物业但无法收取的租金；20% 的免税额,用作支付修理及其他开支费用。这是一个不论实际开支数目大小而规定的划一扣除额。

(6) 物业税的计算：物业税的计税依据是物业的应评税值,根据为换取物业的使用权而付与业主的实际租金收入而确定。包括在应评税值内的有租金、为楼宇的使用权而支付的

---

① 差饷是一种间接税,将在本节"间接税"部分介绍。

许可证费用、整笔顶手费、支付业主的服务费及管理费、由住客支付的业主开支等等。

物业税的应评税净值等于应评税值减去业主支付的差饷和20%的免税扣除额的差额。

$$应纳税额=实际租金收入总额\times(1-20\%)\times15\%$$
$$=(租金收入总额-已纳差饷数额)\times(1-20\%)\times15\%$$

例8-3：某业主和租客于2018年9月1日订立租约，为期2年，月租15 000港元，租客须支付整笔顶手费36 000港元，差饷全年4 800港元由业主支付。2019年6月30日住客提前解约，该物业一直闲置。

2018年物业税：

租金收入（2018年9月1日—2019年3月）	90 000
预付顶手费摊分（36 000÷24×6）	9 000
业主支付的差饷摊分（4 800÷12×6）	4 000

$$应评税净值=(租金收入+预付顶手费摊分-业主支付的差饷摊分)\times(1-20\%)$$
$$=(90\ 000+9\ 000-4\ 000)\times80\%$$
$$=76\ 000(港元)$$

$$应纳物业税=应评税净值\times标准税率$$
$$=76\ 000\times15\%$$
$$=11\ 400(港元)$$

2019年物业税：

租金收入（2019年4月至2019年6月）	45 000
余下预付顶手费摊分（36 000-9 000）	27 000
业主支付差饷摊分（4 800÷12×3）	1 200

$$应评税净值=(租金收入+预付顶手费摊分-业主支付的差饷摊分)\times(1-20\%)$$
$$=(45\ 000+27\ 000-1\ 200)\times80\%$$
$$=56\ 640(港元)$$

$$应纳物业税=应评税净值\times标准税率$$
$$=56\ 640\times15\%$$
$$=8\ 496(港元)$$

（二）间接税

香港间接税主要包括印花税、差饷、博彩税等。以下简要介绍印花税和差饷。

1. 印花税

根据《印花税条例》，印花税征收范围：售卖转易契；住宅物业买卖协定；不动产租约，以及香港证券转让书。印花税税率股票交易为交易价的0.2%，房产交易为交易价的1.5%～8.5%，房产出租为0.25%～1%。

香港的差饷是向楼宇或物业征收的一种间接税。凡是位于香港的楼宇或物业等不动产无论其是否出租，都应缴纳差饷。根据物业每年预计的合理租值乘以一个征收率征收，取得的收入一部分作为政府的一般收入，另一部分拨给市政局使用。目前差饷征收率为5%。

2. 差饷

香港的差饷是向楼宇或物业征收的一种间接税。凡是位于香港的楼宇或物业等不动产无论其是否出租，都应缴纳差饷。根据物业每年预计的合理租值乘以一个征收率征收，取得的收入一部分作为政府的一般收入，另一部分拨给市政局使用。目前差饷征收率为5%。

第二节 台湾地区税制

一、税制概况

中国台湾地区（以下简称台湾地区）实行的是以所得税、货物税、营业税为主体的复合型税收制度，现行税制包括综合所得税、营利事业所得税、遗产及赠予税、货物税、期货交易税、证券交易税、营业税、烟酒税、关税和矿区税、印花税、使用牌照税、地价税、田赋、土地增值税、房屋税、契税、娱乐税。其中，最主要的税种是所得税（综合所得税和营利事业所得税），其次为营业税、货物税、土地增值税和关税，这5大税种的收入之和约占台湾地区税收总收入的80%左右。

二、主要税种

（一）营利事业所得税

营利事业所得税是对营利事业所得征收的，类似于企业所得税或者公司所得税。

1. 纳税人

凡是在台湾地区经营营利事业，公营、私营或者公私合营，以及以营利为目的、具有工商营业执照和场所的独资、合伙、公司和其他组织方式的工业、商业、农业、林业、渔业、牧业、矿产、冶金等营利单位，均为营利事业所得税的纳税人。

2. 征税对象、税率

营利事业所得税的征税对象是营利单位年度经营的盈余。

营利事业所得税主要实行17%的比例税率，12万新台币以下的应税所得免税，见表8-4。

表 8-4　台湾地区营利事业所得税税率

级　数	应纳税所得额(新台币)	税率(%)
1	120 000 元以下	0
2	120 000 元以上	全年课税所得额超过 12 万元者,就其全部课税所得额课征 17%。但其应纳税额不得超过营利事业课税所得额超过 12 万元部分之半数

3. 应纳税所得额和应纳税额的计算

营利事业所得税的应纳税所得额为营利事业年度收入总额扣除各项成本费用、损失、税捐以后的余额。

商业部门应纳税所得额和应纳税额的计算步骤是:

(1) 销货净额＝销货额－(销货退回＋销货折让)。

(2) 销货成本＝期初存货＋[进货额－(进货退出＋进货折让)]＋进货费用－期末存货。

(3) 销货毛利＝销货净额－销货成本。

(4) 营业净利＝销货毛利－(销货费用＋管理费用)。

(5) 应纳税所得额(纯收益额)＝营业净利＋非营业收益－非营业损失。

(6) 应纳税额＝应纳税所得额×税率。

制造业、金融业、提供劳务等服务业的应纳税所得额和应纳税额的计算步骤方法与商业大体相似。

(二) 综合所得税

台湾地区的综合所得税在性质上属于个人所得税。

1. 纳税人

凡是取得来源于台湾地区所得的个人(除税法另有规定外),不论其户籍或者居住地是否在台湾地区,均为综合所得税的纳税人。

2. 征税对象、税率

综合所得税以个人在一定时期内(通常为一年)来源于台湾地区的所得作为征税对象。台湾地区征收综合所得税的所得种类主要有以下 10 类:

(1) 营利所得。包括公司分配的股利、合作社社员和合伙组织经营者所获分配的盈余、独资经营者的盈余。

(2) 劳务服务所得。包括各种劳务服务和从事演出活动的收入扣除各项成本、费用之后的余额。

(3) 工资薪金所得。包括职工工资薪金和提供劳务的所得。

(4) 利息所得。包括公债、公司债券、金融债券、各种短期票券、存款和其他贷出款项的利息所得。

(5) 租赁所得和权利金所得。租赁所得为财产出租的租金所得,权利金所得为专利权、商标权、著作权、秘方权等各种特许权利在台湾地区供他人使用取得的收入。

(6) 从事农业、渔业、牧业、林业和矿业开采的所得。

(7) 财产交易所得。包括财产和权利在交易过程中取得的收入。

(8) 在台湾地区的偶然所得。包括参加各种竞赛和各种机会中奖的奖金。

(9) 退职所得。包括个人领取的退休金、退职金、离职金和非属保险公司付给的养老金等所得。

(10) 在台湾地区内取得的其他所得。

综合所得税的税率采取超额累进制。2013年起台湾地区综合所得税征税的税率如表8-5所示。

表8-5　台湾地区2017年综合所得税税率表

级　数	应纳税所得额（新台币）	税率(%)
1	不超过540 000元的部分	5
2	540 001—1 210 000元	12
3	1 210 001—2 420 000元	20
4	2 420 001—4 530 000元	30
5	4 530 001—10 310 000元	40
6	超过10 310 001元的部分	45

台湾地区的综合所得税几乎每年都有调整,其主要目的是调整税率结构,扩大税基,酌减税负,使税制更有利于中低收入者,从而达到刺激经济增长的目的。如规定每当物价指数发生变化(上涨累计达3%以上)时,免税额和各级应纳税所得额也随物价指数的变化进行相应调整。

3. 应纳税所得额和应纳税额的计算

应纳税所得额的计算分两个步骤进行。一是计算全年综合所得的应纳税额。纳税人先将自己的全年各类所得合并相加,得到个人综合所得总额。然后从个人综合所得总额中减除规定的免税额和扣除额,以其余额(净所得额)作为应税所得额。再由应税所得额根据适用税率,计算出应纳税额。二是结算申报应纳税额。即纳税人从已计算得到的全年综合所得应纳税额中减除投资抵减税额、已扣缴税额、已暂缴税额,再加上"选择分离征税"所得的应纳税额,如为正数即为纳税人应申报的纳税额,如为负数则为应申请退还的税额。计算步骤及公式如下:

全年综合所得净额＝全年综合所得－免税额－扣除额

全年综合所得应纳税额＝全年综合所得净额×税率－累进差额

选择分离征税所得应纳税额＝分离征税利息及信托投资收益所得额×20%

结算申报应纳(或应退)税额＝全年综合所得应纳税额－投资抵减税额＋选择分离征税所得应纳税额－扣缴税额－暂缴税额

(三) 其他主要税种

1. 营业税

台湾地区营业税是对在台湾地区内销售货物或劳务及进口货物,按每一流转环节的增值额依法计征的税收。因此,台湾地区的营业税又称为加值型营业税,实际上相当于消费型增值税。

(1) 纳税人:营业税的纳税人包括销售货物或者从事劳务的营业人、进口货物的收货人或持有人,其他从事营业税征税范围活动的人。如果在台湾地区内没有固定营业场所的,以购买者为纳税人。

(2) 征税对象、税率:营业税以在台湾地区内销售的货物或者劳务以及进口的货物为征税对象。

营业税的税率,分为一般税额计算营业人和特种税额计算营业人的两种适用税率。所谓"一般税额计算营业人"是指按增值额征收营业税的营业人,所谓"特种税额计算营业人"是指按营业总额征收营业税的营业人。

一般税额计算营业人的适用税率:除另有规定外,最低不得少于5%,最高不得超过10%,具体征收率,由台湾地区有关部门规定,目前规定为5%。

特种税额计算营业人的适用税率如表8-6所示。

表8-6 台湾地区特种税额计算营业人适用税率

级 数	特种税额计算营业人	税率(%)
1	农产品批发市场的承销人及销售农产品的小规模营业人	0.1
2	小规模营业人及其他经台湾地区有关部门核定免于申报销售额的营业人(包括理发业、沐浴业、出租业等)	1
3	银行业、保险业、信托投资业、证券业、期货业、票券业及典当业①	专属本业2%
		非专属本业5%
4	夜总会、有娱乐节目的餐饮店(所谓娱乐节目,是指在营业时间内有乐器表演,人数达两人以上或有职业性演唱或表演的节目)	15
5	酒家及有女性陪侍的茶室、咖啡厅、酒吧等	25

另外,因为销售适用零税率的货物或者劳务,当发生进项税款大于销项税款时,在台湾地区称之为溢付营业税款。溢付营业税款由税务征收机关查明后予以退还。

(3) 营业税应纳税额的计算:

营业税一般税额计算:营业人的当期销项税额,扣除进项税额,余额为正数时,为当期应纳的营业税额。余额为负数时,称为溢付营业税额。计算公式为

> 营业税一般应纳税额(或溢付税额)=销项税额-进项税额

营业税特种税额计算:按营业总额征收的营业税额,以营业人每月的销售总额乘以规定的征收率,即为应纳的营业税额。计算公式为

---

① 但保险业的再保费收入税率为1%。

> 营业税特种应纳税额＝销售总额×征收率

进口货物营业税税额计算：进口货物按关税的完税价格加上进口税额与口岸建设费，再按5％税率计算营业税额。计算公式为

> 进口货物营业税应纳税额＝(关税完税价格＋进口税收＋口岸建设费)×5％

2. 货物税

货物税是对台湾地区内生产制造或者境外进口的特定货物征收的一种税，在应税货物出厂或进口时征收。通常是将所纳税款计入货物的价格，最后由消费者负担，因此货物税属于间接税。货物税始终是台湾地区的重要税种之一。

(1) 纳税人：货物税的纳税人有3种类型：在台湾地区生产制造的货物，纳税人为生产制造厂的厂商；在台湾地区委托代替制造的货物，纳税人为受委托生产制造的厂商；进口的货物，纳税人为收货人、提货单或者进口货物的持有人。

(2) 征税对象、税率：货物税的征税对象采取正列举的方式来确定，凡是台湾地区所谓"货物税条例"所列举的货物，不论是在台湾地区生产制造或者是由台湾地区之外进口(另有规定的货物除外)，均应根据规定缴纳货物税。"货物税条例"规定有7大类应税货物，包括橡胶轮胎类、水泥类、饮料品类、平板玻璃类、油气类、电器类和车辆类。

台湾地区货物税的税率，采用比例税率或定额税率两种形式，税率如表8-7所示。

表8-7 台湾地区货物税税率

种　　类	税率／税额(新台币元)
车辆	从价征收，税率15％～30％
橡胶轮胎	从价征收，10％～15％
饮料品	从价征收，8％或15％
平板玻璃	10％
电器	从价征收，税率10％～20％
水泥	从量定额征收，最高每吨征收600元
油气	从量定额征收，液化石油气每吨征收690元，其他油品每1 000升征收110～6 830元

3. 遗产税

遗产税是因死亡而发生财产所有权转移时所征收的税收。

(1) 纳税人：遗产税的纳税人按先后顺序为遗嘱执行人、继承人以及接受遗赠遗产人、依法选定的遗产管理人。

(2) 征税对象和税率：遗产税以死亡人遗留的财产作为征税对象。长期居住在台湾地区或死亡前2年内自愿放弃中国台湾籍的人，死亡时就其在台湾地区内外的全部遗产征税；长期居住在台湾地区之外的人，不论其是否具有中国台湾籍，死亡时均就其在台湾地区内的遗产征税。

遗产税2009年之后采用10％的比例税率，豁免额为1 200万新台币。

4. 赠予税

赠予税是对无偿给予他人财产(包括动产、不动产及其他有财产价值的权利)的行为所征收的一种税。赠予税属于直接税,一般与遗产税配套设置,是为了防止遗产税逃漏而设立的一个税种。台湾地区赠予税也采用10%的比例税率,豁免额为220万新台币。

此外,在台湾地区征收的其他税种还有土地增值税、证券交易税、期货交易税、娱乐税、关税、印花税、使用牌照税、房屋税、契税、烟酒税、矿区税等,对各次要税种不再一一介绍。

(四) 主要税收优惠

1. 综合所得税减免

综合所得税免纳税额的规定:免税额以每人全年新台币60 000元为基数,每遇物价上涨累计达3%以上时,台湾地区有关部门负责调整,2017年度每人全年免税额为88 000元。纳税人按规定可减除其本人、配偶及符合规定的抚养亲属免税额。纳税义务人本人及其配偶若年满70岁,则免税额增加50%。配偶按有关规定分开计算税额的,纳税人不得再扣除配偶的免税额。2017年台湾综合所得税免税额如表8-8所示。

表8-8 2017年度综合所得税免税额及扣除额

项 目	金额(新台币)
纳税人本人、配偶及合于规定抚养亲属的免税额	88 000元
纳税人本人及其配偶年满70岁或者纳税人抚养有年满70岁父母时的免税额	132 000元
标准扣除额	单身每人90 000元
	夫妻合并申报者每户180 000元
薪金所得特别扣除额	每人最高128 000元
身心障碍特别扣除额	每人128 000元
储蓄投资特别扣除额	每人最高270 000元,但依台湾地区有关规定免税之存簿储金利息及分离课税之利息不包括在内
教育学费特别扣除额	每人最高25 000元为限,但空中大学、专校及五专前三年及已接受当局补助者,不得扣除

2. 营利事业所得税减免优惠

依法在台湾地区设立的公司,在促进产业升级时可以享受营利事业所得税减免的优惠政策:

(1) 投资新兴重要策略性产业,或持有该产业股票达3年以上,可享受5年免缴营利事业所得税的优惠。

(2) 投资自动化、资源回收、防治环境污染等设备或技术支出金额的5%至20%,投资研究开发及人才培训支出金额的35%以内,可以在当年所缴营利事业所得税中抵减。

(3) 公司投资于经济落后地区,营利事业所得税可抵减20%。

(4) 公司购置专供研究与发展、实验或产品质量检验的仪器设备及节能设备等,可按2年加速折旧。

(5) 华侨和外资兴办的公司,可享受抵减20%营利事业所得税的优惠。

(6) 对外投资的公司与企业,其资产的重估增加值不计入营利事业所得税的征税所得。

3. 营业税的减免

除了按税法规定营业税税率为零和免征营业税的货物或劳务之外,对进口下列货物也免征营业税:

(1) 进口国际或地区间运输用的船舶、航空器、远洋渔船,及金条、金块、金片、金币及纯金的金饰或饰金等。

(2) 进口免征关税的货物。但因转让或变更用途而按规定应补缴关税的,也应补缴营业税。

(3) 台湾地区的文物。

4. 货物税的减免

用作制造另一应税货物原料的货物(但熏烟叶除外)、运销境外的货物、参加展览并不出售的货物、捐赠军队的货物、经核定直接供军用的货物,可以免征货物税。

减征货物税的有关规定:使用台湾地区自行设计的引擎、底盘或车身制造的汽车,经工业主管机关认定证明的,自其首次出厂之日起4年内,按规定税率每项各减征3个百分点;电动车辆减半征收;使用自有品牌,而且引擎、车架及外形都是自行设计制造的机车,经工业主管机关认定证明的,自其首次出厂之日起3年内,按规定税率减征3个百分点。

第三节 澳门地区税制

一、税制概况

1999年12月20日,中华人民共和国恢复对澳门行使主权后,按照《中华人民共和国澳门特别行政区基本法》的规定,澳门保持财政独立,其财政收入全部用于自身需要,不上缴中央人民政府,中央人民政府也不在澳门征税。澳门实行独立的税收制度,自行立法规定税种、税率、税收减免和其他税收事务。

澳门现行税制在税制结构上,以直接税为主,间接税为辅。现共开征17个税种,属于直接税的有专利税(分为博彩专利税和其他专利税两大项)、职业税、纯利税、营业税、房屋税(业钞税)、物业转移税等,间接税有印花税、消费税、旅游税等。

澳门在税收政策上行使单一的地域管辖权,只对来源于澳门地区的所得或位于澳门的财产征税。纳税人在澳门所承担的税收负担也处于较低的水平。

2001年澳门本地生产总值为498亿澳元,税收收入总额为83.88亿澳元,税收占本地生产总值的比重为16.9%。在2001年的税收收入中,直接税占90%,间接税占10%。

二、主要税种

(一) 专利税

专利税是澳门对部分特别获准经营的专营事业公司或团体征收的一种特别税,以专营

"合约"的不同性质分别征税。专利税也称专营税。

专利税分为博彩专利税和其他专利税两大项。博彩专利税包括幸运博彩专利税、跑狗专利税、回力球专利税、赛马专利税、白鸽票专利税等。其他专利税包括电讯业专利税、公共汽车业专利税及自来水专利税等。

专利税纳税人是经过政府特许后从事博彩业和公用事业的个人或团体,比如幸运博彩专利税的主要纳税人是澳门旅游娱乐有限公司。

征税对象是从事博彩业或公用事业获取的利润。

澳门博彩专利税的税率为35%。

20世纪90年代以来,专利税税收收入约占澳门地区全部税收收入的40%~60%,专利税税收中又以博彩专利税为主。博彩专利税是澳门财政收入的主要来源,近年来博彩专利税收入所占比重一般为本地财政收入的三成以上。

(二)纯利税

纯利税是对所有个人或者团体,在澳门地区从事工商业经营活动所取得的收益额征收的税收。开征此税的目的之一是为了适应不同纳税人的实际纳税能力,使税收在一定程度上体现公平与均等。纯利税是作为营业税、职业税及房屋税的补充征收的,故亦称"所得补充税",目前是澳门第二大税种。

纯利税的纳税人是从事工商业活动取得收益的个人、合伙公司和有限公司及在澳门地区从事经营活动的分公司等团体。纯利税的纳税人,根据不同的申报方式,分为A、B两组。A组纳税人是指具有完善的会计制度,聘有会计师或核算师代替其核算报税的个人、团体;B组纳税人是指除A组纳税人以外的、自行申报纯利税的纳税人。

纯利税的征税对象是在澳门从事工商业活动或者工作所取得的总收益。总收益主要指:

一是个人从事工商业活动所取得的收益,扣除纯利税税法规定的有关负担后的纯利,但是不包括房屋的收益;

二是个人工作的收益(指职工的工资收入、自由职业人士的酬金等),若已被职业税计征,当应缴纯利税税款大于职业税税款时,补收差额;

三是个人股息及红利(指公司未计税的部分);

四是团体按纯利税税法规定的会计原则计算,全年从事工商业活动经营所得的纯利;

五是任何性质的公司(法人组织)按纯利税税法规定计算的全年经营的纯利。

目前纯利税的税率如表8-9所示。

表8-9 澳门纯利税税率表

级 数	年度应纳税所得额(澳元)	税率(%)
1	不超过300 000元的部分	0
2	超过300 000元的部分	12

(三)营业税

营业税是澳门政府对个人或团体经营工业、商业及其他工商业性质的活动征收的税收。营业税实际上是工商业登记费性质的一种直接税。

营业税的纳税人是在澳门地区经营工业、商业或其他工商业性质活动的个人及团体。

营业税采取固定税额,税额随不同行业、规模大小分别规定,从低到高依次为:从事公共运输的出租汽车、客车、货车、教练车业主,从事非特定的一般行业者,从事针织、制衣、建筑工程、地质探测、酒店、保险、房产代理、物业、不动产交易者,从事货物寄售及代理进出口业务者,从事银行代理、办事处或者投资银行者,由营业者本人、配偶、儿女以及最多有4名亲属工作的家庭小型工场等。任何个人或团体欲在澳门从事工商业活动,必须先进行营业税登记,缴纳营业税后,申请行业牌照,才能开业。

(四) 物业税

物业税是澳门对本地区房屋的收益征收的税收,亦称房屋税或房屋业钞税。房屋不论出租还是自己居住,都要缴纳物业税。物业税的征税范围包括永久性坐落在地上的房屋以及和码头、港口等其他结构相联结的建筑物。

物业税的纳税人是房屋的所有人或者出租人。

物业税的征税对象是房屋的收益。对于有租赁关系的房屋,以出租人按租赁合约所取得的租金作为可征税收益。遇有保养及维护费用发生时,业主可以按不超过可征税收益10%的比例申请扣除保养维修费用。分租者以次承租人全年交付的租金,减去承租人全年支付给出租人的合约租金后的差额作为可征税收益。对没有租借关系的房屋,以特区政府评估可能取得的经济利益作为可征税收益。

对于自住的房屋,物业税的税率为可征税收益的6%;出租的房屋,税率为实际租金收入的10%。

(五) 职业税

职业税是澳门政府对个人从事工作收益征收的一种税。

职业税的纳税人涉及的人士比较广泛,凡是在澳门取得工作收益的人,都是职业税的纳税人。大致可以分为两类:一类是工人、雇员;另一类是自由职业者,如律师、设计师、建筑师、医师等。

职业税的征税对象是纳税人的工作收益,不论收益的形式是现金还是实物,不论收益的取得是固定的还是偶然的,也不论收益的取得是直接的或间接的,都被视为职业税的征税对象。具体包括薪金、酬金、聘金、奖金、分红、津贴等。纳税人本人享用的医疗津贴、家庭补助、生育补助、抚恤金、退休金、残废金等可以扣除。

职业税按照年度工作收益征收,采用6级超额累进税率,最低一档为7%,最高一档为12%。具体税率如表8-10所示。

表8-10 澳门职业税税率

级 数	应纳税所得额(澳元)	税 率
1	144 000 及以下	0
2	144 001~164 000	7%
3	164 001~184 000	8%
4	184 001~224 000	9%

续表

级　数	应纳税所得额(澳元)	税　率
5	224 001～304 000	10%
6	304 001～424 000	11%
7	超过 424 000 的部分	12%

(六)其他主要税种

1. 印花税

印花税是对一般商业文书以及按直接税的应纳税额附加征收的税收。一般商业买卖文书,包括工商执照及具有法律效力的担保书、借贷合同以及一切交易的收据、凭证、账单等。澳门的营业税、职业税、物业税、纯利税等直接税也要按应纳税额附加征收 5% 的印花税。

2. 旅游税

旅游税是澳门对旅游行业的收益征收的税收。纳税人是从事旅游行业的酒店、餐馆、夜总会等个人及团体,计税依据是旅游行业开出的票据面值,税率为 5%。

三、主要税收优惠

(一)营业税免税范围

营业税的免税范围主要包括:不牟利的中小学校及技术教育学校;公开表演、游艺会、音乐会,其举办经许可且将取得的纯收益全部供文化、教育、慈善及救济用途的;报纸杂志的出版人。

(二)纯利税的优惠措施

纯利税采取鼓励投资的措施。澳门固定资产折旧采用直线法,但纯利税税法规定,除商业楼宇、酒店、银行楼宇外,所有厂房、机器、设备等固定资产,在购买的第一年,均可按其价值的 20% 提取首期折旧;拨入贮备的利润,3 年内投资于企业本身的新设备或装备有利于本地区发展的,可从征税利润中扣除。

(三)物业税免税范围

物业税免税范围包括:特区政府、地方自治机构、公益团体、学校的自用房屋及楼房;宗教组织及团体专供宗教祭祀用的庙宇及楼房;经营任何工业的个人或团体,专供其工业场所开设及工作使用的非租赁楼房;个人或团体,其楼宇全年供不牟利的中小学或专科学校使用的。新建楼房供居住及商业用途的,以及经过改建或扩建的楼房,其工程价值超过该栋楼房市价 50% 的,可定期免税;新建楼房供开设工厂用的,定期免税。

(四)职业税的优惠政策

职业税的免税项目包括:特区政府公务员、领事人员、神职人员、学徒的收入;年满 65 岁以上或者残废程度达 6 级以上的雇员其年度工作收入少于 12 万元者的收入;医疗补贴、家庭津贴、抚恤金、退休金等。

附录一

中国税收制度沿革

序 号	1950年		1953年		1958年	1973年
1	关税		关税		关税	关税
2	盐税		盐税		盐税	
3	货物税		货物税			
4	交易税	棉花				
5		土布	商品流通税		工商统一税	工商税
6		粮食				
7		药材				
8		牲畜	牲畜交易税		牲畜交易税	牲畜交易税
9	棉纱统销税①				集市交易税②	
10	工商业税	营业税	工商业税	营业税	工商所得税	工商所得税
11		所得税		所得税		
12						
13						
14						
15						
16						
17	存款利息所得税		利息所得税		利息所得税③	

① 1951年开征。
② 1962年开征,1964年暂停征收。
③ 1959年停征。

(续表)

序 号	1950 年	1953 年	1958 年	1973 年
18	薪给报酬所得税			
19	印花税	印花税		
20	车船使用牌照税	车船使用牌照税	车船使用牌照税	车船使用牌照税
21				
22				
23	船舶吨税①	船舶吨税	船舶吨税	船舶吨税
24	房产税	城市房地产税	城市房地产税	城市房地产税
25	地产税			
26				
27				
28				
29	契税	契税	契税	契税
30				
31	农(牧)业税	农(牧)业税	农(牧)业税	农(牧)业税
32	遗产税			
33				
34	特种消费行为税	文化娱乐税	文化娱乐税②	
35				
36				
37				
38				
39				
40				
41				
42	屠宰税	屠宰税	屠宰税	屠宰税
43				
44				

① 1952 年开征。
② 1966 年停征。

中国税收制度沿革(续)

序号	1984年	1994年	2020年
1	关税	关税	关税
2	盐税		
3			
4	产品税	消费税	消费税
5	增值税	增值税	增值税
6	营业税	营业税①	
7	工商统一税②		
8	牲畜交易税		
9	集市交易税		
10	国有企业所得税	企业所得税	企业所得税
11	国有企业调节税		
12	集体企业所得税③		
13	私营企业所得税④		
14	中外合资经营企业所得税⑤	外商投资企业和外国企业所得税⑥	
15	外国企业所得税⑦		
16	个体工商业户所得税⑧		
17	个人所得税⑨	个人所得税	个人所得税
18	个人收入调节税⑩		
19	印花税⑪	印花税	印花税
20	车船使用牌照税⑫	车船使用牌照税⑬	

① 2017年取消。
② 1982年明确对涉外企业适用。
③ 1985年开征。
④ 1988年开征。
⑤ 1980年开征。
⑥ 1991年施行,2008年取消。
⑦ 1981年开征。
⑧ 1986年开征。
⑨ 1980年开征。
⑩ 1986年开征。
⑪ 1988年开征。
⑫ 1982年明确对涉外企业和个人适用。
⑬ 2007年取消。

(续表)

序号	1984年	1994年	2020年
21	车船使用税①	车船使用税②	车船税③
22			车辆购置税④
23	船舶吨税	船舶吨税	船舶吨税
24	城市房地产税⑤	城市房地产税⑥	
25	房产税⑦	房产税	房产税
26	城镇土地使用税⑧	城镇土地使用税	城镇土地使用税
27		土地增值税	土地增值税
28	耕地占用税⑨	耕地占用税	耕地占用税
29	契税	契税	契税
30	资源税	资源税	资源税
31	农(牧)业税	农(牧)业税⑩	烟叶税
32			
33	城市维护建设税⑪	城市维护建设税	城市维护建设税
34	特别消费税⑫		
35	建筑税⑬		
36	固定资产投资方向调节税⑭	固定资产投资方向调节税⑮	
37	国营企业工资调节税⑯		

① 1986年恢复征收。
② 2007年取消。
③ 2007年开征。
④ 2001年开征。
⑤ 1982年明确对涉外企业和个人适用。
⑥ 2009年废止。
⑦ 1986年恢复征收。
⑧ 1988年开征。
⑨ 1987年开征。
⑩ 2006年取消。
⑪ 1985年开征。
⑫ 1989年开征。
⑬ 1983年开征,1991年停征。
⑭ 1991年开征。
⑮ 2000年暂停征收,2012年取消。
⑯ 1985年开征。

(续表)

序 号	1984年	1994年	2020年
38	国营企业奖金税①		
39	集体企业奖金税②		
40	事业单位奖金税③		
41	烧油特别税④		
42	屠宰税	屠宰税⑤	
43	筵席税⑥	筵席税⑦	
44			环境保护税⑧

① 1984年开征。
② 1985年开征。
③ 1985年开征。
④ 1982年开征。
⑤ 2006年取消。
⑥ 1988年开征。
⑦ 2008年取消。
⑧ 2018年开征。

附录二

中华人民共和国税收征收管理法

(1992年9月4日第七届全国人民代表大会常务委员会第二十七次会议通过,1995年2月28日第八届全国人民代表大会常务委员会第十二次会议第一次修正,2001年4月28日第九届全国人民代表大会常务委员会第二十一次会议第二次修正,2015年4月24日第十二届全国人民代表大会常务委员会第十四次会议第三次修正)

第一章 总 则

第一条 为了加强税收征收管理,规范税收征收和缴纳行为,保障国家税收收入,保护纳税人的合法权益,促进经济和社会发展,制定本法。

第二条 凡依法由税务机关征收的各种税收的征收管理,均适用本法。

第三条 税收的开征、停征以及减税、免税、退税、补税,依照法律的规定执行;法律授权国务院规定的,依照国务院制定的行政法规的规定执行。

任何机关、单位和个人不得违反法律、行政法规的规定,擅自作出税收开征、停征以及减税、免税、退税、补税和其他同税收法律、行政法规相抵触的决定。

第四条 法律、行政法规规定负有纳税义务的单位和个人为纳税人。

法律、行政法规规定负有代扣代缴、代收代缴税款义务的单位和个人为扣缴义务人。

纳税人、扣缴义务人必须依照法律、行政法规的规定缴纳税款、代扣代缴、代收代缴税款。

第五条 国务院税务主管部门主管全国税收征收管理工作。各地国家税务局和地方税务局应当按照国务院规定的税收征收管理范围分别进行征收管理。

地方各级人民政府应当依法加强对本行政区域内税收征收管理工作的领导或者协调,支持税务机关依法执行职务,依照法定税率计算税额,依法征收税款。

各有关部门和单位应当支持、协助税务机关依法执行职务。

税务机关依法执行职务,任何单位和个人不得阻挠。

第六条 国家有计划地用现代信息技术装备各级税务机关,加强税收征收管理信息系统的现代化建设,建立、健全税务机关与政府其他管理机关的信息共享制度。

纳税人、扣缴义务人和其他有关单位应当按照国家有关规定如实向税务机关提供与纳税和代扣代缴、代收代缴税款有关的信息。

第七条 税务机关应当广泛宣传税收法律、行政法规,普及纳税知识,无偿地为纳税人提供纳税咨询服务。

第八条 纳税人、扣缴义务人有权向税务机关了解国家税收法律、行政法规的规定以及与纳税程序有关的情况。

纳税人、扣缴义务人有权要求税务机关为纳税人、扣缴义务人的情况保密。税务机关应当依法为纳税人、扣缴义务人的情况保密。

纳税人依法享有申请减税、免税、退税的权利。

纳税人、扣缴义务人对税务机关所作出的决定,享有陈述权、申辩权;依法享有申请行政复议、提起行政诉讼、请求国家赔偿等权利。

纳税人、扣缴义务人有权控告和检举税务机关、税务人员的违法违纪行为。

第九条 税务机关应当加强队伍建设,提高税务人员的政治业务素质。

税务机关、税务人员必须秉公执法,忠于职守,清正廉洁,礼貌待人,文明服务,尊重和保护纳税人、扣缴义务人的权利,依法接受监督。

税务人员不得索贿受贿、徇私舞弊、玩忽职守、不征或者少征应征税款;不得滥用职权多征税款或者故意刁难纳税人和扣缴义务人。

第十条 各级税务机关应当建立、健全内部制约和监督管理制度。

上级税务机关应当对下级税务机关的执法活动依法进行监督。

各级税务机关应当对其工作人员执行法律、行政法规和廉洁自律准则的情况进行监督检查。

第十一条 税务机关负责征收、管理、稽查、行政复议的人员的职责应当明确,并相互分离、相互制约。

第十二条 税务人员征收税款和查处税收违法案件,与纳税人、扣缴义务人或者税收违法案件有利害关系的,应当回避。

第十三条 任何单位和个人都有权检举违反税收法律、行政法规的行为。收到检举的机关和负责查处的机关应当为检举人保密。税务机关应当按照规定对检举人给予奖励。

第十四条 本法所称税务机关是指各级税务局、税务分局、税务所和按照国务院规定设立的并向社会公告的税务机构。

第二章 税务管理

第一节 税务登记

第十五条 企业,企业在外地设立的分支机构和从事生产、经营的场所,个体工商户和从事生产、经营的事业单位(以下统称从事生产、经营的纳税人)自领取营业执照之日起三十日内,持有关证件,向税务机关申报办理税务登记。税务机关应当于收到申报的当日办理登记并发给税务登记证件。

工商行政管理机关应当将办理登记注册、核发营业执照的情况,定期向税务机关通报。

本条第一款规定以外的纳税人办理税务登记和扣缴义务人办理扣缴税款登记的范围和办法,由国务院规定。

第十六条 从事生产、经营的纳税人,税务登记内容发生变化的,自工商行政管理机关办理变更登记之日起三十日内或者在向工商行政管理机关申请办理注销登记之前,持有关证件向税务机关申报办理变更或者注销税务登记。

第十七条 从事生产、经营的纳税人应当按照国家有关规定,持税务登记证件,在银行或者其他金融机构开立基本存款账户和其他存款账户,并将其全部账号向税务机关报告。

银行和其他金融机构应当在从事生产、经营的纳税人的账户中登录税务登记证件号码,并在税务登记证件中登录从事生产、经营的纳税人的账户账号。

税务机关依法查询从事生产、经营的纳税人开立账户的情况时,有关银行和其他金融机构应当予以协助。

第十八条 纳税人按照国务院税务主管部门的规定使用税务登记证件。税务登记证件不得转借、涂改、损毁、买卖或者伪造。

第二节 账簿、凭证管理

第十九条 纳税人、扣缴义务人按照有关法律、行政法规和国务院财政、税务主管部门的规定设置账簿,根据合法、有效凭证记账,进行核算。

第二十条 从事生产、经营的纳税人的财务、会计制度或者财务、会计处理办法和会计核算软件,应当报送税务机关备案。

纳税人、扣缴义务人的财务、会计制度或者财务、会计处理办法与国务院或者国务院财政、税务主管部门有关税收的规定抵触的,依照国务院或者国务院财政、税务主管部门有关税收的规定计算应纳税款、代扣代缴和代收代缴税款。

第二十一条 税务机关是发票的主管机关,负责发票印制、领购、开具、取得、保管、缴销的管理和监督。

单位、个人在购销商品、提供或者接受经营服务以及从事其他经营活动中,应当按照规定开具、使用、取得发票。

发票的管理办法由国务院规定。

第二十二条 增值税专用发票由国务院税务主管部门指定的企业印制;其他发票,按照国务院税务主管部门的规定,分别由省、自治区、直辖市国家税务局、地方税务局指定企业印制。

未经前款规定的税务机关指定,不得印制发票。

第二十三条 国家根据税收征收管理的需要,积极推广使用税控装置。纳税人应当按照规定安装、使用税控装置,不得损毁或者擅自改动税控装置。

第二十四条 从事生产、经营的纳税人、扣缴义务人必须按照国务院财政、税务主管部门规定的保管期限保管账簿、记账凭证、完税凭证及其他有关资料。

账簿、记账凭证、完税凭证及其他有关资料不得伪造、变造或者擅自损毁。

第三节 纳 税 申 报

第二十五条 纳税人必须依照法律、行政法规规定或者税务机关依照法律、行政法规的规定确定的申报期限、申报内容如实办理纳税申报,报送纳税申报表、财务会计报表以及税务机关根据实际需要要求纳税人报送的其他纳税资料。

扣缴义务人必须依照法律、行政法规规定或者税务机关依照法律、行政法规的规定确定的申报期限、申报内容如实报送代扣代缴、代收代缴税款报告表以及税务机关根据实际需要要求扣缴义务人报送的其他有关资料。

第二十六条 纳税人、扣缴义务人可以直接到税务机关办理纳税申报或者报送代扣代缴、代收代缴税款报告表,也可以按照规定采取邮寄、数据电文或者其他方式办理上述申报、报送事项。

第二十七条 纳税人、扣缴义务人不能按期办理纳税申报或者报送代扣代缴、代收代缴税款报告表的,经税务机关核准,可以延期申报。

经核准延期办理前款规定的申报、报送事项的,应当在纳税期内按照上期实际缴纳的税额或者税务机关核定的税额预缴税款,并在核准的延期内办理税款结算。

第三章 税 款 征 收

第二十八条 税务机关依照法律、行政法规的规定征收税款,不得违反法律、行政法规的规定开征、停征、多征、少征、提前征收、延缓征收或者摊派税款。

农业税应纳税额按照法律、行政法规的规定核定。

第二十九条 除税务机关、税务人员以及经税务机关依照法律、行政法规委托的单位和人员外,任何单位和个人不得进行税款征收活动。

第三十条 扣缴义务人依照法律、行政法规的规定履行代扣、代收税款的义务。对法律、行政法规没有规定负有代扣、代收税款义务的单位和个人,税务机关不得要求其履行代扣、代收税款义务。

扣缴义务人依法履行代扣、代收税款义务时,纳税人不得拒绝。纳税人拒绝的,扣缴义务人应当及时报告税务机关处理。

税务机关按照规定付给扣缴义务人代扣、代收手续费。

第三十一条 纳税人、扣缴义务人按照法律、行政法规规定或者税务机关依照法律、行政法规的规定确定的期限,缴纳或者解缴税款。

纳税人因有特殊困难,不能按期缴纳税款的,经省、自治区、直辖市国家税务局、地方税务局批准,可以延期缴纳税款,但是最长不得超过三个月。

第三十二条 纳税人未按照规定期限缴纳税款的,扣缴义务人未按照规定期限解缴税款的,税务机关除责令限期缴纳外,从滞纳税款之日起,按日加收滞纳税款万分之五的滞纳金。

第三十三条 纳税人依照法律、行政法规的规定办理减税、免税。

地方各级人民政府、各级人民政府主管部门、单位和个人违反法律、行政法规规定,擅自作出的减税、免税决定无效,税务机关不得执行,并向上级税务机关报告。

第三十四条 税务机关征收税款时,必须给纳税人开具完税凭证。扣缴义务人代扣、代收税款时,纳税人要求扣缴义务人开具代扣、代收税款凭证的,扣缴义务人应当开具。

第三十五条 纳税人有下列情形之一的,税务机关有权核定其应纳税额:

(一)依照法律、行政法规的规定可以不设置账簿的;

(二)依照法律、行政法规的规定应当设置账簿但未设置的;

(三)擅自销毁账簿或者拒不提供纳税资料的;

(四)虽设置账簿,但账目混乱或者成本资料、收入凭证、费用凭证残缺不全,难以查账的;

(五)发生纳税义务,未按照规定的期限办理纳税申报,经税务机关责令限期申报,逾期仍不申报的;

(六)纳税人申报的计税依据明显偏低,又无正当理由的。

税务机关核定应纳税额的具体程序和方法由国务院税务主管部门规定。

第三十六条 企业或者外国企业在中国境内设立的从事生产、经营的机构、场所与其关联企业之间的业务往来,应当按照独立企业之间的业务往来收取或者支付价款、费用;不按照独立企业之间的业务往来收取或者支付价款、费用,而减少其应纳税的收入或者所得额的,税务机关有权进行合理调整。

第三十七条 对未按照规定办理税务登记的从事生产、经营的纳税人以及临时从事经营的纳税人,由税务机关核定其应纳税额,责令缴纳;不缴纳的,税务机关可以扣押其价值相当于应纳税款的商品、货物。扣押后缴纳应纳税款的,税务机关必须立即解除扣押,并归还所扣押的商品、货物;扣押后仍不缴纳应纳税款的,经县以上税务局(分局)局长批准,依法拍卖或者变卖所扣押的商品、货物,以拍卖或者变卖所得抵缴税款。

第三十八条 税务机关有根据认为从事生产、经营的纳税人有逃避纳税义务行为的,可以在规定的纳税期之前,责令限期缴纳应纳税款;在限期内发现纳税人有明显的转移、隐匿其应纳税的商品、货物以及其他财产或者应纳税的收入的迹象的,税务机关可以责成纳税人提供纳税担保。如果纳税人不能提供纳税担保,经县以上税务局(分局)局长批准,税务机关可以采取下列税收保全措施:

(一) 书面通知纳税人开户银行或者其他金融机构冻结纳税人的金额相当于应纳税款的存款;

(二) 扣押、查封纳税人的价值相当于应纳税款的商品、货物或者其他财产。

纳税人在前款规定的限期内缴纳税款的,税务机关必须立即解除税收保全措施;限期期满仍未缴纳税款的,经县以上税务局(分局)局长批准,税务机关可以书面通知纳税人开户银行或者其他金融机构从其冻结的存款中扣缴税款,或者依法拍卖或者变卖所扣押、查封的商品、货物或者其他财产,以拍卖或者变卖所得抵缴税款。

个人及其所扶养家属维持生活必需的住房和用品,不在税收保全措施的范围之内。

第三十九条 纳税人在限期内已缴纳税款,税务机关未立即解除税收保全措施,使纳税人的合法利益遭受损失的,税务机关应当承担赔偿责任。

第四十条 从事生产、经营的纳税人、扣缴义务人未按照规定的期限缴纳或者解缴税款,纳税担保人未按照规定的期限缴纳所担保的税款,由税务机关责令限期缴纳,逾期仍未缴纳的,经县以上税务局(分局)局长批准,税务机关可以采取下列强制执行措施:

(一) 书面通知其开户银行或者其他金融机构从其存款中扣缴税款;

(二) 扣押、查封、依法拍卖或者变卖其价值相当于应纳税款的商品、货物或者其他财产,以拍卖或者变卖所得抵缴税款。

税务机关采取强制执行措施时,对前款所列纳税人、扣缴义务人、纳税担保人未缴纳的滞纳金同时强制执行。

个人及其所扶养家属维持生活必需的住房和用品,不在强制执行措施的范围之内。

第四十一条 本法第三十七条、第三十八条、第四十条规定的采取税收保全措施、强制执行措施的权力,不得由法定的税务机关以外的单位和个人行使。

第四十二条 税务机关采取税收保全措施和强制执行措施必须依照法定权限和法定程序,不得查封、扣押纳税人个人及其所扶养家属维持生活必需的住房和用品。

第四十三条 税务机关滥用职权违法采取税收保全措施、强制执行措施,或者采取税收保全措施、强制执行措施不当,使纳税人、扣缴义务人或者纳税担保人的合法权益遭受损失的,应当依法承担赔偿责任。

第四十四条 欠缴税款的纳税人或者他的法定代表人需要出境的,应当在出境前向税务机关结清应纳税款、滞纳金或者提供担保。未结清税款、滞纳金,又不提供担保的,税务机关可以通知出境管理机关阻止其出境。

第四十五条 税务机关征收税款,税收优先于无担保债权,法律另有规定的除外;纳税人欠缴的税款发生在纳税人以其财产设定抵押、质押或者纳税人的财产被留置之前的,税收应当先于抵押权、质权、留置权执行。

纳税人欠缴税款,同时又被行政机关决定处以罚款、没收违法所得的,税收优先于罚款、没收违法所得。

税务机关应当对纳税人欠缴税款的情况定期予以公告。

第四十六条 纳税人有欠税情形而以其财产设定抵押、质押的,应当向抵押权人、质权人说明其欠税情况。抵押权人、质权人可以请求税务机关提供有关的欠税情况。

第四十七条 税务机关扣押商品、货物或者其他财产时,必须开付收据;查封商品、货物或者其他财产时,必须开付清单。

第四十八条　纳税人有合并、分立情形的,应当向税务机关报告,并依法缴清税款。纳税人合并时未缴清税款的,应当由合并后的纳税人继续履行未履行的纳税义务;纳税人分立时未缴清税款的,分立后的纳税人对未履行的纳税义务应当承担连带责任。

第四十九条　欠缴税款数额较大的纳税人在处分其不动产或者大额资产之前,应当向税务机关报告。

第五十条　欠缴税款的纳税人因怠于行使到期债权,或者放弃到期债权,或者无偿转让财产,或者以明显不合理的低价转让财产而受让人知道该情形,对国家税收造成损害的,税务机关可以依照合同法第七十三条、第七十四条的规定行使代位权、撤销权。

税务机关依照前款规定行使代位权、撤销权的,不免除欠缴税款的纳税人尚未履行的纳税义务和应承担的法律责任。

第五十一条　纳税人超过应纳税额缴纳的税款,税务机关发现后应当立即退还;纳税人自结算缴纳税款之日起三年内发现的,可以向税务机关要求退还多缴的税款并加算银行同期存款利息,税务机关及时查实后应当立即退还;涉及从国库中退库的,依照法律、行政法规有关国库管理的规定退还。

第五十二条　因税务机关的责任,致使纳税人、扣缴义务人未缴或者少缴税款的,税务机关在三年内可以要求纳税人、扣缴义务人补缴税款,但是不得加收滞纳金。

因纳税人、扣缴义务人计算错误等失误,未缴或者少缴税款的,税务机关在三年内可以追征税款、滞纳金;有特殊情况的,追征期可以延长到五年。

对偷税、抗税、骗税的,税务机关追征其未缴或者少缴的税款、滞纳金或者所骗取的税款,不受前款规定期限的限制。

第五十三条　国家税务局和地方税务局应当按照国家规定的税收征收管理范围和税款入库预算级次,将征收的税款缴入国库。

对审计机关、财政机关依法查出的税收违法行为,税务机关应当根据有关机关的决定、意见书,依法将应收的税款、滞纳金按照税款入库预算级次缴入国库,并将结果及时回复有关机关。

第四章　税　务　检　查

第五十四条　税务机关有权进行下列税务检查:

(一)检查纳税人的账簿、记账凭证、报表和有关资料,检查扣缴义务人代扣代缴、代收代缴税款账簿、记账凭证和有关资料;

(二)到纳税人的生产、经营场所和货物存放地检查纳税人应纳税的商品、货物或者其他财产,检查扣缴义务人与代扣代缴、代收代缴税款有关的经营情况;

(三)责成纳税人、扣缴义务人提供与纳税或者代扣代缴、代收代缴税款有关的文件、证明材料和有关资料;

(四)询问纳税人、扣缴义务人与纳税或者代扣代缴、代收代缴税款有关的问题和情况;

(五)到车站、码头、机场、邮政企业及其分支机构检查纳税人托运、邮寄应纳税商品、货物或者其他财产的有关单据、凭证和有关资料;

(六)经县以上税务局(分局)局长批准,凭全国统一格式的检查存款账户许可证明,查询从事生产、经营的纳税人、扣缴义务人在银行或者其他金融机构的存款账户。税务机关在调查税收违法案件时,经设区的市、自治州以上税务局(分局)局长批准,可以查询案件涉嫌人员的储蓄存款。税务机关查询所获得的资料,不得用于税收以外的用途。

第五十五条　税务机关对从事生产、经营的纳税人以前纳税期的纳税情况依法进行税务检查时,发现纳税人有逃避纳税义务行为,并有明显的转移、隐匿其应纳税的商品、货物以及其他财产或者应纳税的收入的迹象的,可以按照本法规定的批准权限采取税收保全措施或者强制执行措施。

  第五十六条 纳税人、扣缴义务人必须接受税务机关依法进行的税务检查,如实反映情况,提供有关资料,不得拒绝、隐瞒。

  第五十七条 税务机关依法进行税务检查时,有权向有关单位和个人调查纳税人、扣缴义务人和其他当事人与纳税或者代扣代缴、代收代缴税款有关的情况,有关单位和个人有义务向税务机关如实提供有关资料及证明材料。

  第五十八条 税务机关调查税务违法案件时,对与案件有关的情况和资料,可以记录、录音、录像、照相和复制。

  第五十九条 税务机关派出的人员进行税务检查时,应当出示税务检查证和税务检查通知书,并有责任为被检查人保守秘密;未出示税务检查证和税务检查通知书的,被检查人有权拒绝检查。

第五章 法 律 责 任

  第六十条 纳税人有下列行为之一的,由税务机关责令限期改正,可以处二千元以下的罚款;情节严重的,处二千元以上一万元以下的罚款:

  (一)未按照规定的期限申报办理税务登记、变更或者注销登记的;

  (二)未按照规定设置、保管账簿或者保管记账凭证和有关资料的;

  (三)未按照规定将财务、会计制度或者财务、会计处理办法和会计核算软件报送税务机关备查的;

  (四)未按照规定将其全部银行账号向税务机关报告的;

  (五)未按照规定安装、使用税控装置,或者损毁或者擅自改动税控装置的。

  纳税人不办理税务登记的,由税务机关责令限期改正;逾期不改正的,经税务机关提请,由工商行政管理机关吊销其营业执照。

  纳税人未按照规定使用税务登记证件,或者转借、涂改、损毁、买卖、伪造税务登记证件的,处二千元以上一万元以下的罚款;情节严重的,处一万元以上五万元以下的罚款。

  第六十一条 扣缴义务人未按照规定设置、保管代扣代缴、代收代缴税款账簿或者保管代扣代缴、代收代缴税款记账凭证及有关资料的,由税务机关责令限期改正,可以处二千元以下的罚款;情节严重的,处二千元以上五千元以下的罚款。

  第六十二条 纳税人未按照规定的期限办理纳税申报和报送纳税资料的,或者扣缴义务人未按照规定的期限向税务机关报送代扣代缴、代收代缴税款报告表和有关资料的,由税务机关责令限期改正,可以处二千元以下的罚款;情节严重的,可以处二千元以上一万元以下的罚款。

  第六十三条 纳税人伪造、变造、隐匿、擅自销毁账簿、记账凭证,或者在账簿上多列支出或者不列、少列收入,或者经税务机关通知申报而拒不申报或者进行虚假的纳税申报,不缴或者少缴应纳税款的,是偷税。对纳税人偷税的,由税务机关追缴其不缴或者少缴的税款、滞纳金,并处不缴或者少缴的税款百分之五十以上五倍以下的罚款;构成犯罪的,依法追究刑事责任。

  扣缴义务人采取前款所列手段,不缴或者少缴已扣、已收税款,由税务机关追缴其不缴或者少缴的税款、滞纳金,并处不缴或者少缴的税款百分之五十以上五倍以下的罚款;构成犯罪的,依法追究刑事责任。

  第六十四条 纳税人、扣缴义务人编造虚假计税依据的,由税务机关责令限期改正,并处五万元以下的罚款。

  纳税人不进行纳税申报,不缴或者少缴应纳税款的,由税务机关追缴其不缴或者少缴的税款、滞纳金,并处不缴或者少缴的税款百分之五十以上五倍以下的罚款。

第六十五条　纳税人欠缴应纳税款,采取转移或者隐匿财产的手段,妨碍税务机关追缴欠缴的税款的,由税务机关追缴欠缴的税款、滞纳金,并处欠缴税款百分之五十以上五倍以下的罚款;构成犯罪的,依法追究刑事责任。

第六十六条　以假报出口或者其他欺骗手段,骗取国家出口退税款的,由税务机关追缴其骗取的退税款,并处骗取税款一倍以上五倍以下的罚款;构成犯罪的,依法追究刑事责任。

对骗取国家出口退税款的,税务机关可以在规定期间内停止为其办理出口退税。

第六十七条　以暴力、威胁方法拒不缴纳税款的,是抗税,除由税务机关追缴其拒缴的税款、滞纳金外,依法追究刑事责任。情节轻微,未构成犯罪的,由税务机关追缴其拒缴的税款、滞纳金,并处拒缴税款一倍以上五倍以下的罚款。

第六十八条　纳税人、扣缴义务人在规定期限内不缴或者少缴应纳或者应解缴的税款,经税务机关责令限期缴纳,逾期仍未缴纳的,税务机关除依照本法第四十条的规定采取强制执行措施追缴其不缴或者少缴的税款外,可以处不缴或者少缴的税款百分之五十以上五倍以下的罚款。

第六十九条　扣缴义务人应扣未扣、应收而不收税款的,由税务机关向纳税人追缴税款,对扣缴义务人处应扣未扣、应收未收税款百分之五十以上三倍以下的罚款。

第七十条　纳税人、扣缴义务人逃避、拒绝或者以其他方式阻挠税务机关检查的,由税务机关责令改正,可以处一万元以下的罚款;情节严重的,处一万元以上五万元以下的罚款。

第七十一条　违反本法第二十二条规定,非法印制发票的,由税务机关销毁非法印制的发票,没收违法所得和作案工具,并处一万元以上五万元以下的罚款;构成犯罪的,依法追究刑事责任。

第七十二条　从事生产、经营的纳税人、扣缴义务人有本法规定的税收违法行为,拒不接受税务机关处理的,税务机关可以收缴其发票或者停止向其发售发票。

第七十三条　纳税人、扣缴义务人的开户银行或者其他金融机构拒绝接受税务机关依法检查纳税人、扣缴义务人存款账户,或者拒绝执行税务机关作出的冻结存款或者扣缴税款的决定,或者在接到税务机关的书面通知后帮助纳税人、扣缴义务人转移存款,造成税款流失的,由税务机关处十万元以上五十万元以下的罚款,对直接负责的主管人员和其他直接责任人员处一千元以上一万元以下的罚款。

第七十四条　本法规定的行政处罚,罚款额在二千元以下的,可以由税务所决定。

第七十五条　税务机关和司法机关的涉税罚没收入,应当按照税款入库预算级次上缴国库。

第七十六条　税务机关违反规定擅自改变税收征收管理范围和税款入库预算级次的,责令限期改正,对直接负责的主管人员和其他直接责任人员依法给予降级或者撤职的行政处分。

第七十七条　纳税人、扣缴义务人有本法第六十三条、第六十五条、第六十六条、第六十七条、第七十一条规定的行为涉嫌犯罪的,税务机关应当依法移交司法机关追究刑事责任。

税务人员徇私舞弊,对依法应当移交司法机关追究刑事责任的不移交,情节严重的,依法追究刑事责任。

第七十八条　未经税务机关依法委托征收税款的,责令退还收取的财物,依法给予行政处分或者行政处罚;致使他人合法权益受到损失的,依法承担赔偿责任;构成犯罪的,依法追究刑事责任。

第七十九条　税务机关、税务人员查封、扣押纳税人个人及其所扶养家属维持生活必需的住房和用品的,责令退还,依法给予行政处分;构成犯罪的,依法追究刑事责任。

第八十条　税务人员与纳税人、扣缴义务人勾结,唆使或者协助纳税人、扣缴义务人有本法第六十三条、第六十五条、第六十六条规定的行为,构成犯罪的,依法追究刑事责任;尚不构成犯罪的,依法给予行政处分。

第八十一条　税务人员利用职务上的便利,收受或者索取纳税人、扣缴义务人财物或者谋取其他不正当利益,构成犯罪的,依法追究刑事责任;尚不构成犯罪的,依法给予行政处分。

第八十二条 税务人员徇私舞弊或者玩忽职守,不征或者少征应征税款,致使国家税收遭受重大损失,构成犯罪的,依法追究刑事责任;尚不构成犯罪的,依法给予行政处分。

税务人员滥用职权,故意刁难纳税人、扣缴义务人的,调离税收工作岗位,并依法给予行政处分。

税务人员对控告、检举税收违法违纪行为的纳税人、扣缴义务人以及其他检举人进行打击报复的,依法给予行政处分;构成犯罪的,依法追究刑事责任。

税务人员违反法律、行政法规的规定,故意高估或者低估农业税计税产量,致使多征或者少征税款,侵犯农民合法权益或者损害国家利益,构成犯罪的,依法追究刑事责任;尚不构成犯罪的,依法给予行政处分。

第八十三条 违反法律、行政法规的规定提前征收、延缓征收或者摊派税款的,由其上级机关或者行政监察机关责令改正,对直接负责的主管人员和其他直接责任人员依法给予行政处分。

第八十四条 违反法律、行政法规的规定,擅自作出税收的开征、停征或者减税、免税、退税、补税以及其他同税收法律、行政法规相抵触的决定的,除依照本法规定撤销其擅自作出的决定外,补征应征未征税款,退还不应征收而征收的税款,并由上级机关追究直接负责的主管人员和其他直接责任人员的行政责任;构成犯罪的,依法追究刑事责任。

第八十五条 税务人员在征收税款或者查处税收违法案件时,未按照本法规定进行回避的,对直接负责的主管人员和其他直接责任人员,依法给予行政处分。

第八十六条 违反税收法律、行政法规应当给予行政处罚的行为,在五年内未被发现的,不再给予行政处罚。

第八十七条 未按照本法规定为纳税人、扣缴义务人、检举人保密的,对直接负责的主管人员和其他直接责任人员,由所在单位或者有关单位依法给予行政处分。

第八十八条 纳税人、扣缴义务人、纳税担保人同税务机关在纳税上发生争议时,必须先依照税务机关的纳税决定缴纳或者解缴税款及滞纳金或者提供相应的担保,然后可以依法申请行政复议;对行政复议决定不服的,可以依法向人民法院起诉。

当事人对税务机关的处罚决定、强制执行措施或者税收保全措施不服的,可以依法申请行政复议,也可以依法向人民法院起诉。

当事人对税务机关的处罚决定逾期不申请行政复议也不向人民法院起诉、又不履行的,作出处罚决定的税务机关可以采取本法第四十条规定的强制执行措施,或者申请人民法院强制执行。

第六章 附 则

第八十九条 纳税人、扣缴义务人可以委托税务代理人代为办理税务事宜。

第九十条 耕地占用税、契税、农业税、牧业税征收管理的具体办法,由国务院另行制定。

关税及海关代征税收的征收管理,依照法律、行政法规的有关规定执行。

第九十一条 中华人民共和国同外国缔结的有关税收的条约、协定同本法有不同规定的,依照条约、协定的规定办理。

第九十二条 本法施行前颁布的税收法律与本法有不同规定的,适用本法规定。

第九十三条 国务院根据本法制定实施细则。

第九十四条 本法自 2001 年 5 月 1 日起施行。

附录三

现行主要税收法规目录

1. 《中华人民共和国企业所得税法》,2007年3月16日第十届全国人民代表大会第五次会议通过,2017年2月24日第十二届全国人民代表大会常务委员会第二十六次会议修正,2018年12月29日第十三届全国人民代表大会常务委员会第七次会议第二次修正
2. 《中华人民共和国企业所得税法实施条例》,2007年12月6日国务院发布
3. 《中华人民共和国消费税暂行条例》,1993年12月13日国务院发布,2008年11月10日修订发布
4. 《中华人民共和国消费税暂行条例实施细则》,1993年12月25日财政部发布,2008年12月15日修订发布
5. 《中华人民共和国增值税暂行条例》,1993年12月13日国务院发布,2008年11月10日修订发布,2016年2月6日第二次修订,2017年11月19日第三次修订
6. 《财政部 税务总局 海关总署关于深化增值税改革有关政策的公告》,2019年3月20日发布。
7. 《中华人民共和国增值税暂行条例实施细则》,1993年12月25日财政部发布,2008年12月15日修订发布,2011年10月28日第二次修订发布
8. 《中华人民共和国进出口关税条例》,2003年11月23日由国务院发布,分别于2011年1月8日、2013年12月7日、2016年2月6日和2017年3月1日修订发布
9. 《中华人民共和国个人所得税法》,1980年9月10日第五届全国人民代表大会第三次会议通过;1993年10月31日第八届全国人民代表大会第四次会议第一次修正;1999年8月30日第九届全国人民代表大会第十一次会议第二次修正;2005年10月27日第十届全国人民代表大会常务委员会第十八次会议第三次修正;2007年6月29日第十届全国人大常务委员会第二十八次会议第四次修正;2007年12月29日第十届全国人大常务委员会第三十一次会议第五次修正;2011年6月30日第十一届全国人大常委会第二十一次会议第六次修正;2018年8月31日第十三届全国人民代表大会常务委员会第五次会议对《个人所得税法》作第七次修正
10. 《中华人民共和国个人所得税法实施条例》,1994年1月28日国务院发布;2005年12月19日第一次修订,2008年2月18日第二次修订,2011年7月19日第三次修订,2018年

12月18日中华人民共和国国务院令第707号第四次修订

11.《中华人民共和国资源税法》,2019年8月26日第十三届全国人民代表大会常务委员会第十二次会议通过

12.《中华人民共和国城镇土地使用税暂行条例》,1988年9月27日国务院发布,2006年12月31日、2011年1月8日和2013年12月7日三次修订

13.《中华人民共和国房产税暂行条例》,1986年9月15日国务院发布,2011年1月8日修订

14.《中华人民共和国城市维护建设税暂行条例》,1985年2月8日国务院发布,2011年1月8日修订

15.《中华人民共和国耕地占用税法》,2018年12月29日第十三届全国人民代表大会常务委员会第七次会议通过

16.《中华人民共和国土地增值税暂行条例》,1993年12月13日国务院发布,2011年1月8日修订发布

17.《中华人民共和国土地增值税暂行条例实施细则》,1995年1月27日财政部发布

18.《中华人民共和国车辆购置税法》,2018年12月29日第十三届全国人民代表大会常务委员会第七次会议通过

19.《中华人民共和国车船税法》,2011年2月25日第十一届全国人民代表大会常务委员会第十九次会议通过;2019年4月23日第十三届全国人民代表大会常务委员会第十次会议修正

20.《中华人民共和国车船税法实施条例》,2011年12月5日国务院发布

21.《中华人民共和国船舶吨税法》,2017年12月27日第十二届全国人民代表大会常务委员会第三十一次会议通过

22.《中华人民共和国印花税暂行条例》,1988年8月6日国务院发布,2011年1月8日修订发布

23.《中华人民共和国印花税暂行条例实施细则》,1988年9月29日财政部发布

24.《中华人民共和国契税暂行条例》,1997年7月7日国务院发布(《中华人民共和国契税法》,2020年8月11日第十三届全国人民代表大会常务委员会第二十一次会议通过,自2021年9月1日起施行)

25.《中华人民共和国契税暂行条例实施细则》,1997年10月28日财政部发布

26.《中华人民共和国烟叶税法》,2017年12月27日第十二届全国人民代表大会常务委员会第三十一次会议通过

27.《关于入境旅客行李物品和个人邮递物品征收进口税办法》,1994年5月18日国务院关税税则委员会发布

28.《全国人民代表大会常务委员会关于外商投资企业和外国企业适用增值税、消费税、营业税等税收暂行条例的决定》,1993年12月29日第八届全国人民代表大会常务委员会第五次会议通过

29.《国务院关于外商投资企业和外国企业适用增值税、消费税、营业税等税收暂行条例有关问题的通知》,1994年2月22日国务院发布

30. 《中华人民共和国税收征收管理法》,1992 年 9 月 4 日第七届全国人民代表大会常务委员会第二十七次会议通过;1995 年 2 月 28 日第八届全国人民代表大会常务委员会第十二次会议修正;2001 年 4 月 28 日第九届全国人民代表大会常务委员会第二十一次会议第二次修订;2015 年 4 月 24 日第十二届全国人民代表大会常务委员会第十四次会议第三次修订
31. 《中华人民共和国税收征收管理法实施细则》,2002 年 9 月 7 日国务院发布,2012 年 11 月 9 日修订发布,2013 年 7 月 18 日第二次修订,2016 年 2 月 6 日第三次修订
32. 《全国人民代表大会常务委员会关于惩治偷税、抗税犯罪的补充规定》,1992 年 9 月 4 日第七届全国人民代表大会常务委员会第二十七次会议通过
33. 《中华人民共和国发票管理办法》,1993 年 12 月 12 日国务院批准,1993 年 12 月 23 日财政部发布,2010 年 12 月 20 日国务院修订发布
34. 《中华人民共和国发票管理办法实施细则》,2011 年 2 月 14 日国家税务总局发布,2014 年 12 月 27 日修订发布
35. 《全国人民代表大会常务委员会关于惩治虚开、伪造和非法出售增值税专用发票的决定》,1995 年 10 月 30 日第八届全国人民代表大会常务委员会第十六次会议通过
36. 《税务行政复议规则》,2010 年 2 月 10 日国家税务总局发布,2015 年 12 月 28 日修订发布
37. 《国务院关于个人独资企业和合伙企业征收所得税问题的通知》,2000 年 6 月 20 日国务院发布
38. 《中华人民共和国海关进出口货物征税管理办法》,2005 年 1 月 4 日海关总署发布,2014 年 3 月 13 日修订发布
39. 《中华人民共和国环境保护税法》,2016 年 12 月 25 日第十二届全国人民代表大会常务委员会第二十五次会议通过
40. 《中华人民共和国环境保护税法实施条例》,2017 年 12 月 25 日国务院发布

参 考 文 献

1. 财政部注册会计师考试委员会办公室:《税法》(2017年注册会计师全国统一考试指定辅导教材),中国财政经济出版社,2019
2. 高培勇:《共和国财税60年》,人民出版社,2009
3. 国际财税文献局税收数据库网站 https://online.ibfd.org/kbase/
4. 胡庆康、杜莉:《现代公共财政学》(第二版),复旦大学出版社,2001
5. 黄天华:《中国税制练习与检索》,复旦大学出版社,2003
6. 刘怡:《财政学》(第三版),北京大学出版社,2016
7. 刘颖:《中国税制》(第三版),电子工业出版社,2017
8. 刘佐:《遗产税制研究》,中国财政经济出版社,2003
9. 刘佐:《中国税制概览》,经济科学出版社,2017
10. 刘佐、杜莉:《中国税制》(第十版),中国税务出版社,2019
11. 马海涛:《中国税制》(第九版),中国人民大学出版社,2017
12. 王乔、席卫群:《比较税制》(第三版),复旦大学出版社,2013
13. 徐晔:《中国个人所得税制度》,复旦大学出版社,2010
14. 杨斌:《税收学原理》,高等教育出版社,2008
15. 杨志勇、张馨:《公共经济学》(第三版),清华大学出版社,2013
16. 岳树民:《中国税制》(第二版),北京大学出版社,2017
17. 朱为群:《中国税制》,高等教育出版社,2016
18. 钟昌元:《海关税收制度》(第三版),中国海关出版社,2018

部分习题参考答案

第 二 章

一、判断题

1. √ 2. √ 3. × 4. √ 5. × 6. × 7. × 8. √ 9. √

第 三 章

一、单项选择题

1. C 2. D 3. D 4. A 5. A 6. D 7. B 8. C 9. B 10. B 11. C 12. A 13. C 14. A 15. A
16. B 17. C 18. D 19. D 20. A 21. A 22. B 23. B 24. B 25. B 26. D 27. C 28. D 29. B
30. B 31. B 32. A 33. B 34. B 35. D 36. A 37. C

二、多项选择题

1. AD 2. BDE 3. ABCD 4. ACD 5. ACD 6. ABC 7. ABCD 8. AC 9. ABCD 10. AB
11. ABC 12. ABD 13. BD 14. CDE 15. BCD 16. BCD 17. ABCDE 18. ACDE 19. ACD
20. ABD 21. ABCD 22. ADE 23. ACD 24. ABD 25. ABCD 26. CD 27. AB 28. AC
29. ABC 30. ACD 31. AD

三、判断题

1. √ 2. × 3. × 4. × 5. √ 6. √ 7. × 8. √ 9. √ 10. × 11. × 12. √ 13. × 14. √
15. √ 16. × 17. × 18. √ 19. × 20. × 21. × 22. √ 23. × 24. × 25. × 26. × 27. √
28. √ 29. √ 30. × 31. × 32. × 33. × 34. × 35. √ 36. √

四、计算题

1. ① 进项税额＝130＋15 000×10％＋250×9％＝1 652.5(元)

   ② 销项税额＝67 800/(1＋13％)×13％＝7 800(元)

   ③ 应纳税额＝7 800－1 652.5＝6 147.5(元)

2. ① 销项税额＝100×2 000×13％＝26 000(元)

   ② 销项税额＝(20×500÷1.13)×13％＝1 150.44(元)

   ③ 进项税额＝80×1 500×13％＝15 600(元)

   ④ 进项税额＝50×300×13％＝1 950(元)

   ⑤ 应纳增值税＝26 000＋1 150.44－15 600－1 950＝9 600.44(元)

3. ① 进项税额＝50×40％＝20(万元)

② 销项税额＝(480－25－20－10－1)/(1＋6%)×6%＋10.9/(1＋9%)×9%＝24.9(万元)

③ 应纳税额＝24.9－20＝4.9(万元)

4. ① 销项税额＝10 000×10×13%＝13 000(元)

② 销项税额＝100×15×13%＝195(元)

③ 丙糕点组成计税价格＝40×20×(1＋10%)＝880(元)

销项税额＝(20×15＋880)×13%＝153.4(元)

④ 进项税额＝10×2 000×9%＝1 800(元)

⑤ 应纳增值税＝13 000＋195＋153.4－1 800－8 000＝3 548.4(元)

5. ① 应转出的进项税额＝11/(1－10%)×10%＝1.22(万元)

【提示】非正常损失的货物进项税额不得抵扣，需要做进项税额转出。非正常损失，是指因管理不善造成被盗、丢失、霉烂变质的损失，不包括自然灾害造成的损失，所以这里因自然灾害造成的农产品损失不用做进项税额转出处理。

② 该企业2020年2月准予抵扣的增值税进项税额＝10.18/(1＋13%)×13%＋45×10%＋6×3%＋2×13%－1.22＝4.89(万元)

③ 该企业2020年2月增值税销项税额＝22/(1＋9%)×9%＋2 000×0.35/(1＋13%)×13%＋80/(1＋13%)×13%＝91.55(万元)

④ 该企业2020年2月应缴纳的增值税＝91.55－4.89＝86.66(万元)。

6. ① 进项税额＝30 000×10%＋800×9%＋(20 000×13%)×250 000/(250 000＋150 000)＝4 697(元)

② 销项税额＝250 000×13%＝32 500(元)

③ 应纳税额＝32 500－4 697＝27 803(元)

7. ① 进项税额＝100 000×13%＝13 000(元)

② 销项税额＝2 000×13%＋16 950/(1＋13%)×13%＋63 000/(1＋5%)×5%＋10 000×13%＋100 000×9%＋(22 000＋10 700)/(1＋9%)×9%＝18 210(元)

③ 应纳税额＝18 210－13 000－2 000＝3 210(元)

8. ① 进项税额＝72＋52＋52＝176(万元)

② 销项税额＝(4 770＋1 590＋3 000－1 728)/(1＋6%)×6%＝432(万元)

③ 应纳税额＝432－176＝256(万元)

9. ① 进项税额＝40×13%＋4.14＝9.34(万元)

② 销项税额＝218/(1＋9%)×9%＝18(万元)

③ 应纳税额＝18－9.34＝8.66(万元)

10. ① 烟叶成本＝100×(1＋10%)×(1＋20%)×(1－13%)＋2＝116.84(万元)

② 丙企业代收代缴消费税＝(116.84＋20)/(1－30%)×30%＝58.65(万元)

③ 外购烟丝消费税抵减＝150×30%×80%＝36(万元)

④ 销售A卷烟应纳消费税＝1 200×56%＋400×5×0.003＝678(万元)

⑤ 赠送雪茄烟应纳消费税＝20×(1＋5%)/(1－36%)×36%＝11.81(万元)

⑥ 应纳税消费税＝58.65＋678＋11.81－36＝712.46(万元)

11. 当月应缴纳的消费税＝(300×600＋400×650＋200×650)×15%＝85 500(元)

12. ① 应纳增值税＝(56.5÷1.13)×13%＝6.5(万元)

② 应纳增值税＝(2.26÷1.13)×13%＝0.26(万元)

③ 应纳增值税＝(3.39÷1.13)×13%＝0.39(万元)

④ 进项税额＝10(万元)

⑤ 应纳增值税＝6.5＋0.26＋0.39－10＝－2.85(万元),本月留抵增值税为2.85万元

⑥ 应纳消费税＝(500 000＋20 000＋30 000)×5％＝27 500(元)

13. 进口货物完税价格＝CIF成交价格－进口后装配调试费＝600－30＝570(万元)

    关税税额＝570×10％＝57(万元)

    公司应于填发税款缴纳证次日起14日内(即1月24日前)缴纳,公司25日缴纳滞纳1天。

    滞纳金＝57万元×0.05％×1＝285(元)

14. 关税完税价格＝1 410＋50＋15－10＋35＝1 500(万元)

    进口环节关税＝1 500×20％＝300(万元)

    进口消费税组成计税价格＝(1 500＋300)/(1－10％)＝2 000(万元)

    消费税＝2 000×10％＝200(万元)

    增值税组成计税价＝1 500＋300＋200＝2 000(万元)

    增值税＝2 000×13％＝260(万元)

15. ① 应纳关税＝10×20％＝2(万元)

    ② 应纳关税＝(5＋6)×20％＝2.2(万元)

    ③ 应纳关税＝60×[1－9/(12×3)]×20％＝9(万元)

    ④ 应纳关税＝50×(1－20％)×20％＝8(万元)

    ⑤ 该企业当年进口关税＝2＋2.2＋9＋8＝21.2(万元)

16. 当期不得免征和抵扣税额＝6.3×40 000×(13％－9％)－20 000×(13％－9％)＝9 280(元)

    当期应纳税额＝150 000×13％－(360 000×13％－9 280)＝－18 020(元)

    当期免抵退税额＝6.3×40 000×9％－20 000×9％＝20 880(元)

    当期应退税额＝18 020(元)

    当期免抵税额＝20 880－18 020＝2 860(元)

第 四 章

一、单项选择题

1. C 2. A 3. B 4. D 5. A 6. C 7. B 8. A 9. B 10. A 11. C 12. B 13. B 14. B
15. D 16. C 17. A 18. C 19. B 20. D 21. C 22. D 23. A 24. A

二、多项选择题

1. ABCD 2. BC 3. ABCD 4. BCD 5. BCD 6. ACD 7. CD 8. ABC 9. ABCD 10. ACD
11. AD 12. CDE 13. ABCDEFG 14. BCDE 15. BCDE 16. ACD 17. ACD 18. AE 19. ABCDE
20. ABCDE

三、判断题

1. √ 2. × 3. × 4. × 5. √ 6. √ 7. × 8. √ 9. √ 10. × 11. × 12. × 13. √
14. √ 15. √ 16. √ 17. × 18. × 19. √ 20. ×

四、计算题

1. 答:(1) 应纳税所得额＝272 400－80 000－60 000＝132 400(元)

   (2) 应纳税额＝应纳税所得额×适用税率－速算扣除数＝132 400×20％－10 500＝15 980(元)

2. 答:(1) 全年应纳税所得额＝300 000＋20 000×(1－20％)＋18 000×70％×(1－20％)－60 000－
   12 000×2－24 000＝326 080－108 000＝218 080(元)

(2) 应纳税额=218 080×20%-16 920=26 696(元)

3. 答：每月应纳税额=(5 000-5 000×20%)×10%=400(元)

5月份应纳税额=(5 000-800)×(1-20%)×10%=336(元)

王某全年应纳所得税额=400×11+336=4 736(元)

4. 答：

该公民境内外全部综合所得的应纳税所得额=(200 000+20 000×80%+10 000×80%-60 000-36 000)=128 000(元),按照中国税法计算的全部税额=128 000×10%-2 520=10 280(元)。

可以抵免的境外税款的抵免限额=10 280×(境外收入1万/境外收入与境内收入之和23万)=10 280×0.435=446.96(元),实际缴纳境外税款1 800元,仅可抵免446.96元。

在B国的境外利息单独计算境外所得,其单独的抵免限额是10 000×20%=2 000(元),单就利息来说,其在境外缴纳个税800元可以全额抵免。

综合抵免分析：该公民源于A国的综合所得抵免限额、经营所得抵免限额以及其他所得抵免限额之和,为来源于A国所得的抵免限额。

其综合所得抵免限额=446.96(元)。其利息所得抵免限额=10 000×20%=2 000(元)。

则：其A国抵免限额之和=综合所得抵免限额+利息股息红利所得抵免限额=446.96+2 000=2 446.96(元)。

由于其综合所得在境外实缴税款1 800元,利息实缴税款800元,其实缴税款合计2 600元,超过了抵免限额,当年仅可抵免2 446.96元。

因此：该公民应纳税额=10 280+2 000-2 446.96=9 833.04(元)。

5. (1) 会计利润=2 700-1 200-690-490-62-(162-118)+72-52=234(万元)

(2) 广告费调增所得额=460-2 700×15%=55(万元)

(3) 业务招待费调增所得额=16-16×60%=6.4(万元)(16×60%<2 700×0.5%)

(4) 捐赠支出应调增所得额=32-234×12%=3.92(万元)

(5) 工会经费调增所得额=3-150×2%=0(万元)

(6) 职工福利费和职工教育经费调增所得额=39-150×22%=6(万元)

(7) 应纳税所得额=234+55+6.4+3.92+6+5=310.32(万元)

(8) 2019年该企业应纳税额=310.32×25%=77.58(万元)

6. 答：(1) 国库券利息收入和国家规定用途的补贴收入不征税,调减应税所得额：3.3+4.5=7.8(万元)

(2) 经营性方式租入的设备,应分两年计入费用,应调增应纳税所得额16万元。

(3) 企业用库存商品用于偿还欠乙企业的债务,应视同销售,转让财产所得58.76÷(1+13%)-31=21(万元),应调增应纳税所得额。

(4) 向灾区直接捐赠的1.2万元不能在税前扣除,5.8<325×12%,所以其余的5.8万元捐赠可以扣除。

(5) 企业为投资者及职工支付的商业保险费0.88万元不得扣除,应调增所得额。

综上,应纳税所得额=325-7.8+16+21+1.2+0.88=356.28(万元)。

7. (1) 纳税人新购置的固定资产,应当从投入使用月份的次月起计提折旧。

计算该企业当年设备折旧税前扣除额=80×(1-5%)÷10÷12×8=5.07(万元)

(2) 直接向某小学捐款50万元,不属于公益性捐赠支出,在计算应纳税所得额时不得扣除。

(3) 在建工程应负担的贷款利息10万元,在计算应纳税所得额时不得扣除。

(4) 该企业当年应纳税所得额=600+(80-5.07)+50+10=734.93(万元)。

(5) 环境保护专用设备的投资额的10%可以从企业当年额应纳税额中抵免,抵免额为300×10%=30

(万元)。

该企业当年度应缴纳企业所得税税额=734.93×25%-30=157.73(万元)。

8. 该公司计算缴纳所得税是错误的。错误如下：

(1) 按工资总额提取的三项经费应按规定标准予以调整：

允许扣除的工会经费=140×2%=2.8(万元)，工会经费超支0.2万元。

允许扣除的职工福利费=140×14%=19.6(万元)，职工福利费超支0.4万元。

允许扣除的教育经费=140×8%=11.2(万元)，教育经费未超支。

(2) 40万元损失因为得到保险公司赔款不应全额扣除，多扣损失22万元。

(3) 80万元宿舍修理支出不能扣除。

(4) 所以应纳税所得额=-73.84+0.2+0.4+22+80=28.76(万元)。

该公司年度应纳税所得额小于50万元，资产总值不超过1 000万元，从业人员不超过80人，所以适用20%的税率。

应纳税额=28.76×20%×25%=1.438(万元)。

9. (1) 销项税额=39+22.6÷(1+13%)×13%=41.6(万元)。

进项税额=5.2+2×9%=5.38(万元)。

应纳增值税额=41.6-5.38=36.22(万元)。

(2) 应纳消费税额=300×56%+22.6÷(1+13%)×56%+(120+8)×0.015-45×30%=167.62(万元)。

(3) 应纳城建税=(36.22+167.62)×7%=14.27(万元)。

应纳教育费附加=(36.22+167.62)×3%=6.12(万元)。

(4) 该企业2019年收入总额=300+20+27=347(万元)。

(5) 业务招待费扣除限额=320×5‰=1.6(万元)，实际发生额的60%=4×60%=2.4(万元)，准予扣除1.6万元，应调增4-1.6=2.4(万元)。

广告费限额=320×15%=48(万元)，实际发生8万元，可以据实扣除。

合计应调增应纳税所得额2.4(万元)。

(6) 工资可以据实扣除；工会经费的扣除限额=150×2%=3(万元)，实际发生3万元，可以据实扣除，不用纳税调整。

职工福利费扣除限额=150×14%=21(万元)，计提30万元，实际发生28万元，准予扣除21万元，应调增应纳税所得额=30-21=9(万元)。

职工教育经费扣除限额=150×8%=12(万元)，计提4.5万元，实际发生3万元，准予扣除3万元，应调增应纳税所得额=4.5-3=1.5(万元)。

应调增应纳税所得额合计=9+1.5=10.5(万元)。

(7) 会计利润=300+20+27-90-167.62-14.27-6.12-8-20-10-20=10.99(万元)。

捐赠扣除限额=10.99×12%=1.32(万元)，实际发生10万元，只能扣除1.32万元。

(8) 该企业应纳税所得额=10.99-27+2.4+10.5+6+4+10-1.32-7.30=8.27(万元)。

(9) 应缴纳企业所得税额=8.27×20%=1.65(万元)（该企业为工业企业，资产总额不超过3 000万元，从业人数不超过100人，年度应纳税所得额不超过50万元，为小型微利企业，适用企业所得税税率为20%。）

10. (1) 销售收入=10 000米^2×4 000元/米^2=40 000 000(元)

(2) 计算扣除项目金额：

A. 土地开发建设、配套设施成本=600 000+500 000+500 000+400 000+1 500 000=8 000 000(元)

B. 开发费用＝利息＋8 000 000元×5％＝100 000＋400 000＝500 000(元)

C. 有关税金＝2 000 000＋140 000＋60 000＋12 000＝2 212 000(元)

D. 开发单位加计20％扣除＝8 000 000×20％＝1 600 000(元)

扣除项目金额＝8 000 000＋500 000＋2 212 000＋1 600 000＝12 312 000(元)

(3) 增值额＝40 000 000－12 312 000＝27 688 000(元)

增值额与扣除项目金额之比＝27 688 000/12 312 000×100％＝224.89％

需分档计算土地增值税：

增值额未超过扣除项目金额50％的部分,税率为30％。

12 312 000×50％×30％＝1 846 800(元)

增值额超过扣除项目金额50％、未超过扣除项目金额100％的部分,税率为40％。

12 312 000×50％×40％＝2 462 400(元)

增值额超过扣除项目金额100％、未超过扣除项目金额200％的部分,税率为50％。

12 312 000×50％＝6 156 000(元)

增值额超过扣除项目金额200％的部分,税率为60％。

(27 688 000－12 312 000×200％)×60％＝1 838 400(元)

应纳土地增值税税额＝1 846 800＋2 462 400＋6 156 000＋1 838 400＝12 303 600(元)

第 五 章

一、判断题

1. × 2. × 3. × 4. × 5. √

二、选择题

1. B 2. CD 3. AD 4. ABCD 5. C 6. B 7. B 8. A 9. BD 10. C 11. BCD

三、计算题

1. 该企业房产税的计税依据包括两个部分：① 用于对外投资联营的部分,由于其不承担投资风险,只收取固定收入,视同出租,其计税依据为租金收入,即每年的固定利润分红50万元,应纳税额＝50×12％＝6(万元)；② 剩余部分以房屋余值为计税依据,应纳税额＝2 500×70％×(1－20％)×1.2％＝16.80(万元)。两项合计,该企业2017年度应纳房产税22.80万元。

2. 劳动服务公司每次应纳城镇土地使用税税额：

300×4/4＝300(元)

校办工厂每次应纳城镇土地使用税税额：

(500－300)×4/4＝200(元)

3. (1) 2017年应缴纳的城镇土地使用税：

(65 000－3 000－1 200)×4＝243 200(元)

(2) 2014年应缴纳的房产税：

(4 000－200)×(1－20％)×1.2％＝36.48(万元)

200×(1－20％)×1.2％＋12×6＝0.96(万元)

或4 000×(1－20％)×1.2％－200×(1－20％)×1.2％×50％＝37.44(万元)

出租房产＝1.5×6×12％＝1.08(万元)

在建工程＝500×(1－20％)×1.2％÷12×4＝1.6(万元)

2017年应缴纳房产税＝36.48＋0.96＋1.08＋1.6＝40.12(万元)

第 六 章

一、判断题

1. × 2. √ 3. × 4. × 5. ×

二、选择题

1. C 2. AD 3. D 4. D 5. A 6. AD 7. C 8. D 9. ABDE 10. ABC

三、计算题

1. 当日卖出金额＝2 000×7.46＋20 000×9.9＝212 920(元)

    该股民当日应纳印花税额＝212 920×1‰＝212.92(元)

2. (1) 原煤课税销售额＝(50 000＋30 000＋10 000)×500＝45 000 000(元)

    (2) 该煤矿2017年12月份应纳的资源税税额＝45 000 000×5%＝2 250 000(元)

3. 车辆购置税应纳税额＝(106 000＋150＋352＋2 035＋250)/(1＋17%)×10%＝9 298.03(元)

4. 应纳城市维护建设税＝(5 000×220)×7%＝77 000(元)

5. 甲单位应纳契税＝(550－500)×3%＝1.5(万元)

第 七 章

一、判断题

1. √ 2. × 3. × 4. ×

二、多项选择题

1. A 2. ABC 3. AC

图书在版编目(CIP)数据

中国税制/徐晔,杜莉主编. —7 版. —上海:复旦大学出版社,2020.10
(博学. 财政学系列)
ISBN 978-7-309-14985-2

Ⅰ.①中… Ⅱ.①徐…②杜… Ⅲ.①税收制度-中国-高等学校-教材 Ⅳ.①F812.422

中国版本图书馆 CIP 数据核字(2020)第 059530 号

中国税制(第七版)
徐 晔 杜 莉 主编
责任编辑/岑品杰

复旦大学出版社有限公司出版发行
上海市国权路 579 号 邮编:200433
网址:fupnet@fudanpress.com http://www.fudanpress.com
门市零售:86-21-65102580 团体订购:86-21-65104505
外埠邮购:86-21-65642846 出版部电话:86-21-65642845
常熟市华顺印刷有限公司

开本 787×1092 1/16 印张 22.75 字数 539 千
2020 年 10 月第 7 版第 1 次印刷

ISBN 978-7-309-14985-2/F·2685
定价:58.00 元

如有印装质量问题,请向复旦大学出版社有限公司出版部调换。
版权所有 侵权必究